JN442465

한양
학술총서
002

한국군 건설의 기획자

주한미군사고문단 KMAG

한양
학술총서
002

박동찬 지음

한국군 건설의 기획자

주한미군사고문단 KMAG

U.S. Military Advisory Group
to the Republic of Korea

한양대학교 출판부

머리말

주한미군사고문단(U.S. Military Advisory Group to the Republic of Korea : KMAG)은 1948년 8월 15일 임시군사고문단(Provisional Military Advisory Group : PMAG)으로 출발해 1971년 4월 1일 주한미합동군사원조단(Joint U.S. Military Assistance Group-Korea : JUSMAG-K)에 통합될 때까지 약 23년간 한국에 존재했던 미국의 군사자문기구였다.

주한미군사고문단의 주요 임무는 한국군에 대한 자문활동과 한국에 제공되는 군사원조의 계획 수립 및 원활한 집행을 감독하는 것이었다. 군사고문단은 한국군의 편성·작전·교육훈련·군수 업무 등 한국군과 관련된 모든 분야를 활동의 영역으로 삼았으며, 미국의 대한군사정책과 한국 내의 정세 변화에 따라 활동의 범위와 중점을 달리하면서 임무를 수행했다. 그 과정에서 군사고문단의 규모는 최소 240명에서 최대 2019명까지 확대되거나 축소되었으며, 지휘 관계도 다양한 변화를 보였다. 군사고문단은 1948~49년 주한미군의 철수에 따른 '군사적 보완장치'의 성격을 띠고 창설되었던 만큼 미국의 대한군사정책을 현지에서 구현하는 것을 목표로 하였으며, 그들의 계획과 결정 사항은 한국군의 운용기조에 중요한 요소로 작용했다.

주한미군사고문단은 제2차 세계대전이 종전된 후 미국의 대외군사원조 정책에 따라 그리스·터키·이란에 이어 4번째로 설립된 고문단이었다. 미국은 제2차 세계대전 기간에도 필리핀·이란·중국 등에 군사고문단을 파견했지만, 규모와 성격 면에서 전후의 고문단과는 확실한 차이가 있었다. 종전 이전의 군사고문단은 정보·병참·헌병 등 일부 분야에 국한되었으며, 규모 면에서도 개인 또는 소규모의 인원으로 구성되었다. 반면에 종전 후 군사고문단은 군대의 창설에서부터 군사원조의 집행에 이르기까지 실로 다양한 활동을 수행하고, 이를 위해 대규모의 체계적인 조직으로 운영되었다는 특징을 지녔다.

미국이 군사고문단의 운영을 공식적으로 표방한 것은 1947년 트루먼 독트린을 발표하면서부터였다. 소련의 팽창정책에 대한 '봉쇄'를 공식적으로 밝힌 트루먼 독트린의 핵심 내용 가운데 하나가 원조 대상국에 군사고문단을 파견하는 것이었다. 첫 번째 대상 국가가 그리스와 터키였으며 그 다음으로 이란과 한국이 포함되었다. 그리스·터키·이란·한국은 중동과 아시아 지역에서 미국이 공산주의 세력과 첨예하게 대립하던 지역이었다. 이러한 의미에서 군사고문단의 설치는 유럽 중심의 냉전(Cold War)이 중동과 아시아로 확대되고 있음을 보여주는 하나의 중요한 사례라고 할 수 있다.

각국에 설치된 군사고문단은 국가별·지역별 상황에 따라 2~7년 정도 존속하다가 군사원조자문단으로 성격을 전환하였다. 군사고문단이 주재국(駐在國) 군대의 형성과 운용을 주요 임무로 하였다면, 군사원조자문단은 주로 군사원조를 관장하는 군사행정기구의 역할을 수행하였다.

이러한 전환 과정에서 예외로 존재했던 것이 주한미군사고문단이었다. 한국의 경우 군사고문단이 군사원조자문단으로 전환되기까지는 23년이라는 시간이 필요했다. 이는 분단과 한국전쟁, 그리고 미군 전투부대의 존속과 같은 한국의 특수한 상황과 밀접한 관련이 있었다. 이 같은 한국의 특수한 상황은 한국군의 위상과 역할에도 큰 영향을 미쳤으며, 또 한국군의 급속한 증강을 초래하는 원인이기도 했다. 해방 후 경찰예비대로 출발한 한국군은 한국전쟁을 거치면서 약 55만 명의 규모로 확대되었는데, 이는 '팽창'으로 불릴 만큼 급격한 확장이었다.[1] 그 과정에서 군사원조를 기반으로 하여 한국군의 조직화와 운용을 책임졌던 군사고문단의 역할은 증대될 수밖에 없었으며, 군사원조자문단으로의 전환도 일반적인 과정에서 예외로 존재하게 되었다.

주한미군사고문단에 의해 주도된 한국군의 형성과 증강 과정은 한국군이 미국 군대의 조직·전술·교육·문화 등을 수용하는 과정이기도 했다. 한국군이 역사상 경험하지 못한 무기와 장비들의 수용과 기술 습

---

1 한국군의 형성과 증강 과정에 대한 검토는 다음 연구들을 참조. 한용원, 『창군』, 박영사, 1984 ; 김영만, 「미군정기 조선경비대 창설과정 연구-군사영어학교를 중심으로-」, 고려대 사학과 석사학위 논문, 1985; 안진, 『미군정기 국가기구의 형성 과정에 관한 연구』, 서울대 사회학과 박사학위 논문, 1991; 박일송, 「한국전쟁 시 육군의 교육 및 훈련체계: 1950. 6~1951. 8」『학예지』 3집, 육군사관학교, 1993; 이강수, 「해방직후 국군준비대의 결성과 그 성격」『군사』 제32호, 국방군사연구소, 1996; 임종명, 「조선국군준비대와 건군운동(1945. 9~1946. 1)」『한국사학보』 제2호, 고려사학회, 1997; 박동찬, 「한국전쟁기 한국군의 증강 문제와 군사교육의 강화」『한국학논집』 제33집, 한양대학교 한국학연구소, 1999; 온창일, 「6·25전쟁과 한국군의 팽창」『한국과 6·25전쟁』, 연세대학교 출판부, 2002; 나종남, 「한국전쟁 중 한국 육군의 재편성과 증강, 1951~1953」『군사』 제63호, 2007; 유지아, 「전후 미국의 한국과 일본에 대한 국방경비대(경찰예비대)의 창설 과정」『사림』 27, 수선사학회, 2007; 노영기, 『1945~50년 한국군의 형성과 성격』, 성균관대 사학과 박사학위 논문, 2008; 이미숙, 「6·25전쟁기 미국의 한국군 증강정책과 그 특징」『군사』 제67호, 2008; 박동찬, 『통계로 본 6·25전쟁』, 국방부 군사편찬연구소, 2014 등.

득, 거대한 군대 조직의 운용 방식과 교육훈련제도의 습득, 미군의 전술 및 교리의 적용과 습득 과정은 미국의 '제도와 가치'가 한국군에 전파·수용되는 과정이었다. 즉 한국군의 형성과 증강 과정은 한국군의 미국화 과정으로, 이는 한국군의 성격과도 밀접하게 연관되는 문제였다.[2]

이와 같이 주한미군사고문단은 미국의 대한군사정책을 이해하고, 한국군의 성장 과정과 그 성격을 규명하는 데 핵심 요소라고 할 수 있다. 이러한 점에서 주한미군사고문단의 조직과 활동에 관한 연구는 그 중요성이 크다고 할 수 있다.

주한미군사고문단에 관한 연구는 1952년 미 육군 군사연구실(Office of the Chief of Military History)에서 주관한 '주한미군사고문단사(History of KMAG)' 편찬사업의 일환으로 시작되었다. 1952년부터 1958년까지 6년간 진행된 군사고문단사 편찬사업의 결과물이 소이어(Robert K. Sawyer)의 『주한미군사고문단: 평화와 전쟁 시기의 주한미군사고문단(*Military Advisor in Korea : KMAG in Peace and War*)』과 마이어(Kenneth W. Myers)의 『주한미군사고문단: 전쟁기 주한미군사고문단의 경험(*U.S. Military Advisory Group to the ROK : KMAG's Wartime Experiences, 11 July 1951 to 27 July 1953*)』이었다.[3]

---

2 한국군의 미국화 과정은 1960~80년대 군이 한국 사회에 미친 영향을 분석하거나 또는 30년간 한국 사회를 주도하던 군부의 인적·물적 기반을 이해하는 데 전제가 된다. 1960~80년대 민군관계 연구로는 다음을 참조. 홍두승, 『한국 군대의 사회학』, 나남, 1993; 백종천·온만금·김영호 공저, 『한국의 군대와 사회』, 나남, 1994 등. 군과 정치에 관해서는 다음 연구를 참조. 김세진, 「한국 군부의 성장과정과 5·16」 『1960년대』, 거름, 1983; 한용원, 『한국의 군부정치』, 대왕사, 1993; 도진순·노영기, 「군부엘리트의 등장과 지배양식의 변화」 『1960년대 한국의 근대화와 지식인』, 선인, 2004; 노영기, 「5·16쿠데타 주체세력 분석」, 같은 책; 양영조, 「이승만 정부의 군부통제와 성격」 『한국전쟁과 동북아 국가정책』, 선인, 2007 등.

3 Robert K. Sawyer, *Military Advisor in Korea : KMAG in Peace and War*, Office of the Chief of Military Department of the Army, 1962; Kenneth W. Myers, *U.S. Military Advisory Group to the*

소이어의 연구는 국내외를 막론하고 한국현대사 연구에서 가장 많이 인용되는 연구 중의 하나로, 주한미군사고문단 연구에서 가장 주목받는 연구라고 평가할 수 있다. 소이어는 한국전쟁이 한창 진행 중이던 1952년부터 자료를 수집해 1955년에 초고를 완성했다. 1945년 8월부터 1951년 7월까지를 주요 대상 시기로 한 그의 연구는 한국군의 형성과 주한미군사고문단의 역할을 이해하는 데 가장 기본적인 연구로 위치해 왔다. 소이어가 연구서를 발간한 이후 국내외의 군사고문단 연구는 대부분 그의 연구에 의존했다고 해도 과언이 아닐 정도이다. 이 책도 소이어의 선행 연구에 도움을 받은 바가 크다는 점을 밝혀둔다.

하지만 그의 연구는 다음과 같은 몇 가지 문제점들을 갖고 있어 이에 대한 규명이 필요하다. 우선 군사고문단의 인적 구성에 대한 분석이 거의 없다는 점을 지적할 수 있다. 고문단의 인적 구성은 고문단 조직을 이해하는 데 전제임에도 불구하고 그의 연구에서는 이에 대한 언급이 없다는 점이다. 둘째, 미국의 대한군사정책과 관련한 내용이 소략하다는 점을 들 수 있다. 특히 한국인의 입장에서 볼 수 있는 정책 문제에 대한 검토가 없다는 점이다. 셋째, 군사고문단과 한국군 사이의 갈등이나 또

ROK: KMAG's Wartime Experiences, 11 July 1951 to 27 July 1953, (Undated), RG 338, Military Historians Files, Boxes 12-13. 소이어는 1951~55년 군사연구실에 근무하면서 '군사고문단사'를 집필하였다. 당시 현역 대위였던 소이어는 근무지 변경으로 원고를 완성하지 못하였다. 이에 따라 그의 원고는 초고로 남겨져 있다가 험즈(Walter G. Hermes)에 의해 수정과 보완을 거친 후 1962년에 공간되었다. 그의 초고는 RG 319, Entry No. 181, Office of the Chief of Military History BKGD-Military Adv. Korea: KMAG Peace & War, Correspondence to Supporting Documents, Box 2에 들어 있다. 한편, 마이어는 미 육군 군사연구실 소속의 민간인 연구자로 1958년 4월경에 초고를 완성하였다. 마이어의 연구는 2급 비밀로 분류되었다가 1971년 비밀 등급이 해제되어 일반인에게 공개되었다. 이들 두 연구는 미 육군부에서 주관한 '주한미군사고문단사(History of KMAG)' 편찬 사업으로 진행되었으며, 소이어의 연구가 제1·2편에, 마이어의 연구가 제3·4편에 해당한다.

는 한·미 간의 마찰을 불러올 수도 있는 문제들에 대해서는 언급하고 있지 않다는 점이다. 넷째, 군사고문단의 활동이 성과 위주로 정리되어 있다는 점이다. 하지만 소이어가 지적한 성과가 한국인의 입장에서 볼 때 과연 성과만으로 해석할 수 있는지는 자료를 통해 면밀히 검증할 필요가 있다.

소이어의 연구에서 나타나는 이러한 문제점들은 그가 미 육군 현역 장교의 신분이었다는 점과 무관하지 않다고 생각된다. 앞서 지적했듯이 소이어는 방대한 자료를 수집하고 수많은 참전자들의 증언을 청취했다. 그가 수집한 문서와 증언 자료들은 2008년에 처음 국내에 소개되었으며, 이를 검토해 본 결과 소이어도 위에서 언급한 내용들을 상당 부분 인지하고 있었다는 사실이 확인된다.[4]

소이어의 연구가 1951년 7월 이전의 기간을 주요 연구 대상 시기로 했다면, 마이어의 연구는 그 후속 편으로 1951년 7월 11일부터 1953년 7월 27일까지의 군사고문단 활동을 다루었다. 마이어는 본래 미 육군 군사연구실 소속의 민간인이었지만, '주한미군사고문단사'를 집필할 때에는 극동군사령부 군사과에 머물면서 초고를 완성하였다. 그의 연구가 언제부터 시작되었는지는 정확히 알 수 없으나 군사고문단 보고서에 따르면 1958년 4월 말에 초고가 완성된 것으로 확인된다. 마이어가 초고를 집필할 때, 미 육군부와 캔자스시티 연방기록센터(Kansas City Federal

---

4 RG 319, Entry No. 181, Office of the Chief of Military History BKGD-Military Adv. Korea: KMAG Peace & War, Correspondence to Supporting Documents, Box 2. 이 문서는 소이어의 초고를 비롯해 그가 참전고문관들에게 보낸 질의서와 이에 대한 회신문 등으로 구성되어 있으며, 총분량은 987매이다.

Records Center)에 소장되어 있는 군사고문단 관련 자료들이 모두 도쿄로 이송되었다.[5] 그는 이 자료들을 활용해 '주한미군사고문단사'를 정리하였다. 그가 집필한 초고는 본격적인 고문단 연구라기보다는 자료집의 성격을 띠고 있다. 그의 연구는 각 문단마다 비밀 등급이 부여되어 있는데, 이는 원자료를 그대로 수록했기 때문이었다. 따라서 마이어의 연구는 자료로서의 활용 가치가 높다고 할 수 있다.

소이어와 마이어가 미 육군부의 공식 역사기록으로서 주한미군사고문단의 조직과 활동을 정리했다면, 하우스라스(Alfred H. Hausrath)와 스카그스(David C. Skaggs)·외이너트(Richard P. Weinert)는 새로운 연구 방향을 제시하면서 고문단 연구의 지평을 확대시켰다. 하우스라스는 존스홉킨스대학교 작전연구실(Operations Research Office) 소속의 연구원으로 활동하면서 미 육군부로부터 지원금을 받아 군사고문단 연구에 착수하였다. 그는 참전고문관들을 대상으로 한 설문 조사와 다양한 문헌자료를 통해 군사고문단의 제도와 운영 방식, 각종 통계 등을 정리하였다.[6] 하우스라스의 연구는 고문단의 제도와 운영 방식을 개선하기 위한 연구보고서이지만, 125명의 참전고문관과 20명의 한국군 주요 지휘관을 대상으로 72개 항목의 설문조사와 22개 항목의 면접조사를 실시해 각종 통계를 도출해 정리했다는 점에서 기존의 연구와 차별성을 갖는다.

스카그스와 외이너트의 연구는 미공간된 초고 형태로 남아 있지만

---

5 "Denmark C. Jensen, Lt Col., Deputy Chief of Staff, R&R to Chief of Staff, sub.: Official KMAG History"(1958. 3. 10), RG 319, CMH Manuscripts, KMAG in Peace & War, Box 2.

6 Alfred H. Hausrath, *The KMAG Advisor: Role and Problems of the Military Advisor in Developing an Indigenous Army for Combat Operations in Korea*, Operations Research Office, The Johns Hopkins University, 1957.

자료 정리 차원을 넘어 분석적인 접근을 시도했다는 점에서 기존 연구와 차별성을 갖는다. 특히 군사고문단과 미국의 군사원조 문제를 연결시켜 분석한 것은 이 연구의 가장 큰 특징이라고 할 수 있다. 그뿐 아니라 이 연구에서는 한국전쟁 이후 주한미군사고문단과 임시주한미합동군사원조자문단(PROVMMAG-K)의 관계 및 활동의 성격을 구체적으로 밝히고 있다.[7] 이러한 점에서 스카그스와 외이너트의 공동 연구는 소이어의 연구에 비견할 만한 연구사적 의의가 있다고 평가할 수 있다. 이 책에서 군사고문단과 상호방위원조계획을 연관시켜 분석하는 데에는 스카그스와 외이너트의 연구 성과가 큰 도움이 되었다.

한편 국내의 군사고문단 연구는 1990년대에 들어서 본격화되었다. 대표적인 연구로는 조이현과 안정애의 연구를 들 수 있다. 조이현은 1948~49년 주한미군의 철수와 주한미군사고문단의 활동을 연결시켜 분석하였다.[8] 그는 당시 국내에 처음으로 소개된 미 육군부 기획작전처(P&O) 문서를 활용해 미국의 철군정책과 군사고문단의 활동을 고찰하였다. 그의 연구는 국내에서 처음으로 군사고문단에 관한 본격적인 연구라는 점에서 연구사적 의의가 크다. 그럼에도 그의 연구에는 몇 가지 미흡한 부분이 있다. 첫째, 연구의 범위를 고문단 창설 시부터 한국전쟁 발발 이전 시기로 국한해 전쟁기의 활동 부분을 다루지 않음으로써 고문단

---

7 David Curtis Skaggs & Richard P. Weinert, *American Military Assistance to the Republic of Korea Army 1951-1965*, undated, RG 319, CMH Manuscripts, KMAG in War and Peace, Box 1. 스카그스와 외이너트의 연구는 공간하지 않은 채 초고 형태로 남아 있으며, 연구 과정에서 활용한 자료들이 RG 319, CMH Manuscripts, KMAG in War and Peace, Box 2~7에 수납되어 있다.

8 조이현, 「1948~49년 주한미군의 철수와 주한미군사고문단의 활동」, 서울대 국사학과 석사학위논문, 1995.

의 활동과 그 성격을 전체적으로 조망하지 못했다는 점이다. 둘째, 고문단의 조직과 활동에 대한 정리가 소이어의 연구를 크게 벗어나지 못하고 있다는 점이다. 이는 당시 한국에 들어온 자료의 한계로 인해 1차 자료들을 활용하지 못한 데서 비롯되었다고 볼 수 있다.

조이현이 미국의 철군정책을 중심으로 군사고문단의 활동을 고찰했다면, 안정애는 미국의 대한군사원조를 중심으로 고문단의 활동을 분석하였다.[9] 그의 연구는 미국의 대한군사원조 정책을 군사고문단과 연결시켜 고찰했다는 점에서 기존의 연구와 차별성을 갖는다. 하지만 조이현의 연구와 마찬가지로 그의 연구도 연구 대상 시기의 제한과 소이어의 연구 성과를 크게 벗어나지 못했다는 한계가 있다. 또한 그의 연구에서는 다음과 같은 문제점들을 간과하고 있다. 첫째, 군사원조와 관련한 고문단의 역할을 밝히면서도 군사고문단과 상호방위원조계획의 상관관계에 대한 분석이 이루어지지 않았다. 군사고문단은 상호방위원조계획이 세계적으로 가동되면서 실질적으로 현지에서 이를 운영하는 책임 기관의 역할을 수행하게 되었다. 따라서 군사원조에 대한 올바른 이해를 위해서는 미국의 상호방위원조계획과 군사고문단의 관계에 대해 면밀한 분석이 선행되어야 할 것이다. 둘째, 1948~50년 사이 군사원조 문제를 분석하면서 한국에 대한 미국의 '전략적 저평가'가 대한군사원조를 제한하는 요인으로 작용했으며, 이에 따라 군사고문단의 활동도 크게 제약을 받았다고 주장한다. 특히 그는 한국에 대한 미국의 전략적 저평가로 인해 추가적인 군사원조가 이루어지지 않았다는 점을 강조한다. 하지만 그는 1950년 6월

9 안정애, 『주한미군사고문단에 관한 연구-한국군 창군과정(1945~1950)에서의 역할 및 기능을 중심으로』, 인하대 정치외교학과 박사학위논문, 1996.

을 전후하여 미국의 대한군사정책이 변화를 보인다는 점을 간과하였다. 이는 그의 연구가 주로 〈미국의 대외관계문서(FRUS)〉에 기초해 이루어진 것에서 비롯되었다고 할 수 있다. 미국의 대한군사정책과 관련해서는 미국방부, 합참, 육군부, 극동군사령부 등 군 기관에서 생산된 문서들을 면밀히 검토할 필요가 있으며, 군사원조와 관련해서는 미국 내의 군사원조 담당 기구인 국무부 상호방위원조계획국과 국방부 군사원조실의 계획과 논의 과정을 면밀히 추적해 보아야 할 것이다.

이 책에서는 이러한 점을 염두에 두면서 주한미군사고문단의 조직과 활동을 규명하고, 한국군의 형성과 증강에 미친 영향을 구체적으로 밝혀보고자 하였다. 이를 정리하면 다음과 같다.

첫째, 군사고문단은 미국의 세계 정책 또는 전략을 실현하는 과정에서 만들어진 기구였으며, 미국의 대외군사정책을 관철시키는 주체였다는 점이다. 특히 군사고문단은 1949년 상호방위원조법의 제정에 따라 전세계적으로 확대되는 상호방위원조계획(MDAP)의 실무기관이었으며, 미국은 이를 매개로 집단적 방위체제를 강화하고자 했음을 분명히 할 것이다. 다시 말해 각국에 설치된 군사고문단은 주재국의 군사력 강화를 주요 목표로 삼았지만, 보다 중요한 그들의 목표는 상호방위원조계획의 궁극적인 목표인 군사적 측면에서의 지역통합을 실현하는 데 있었다는 것이다.

둘째, 한국전쟁이 발발하기 전에 주한미군사고문단은 한국군을 '자문'하는 본연의 임무 이외에 MDAP의 운영기관으로 군사원조를 계획·집행하는 이중적인 기능을 수행했다는 점이다. 이러한 중복된 기능은 군사고문단의 내부 취약성과 맞물려 한반도의 위기 상황에 제대로 대처하지 못하는 결과를 초래했다는 것이다.

셋째, 군사고문단의 운영과 MDAP의 적용 등을 통해 볼 때, 미국은 한국을 결코 '포기'하지 않았다는 점을 분명히 할 것이다. 여기서 미 합참을 중심으로 하는 '군사적 저평가' 논리가 미국의 정책이나 전략에 그대로 반영된 것이 아니었음을 밝히고자 하였다. 특히 1950년 6월을 전후해 미국은 추가적인 대한군사원조를 일본의 방위 문제와 연결시켜 적극적으로 추진하려 했음을 규명하고자 하였다.

넷째, 군사고문단의 한국전쟁 인식과 초기 대응이 어떠했는가 하는 점이다. 이는 전쟁 전 군사고문단 활동의 성격과 함께 전쟁 초기 상황의 재구성과 재평가의 기초가 될 것이다.

다섯째, 한국전쟁 기간 군사고문단은 전황과 미국의 정책 변화에 따라 활동의 범위와 중점을 달리하면서 한국군의 증강과 질적 변화를 추진했다는 점이다. 초기에는 작전지휘와 통제를 통해서, 그리고 전쟁이 고착된 시점에는 장교들의 교육훈련 강화와 단계적 사단 증편을 통해 미국식 군대로의 전환을 급속히 추진했다는 것이다.

여섯째, 전후 군사고문단은 군사원조자문단으로의 전환을 시도했지만, 한국의 특수한 상황과 군사원조의 운영 주체 문제 등으로 인해 전환이 무기한 연기되었다는 점이다. 이는 한국만의 독특한 군사고문단 운영방식을 창출하였으며, 세계적으로 새로운 고문단 운영 방식의 사례가 되었음을 밝히고자 하였다.

이를 위해 이 책에서는 우선 비교사적 접근방법을 활용하여 중동지역의 군사고문단과 주한미군사고문단의 창설과 운영상에서의 공통점과 차이점을 분석하고자 하였다. 미국의 세계 정책 또는 전략이 군사고문단을 매개로 하여 전 세계적으로 어떻게 전개되는가를 파악하는 데는 이러한 비교사적 접근방법이 매우 유용하다고 할 수 있다. 이와 더불어 이 책에서는 주한미군사고문단의 조직과 활동을 연대기적으로 기술한 뒤 이를 분석하는 방법을 취하였다. 이는 시간의 흐름에 따라 군사고문단의 조직과 활동의 변화와 그것이 한국군의 형성 및 증강에 어떻게 상호 영향을 미쳤는지를 총체적으로 파악할 수 있는 방법이다. 이러한 분석이 보다 객관적이기 위해서는 1차 자료를 근거로 한 작업이 수행되어야 할 것이다. 이에 이 책에서는 후술하는 새로운 연구 자료들의 발굴을 통해 군사고문단의 조직과 활동을 실증적으로 파악, 정리하고자 하였다.

자료와 책의 구성

이 책에서는 다음과 같은 자료들을 주로 활용하였다. 먼저 미 국립문서기록관리청(National Archives and Records Administration : NARA)의 RG 59(국무부 일반문서), RG 319(육군참모부 문서), RG 330(국방장관실 문서), RG 334(군간기구 문서), RG 338(육군 작전·전술·지원 조직 문서), RG 407(부관감실 문서), RG 550(태평양 미 육군 문서), RG 554(극동군사령부 문서)에 있는 군사고문단 관련 자료들을 이용하였다. 이 자료들은 현재 대부분 국내에 들어와 있으며, 군사편찬연구소와 국사편찬위원회, 그리고 국립중앙도서관에서 확인이 가능하다.[10] 이를 구체적으로 정리하면 다음과 같다.

---

10 이 책에서 활용한 군사고문단 자료들은 대부분 방선주 박사가 미 국립문서기록관리청에서 수집해 국내에 들어온 자료들로 현재 군사편찬연구소, 국사편찬위원회, 국립중앙도서관에서 확인이 가능하다. 이 책에서는 군사편찬연구소가 소장하고 있는 RG 59, RG 330, RG 334, RG 407 문서군

군사고문단의 조직과 활동에 대한 세부적인 내용들을 이해하기 위해 이 책에서는 주한미군사고문단의 〈지휘보고서(Command Report)〉를 이용하였다. 이 문서들은 RG 407(부관감실 문서) 중 〈제2차 세계대전과 한국전쟁 작전 및 1940~54년 점령지 활동 관련 문서〉에 포함되어 있다.[11] 주한미군사고문단 지휘보고서는 고문단장이 월간 단위로 수행하던 정기보고서로써, 소속 부대의 작전에 관한 자료 및 평가, 편성, 장비, 훈련, 관리, 기술 및 전술 등에 관한 내용을 담고 있다. 이 보고서에는 한국군 각 예하부대에 편성된 고문관들의 정기보고서는 물론 일반참모인 인사(G-1), 정보(G-2), 작전(G-3), 군수(G-4)와 특별참모인 공병·수송·의무·법무·경리·헌병·정훈·부관·화학·병기·통신과의 문서들이 포함되어 있다. 특히 한국군 및 한국 경찰의 세부 작전 상황을 비롯해 한국군 증강을 위한 구체적인 협조 사항, 각급 군사교육기관의 운용에 관한 내용 등이 매우 자세하게 기록되어 있다. 이에 따라 군사고문단 지휘보고서는 고문단 연구에 가장 기본이 되는 자료라고 할 수 있다. 그러나 이 문서군에 수납되어 있는 고문단 지휘보고서는 1952년 2월부터 1953년 9월까지 그 대상 시기가 한정되어 있다. 이에 이 시기를 제외한 고문단의 조직과 활동에 관해서는 또 다른 관련 문서들을 활용하였다. RG 319, RG 330, RG 334, RG 338, RG 550, RG 554에 있는 고문단 관련 자료들이 그것이다.

의 고문단 관련 자료, 국사편찬위원회가 소장하고 있는 RG 319, RG 338 문서군의 고문단 관련 자료, 그리고 국립중앙도서관이 소장하고 있는 RG 550, RG 554 문서군의 고문단 관련 자료들을 활용하였다.

11 RG 407(Records of the Adjutant General's Office), Army-AG Command Reports, 1949-54, Non Organic Units, USMAG Korea AYUT 8202, Boxes 5786~5815.

RG 319(육군참모부 문서)에는 미 육군의 일반참모부와 특별참모부에서 생산된 각종 문서들이 포함되어 있다. 이 중 이 책에서는 '육군부 기획작전처(Plans and Operations Division) 문서', '육군 군사연구실 문서', '육군참모총장실 문서(Records of the Office of the Chief of Staff)', '육군 작전참모부(G-3) 문서' 등을 활용하였다.

RG 319 문서군 중 이 책에서 가장 중요하게 활용한 자료는 육군부 기획작전처(P&O) 문서이다.[12] 육군부 기획작전처는 한국전쟁이 발발하기 전까지 미 대사관과 함께 고문단의 운영을 관장했던 기관이었다. 이에 따라 기획작전처 문서는 1949~50년 시기 고문단 활동의 성과와 문제점, 고문단 운영과 관련한 군부와 국무부 사이의 견해 차이 등을 살펴볼 수 있는 귀중한 자료이다. 여기에는 군사고문단 사령부에서 작성한 〈1949년도 반년간보고서(Semi-Annual Report)〉를 비롯해 주한미군사고문단, 극동군사령부, 육군부, 국방부, 국무부 사이에 오고 간 전문과 서신들이 포함되어 있다. 특히 이 문서철에는 상호방위원조계획의 적용문제와 관련해 미 국방부 군사원조실과 국무부 상호방위원조계획국 간에 오고 간 비망록과 대한군사원조 관련 문서들이 포함되어 있으며, 1949~50년 한국군의 전반적인 상황과 군사고문단의 다양한 활동 등을 살펴볼 수 있는 자료들이 망라되어 있다.

또한 이 책에서는 RG 319 문서군 중 미 육군 군사연구실의 고문단 관련 연구 초고들과 이들 연구에서 활용했던 자료들을 면밀히 검토하

---

12 RG 319(Records of the Army Staff), Entry No. 153, Plans & Operations Division, Decimal File 1949-1950, Boxes 549, 587, 633; RG 319, Entry No. 154, ACofS(G-3) Operations Decimal File, 1949-1950, Boxes 162~163.

였다. 미 육군 군사연구실 문서에는 스카그스와 외이너트의 미간행 연구서인 『1951~65년 한국군에 대한 미국의 군사원조(American Military Assistance to the Republic of Korea Army 1951-1965)』와 초고 집필 당시 활용했던 관련 자료들이 포함되어 있다. 스카그스와 외이너트의 연구 초고만으로도 자료적 가치가 크지만, 무엇보다도 이 문서철에는 그들이 원고 작성에 활용했던 1차 자료의 복사본이 빠짐없이 수록되어 있다는 점에서 자료적 가치가 매우 크다고 할 수 있다. 여기에는 대한군사원조 관련 문서, 한국전쟁 이후 군사고문단 각 지역 파견대의 조직과 활동 문서, 〈군사고문단 분기 역사보고서(KMAG Quarter Historical Report)〉, 한국군 군수지원 관련 문서, 고문단 활동 연표, 임시주한미군사원조자문단(PROVMAAG-K)의 컨추리팀(Country Team) 회합 문서, 공군고문단 활동 관련 문서, 소이어와 마이어가 집필한 '주한미군사고문단사(History of KMAG)'의 작성 배경과 경과에 관한 문서 등이 포함되어 있다.[13]

그리고 소이어가 『주한미군사고문단: 평화와 전쟁 시기의 주한미군사고문단(Military Advisor in Korea: KMAG in Peace and War)』을 집필하면서 수집·정리한 참전고문관들의 증언과 감수 내용도 군사연구실 문서에 포함되어 있다.[14] '서한과 첨부문서'로 표기된 소이어의 참전자 증언록은 로버츠(William L. Roberts) 초대 고문단장을 비롯해 주요 보직을 맡

---

13 RG 319, CMH Manuscripts, KMAG in War and Peace, Boxes 1-8, 군사편찬연구소 MF 1429~1432.

14 RG 319, Entry No. 181, Office of the Chief of Military History BKGD-Military Adv. Korea: KMAG Peace & War, Correspondence to Supporting Documents, Box 2.

왔던 참전고문관 37명의 증언 내용을 담고 있다.[15] 이 책에서는 고문단의 인적 구성과 전쟁 초기의 상황을 규명하는 데 이들 참전고문관들의 증언을 적극 활용하였다. 특히 이 문서에는 한국전쟁 발발 초기의 군사고문단 활동을 새롭게 밝힐 수 있는 「1950년 6월 25일 오전 4시 30분부터 1950년 6월 28일 정오까지의 사건 경과(Sequence of Events, 0430 25 June 1950-1200 28 June 1950)」라는 제목의 자료가 포함되어 있다. 이 자료는 작성자와 작성 일자가 기재되어 있지 않지만 문서상에서 참모회의를 주도하고 민간인 소개작전을 지시하는 등의 내용이 나오고, 등장하는 주요 참모진의 명단을 비교해 볼 때, 당시 고문단 부참모장이었던 그린우드(Walter Greenwood Jr.)가 작성한 것으로 추정되는 문서이다. 이 문서는 전쟁 발발 초기 군사고문단 사령부의 활동을 이해하는 데 매우 귀중한 자료이다.

그린우드의 문서가 전쟁 발발 초기 군사고문단 사령부의 동향을 파악할 수 있는 자료라면, 한국군 제3사단 선임고문관이었던 에머리치(Rollins S. Emerich)가 작성한 「1950년 한국전쟁 초기 역사(Early History of the

---

15 37명의 명단은 다음과 같다. William L. Roberts 준장, Lawrence E. Schick 대령, John T. Marshall 중령, Archibald V. Arnold 군정장관, Harry D. Bishop 대령, Arthur S. Champeny 준장, John R. Hodge 중장, Loren B. Thompson 대령, Joseph B. Coolidge 대령, Terrill E. Price 대령, Ralph W. Hansen 대령, M. J. Bartosik 중령, Floy W. McGinn 중령, William F. West 소령, Lawrence S. Reynolds 중령, Clarence C. DeReus 중령, William R. Stroud 대위, William F. West 소령, Eugene O. McDonald 중령, John B. Clark 중령, Frederick Schwarze 대위, John P. Reed 소령, Ralph Mason 소령, Russell P. Grant 중령, W. H. S. Wright 대령, James S. Gallagher 대령, Rollins S. Emmerich 대령, LeRoy B. Miller 중령, Albert L. Hettrich 대령, Walter Greenwood, Jr. 중령, George R. Sedberry, Jr. 중령, Carl H. Sturies 중령, Ray B. May 소령, Lewis D. Vieman 대령, Peter W. Scott 대령, Leroy B. Miller 중령, Clarence M. Speight 해군 중령 등이다. 이 밖에 군사연구실장인 애플만(Roy E. Appleman)에게 보낸 Lloyd H. Rockwell 중령과 Thomas D. McPhail 중령의 서한도 여기에 포함되어 있다.

Korean War 1950)」는 지역에 파견된 고문단의 동향을 파악할 수 있는 자료이다. 이 문서는 에머리치가 1953년 11월부터 1954년 1월까지 총 5차례에 걸쳐 소이어에게 보낸 편지에 동봉된 초고로 분량은 78쪽이다. 각각의 원고가 보내진 날짜는 1953년 11월 20일(1~13쪽), 12월 1일(14~26쪽), 12월 3일(27~41쪽), 12월 28일(42~58쪽), 1954년 1월 13일(59~78쪽)이며, 소이어가 이를 종합하여 묶은 것이다. 이 원고에는 1950년 6월 22일부터 한국군 제3사단과 관련된 내용이 자세하게 소개되어 있는데, 한국전쟁 초기 경상도 지역의 상황을 이해하는 데 매우 중요한 자료라고 할 수 있다.

RG 319의 '육군 참모총장실 문서'에서는 '1950년 한국 관련 십진분류 파일(Decimal File)'과 '1948~52년 1급 비밀 통신문(Top Secret Correspondence)'을 주로 활용하였다. 십진분류 파일에는 미 육군부장관, 육군참모총장, 육군참모차장 명의의 수신·발신 통신문이 모두 포함되어 있는데, 이 책에서는 특히 1950년 육군부장관과 육군참모총장의 통신문을 활용하였다.[16] 이를 통해 한국전쟁 초기 미 육군부의 대응과 군사고문단에 전달된 지시 사항들을 분석하였다. 이와 더불어 현재 부분적으로 기밀 해제된 '1948~52년 1급 비밀 통신문' 중에서 군사고문단의 활동과 한국군 지원 사항 등에 관한 자료들을 선별해 활용하였다.[17]

RG 319의 '작전참모부 문서'에서는 우선 주한미군사고문단이 미 육

16 RG 319, Entry No. 2, Decimal File, Army Chief of Staff 1950 Decimal File-Korea, Boxes 557~558.

17 RG 319, Entry No. 4, Office of the Chief of Staff, Top Secret Correspondence, 1948-52, Boxes 3~15.

군부와 극동군사령부에 보낸 전문들을 포함하고 있는 '1950~51년 한국전쟁 관련 작전문서'와 '1950~52년 일반 십진분류 파일'을 활용하였다. '한국전쟁 관련 작전문서'에는 1950년 3월 10일부터 1951년 6월 21일까지 주한미군사고문단이 육군부와 극동군사령부에 보낸 전문들과 육군부와 극동군사령부, 육군부와 미 합참 간에 오고 간 작전 관련 전문들이 수록되어 있다. 특히 1950년 한국전쟁 발발 직후 군사고문단이 미 육군부에 보낸 전문들이 여기에 포함되어 있다.[18] 그리고 '1950~52년 일반 십진분류 파일'에는 주로 극동군사령부에서 육군부에 보낸 전문들이 포함되어 있다. 여기에는 1950년 5~6월 대한군사원조계획과 관련한 특별위원회의 보고서, 미 합참 군수기획위원회와 전략기획위원회의 추가 군사원조에 대한 평가서, 1951년 작전참모부장이 육군참모총장에게 보낸 '한국군 인력 연구(Korean Manpower Study)' 자료, 극동군사령관이 육군부에 보낸 '한국군 교육훈련제도 개선안' 등 한국전쟁 이전 시기 미국의 대한군사원조와 전쟁 기간 한국군 인력 및 교육훈련에 관한 자료들이 포함되어 있다. 또한 한국군 장교들의 도미 군사유학과 교육훈련 방안, 한국군의 증강과 군수 관련 자료들도 이 문서철에 포함되어 있다.[19]

다음으로 이 책에서는 RG 330(국방장관실 문서) 중 국방부 군사원조

18 RG 319, Entry No. 95, Assistant Chief of Staff, G-3, 1950-1951, 091 Korea, Boxes 121~124, 126~127, 130.

19 RG 319, Entry No. 97, Army-Operations, 1950-1951, General Decimal File, Boxes 33, 34, 34a, 35, 35A, 36, 36A, 38, 38A; RG 319, Entry No. 97, Army-Operations, 1950-1951, Bulky General Decimal File, Boxes 225~226; RG 319, Entry No. 97, Army-Operations, 1952, General Decimal File, Boxes 17~20.

실과 관련된 문서들을 활용하였다.[20] 여기에는 1949년 상호방위원조법과 상호방위원조계획을 마련한 핵심 주체인 대외원조관계위원회(Foreign Assistance Correlation Committee : FACC)의 문서, 1949~53년 상호방위원조계획 관련 문서, 1953년 군사원조실장 옴스테드(George H. Olmsted)의 '극동지역 상호방위원조계획 보고서', 군사고문단 사령부에서 작성한 〈1949년도 반년간 보고서(Semi-Annual Report)〉와 부록, 전쟁기 한국군 육성계획, 1949~50년 추가 군사원조 문제에 관한 국방부, 합참, 군사원조실이 작성한 비망록 등이 수장되어 있어 상호방위원조계획과 관련한 국방부의 입장을 정리하는 데 활용하였다. 또한 RG 330 문서군에서는 1950년 7~12월 미 육군부와 극동군사령부 간에 이루어진 텔레타이프 회의(Teletype Conference) 자료를 활용하였다.[21] 여기에는 미 육군부가 준비한 적과 아군 상황, 한국에서의 작전 상황에 관한 요약 등을 비롯해 극동군사령관이 준비한 일일 상황보고서들이 포함되어 있다. 극동군사령관의 보고서는 미8군으로부터 각 사단에 이르기까지 한국에 주둔하는 미군 부대들의 정보·작전·군수·인사 요약을 포함하고 있는데, 이 책에서는 극동군사령관이 미 육군부에 전송한 일일 상황보고서를 통해 군사고문단의 일일 인원 변화와 고문단 관련 주요 활동을 정리하였다.

RG 338(육군 작전·전술·지원 조직 문서)에서는 주한미군사고문단 부

---

20 RG 330(Records of the Office of the Secretary of Defense), Entry No. 18, General Decimal Files, 1949-53, Boxes 68~69; RG 330, Entry No. 199, Confidential through Top Secret Subject Correspondence Files, 1947-53, Boxes 20, 219e, 231~234, 319, 363; RG 330 Entry No. 23A, Assistant Secretary of Defense(International Secretary Affairs), Office of Military Assistance, FACC & MAP Documents, 1949-50, Boxes 99~108.

21 RG 330, Entry No. 208, Korea Teletype Conference, 1950, 군사편찬연구소 MF 1151~1153.

관과(KMAG Adjutant General Section) 문서를 주로 활용하였다.[22] 행정지원 업무를 담당하는 부관과의 특성상, 이 문서에는 행정지원, 장병들의 개인기록, 각종 통계, 간행물, 우편물, 특별사절단 보고서, 회계 및 인사계획, 각종 명령서, 임시군사고문단 문서, 역대 고문단장의 수·발신 서한, 한국군 부대와 훈련 상황에 대한 관찰보고서, 경찰 관련 보고서 등이 포함되어 있어 고문단의 내부구조와 전체적인 활동상을 이해하는 데 필수 자료가 된다. 특히 고문단 부관과 문서에는 1948년부터 1954년까지 고문단 정보참모부(G-2)와 작전참모부(G-3)에서 생산한 문서들이 포함되어 있다. 이 중 정보참모부 문서(일명 'G-2보고서')는 전쟁 발발을 전후로 한 남북한 군사관계 및 남한 내부의 동향을 이해하는 데 매우 중요한 자료가 된다. 문서의 구성은 〈일일정보보고(Periodic Intelligence Report)〉와 〈주간정보요약(Weekly Intelligence Summary)〉으로 되어 있으며, 기간은 1949년 7월 29일~1950년 6월 15일과 1950년 7월 23일~1954년 12월 31일까지이다.[23] 그리고 작전참모부의 〈정기작전보고서(Periodic Operations Report)〉, 〈오전 10시 브리핑 요약(Summary for 1000 Hour Briefing)〉, 〈작전참모부 일지(G-3 Journal)〉, 〈육군본부 정기작전보고서〉, 〈경찰 일일작전보고서〉 등도 고문단 부관과 문서에 포함되어 있다.

이외에도 RG 338에는 미 육군 군사연구실의 '주한미군사고문단사'

---

22 RG 338(Records of Army Operational, Tactical, and Support Organizations)의 부관과 문서는 총 61개의 박스로 구성되어 있으며, 현재 국사편찬위원회에서 전체 자료를 확인할 수 있다(RG 338, KMAG, Adjutant General, Decimal File, 1948-53, Boxes 1~61).

23 G-2보고서 중 전쟁 발발 이전의 보고서들은 『주한미군사고문단정보일지』 1~2권(한림대 아세아문화연구소, 1989)으로 영인되었으며, 전쟁 발발 이후의 자료들이 RG 338 부관감실 문서에 포함되어 있다.

연구 프로젝트의 일환으로 작성된 마이어(Kenneth W. Myers)의 『주한미군사고문단: 전쟁기 주한미군사고문단의 경험(*U.S. Military Advisory Group to the ROK: KMAG's Wartime Experiences, 11 July 1951 to 27 July 1953*)』이 '군사사연구자 파일'에 들어 있다.[24]

RG 550(미 육군 태평양사령부 문서)에서는 군 역사가실(Military Historians' Office) '편제사 파일(Organizational History File)'을 활용하였다. 여기에는 1951년 11월 25일 극동군사령부에서 작성한 〈주한미군사고문단(United States Military Advisory Group to Republic of Korea)〉이라는 소책자와 1953년 3월 12일 미8군사령부에서 작성한 군사고문단 〈정보 소책자(Information Brochure)〉가 들어 있다. 군사고문단과 관련해 최초의 종합보고서라고 할 수 있는 이들 자료들에는 주한미군사고문단의 조직과 임무, 한국군의 편제와 훈련, 고문단과 관련한 각종 통계 자료들이 수록되어 있다.[25]

RG 554(극동군사령부 · 연합군최고사령부 · 유엔군사령부 문서)에서는 군사고문단 부관과의 〈반년간 역사보고서(Semi-Annual Historical Report)〉를 활용하였다. 이 문서에는 1949년 7월 1일부터 12월 31일 기간의 '군사고문단 반년간보고서'와 1950년 1월 1일부터 1950년 6월 30일 기간의 '군사고문단 반년간보고서', 군사고문단 각 참모부서의 〈역사보고서(Histori-

---

24 RG 338, Military Historians' Files, Boxes 12~13.

25 RG 550(Records of HQ, U.S. Army), Pacific Military Historian's Office, Organizational History Files, KMAG to History of the Korean War, Box 44; RG 550, Classified Organizational History Files, 국립중앙도서관, 해외수집기록물, 표제: United States Military Advisory Group to Republic of Korea.

cal Report)〉가 들어 있다.[26]

그리고 외국의 군사고문단과 군사원조자문단의 조직과 활동을 살펴보기 위해 RG 334(군간기구 문서)의 '그리스 미 합동군사원조단 문서'와 '터키 미 합동군사원조단 문서'를 활용하였다. 특히 이 책에서는 〈그리스 미 육군단 약사(USAGG, Brief History)〉, 〈그리스 미 합동군사자문기획단 약사(JUSMAPG, Brief History)〉, 〈터키 미 합동군사원조사절단 브리핑 요약(JAMMAT, Briefing Summary)〉을 주로 이용하였다.[27]

이상의 군 관련 기관에서 생산된 자료와 더불어 이 책에서는 미국의 대한정책의 기본적인 이해를 위해 〈국가안보회의(National Security Council : NSC) 문서〉와 〈미국의 대외관계(Foreign Relations of the United States : FRUS) 문서〉 등을 활용하였다.[28] 전자는 미국의 국가안보에 관한 최종 의결기구의 문서로 미국의 정책 결정을 이해하는 데 필수적인 자료이며, 후자는 미국의 대외관계 자료를 미국 정부가 공식적으로 정리한 책으로 전반적인 미국의 대외정책을 이해하는 데 도움을 준다.

또한 이 책에서는 주한미군사고문단이 주한미대사의 통제하에서

---

26 RG 554, Entry No. A-1 1355, KMAG 8202nd Army Unit AG Section, Semi Annual Historical Report, 1 July 1949 to 30 June 1950, Box 29.

27 RG 334, Joint United States Military Aid Groups, Greece, United States Army Section Group, Adjutant General Section, Central Files Unit Historical File, 1947-50, Entry No. 155, Box 146; RG 334, Joint American Military Aid to Turkey, Adjutant General Section, Central Files Unit Decimal File, 1947-50, Entry No. 250, Box 4. 이 자료들은 2010년 방선주 박사를 통해 국내에 들어온 자료로 현재 군사편찬연구소에 소장되어 있다.

28 국방군사연구소, 『한국전쟁 자료총서 : 미 국가안전보장회의 문서(Documents of the National Security Council)』 1~2, 1996; U.S. Department of State, *Foreign Relations of the United States*, 1948, vol. Ⅵ; 1949, vol. Ⅶ; 1950, vol. Ⅶ; 1951, vol. Ⅶ; 1952~54, vol. Ⅶ.

활동했던 시기가 있었음을 고려해 RG 59(국무부 일반문서)와 RG 84(국무부 재외공관 문서) 중 군사고문단 관련 문서들을 이용하였다. RG 59에서는 국무부 상호방위원조계획국의 대한군사원조 관련 문서들을 활용하였다.[29] 여기에는 국무부 상호방위원조계획국의 MDAP 관련 문서를 비롯해 대한군사원조와 관련한 국무부와 주한미대사 간의 전문들을 포함하고 있어 군사원조에 대한 미 국무부의 인식을 이해하는 데 도움이 되었다. 그리고 RG 84에서는 주한미사절단의 〈합동주간요약(JOINT WEEKA)〉을 주로 활용하였다.[30]

한편 국내의 고문단 관련 자료는 다음과 같은 것을 활용하였다. 첫째, 전반적인 국내 상황을 파악하기 위해서 〈자료대한민국사〉를 활용하였다. 이 자료는 국사편찬위원회에서 편찬한 것으로 여기에는 신문, 잡지뿐 아니라 국회속기록, 관보, 주보 등이 수록되어 있어 당 시대의 한국 상황을 이해할 수 있는 전반적인 자료들이 망라되어 있다. 이 책에서는 한국 정부의 대미 군사지원 및 군사력 증강 요구 내용, 한·미 간의 한국군 증강문제 논의 과정, 도미 군사유학 등에 관한 자료들을 집중적으로 검토하였다. 〈자료대한민국사〉에서 빠진 부분들은《조선일보》,《동아일보》,《경향신문》,《서울신문》,《조선중앙일보》 등 당대에 발행된 신문을 통해 보완하였다. 둘째, 한국군 참전자들의 고문단에 대한 인식을 살펴보기 위해 〈참전자 증언록〉과 한국군 주요지휘관들의 각종 회고록을 활용하였다. 〈참전자 증언록〉은 1960~80년대 전사편찬위원회에서 4110명의

29 RG 59(General Records of the Department of State), Lot File, Entry No. 52-19, Boxes 17, 26, 48, 52.

30 정용욱 편,『JOINT WEEKA』(영인본) 2~3권, 영진문화사, 1997.

간부급 지휘관들을 대상으로 실시한 면담 자료이다. 이 책에서는 한국군 지휘관과 고문관 사이의 관계 및 고문단의 한국전쟁 인식과 대응을 살펴보기 위해 주요 지휘관들의 증언 내용을 활용하였다. 여기에는 백선엽, 이성가, 유재흥, 김종오, 이형근, 정일권, 이응준, 이준식, 김종원, 김홍일, 이한림 등이 포함되었다.[31] 그리고 〈참전자 증언록〉의 내용을 보완하기 위해 연구 대상 기간 중 총참모장을 역임한 정일권, 백선엽, 이형근, 이종찬 등의 회고록과 유재흥, 장도영 등 주요 지휘관 및 리영희 등 고문단 통역관들의 회고록도 활용하였다.[32]

이 책은 머리말과 맺음말을 제외하고 총 4개 장으로 구성하였으며, 본문에 수록한 주요 내용은 다음과 같다.

〈제1장〉에서는 먼저 제2차 세계대전 이후 냉전의 형성 과정에서 미국이 세계 주요 분쟁 지역에 설치한 군사고문단의 설치 배경과 지역별 특성을 살펴보았다. 특히 군사고문단과 상호방위원조계획(MDAP)의 상호 관련성에 주목하여 검토하였다. 검토 대상 국가는 제2차 세계대전 이

---

31 「백선엽 증언」(1980. 8. 13), 전사편찬위원회 증언록 HA03636; 「이성가 증언」(1965. 3. 9), HA01502; 「유재흥 증언」(1967. 10. 2), HA03894; 「김종오 증언」(1965. 3. 4), HA01164; 「이형근 증언」(1965. 11. 8), HA04857; 「정일권 증언」(1977. 3. 4), HA02671; 「이응준 증언」(1964. 10. 27), HA01877; 「이준식 증언」(1964. 11. 9), HA02765; 「김종원 증언」(1964. 8. 24), HA00098; 「김홍일 증언」(1964. 10. 26), HA03003; 「이한림 증언」(1966. 12. 30), HA02929 등.

32 강성재, 『참 군인 이종찬 장군』, 동아일보사, 1984; 공국진, 『한 노병의 애환』, 원민출판사, 2001; 김석원, 『노병의 한』, 육법사, 1977; 리영희, 『대화』, 한길사, 2005; 백선엽, 『군과 나』, 대륙연구소, 1989; 유재흥, 『격동의 세월』, 을유문화사, 1994; 유현종, 『백마고지: 김종오 장군 일대기』, 을지출판공사, 1985; 이병형, 『연대장』, 병학사, 1997; 이응준, 『회고 90년: 1890~1981』, 선운기념사업회, 1982; 이치업, 『번개장군』, 원민출판사, 2001; 이한림, 『세기의 격랑』, 팔복원, 1994; 이형근, 『군번 1번의 외길인생』, 중앙일보사, 1993; 임부택, 『낙동강에서 초산까지』, 그루터기, 1996; 장도영, 『장도영 회고록: 망향』, 숲속의 꿈, 2001; 정일권, 『6·25비록: 전쟁과 휴전』, 동아일보사, 1986; 채명신, 『사선을 넘고 넘어』, 매일경제신문사, 1994 등.

후 주한미군사고문단보다 앞서 조직된 그리스·터키·이란의 군사고문단이다.

〈제2장〉에서는 주한미군의 철수와 주한미군사고문단의 창설 과정을 고찰하였다. 전쟁 발발 이전의 군사고문단 조직을 인적 구성의 측면에서 살펴보았으며, 한국군의 교육훈련과 작전지도에서 고문단의 역할과 성과를 분석하였다. 아울러 이 장에서는 미국의 MDAP에 의거해 체결된 '한·미 상호방위원조 협정'의 체결 과정과 그 내용을 살펴보았으며, 미국의 대한군사원조와 연관지어 MDAP 실무기관으로서의 고문단 활동을 고찰하였다.

〈제3장〉에서는 한국전쟁의 발발과 군사고문단의 초기 대응을 고찰하였다. 전쟁 초기 전·후방의 한국군 부대에 파견된 고문관들의 다양한 대응 양상과 고문단의 조직 변화를 세부적으로 추적하였다. 또한 이 장에서는 월별 단위로 고문단의 실제 병력을 정리하였으며, 고문단의 전시 편제와 임무도 새롭게 규명하였다.

〈제4장〉에서는 전쟁 기간 군사고문단의 주요 활동을 작전·군수·교육훈련·한국군 증강 등으로 세분화하여 살펴보았다. 특히 한국군 장교들의 도미 군사유학의 실태와 자금조달, 한국군 증강 과정, 국내에서의 군사교육 등을 새롭게 규명하였다. 또한 이 장에서는 전후 주한미군사고문단이 주한미합동군사원조단(JUSMAG-K)으로 전환되는 과정을 살펴보았다. JUSMAG-K로의 전환을 위해 1955년 임시주한미합동군사원조자문단(PROVMAAG-K)이 설립되었음에도 불구하고 16년간 원조자문단과 군사고문단이 양립하게 되는 원인을 규명하였다.

차례

제1장

미국의 대외군사원조와 군사원조자문단(MAAG) 운용

1. 군사원조자문단의 설치 배경

1) 미국의 봉쇄정책과 대외군사원조

제2차 세계대전 직후 미국은 명실상부한 초강대국으로 부상하면서 시장 중심의 자유주의 세계경제질서 확립과 소련 팽창의 봉쇄를 대외정책의 양대 목표로 삼았다. 이러한 목표를 달성하기 위해 미국은 경제·군사원조와 양자·다자 간 군사동맹 등을 통해 자국의 세력을 확보하고자 했다. 이에 따라 미국은 자본주의 국가들의 군사력 강화와 그 군사력을 유지하기 위한 경제적 토대를 마련하기 위해 지원을 아끼지 않았다. 여기서 지원 대상과 결정은 대소련 봉쇄정책과 긴밀히 연계되어 있었다. 지원 대상국의 우선순위는 얼마나 공산주의의 위협에 노출되어 있느냐에 따라 결정되었고, 그 위협의 정도에 따라 원조가 분배되었다.

미국의 봉쇄정책(Containment Policy)이 최초로 적용된 곳은 동부 지중해 지역이었다.[1] 이 지역은 유럽·아시아·아프리카 3개 대륙의 교차점에 위치하여 대륙의 가교 역할을 하는 곳이며, 태평양·대서양·인도양의 연결 지점으로서 국제수로가 발달한 교통의 중심지였다. 완충지대 또는 군사지대로서의 전략적 활용가치로 인해 일찍이 18세기 초부터 서구 열강들은 이 지역으로의 진출을 끊임없이 추구하였다. 특히 19세기 영국과 러시아의 대결시대에 영국은 이곳을 인도로 통하는 전략적 요충지로 간주하고서 적극적인 진출을 시도하였다.[2] 그 결과 영국은 제1차 세계대전을 계기로 이 지역에서 독점적 지위를 확보하였다. 그러나 이후 독일과 이탈리아의 새로운 도전과 아랍 민족주의의 고양, 그리고 지역의 세력유지에 필요한 비용문제 등이 발생하면서 영국의 영향력은 점차 약화되어 갔다. 이러한 영국의 입지 약화는 이를 대신할 새로운 세력의 등장 가능성을 불러왔다. 게다가 제2차 세계대전을 통해서 그 중요성이 한층 높아진 석유 자원은 국가 간의 경쟁과 갈등 요소로 작용하리라는 것이 예견되고 있었다.[3]

---

1 봉쇄정책의 고안자인 케넌(George. F. Kennan)의 봉쇄이론 제기와 봉쇄정책이 성립되는 과정에 대해서는 다음을 참조. Bruce Cumings, ed., *Child of Conflict : The Korean-American Relationship, 1943-1953*, University of Washington Press, 1983, 제1장; George F. Kennan, "The Origins of Containment", Edited by Terry L. Deibel & John Lewis Gaddis, *Containment : Concept and Policy*, National Defense University Press, 1986, 23~31쪽; 김정배, 『미국과 냉전의 기원: 공존과 지배의 전략』, 혜안, 2001, 81~87쪽; 박태균, 『우방과 제국, 한미관계의 두 신화』, 창비, 2006, 68~71쪽; 존 루이스 개디스 지음, 정철·강규형 옮김, 『냉전의 역사』, 에코리브르, 2010, 49~52쪽 등.

2 영국과 러시아의 대결시대는 나폴레옹 타도에 결정적으로 기여한 영국과 러시아가 강대국으로 부상하고, 그 뒤로 이 양국이 세계의 패권을 다툰 데서 비롯된 말이다. 시기는 대체로 1815년부터 1905년까지이다. 영·러의 대결은 발칸 반도와 중앙아시아, 그리고 동아시아의 세 지역을 무대로 전개되었다(최문형, 『한국을 둘러싼 제국주의 열강의 각축』, 지식산업사, 2001, 13~19쪽).

3 동부 지중해 지역에 대한 영국의 정책에 대해서는 버나드 루이스, 이희수 옮김, 『중동의 역사』, 까치글방, 1998, 355~382쪽; 김정위, 『중동사』, 대한교과서주식회사, 1987, 278~306쪽 참조.

제2차 세계대전 종전 후 동부 지중해 지역으로의 진출을 처음 시도한 것은 소련이었다. 제정러시아 시대부터 전쟁과 외교적 경로를 통해 남하정책을 꾸준히 진행시켜 왔던 소련은 제2차 세계대전의 결과로 동유럽과 동북아시아에서 자신들이 바라던 영토 할양(territorial concession)을 이루었다. 하지만 예부터 남하정책의 목표 지역 중 하나였던 지중해와 페르시아만 지역으로의 진출은 실현하지 못하였다. 이것은 스탈린(Joseph V. Stalin)에게 있어 가장 큰 불만 중의 하나였다.[4]

소련 외무상 몰로토프(Vyacheslav M. Molotov)의 회고에 따르면, 제2차 세계대전 종전 직후에 스탈린은 카프카스(Caucasus) 산맥 일대의 국경에 대해서 다음과 같이 불만을 토로했다고 한다.

> 제2차 세계대전이 끝난 후 소련의 새로운 국경이 그려진 지도가 스탈린의 별장으로 보내져 왔다. 이 지도는 교과서에 나오는 지도처럼 매우 작은 크기였다. 스탈린은 이것을 벽에다 걸어 놓고 "우리가 차지한 곳을 한번 봅시다. 북쪽으로는 모든 것이 괜찮군. 핀란드가 우리를 공격했기에 우리는 국경을 레닌그라드에서 (북쪽으로) 이동시켰소. 우리 러시아의 예전 영토였던 발틱 국가들이 다시 우리의 것이 되었으며, 모든 백러시아인, 우크라이나인, 몰도바인들이 함께 살게 되었소. 이젠 서쪽도 제대로 되었소." 그리고 그는 갑자기 동쪽 국경을 응시했다. "우리가 동쪽에서 가진 것은 무엇이오? …… 쿠릴 열도와 사할린이 완전히 우리 것이 되었군. 좋소! 그리고 뤼순항(旅順港)과 다롄(大連)도 우리의 것이오."

4 존 루이스 개디스 지음, 정철·강규형 옮김, 앞의 책, 48쪽.

그리고 그는 그의 파이프로 중국을 가로지르며 말했다. "그리고 중국의 동쪽 선로도 우리의 것이오. 중국, 몽고 …… 모든 것이 순조롭군." 그러나 그는 카프카스 산맥을 가리키며, "나는 이쪽의 우리 국경이 마음에 들지 않아!"라고 했다.[5]

스탈린의 불만은 인접 국가인 터키·그리스·이란에 대한 소련의 공개적인 진출을 선언하는 것으로 나타났다. 우선 소련은 터키 정부에 다르다넬스(Dardanelles)와 보스포루스(Bosporus) 해협의 공동 관리와 터키 북동부에 위치한 카르스(Kars)와 아르다한(Ardahan) 지방의 양도를 요구했다.[6] 그리고 이어서 소련은 공산주의자들의 활발한 활동으로 국내 상황이 혼란스러웠던 그리스와 이란으로 눈을 돌렸다. 소련은 그리스와 이란에 대한 공세를 통해서 터키를 고립시키고 그리스와 이란이 가지는 중요한 전략적 지위와 석유 자원을 지배할 수 있을 것으로 판단하였다. 이에 따라 소련은 그리스에 대해 내전이 격화되는 상황에서 그리스 정부를 압박하는 정치공세를 강화하였고, 이란에 대해서는 북부 이란에 주둔하던 소련군의 철수를 연기하면서 아제르바이잔(Azerbaijan) 지역에 공산 정권 수립을 시도했다.[7] 이러한 일련의 행위를 통해 스탈린은 소련 국경을

---

5 Albert Resis, ed., *Molotov Remembers : Inside Kremlin Politics : Conversations with Felix Chuev*, Chicago : Ivan R. Dee, 1993, 8쪽, 존 루이스 개디스 지음, 박건영 옮김, 『새로 쓰는 냉전의 역사』, 사회평론, 2002, 59쪽 재인용.

6 James A. Huston, *Outposts and Allies : U.S. Army Logistics in the Cold War*, 1945-1953, London & Toronto : Associated University Press, 1988, 132쪽.

7 존 루이스 개디스 지음, 정철·강규형 옮김, 앞의 책, 48쪽. 1942년 영국과 소련은 이란의 원유 자원이 독일 손에 들어가지 않도록 하기 위해 이란과 3국 협정을 체결하고, 영국이 이란 남부 지역에, 소련이 이란 북부 지역에 각각 군대를 주둔시켰다. 1942년 영국·소련·이란 간에 체결된 3국 협정에

따라 가능한 한 많은 영토와 자원을 획득함으로써 소련의 안보를 극대화하고자 했다. 소련이 직·간접적으로 관여했던 동부 지중해 지역에서의 갈등 상황은 발칸 반도의 공산화를 경험했던 서방 측에게 소련에 대한 불신과 적대감을 심화시켰다.[8]

1946년 동부 지중해 지역에서 벌어진 일련의 사태들은 유럽에 치중하던 미국의 관심을 이 지역으로 확대시키는 결과를 낳았다. 미국은 제2차 세계대전까지 이 지역에 대해 별다른 관심을 보이지 않았으며, 전쟁 기간 중에도 연합국의 일원인 영국과 소련을 지원할 목적으로 일부 개입했을 뿐 크게 관심을 두지 않았다. 이러한 미국의 태도를 변화시켜 동부 지중해 지역에 관심을 가지게 한 이유는 다음의 두 가지였다. 첫째는 동부 지중해 지역이 소련의 수중에 들어갈 경우 유럽·중동·아시아가 소련의 지배하에 놓이게 되는 도미노 현상이 일어날 것이라는 판단에 따른 것이었으며, 둘째는 동부 지중해 지역의 경제적 이권, 즉 석유 자원의 확보와 밀접하게 연관되어 있었다.[9]

문제는 이미 이 지역에서 기득권을 가지고 있던 영국과의 관계였는데, 이 문제는 의외로 쉽게 해결되었다. 1947년 2월 24일 영국 정부는 국내의 경제적 어려움으로 인해 3월 31일자로 이 지역 국가들에 대한 군

따르면, 이란에 주둔하는 모든 외국 군대는 1946년 3월 2일까지 이란에서 완전히 철수하기로 예정되어 있었다.

8 존 M. 톰슨 지음, 김남섭 옮김, 『20세기 러시아현대사』, 사회평론, 2004, 470쪽; 최승완 외, 『세계화시대의 서양현대사』, 아카넷, 2009, 337쪽.

9 Joyce Kolko & Gabriel Kolko, *The Limits of Power: The World and United States Foreign Policy, 1945-1954*, NY: Happer and Row, 1972, 232~233쪽; 중동문제연구소 편, 『제3세계와 중동 정치·경제』, 박영사, 1987, 229~230쪽.

사·경제 지원을 중단한다고 미국에 통고하였다. 이때 영국은 그리스에 주둔시킨 병력을 즉시 1/2로 줄이고, 나머지 병력도 1년 내에 완전히 철수시키겠다고 밝혔다. 미국은 이것을 지중해 지역에서 영국 세력의 명백한 후퇴를 의미하는 것으로 파악하고 영국을 대신해 이 지역에 개입할 것을 결정하였다.[10]

동부 지중해 지역에 대해 미국이 개입을 결정하는 과정에서는 즉각적인 군사동원을 제안하는 군부의 견해에서부터 미국의 전통적인 외교정책과 달리 값비싼 대가를 요구하는 새로운 정책에 대해 여론이 어떻게 반응할 것인지를 우려하는 목소리까지 다양한 의견들이 표출되었다.

하지만 이러한 논란은 국무차관 애치슨(Dean G. Acheson)의 적극적인 개입 주장에 의해 일단락되었다. 애치슨은 1947년 2월 27일 백악관으로 초청된 의원들을 상대로 그리스와 터키에 대한 원조의 필요성을 역설하였다. 그는 그리스와 터키 가운데 어느 한 나라가 공산주의자들에게 전복되거나 독립을 상실할 경우 중동·아시아·유럽에 미칠 부정적인 영향을 상세하게 설명했다. 그는 이 자리에서 그 유명한 "썩은 사과 하나가 바구니 속의 다른 사과를 모두 썩게 하는 것처럼, 그리스 하나가 공산주의자들의 손에 넘어가면 그 동쪽의 모든 나라에 심각한 영향을 끼칠 것이며, 그것은 소아시아와 이집트를 거쳐 아프리카에, 그리고 이탈리아와

---

10 James A. Huston, *Outposts and Allies : U.S. Army Logistics in the Cold War, 1945-1953*, London & Toronto : Associated University Press, 1988, 133~134쪽. 영국 정부는 1947년 2월 24일 워싱턴 주재 영국 대사를 통해 그리스·터키에 대한 지원 중단 의사를 미 국무장관에게 전달하였으며, 2월 28일 공식입장을 담은 각서를 미국 정부에 전달하였다("USAGG Brief History : 24 May 47-31 Aug 49"(1949. 9. 15), 1쪽, RG 334, Entry No. 155, Joint United States Military Aid Groups, Greece, United States Army Section Group, Adjutant General Section, Central Files Unit Historical File, 1947-50, Box 146).

프랑스를 거쳐 유럽에까지 심각한 영향을 끼칠 것"이라고 주장하며 의원들을 설득했다. 이 주장은 베트남전쟁 때 유행하던 도미노이론과 같은 논리로 그리스의 공산화가 인접국인 터키와 이란은 물론 나아가 유럽의 공산화에 큰 영향을 미칠 것이라는 의미였다. 그 결과 참석한 의원들은 애치슨의 주장에 누구도 이의를 제기하지 못하였다.[11]

트루먼 대통령은 1947년 3월 12일 의회 연설에서 그리스와 터키에 대한 군사와 경제원조계획을 발표했다. 이 연설에서 그는 광범위한 용어를 쓰면서 "미국은 무장한 소수파 또는 외세의 압력에 대한 굴종을 반대하며 저항하는 자유민을 지원하는 정책을 펴야 한다. …… 우리는 자유민들이 스스로의 운명을 자기 뜻대로 해결하도록 도와주어야 한다."고 역설했다.[12] 미국의 언론은 즉각적으로 트루먼 연설이 의미하는 바의 중요성을 파악하고 그것을 124년 전의 먼로 독트린에 빗대어 '트루먼 독트린'이라고 명명했다. 그리스·터키 원조 법안은 4월 22일 62대23으로 상원의 승인을 받았고, 5월 15일 287대107로 하원의 동의를 얻었다.[13]

1947년 5월 22일 트루먼 대통령은 상·하원에서 통과시킨 그리스와 터키에 대한 원조 법안을 재가하였다. 공법 제75호로 공포된 '그리스·터키 원조 법안(Greek-Turkey Aid Bill)'은 크게 다음과 같은 내용을 담고 있었다. 첫째 그리스와 터키의 국가 생존은 미국의 즉각적인 재정 및 기타

---

11 송광성, 「그리스와 미국의 전쟁: 냉전정책의 선언」 『정책과학연구』 제10집, 단국대학교 정책과학연구소, 2000, 9쪽; 김정배, 앞의 책, 139~140쪽.

12 "Speech by US President Harry Truman to Congress"(1947. 3. 12), *Public Papers of the Presidents of the United States: Harry S. Truman, 1947*, Washington : Government Printing Office, 1963, 178~179쪽.

13 김정배, 앞의 책, 143쪽, 160쪽.

지원을 통해 달성될 수 있으며, 이는 미국의 안보에 대단히 중요하다. 둘째 차관, 채권, 양도 등의 형태로 원조를 제공하고, 자문을 위해 미국 공무원과 군인을 파견한다. 셋째 원조 총액은 4억 달러를 넘지 않는다는 것이었다.[14]

그리스·터키 원조 법안은 본질적으로 정치·군사적인 내용을 담은 것이었다. 미국이 그리스에 제공할 3억 달러의 절반과 터키에 제공할 1억 달러의 전액이 군사원조 자금이었다. 이에 따라 그리스와 터키에 대한 미국의 원조는 주로 군사장비의 이관과 같은 군사원조의 차원에서 이루어지게 되었으며, 이들 국가에는 원조의 원활한 집행을 감독하기 위한 기구로서 군사원조자문단이 설치되었다.[15]

그리스와 터키를 대상으로 하여 시작된 미국의 대외군사원조는 계속해서 대상과 규모가 확대되어 1948~49년에는 중동과 아시아 지역에까지 적용되었다. 미국은 1948년에 이란을, 1949년에는 한국, 필리핀 등 아시아 지역의 국가들을 군사원조 대상국에 포함시켰다. 이러한 군사원조 확대는 미국이 1949년에 봉쇄정책의 중요 수단으로서 상호방위원조법을 제정하고, 이 법에 근거해 상호방위원조계획을 전 세계적으로 가동하기 시작한 것과 밀접하게 관련이 있었다.[16]

요컨대 1949년에 이르러 미국의 대외군사원조는 마샬 플랜(Marshall

---

14 "Public Law 75-80th Congress: An Act to provide for assistance Greece and Turkey", 22 May 1947, President's Secretary's Files, Truman Papers, Harry S. Truman Library.

15 James A. Huston, 앞의 책, 134~135쪽.

16 Robert H. Connery & Paul T. David, "The Mutual Defense Assistance Program", *The American Political Science Review*, XLV, June, 1951, American Political Science Association, 325쪽.

Plan)[17] 으로 불리는 유럽부흥계획과 더불어 소련의 팽창정책을 봉쇄하고 자본주의 진영을 미국 중심으로 재편하기 위한 중요한 정책으로 자리매김하였다. 여기에는 미 군사력의 무조건적인 투입을 공약하는 대신 상대적으로 값싼 비용을 지불하면서 미국의 안보를 보장받으려는 의도가 내포되어 있었다.[18]

2) 상호방위원조계획과 군사원조자문단

상호방위원조법의 제정

그리스·터키에 대한 군사지원에서 출발한 미국의 대외군사원조는 1949년 10월 6일 상호방위원조법(Mutual Defense Assistance Act : MDAA)이 법제화됨으로써 크게 진전되었다. 전 세계 13개 국가의 무장(武裝)을 위해 총 13억 1401만 달러[19]를 투입한다는 것을 골자로 한 상호방위원조법은 제2차 세계대전 후 미국이 취한 첫 번째 세계적인 군사원조의 입법조치라는 점에서 그 의미가 매우 컸다. 미국은 이 법을 통해 1949년 4월 4일 창설된 북대서양조약기구(North Atlantic Treaty Organization : NATO)

---

17 유럽부흥계획은 1947년 6월 5일 미 국무장관 마샬(George C. Marshall)이 "전쟁으로 피폐해진 유럽 지역의 경제적 안정과 부흥을 위해 향후 4년 동안 유럽의 비공산권 국가들에 대규모의 경제원조를 제공한다."고 밝히면서 시작되었다. 유럽부흥계획과 미국의 대외경제원조에 관해서는 이현진, 『미국의 대한경제원조정책 1948~1960』, 혜안, 2009, 35~38쪽 참조.

18 제임스 I. 매트레이 지음, 구대열 옮김, 『한반도의 분단과 미국』, 을유문화사, 1989, 13쪽.

19 1949년의 13억 1401만 달러는 현재(2015년 기준)의 가치로 환산하면 약 128억 달러에 해당한다(http://www.dollartimes.com/calculators/inflation.htm).

에 대한 군사적 지원뿐 아니라 한국, 필리핀 등 아시아 지역에 대한 군사원조도 제공하기 시작했다.[20] 1948~50년 미국의 대외군사정책이 어떻게 전개되어 나갔는가를 이해하기 위해서는 이 법의 제정 과정을 살펴보는 것이 필요하다.

상호방위원조법은 1948년 7월 미 국가안전보장회의(National Security Council : NSC)의 권고로 미국 정부 내에서 본격적으로 논의되기 시작한 후 1년여 동안의 준비 과정을 거쳐 완성된 법안이었다. 1948년 7월 1일 미 국가안전보장회의는 〈NSC 14/1(비소비에트 국가들에 대한 군사원조와 관련한 미국의 입장)〉을 통해 자유진영 국가들에게 제공하는 각각의 군사원조를 단일 체계로 통합 운영하기 위한 계획을 빠른 시일 내에 마련할 필요가 있다고 권고하였다. 이를 위해 NSC는 대통령의 권한이 대폭 확대된 군사원조법의 제정을 제안하였다. 트루먼 대통령은 7월 10일 NSC 14/1을 승인하고 국무부에 자유진영 국가들을 강화시킬 방안을 모색하도록 임무를 부여했다.[21]

NSC 14/1이 정책 문서화된 이후 미국 정부 기관들 간에는 물론 정책 기획자들 사이에서는 군사원조의 규모와 대상, 그리고 국내외에 미치는 영향 등을 두고서 다양한 의견들을 제기하였다. 국방부와 합동참모본부 등 군 관련 기관과 인사들은 군사원조의 범위가 미군에 필요한 자원 및 예산을 축소시키지 않는 선이어야 하며, 그 대상도 외국의 요구에 의

---

20 Robert H. Connery & Paul T. David, "The Mutual Defense Assistance Program", *The American Political Science Review*, XLV, June 1951, American Political Science Association, 327쪽.

21 "The Position of the United States with respect to Providing Military Assistance to Nations of the Non-Soviet World"(1948. 7. 1), *FRUS 1948*(General : the United Nations, in two parts), 585~588쪽.

해서가 아니라 미국의 전략적 계획에 따라 이루어져야 한다고 주장하였다. 이는 군사원조를 전적으로 군사적 가치 측면에서 바라본 것이었다. 반면에 국무부와 행정 관료들은 군사원조의 '심리적인 효과(psychological effect)' 측면을 강조하였다. 그들은 예산이 허용하는 범위 내에서 최대한의 군사원조가 이루어져야 한다고 보았다. 이들의 주장에 따르면, 군사원조는 자유진영 국가들에게 공산주의에 대한 저항 의지와 경제 복구 의지를 동시에 강화시킬 수 있는 중요한 수단이 될 수 있다는 것이었다. 반면에 미국이 우유부단함이나 불신을 드러낸다면 자유진영 국가들에서는 경제적 혼돈과 정치적 혼란이 발생하여 공산주의자들이 권력을 장악하는 사태가 발생할 수도 있다는 것이었다.[22]

군사원조 문제를 군사적 측면에서 접근했든 또는 심리적 측면에서 접근했든 간에 이들 다양한 의견들의 공통된 인식은 대외군사원조를 통합 운영할 계획과 기본 법안을 조속히 마련해야 한다는 것이었다.

그 결과 미 국무부·국방부·경제협조처는 1948년 12월에 군사원조의 통합계획을 수립하고 군사원조법의 초안을 작성하기 위한 기구와 실무진 구성에 합의하였다. 이에 따라 국무부·국방부·경제협조처의 장관이 참여하는 대외원조운영위원회(Foreign Assistance Steering Committee: FASC)가 구성되었으며, 그 예하에 실무위원회로 대외원조관계위원회(Foreign Assistance Correlation Committee: FACC)가 만들어졌다. 장관급으로 구성된 대외원조운영위원회(FASC)는 군사원조 문제와 관련하여 중요

22 Chester J. Pach, Jr., *Arming the Free World: The Origins of the United States Military Assistance Program, 1945-1950*, The University of North Carolina Press, Chapel Hill and London, 1991, 198~206쪽.

한 결정 사항이나 대통령에게 건의할 사항이 있을 경우에만 회합을 가졌다. 그리고 대부분의 모든 업무는 대외원조관계위원회(이하 'FACC')가 담당하였다. 실무그룹인 FACC의 위원장은 국무부 대표가 맡고, 국방부와 경제협조처의 대표가 위원으로 참석하였다. 국무부에서는 1949년 1월 3일 국무차관실 내에 대외원조계획 담당조정관(Coordinator for Foreign Assistance Programs) 직위를 신설하고 그 책임자로 당시 국무부 법률자문위원이던 그로스(Ernest A. Gross)를 임명하였다. 그리고 국방부와 경제협조처에서는 렘니처(Lyman L. Lemnitzer) 국방대학 부교장과 핸더슨(Alexander I. Henderson) 경제협조처 법률자문위원을 각각 대표로 선임하였다. FACC는 1949년 1월부터 공식적인 회합을 갖기 시작하였으며, 그것의 임무는 대외군사원조계획에 관한 기본 정책을 마련하고, 의회에 제출할 법안을 마련하는 것이었다.[23]

군사원조의 통합 계획과 법안 마련을 위해 창설된 FACC는 먼저 군사원조계획의 기본 정책을 비롯해 원조의 대상과 규모를 정하는 작업부터 시작하였다. 조직이 구성된 후 매일 회합을 가진 FACC는 1949년 2월 7일에 두 개의 중요한 정책 문서를 완성하였다. 하나는 군사원조계획의 기본 정책을 밝힌 〈FACC D-3(군사원조계획에 관한 기본 정책)〉이었으며, 또 하나는 원조 대상 국가와 대상 국가별 미국의 목표 등이 명시된 〈FACC D-3/1(원조 수혜국에 관한 계획 수립, 대상국 지정, 그룹 편성에서 군사원조의 기본 정책 적용)〉이었다.[24]

---

23 "Policy Paper Approved by the Foreign Assistance Correlation Committee"(1949. 2. 7), *FRUS 1949,* vol. 1(National Security Affairs, Foreign Economic Policy), 250쪽.

24 Kenneth W. Condit, *The Joint Chiefs of Staff and National Policy 1947-1949 : History of the Joint*

7번의 초안 수정을 거쳐 마련된 FACC D-3은 해외 군사원조에 관한 정책, 평가와 심사 기준, 원조 대상 국가의 결정과 우선순위 기준, 경제부흥계획과의 관계, 유엔과의 관계, 법안의 범위와 기간, 상호원조 등 7개 분야로 구성되었다. 이 문서의 주요 내용을 정리하면 다음과 같다.

- 미국의 안보에 미치는 영향이 매우 커서 군사력을 증강시킬 필요가 있으며, 공산주의의 팽창을 저지하고자 하는 확고한 노력을 보이는 자유주의 국가들에게 군사 및 각종 원조를 제공하는 것이 미국 정부의 기본 정책이다.
- 이러한 국가 정책에 기초하여 군사원조계획은 내·외부에서의 공산주의 침략을 저지하기 위해 노력하는 국가들을 강화시키고, 그들 국가들의 군사력이 미국의 이익에 크게 기여할 수 있도록 지원하는 것을 목적으로 한다.
- 군사원조와 관련한 기본적인 군사안보정책은 첫째 미국과 동맹국들의 안보를 증진시킴, 둘째 자유주의 국가들의 사기와 저항 의지를 고양시키고 정치·군사적으로 미국 편을 지향하도록 지원함, 셋째 군수산업을 향상시켜 미국의 군사잠재력을 강화시킴, 넷째 장비와 훈련의 표준화를 진전시켜 전시에 미국과 동맹국 간의 군사적 협력을 증대시킴, 다섯째 경제와 군사적 상호지원을 통해 미국과 동맹국 간의 집단전력(collective war potential)을 강화시키는 것 등이다.

Chiefs of Staff, Office of Joint History, Office of the Chairman of the Joint Chiefs of Staff, Washington DC, 1996, 227쪽.

- 원조 대상 국가의 선정 기준은 전적으로 미국의 정치와 안보 이익에 따라 이루어지며, 다음과 같은 고려 사항들에 따라 우선권이 부여될 것이다.
  a. 정치적 고려 요소: ①소련 공산주의의 지배에서 벗어난 자유국가들이 미국과의 관계에서 가지고 있는 상대적인 중요도, ②개별 국가의 정치 안정성, ③국내 반공활동의 증대 여부, ④경제 안정을 도모하여 국내 정치 상황을 호전시키는 정도, ⑤정치사상적으로 미국의 노선을 지향하는 정도
  b. 군사적 고려 요소: ①개별 국가 또는 국가 집단의 지리적 여건이 미국의 전략적 계획에 미치는 중요도, ②군사프로그램을 지탱할 수 있는 국가 경제력, ③군사원조를 활용할 군사능력
- 군사원조는 기존의 특별법이나 정부 공약으로 제공되거나 제공될 예정인 원조에 추가적인 것이다. 현재 북대서양조약기구 창설을 위한 협의에 참여하는 국가들이 우선권을 갖게 될 것이다. 그리고 브라질, 캐나다, 멕시코는 현재 미국과 군사적 이해관계를 갖고 있으며, 특별한 지역과 국가들, 특히 그리스, 터키, 이란, 한국 등에 대해서는 이미 군사원조 공약을 밝힌 바가 있다. 아울러 리우데자네이루 조약(Rio de Janeiro Treaty)을 비준한 국가들에게는 원조를 제공할 수 있다는 일반적인 원칙을 공약하고 있다.
- 군사원조의 우선권과 대상국 선정은 개별 국가들의 요구에 의해서가 아니라 전략 지역의 여건에 따라 주의 깊게 적용되어야 하며, 대외적으로 철저히 비밀에 부쳐져야 한다.
- 자유주의 국가들의 군사력 강화를 목적으로 하는 군사원조 정책의 효과적인 구현을 위해서는 군사원조의 제공, 중단, 철회와 관련

하여 대통령의 권한을 폭넓게 규정한 법률을 가능한 한 조속히 제정해야 한다.

- 군사원조의 방식은 상호원조(reciprocal assistance)가 원칙이다.

  ① 미국은 필요할 경우 북대서양조약기구에 참여할 국가들에게 기지사용권(base rights), 자원과 노동력, 기타 서비스 등을 요구해야 한다.

  ② 그 외 수혜국들의 경우, 물질적 가치 측면에서 미국이 제공하는 것만큼 상호 균형을 맞출 수 있으리라고는 기대하지 않지만, 각각의 국가 여건에 따라 기지사용권, 자원과 노동력, 기타 서비스 중에서 어떠한 상호원조가 미국의 안보에 중요한가 하는 것을 결정하고, 정치·전략적 고려 사항들에 비추어서 수혜국들이 미국의 원조 조건에 맞는 이득을 보장하도록 요구하는 정책을 펼쳐야 한다.

- 군사원조를 통해서 얻을 수 있는 중요한 이익은 무엇보다도 수혜국들로 하여금 공산주의 압력에 저항하려는 결연한 의지와 그 압력을 성공적으로 막아낼 수 있다는 확신을 갖게 하고, 반면에 공산주의와 타협하거나 저항을 포기하고자 하는 경향을 약화시킨다는 것이다.[25]

FACC D-3에서 밝힌 군사원조계획의 기본 정책을 바탕으로 FACC는 군사원조 대상 국가의 목록과 그 이유를 밝힌 FACC D-3/1을 마련하였다. 이 문서에서 FACC는 미국의 안보에 미치는 영향의 정도에 따라

---

25 Foreign Assistance Correlation Committee, "Basic Policies Underlying Military Assistance Programs(FACC D-3)"(1949. 2. 7), RG 330, Entry 23A, Box 99.

원조의 우선권이 정해져야 하며, 구체적으로 원조 대상국의 전략적 가치, 소련과의 근접성, 이미 밝힌 사전 공약 등이 주요 기준이 되어야 한다고 보았다. 이러한 선정 기준을 근거로 하여 FACC는 서유럽연합(Western Union)[26] 소속의 5개 국가를 포함해 모두 19개 국가(1개 지역 포함)를 원조 대상국으로 선정하였다. 이들 국가들은 세 개의 범주로 나뉘어졌으며, 원조액은 구체적인 액수를 밝히지 않은 채, 상당한(Substantial)·제한적(Limited)·명목적(Token) 등으로 구분되었다.[27] 그러나 이 문서에서는 향후 원조 대상 국가와 원조액에서 약간의 변화가 있을 수 있음을 밝히고 있다. 우선 인도·파키스탄·에티오피아·아프가니스탄의 경우에는 비록 적은 양이지만 상환을 조건으로 하여 원조를 제공할 수 있음을 밝히고 있으며, 인도네시아는 네덜란드와의 독립전쟁에서 승리할 경우 공산주의를 막아내고 미국과 제휴할 수 있도록 군사원조를 제공해야 한다고 하였다. 그리고 한국과 관련해서는 한국 문제가 전략·정치·군사적 상황을 고려하여 현재 미 NSC에서 검토 중이므로 한국은 명목상(Token) 원조보다는 제한적(Limited) 원조를 받는 국가군에 포함될 수도 있다고 밝혔다.[28]

---

26 서유럽연합은 1948년 3월 17일 영국·프랑스·벨기에·네덜란드·룩셈부르크 사이에 체결된 브뤼셀조약(Brussels Treaty)에 따라 독일 침략정책의 부활을 저지할 목적하에 지역집단안보체제로서 결성된 조직이었다. 미국은 이 조직을 근간으로 하여 1949년 4월 4일 캐나다·덴마크·아이슬란드·이탈리아·노르웨이·포르투갈을 추가해 NATO를 구성하였다. 나토가 구성된 후 서유럽연합은 일시적으로 그 의의가 퇴색되었지만, 1955년 4월에 서독과 이탈리아가 추가된 새로운 서유럽연합(Western European Union)으로 확대·개편되었다. 이후 1990년 스페인·포르투갈이, 1995년 그리스가 신규 회원으로 가입돼 운영되다가 2010년 3월 31일 공식적으로 해체되었다(《연합뉴스》 2010년 4월 1일).

27 Kenneth W. Condit, *The Joint Chiefs of Staff and National Policy 1947-1949: History of the Joint Chiefs of Staff*, Office of Joint History, Office of the Chairman of the Joint Chiefs of Staff, Washington DC, 1996, 228쪽.

28 Foreign Assistance Correlation Committee, "Application of Basic Policies of Military Assis-

표 1-1 대외원조관계위원회(FACC)의 군사원조계획안(1949. 2. 7)

구분	국가	원조액
제1그룹	서유럽연합(영국·프랑스·벨기에·네덜란드·룩셈부르크)	상당한
	캐나다	상당한
	덴마크	제한적
	이탈리아	제한적
	노르웨이	제한적
	포르투갈	명목적
	터키	상당한
제2그룹	오스트리아	제한적
	그리스	제한적
	이란	명목적
	사우디아라비아	명목적
제3그룹	대한민국	명목적
	라틴아메리카	명목적
	필리핀	명목적
	태국	명목적

■ 출처 Kenneth W. Condit, *The Joint Chiefs of Staff and National Policy 1947-1949 : History of the Joint Chiefs of Staff*, Office of Joint History, Office of the Chairman of the Joint Chiefs of Staff, Washington DC, 1996, 228쪽.

FACC D-3/1에서 밝히고 있는 원조 대상 국가의 규모는 미국 내에서 처음으로 군사원조계획을 논의하던 시기에 검토하던 대상 국가의 규모에 비해 상당히 압축·정제된 수치를 보여주는 것이었다. 1948년 8월

tance to Programming and Designation and Grouping of Recipients(FACC D-3/1)"(1949. 3. 14), RG 330, Entry 23A, Box 99.

18일 4부조정위원회(SANACC)의 보고서에 따르면, 초기에 미국이 구상하던 군사원조계획은 실질적 원조 6개국, 제한적 원조 16개국, 명목적 원조 37개국 등 총 59개 국가를 그 대상으로 하였다. 이는 소련과 공산권 국가들, 그리고 미군이 점령하고 있던 독일, 오스트리아, 트리에스테 자유령(이탈리아), 일본, 한국 등을 제외한 전 세계 대부분의 국가를 포함하는 것이었다.[29] FACC가 이들 국가들에 대한 정치·군사적 고려 요소들을 면밀히 재검토하여 작성한 것이 FACC D-3/1의 군사원조 대상국 목록이었다.

FACC의 군사원조계획안은 2월 28일 세부적인 검토와 예산 산정을 위해 미 합동참모본부(Joint Chiefs of Staff: JCS, 이하 '합참')에 보내졌다. 미 합참은 원조를 요구하거나 필요로 하는 국가들을 대상으로 전략적, 정치·심리적 고려 사항들을 평가한 후 3월 7일 기존의 대상 국가에 포함되었던 캐나다·사우디아라비아·태국을 제외하고 총 16개 국가(1개 대륙 포함)에 17억 8600만 달러를 투입한다는 군사원조계획안을 마련했다.

---

29 'Report by the SANACC Subcommittee for Rearmament(SANACC 360/11)'(1948. 8. 18), "Memorandum by the Chairman of the State-Army-Navy-Air Force Coordinating Committee(Rusk) to the Secretary of State, Annex 2"(1949. 3. 6), *FRUS 1949* vol. 1(National Security Affairs, Foreign Economic Policy), 259~263쪽. SANACC 360/11은 미국의 국가안보 관점에서 대외군사원조의 우선순위를 결정하기 위해 작성된 문서이다. 이 문서에서는 벨기에·네덜란드·룩셈부르크·캐나다·프랑스·영국 등 6개 국가를 실질적인(Substantial) 원조 대상 국가로, 그리스·터키·덴마크·노르웨이·포루투갈·스페인·스웨덴·이란·인도·파키스탄·사우디아라비아·중국·브라질·멕시코·남아프리카연방(남아공) 등 16개 국가를 제한적(Limited) 원조 대상 국가로, 아프가니스탄·에이레(아일랜드)·이집트·에티오피아·아이슬란드·이라크·이스라엘·레바논·스위스·시리아·트란스요르단(요르단)·예멘·오스트레일리아·버마(미얀마)·실론(스리랑카)·뉴질랜드·필리핀·샴(태국)·라이베리아·아르헨티나·볼리비아·칠레·콜롬비아·코스타리카·쿠바·도미니카·에콰도르·엘살바도르·과테말라·아이티·온두라스·니카라과·파나마·파라과이·페루·우루과이·베네수엘라 등 37개 국가를 명목적(Token) 원조 대상 국가로 각각 지정하였다.

미 합참의 계획안에는 원조 대상 국가와 배정 자금, 그리고 그 이유를 구체적으로 밝히고 있는데, 이를 정리하면 〈표 1-2〉와 같다. 이 계획안은 1949년 3월 14일 군사원조법과 원조 자금 산정을 준비하는 데 활용할 수 있도록 국방장관을 통해서 FACC에 전달되었다.[30]

국방장관으로부터 미 합참의 계획안을 전달받은 FACC는 4월 7일에 미 합참의 계획안 중 국가별 배정자금의 일부를 조정하고, 국무부의 반대로 라틴아메리카의 자금을 전액 삭감한 군사원조계획 초안을 완성하였다. '1950회계연도 군사원조계획 기본 평가조견서(Basic Estimates and Materials on the Proposed FY1950 Military Assistance Program)'로 명명된 이 제안서 초안은 원조 대상국별 정치·군사적 목적, 원조를 제공받을 군대의 규모와 구성, 대상국 선정 기준, 군사원조가 미군에 미치는 영향, 미국 경제와 유럽부흥계획에 미치는 영향, 협정을 맺은 국가들에서 군수생산을 증대시키는 데 필요한 비용, 긴급자금, 행정비용 등의 8개 항목과 각종 통계수치를 보여주는 부록으로 구성되었다.[31]

FACC는 이 계획안에서 서유럽연합 소속 국가를 비롯해 총 15개 국가를 대상으로 17억 6627만 달러의 원조 자금을 책정하였다. FACC는 이러한 원조 자금의 책정이 다음과 같은 정치·군사적 목적에 근거한다고 밝혔다. 이에 따르면 군사원조의 정치적 목적은 자유진영 국가들에게 경제의 건전성과 활기를 유지시키고, 자립과 자활을 할 수 있게 하며,

---

30 Kenneth W. Condit, 앞의 책, 229~230쪽.

31 Foreign Assistance Correlation Committee, "Basic Estimates and Materials on the Proposed FY1950 Military Assistance Program"(1949. 4. 7), RG 59, Entry A1 1479, Box 12, NARA, 국사편찬위원회 수집자료(사료참조코드: AUS002_68_00C0003).

표 1-2 미 합동참모본부(JCS)의 군사원조계획안(1949. 3. 7)

단위: 100만 달러

국가 또는 용도	주요 목적 및 효과	원조 자금
서유럽연합(5개국)	• 북대서양조약기구(NATO) 군대 건설 • 공산주의에 대한 저항 의지 고양	995.647
덴마크	• NATO 참여 예상 • 덴마크령 그린란드에 대한 군사기지 권리 확보	36.500
노르웨이	• NATO 참여 예상 • 노르웨이령 스발바르(Svalbard) 군도에 있는 소련 기지 철수 강요	48.800
이탈리아	• 이탈리아의 서구 복귀와 NATO 참여 • 국내 공산주의자들의 위협 제거	60.000
포르투갈	• 포르투갈령 아조레스(Azores) 제도에 대한 군사기지 권리 확보	9.000
터키	• 트루먼 독트린 이후 지속되고 있는 원조 유지	100.000
그리스	• 트루먼 독트린 이후 지속되고 있는 원조 유지	200.000
오스트리아	• 이탈리아-오스트리아-독일-북해로 이어지는 대소 전선 구축 • 소련의 내부 혼란 선동 시도 억제	112.000
이란	• 중동의 핵심국가로 정치적 고려로서 원조 제공	12.300
대한민국	• 전략적 중요성은 낮으나, 미국과 소련의 대결에서 정당성을 시험하는 장으로서의 상징적 중요성	20.000
라틴아메리카	• 지역방위와 전략자원 확보	86.060
필리핀	• 미국이 훈련시키고 무장시킨 군대의 유지	5.890
우발 위험 준비금	• 긴급 또는 추가적인 원조가 필요할 때, 대통령이 사용할 수 있는 자금	100.000
합계		1,786.197

■ 출처 JCS 1868/62, 7 March 1949, file CCS 092(8-22-46) sec. 20, Chester J. Pach, Jr., *Arming the Free World: The Origins of the United States Military Assistance Program, 1945-1950*, The Universty of North Carolina Press, Chapel Hill and London, 1991, 209~215쪽 재인용.

그들 스스로 제도의 자율성을 보장할 수 있게끔 한다는 것이었다. 이러한 정치적 목적 구현은 결국 세계 평화와 미국의 안보 이익에 직결된다는 것이 FACC의 설명이었다.[32] 그리고 원조의 군사적 목적으로는 자유진영 국가들에게 소련으로부터 공격이 있을 경우 미국과 더불어 공세로 전환할 수 있는 군사력을 갖추게 한다는 것이 핵심이었다. FACC는 군사적 분석 결과에 근거하여 소련과의 전쟁이 시작되면 극동 지역에서는 전략적 방어(strategic defense)를, 서유럽과 중동 지역에서는 전략적 공세(strategic offense)를 취해야 한다고 보았다.[33] 이는 미국이 전략적 방어 지역인 아시아에서는 현상 유지를 위한 군사원조를, 그리고 전략적 공세 지역인 서유럽과 중동 지역에서는 자위력의 향상과 원유 지대의 확보를 목적으로 보다 강력한 군사원조를 제공해야 한다는 것을 의미하는 것으로 해석할 수 있다.

그러나 FACC의 군사원조계획안에 대해 미 예산국(Bureau of the Budget)은 회의적인 반응을 보였다. 예산국은 막대한 군사원조로 인해서 이미 예견되고 있는 1950회계연도의 예산 적자와 그로 인한 인플레이션의 증대를 우려하였다. 예산국의 회의적인 반응은 FACC의 계획안을 검토한 후 내놓은 예산국 계획안에 그대로 반영되었다. 이 계획안에서 예산국은 포르투갈, 이란, 한국, 필리핀 등에 책정된 원조 자금을 전액 삭감한 총 11억 5515만 달러를 제시하였다.[34]

FACC는 예산국과의 긴 협상 끝에 포르투갈을 제외하고, 일부 국가

32 위의 문서, 5A~5B쪽.

33 위의 문서, 6쪽.

34 Chester J. Pach, Jr., 앞의 책, 217쪽.

의 배정 예산과 용도를 조정한 14억 5000만 달러 규모의 군사원조계획안과 의회 제출용 법안을 완성하였다. FACC는 보고서에서 "군사원조계획안은 정치·군사·경제·심리적인 측면에서 미국의 전략적 이익을 평가한 연구에 기초하여 만들어졌다."고 밝혔다. 그리고 그 효과에 대해서는 공산주의에 대한 저항의지를 키우고, 경제·군사 복구의 신념을 증대시키며, 미국에 대한 의존성을 낮추는 등 '심리적인 효과'가 크다는 점을 강조하였다.[35] 그러나 이와는 별개로 FACC 내부 평가에서는 심리적인 효과 이외에 "공산주의 세력의 팽창 봉쇄, 자유진영 국가들의 정치·군사적 경험 축적, 공산주의에 대한 저항 능력 향상, 미국의 군수산업 발전, 군사원조의 대가로 기지사용권이나 전략적 천연자원의 확보" 등에서 기여하는 바가 클 것으로 내다보았다.[36]

FACC가 마련한 군사원조계획안은 1949년 4월 20일 트루먼 대통령으로부터 의회 제출을 승인받았다. 그러나 북대서양조약의 비준 문제로 인해 군사원조계획안의 의회 제출은 잠시 보류되었다. 5월 12일 국무장관 애치슨은 대통령에게 보낸 건의안에서 북대서양조약에 대한 의회 동의가 있기 전까지 군사원조계획안을 의회에 제출하지 말라고 건의하였다. 애치슨의 건의는 군사원조계획이 북대서양조약보다 중요하지 않다고 생각했기 때문이 아니라 이번 회기 내에 반드시 법률 제정을 마무리

35 "Policy Paper Approved by the Foreign Assistance Correlation Committee"(1949. 7. 1), *FRUS 1949*, vol. 1(National Security Affairs, Foreign Economic Policy), 347쪽.

36 "Policy Paper Approved by the Foreign Assistance Correlation Committee"(1949. 2. 7), *FRUS 1949*, vol. 1(National Security Affairs, Foreign Economic Policy), 252쪽; "Memorandum by the Deputy Director of the Policy Planning Staff(Butler)"(1949. 5. 31), 같은 책, 324쪽; Chester J. Pach, Jr., 위의 책, 218쪽.

표 1-3 1949년 4월 미 행정부의 군사원조계획안

단위: 100만 달러

국가 또는 용도	FACC (1949. 4)	예산국 (1949. 4)	대통령 승인안 (1949. 4. 20)
서유럽연합 (영국·프랑스·벨기에·네덜란드·룩셈부르크)	830.850	817.630	801.600
덴마크	49.990	49.990	48.920
노르웨이	81.650	81.650	79.720
이탈리아	44.770	44.770	44.190
포르투갈	7.980	0	–
터키	102.300	75.000	102.300
그리스	198.160	150.000	178.160
오스트리아	102.550	12.000	11.620
이란	15.200	4.070	15.200
대한민국	17.650	0	10.980
필리핀	0	0	5.740
추가 군수생산비	10.130	0	155.000
긴급 자금	200.000	0	50.000
행정비	100.000	15.000	11.370
1949회계연도 자금에서 충당하여 준비 중에 있는 보급품	25.000	−19.960	−19.960
축소된 해상수송비용	−19.960	−30.000	–
비상환자금	–	−45.000	−44.840
합계	1,766.270	1,155.150	1,450.000

■ 출처 "Lemnitzer to Gruenter and others"(1949. 4. 27), file N7-1(1)-B.1 vol.1, asst. SecDef FMA, Chester J. Pach, Jr., 앞의 책, 218쪽 재인용.

■ 비고 '–'은 계획안에서 제외되었음을 의미함.

한다는 강력한 의지의 표현이었다. 그는 이번 회기 중에 군사원조법 제정이 실패할 경우, 자유진영 국가들 사이에서 미국의 리더십이 심각하게 손상될 것이며, 그 결과로 그들 국가들에서 확보하고 있는 주도권의 상실과 모든 대외정책에 악영향을 미칠 것이라고 보았다. 당시 상원외교위원회와 군사위원회 소속 의원들은 북대서양조약과 관련하여 최종 조치가 있기 전까지 입법청문회가 시작되어서는 안 된다는 입장을 고수하고 있었다. 회기 중에 반드시 군사원조 법안을 처리하고자 했던 애치슨은 북대서양조약에 관한 의회의 최종 결정이 7월 첫째 주 이후에 가능할 것으로 보고서 군사원조 법안의 의회 제출을 보류하도록 제안했던 것이다.[37] 트루먼 대통령은 애치슨의 건의가 타당하다고 보고 이를 승인하였다.

군사원조 법안의 의회 제출이 잠시 보류되는 동안에 국무부는 의회를 설득하는 작업을 진행하였다. 국무부는 공식 성명을 통해 군사원조계획의 정당성을 홍보하는 한편 상원 외교위원회와 군사위원회 소속 의원들을 만나 지지를 호소하였다. 국무부는 군사원조계획이 우방국의 사기를 진작하고 공산주의 세력의 확장을 저지하려는 미국의 결의를 입증할 수 있는 '통합과 단결된 군사원조계획'이라는 점을 강조하였다.[38]

군사원조계획안은 북대서양조약이 의회를 통과한 지 4일 후인 7월 25일, 대통령의 특별 교서(敎書)로 의회에 제출되었다. 이날은 트루먼 대

---

37 "Memorandum by the Secretary of State to the President"(1949. 5. 12), *FRUS 1949*, vol.Ⅳ(Western Europe), 298~299쪽.

38 "Statement on the United States Military Assistance Program"(1949. 5. 22), *FRUS 1949*, vol.Ⅳ(Western Europe), 299쪽.

통령이 북대서양조약을 비준한 날이기도 했다.[39] 특별 교서에서 트루먼은 "침략의 위협을 스스로 막아내고, 세계 평화를 위한 집단적 방위에 보다 더 효율적으로 기여할 수 있게 하기 위해서 자유진영 국가들에게 군사원조를 허용하는 법을 제정해 달라."고 의회에 제안하였다.[40] 그는 군사원조가 미국의 안보 현실에 부합하도록 신중하게 할당되어야 하며, 경제 복구와 정치 안정화의 동력을 상실하지 않기 위해 군사원조계획이 즉시 실행되어야 한다고 강조하였다.[41] 그리고 그는 군사원조 대상 국가들을 하나하나씩 열거하면서 이들 국가들을 위해 총 14억 5000만 달러가 필요하다고 밝혔다.[42]

대통령의 군사원조 법안 제정 요청에 대해 의회의 반응은 우려를 넘어 분노의 목소리가 높았다. 야당인 공화당 의원들은 물론 여당인 민주당 의원들조차도 대통령의 교서에 반발하였다. 그들은 원조 자금의 사용과 관련해 대통령에게 폭넓은 재량권을 부여하고 있는 점을 문제 삼았다.[43] 대통령의 교서에는 "특별 자금이 특정 국가들에게 제공되도록 하

---

39 "Memorandum of Conversation by the Secretary of State"(1949. 7. 26), *FRUS 1949*, vol.Ⅳ (Western Europe), 361쪽.

40 "Special Message to the Congress on the Need for a Military Aid Program"(1949. 7. 25), *Public Papers of the Presidents: Harry S. Truman, 1949*, Harry S. Truman Library, 395쪽.

41 위의 문서, 396쪽.

42 위의 문서, 397~399쪽. 트루먼은 한국과 관련하여 다음과 같이 언급하였다. "유엔의 감시하에 자유선거로 수립된 신생 대한민국은 북쪽에 있는 공산 정권으로부터 위협받고 있다. 대한민국 정부는 미국의 자문과 원조를 받아서 국내 치안(Internal Security)과 전면전을 제외한 외부로부터의 침략을 막아내기 위한 목적으로 소규모 군대를 보유하고 있다. 육군과 해안경비대를 위한 최소한의 장비가 요구된다. 이것은 대한민국의 생존에 필수적이다."

43 Kenneth W. Condit, 앞의 책, 232쪽.

며, 대통령은 상황이 요구하는 바에 따라 자금을 배정할 수 있다."라는 내용이 포함되어 있었다. 의회는 '특정 자금과 특정 국가'가 무엇이며, 대통령이 '임의적'으로 자금을 배정할 수 있는 권한에 대해서 문제를 삼았던 것이다.[44] 사실 트루먼 행정부는 의도적으로 의회 제출용 법안에서 개별 국가들에 대한 배정 내역을 비롯해 세부적인 자금 용도를 생략한 채 필요한 총액만을 제시하였다. 그 이유는 긴급 자금(Contingency Fund)을 융통성 있게 사용하고, 오스트리아를 무장시키려는 사실을 드러내지 않으며, 배정 자금이 적은 국가들의 불만을 미연에 차단하려는 목적에서였다.[45] 의회의 반응으로 보았을 때, 회기 내의 군사원조 법안 통과는 매우 불투명한 상태로 보였다.

미 의회 제81차 제1회기 내에 군사원조 법안을 반드시 통과시키고자 했던 행정부는 8월 5일에 원안을 수정한 대체 법안을 의회에 제출하였다. 이를 두고서 일부에서는 트루먼 행정부의 '심각한 전술적 실수를 입증하는 것'이라고 평하기도 하지만,[46] 실제 내용을 들여다보면 그러한 평가가 타당한지 다소 의문시된다. 행정부는 이 법안에서 3개의 폭넓은 범주를 설정하여 각 범주의 원조 총액을 밝혔다. 이에 따르면 제1그룹 NATO에 11억 6099만 달러, 제2그룹 그리스와 터키에 2억 1137만 달러, 제3그룹 이란·한국·필리핀에 2764만 달러 등 총 14억 달러였다. 이는 이

---

44 "Special Message ti the Congress on the Need for a Military Aid Program"(1949. 7. 25), 399쪽; "Memorandum of Conversation by the Secretary of State"(1949. 7. 26), *FRUS 1949*, vol.Ⅳ(Western Europe), 361~364쪽.

45 Chester J. Pach, Jr., 앞의 책, 222쪽.

46 Kenneth W. Condit, 앞의 책, 232쪽.

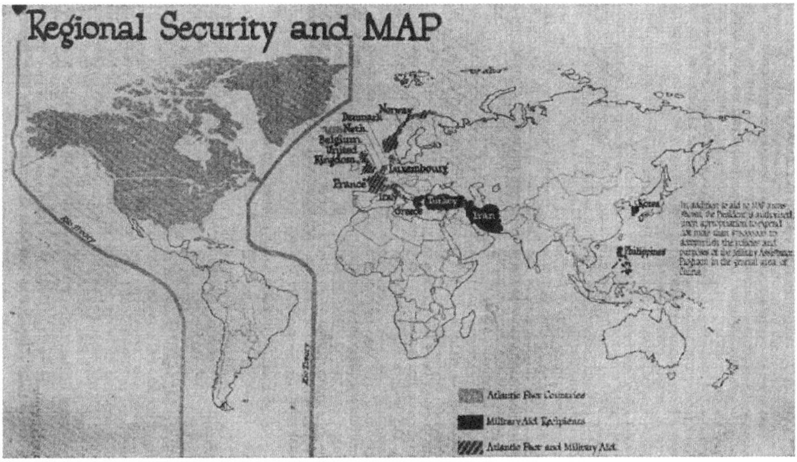

1949년 상호방위원조계획 지도

■ 출처 "Military Assistance Program : Report of the Committee on Foreign Relations and the Committee on Armed Services on HR 5895"(1949. 9. 13), White House Records Office Files, Truman Papers, Harry S. Truman Library.

미 5000만 달러의 원조를 그리스와 터키에 제공하기로 한 상황이었기 때문에 이를 포함하면 최초의 법안과 동일한 액수였다. 그리고 대통령의 권한과 관련해서는 대통령이 그룹별 할당 자금 중 5퍼센트 범위 내에서 다른 그룹으로 전용(轉用)할 수 있게 하였다. 물론 각 그룹별 배정 자금을 전환하여 사용할 때에는 상원 외교·군사위원회에 보고할 것을 규정하고 있지만, 동의를 받아야 한다는 것은 아니었다. 따라서 군사원조와 관련한 대통령의 권한도 일정하게 보장하고 있었다. 다만 오스트리아에 대한 원조액을 전액 삭감한 것이 이전과 다른 두드러진 특징이었다.[47]

---

47 "Military Assistance Program : Report of the Committee on Foreign Relations and the Committee on Armed Services on HR 5895"(1949. 9. 13), White House Records Office Files, Truman

의회는 1949년 8월 8일부터 19일까지 7차례에 걸쳐 입법청문회를 가진 후 수차례의 법안 심사 과정을 거쳐 9월 22일 NATO에 제공할 원조 자금을 다소 줄인 13억 1401만 달러의 군사원조 법안을 통과시켰다.[48] '1949년 상호방위원조법(Mutual Defense Assistance Act of 1949)'으로 명명된 이 법안은 9월 26일 대통령에게 전달되었으며, 트루먼은 1949년 10월 6일에 이를 재가하였다. 이로써 군사원조의 통합 운영과 대상국 확대를 목표로 한 상호방위원조법은 미국이 그리스·터키에 대한 군사원조를 시작한 지 약 2년 6개월 만에 완성되었다.

상호방위원조법의 내용

상호방위원조법은 "외국에 군사원조를 제공함으로써 미국의 대외정책을 증진시키고, 미국의 안보와 공공복지에 기여한다."는 것을 목적으로 하였다. 이를 위해 미국은 개별 또는 집단 방위체제 구축을 목표로 세 가지 종류의 원조를 제시하였다. 첫째는 군사장비의 직접 이관이었으며, 둘째는 군사장비의 운용과 생산을 위한 전문가 집단의 제공이었고, 셋째는 군수물자 생산능력을 향상시키기 위해 기계·원자재 및 달러를 제공하는 것 등이었다. 이 법에 근거해 미국은 자유진영 국가들에 군사원조를 제공하고 개별 또는 집단 방위체제의 구축과 군비 확충을 시도하였는데, 이것이 이른바 '상호방위원조계획(Mutual Defense Assistance Program : MDAP)'이었다.[49]

Papers, Harry S. Truman Library.

48 Kenneth W. Condit, 앞의 책, 232쪽.

49 "Public Law 329-81th Congress : Mutual Defense Assistance Act of 1949"(1949. 10. 6), Presi-

상호방위원조법에 따라 군사원조를 받게 될 국가들은 원조의 우선 순위와 지역 등을 고려하여 세 그룹으로 구분되었다. 제1그룹은 NATO 회원국들로 영국 · 프랑스 · 벨기에 · 네덜란드 · 룩셈부르크 · 이탈리아 · 덴마크 · 노르웨이가 포함되었으며, 제2그룹은 그리스와 터키, 그리고 제3그룹은 이란[50] · 한국 · 필리핀 · 중화권 국가[51] 들이 포함되었다.

동 법안이 발효된 이후 1950년 6월 30일까지 각 그룹에 제공될 원조액의 경우 제1그룹에는 현금 5억 달러와 기계 및 원자재 5억 달러 등 10억 달러, 제2그룹에는 2억 1137만 달러가 배정되었고, 제3그룹인 한국, 필리핀, 이란에 2764만 달러, 중화권에 7500만 달러가 제공될 예정이었다. 그리고 이것과는 별도로 미국은 4억 5000만 달러에 달하는 전쟁 잉여물자를 수원국(受援國)에 제공할 예정이었다.[52]

상호방위원조법은 군사원조의 범위를 규정한 데 이어 미국이 수원국들과 쌍무협정(雙務協定)을 체결하도록 규정하였다. 이들 협정에는 공여된 장비의 사용과 당사국 간의 상호협조에 관한 특별 조항을 비롯해 수원국에서 원조 업무를 수행하는 미국 기관이 사용하는 행정비용의 현지 화폐 통용 조항, 미국의 동의 없이 다른 나라로 장비 이관을 금지하는 조항 등이 포함되었다.[53]

---

dent's Secretary's Files, Truman Papers, Harry S. Truman Library. 1949년의 상호방위원조법 전문 내용은 〔부록 3〕 "1949년도 상호방위원조법 전문" 참조.

50 이란은 1950년 상호방위원조법 개정안에 따라 제2그룹으로 전환되었다.

51 중화권에는 대만 · 티베트 · 인도네시아 · 인도차이나 · 태국 · 버마 · 말레이시아 등이 포함되었다.

52 "Public Law 329-81th Congress : Mutual Defense Assistance Act of 1949"(1949. 10. 6).

53 Robert H. Connery & Paul T. David, 앞의 논문, 328쪽.

1949년도 상호방위원조법이 발효되면서 미국은 1949년 말에 상호방위원조계획 관련 실무조사반을 원조 대상국들에 파견하고, 1950년 3월까지 원조 대상국들과 쌍무협정을 체결하였다. 이로써 영국·프랑스·벨기에·네덜란드·룩셈부르크·노르웨이·덴마크·이탈리아 등 북대서양조약기구 소속 국가들과 그리스·터키·이란 등 지중해·중동국가, 한국·필리핀 등 아시아 국가들에서 상호방위원조계획이 본격적으로 가동되기 시작하였다.[54]

1949년 말 상호방위원조계획이 본격적으로 가동되기 시작한 것은 국제정세의 변화에 따른 미국 대외정책의 전환과 밀접한 관련이 있다고 할 수 있다. 1949년 후반 미국의 대외정책은 재무장과 적극 전략으로 선회하였다. 이러한 정책 전환은 1949년의 두 가지 거대한 사건에 의해 촉발되었다. 그것은 중국에서 공산주의 혁명의 성공과 소련의 핵실험 성공이었다.

중국의 공산화는 일본의 재무장을 포함한 정치·경제적 부흥을 추진하고, 이를 통해 일본을 아시아에서 미국의 유일한 파트너로 성장시킨다는 이른바 '역코스(Reverse Course) 정책'을 강화시켰다. 이는 미국이 아시아에서 소련 봉쇄를 위한 최후의 보루로 일본을 선정하고, 일본의 안보 차원에서 한반도의 전략적 가치를 고려하겠다는 것을 의미하는 것이었다. 이와 더불어 미국은 필리핀과 중화권 국가들에 군사원조를 제공함

54 상호방위원조계획의 적용 대상국은 국사편찬위원회, 『미 국무부 정보조사국(OIR) 한국 관련 보고서』 2, 2002, 327~380쪽 참조. 1950년 3월부터 상호방위원조계획은 본격적으로 가동되기 시작했지만 1949년도 상호방위조법에 의한 원조는 시한인 1950년 6월 말까지 완료되지 못했다.

으로써 아시아에서 소련과 중국의 영향력 확대를 저지하고자 했다.[55]

중국의 공산화보다 미국에 더 큰 충격을 준 사건은 소련의 핵실험 성공이었다. 1949년 8월 29일 소련은 카자흐스탄 사막에서 진행된 핵실험에서 성공적인 결과를 얻었다. 스탈린은 실험 성공을 비밀에 부치도록 했지만, 미국은 9월 3일 항공정찰을 통해 소련의 방사능 실험을 탐지한 후 9월 23일 처음으로 소련의 핵무기 보유 사실을 공표했다. 소련의 핵실험 성공은 미국이 더 이상 핵무기 독점국이 아님을 의미하는 것이었고, 이로 인해 미국은 전면적인 재무장 정책을 고려하게 되었다.[56]

이러한 중국의 공산화와 소련의 핵실험 성공은 미국의 대외정책을 전면적으로 재검토하게 하였으며, 대소 강경책의 일환으로 상호방위원조법에 의한 상호방위원조계획의 실행을 촉진시켰다. 이는 군사력을 바탕으로 적극적인 대소전략을 취할 것임을 규정한 'NSC 68'[57]과 궤(軌)를 같이하는 것이었다.

이렇게 시작된 미국의 상호방위원조계획은 한국전쟁을 계기로 운영 조직의 변화와 원조 대상국의 확대 등 조직과 규모 면에서 크게 확대되

---

55 박태균, 『우방과 제국, 한미관계의 두 신화』, 창비, 2006, 104~106쪽.

56 양영조, 『한국전쟁과 동북아 국가정책』, 선인, 2007, 338~339쪽.

57 NSC 68(U.S. Objectives and Programs for National Security)은 핵무기를 보유한 소련에 대응하기 위한 정치·경제·군사적 측면에서의 미국의 세계 전략이었다. NSC 68은 트루먼이 1950년 1월 30일 수소폭탄을 승인하면서 세계안보정책을 재검토하라는 지시에 따라 4월 7일 작성되었으나 1950년 9월 30일 NSC 68/2가 대통령의 재가를 받을 때까지 공식적인 정책으로 채택되지는 않았다. 하지만 NSC 68의 정책 기조는 1950년 미국의 대외정책에 크게 반영되었다. 이와 관련해서는 다음을 참조. 양영조, 위의 책, 341~345쪽; 박태균, 앞의 책, 108~115쪽; 도진순, 「한국전쟁의 기본개념으로서 제한전의 성립과 분화」 『역사학의 시선으로 읽는 한국전쟁』, 휴머니스트 출판그룹, 2010, 84~86쪽; 이상호, 『맥아더와 한국전쟁』, 푸른역사, 2012, 153~155쪽.

었다. 1950년 6월 25일 한반도에서 전쟁이 발발하고, 그해 10월 25일 중공군이 참전하자 미국은 자유 우방국들의 안보를 강화한다는 목적하에 모든 유형의 해외 원조를 통합 운영하고 원조 대상국을 확대하기로 결정하였다. 이는 새로운 원조 형태로서 상호안전보장계획(Mutual Security Program : MSP)의 출발을 의미하는 것이었다. 이에 대한 입법 조치로서 1951년 10월 10일 '1951년도 상호안전보장법(Mutual Security Act : MSA)'이 제정되었다. 상호안전보장법은 우호 국가들에 대한 군사·경제·기술 원조를 상호안전보장이라는 이름하에 통합 조정하여 효과적인 원조를 제공한다는 목적을 가지고 있었다.[58] 그러나 상호안전보장계획(MSP)하에서도 군사원조는 상호방위원조계획(MDAP)이라는 명칭을 그대로 유지한 채 집행되었다.[59]

상호방위원조계획 운영 조직과 군사원조자문단

상호방위원조법이 마련되고 이에 따른 상호방위원조계획이 시행되면서 군사원조에 관한 계획 수립과 운영을 담당할 조직들이 본격적으로 생겨났다. 상호방위원조법이 제정되기 전에 임시적인 성격을 띠고 활동했던 대외원조운영위원회(FASC)와 예하 실무위원회인 대외원조관계위원회(FACC)가 법제정 이후 각각 대외군사원조운영위원회(Foreign Military Assistance Steering Committee : FMASC)와 대외군사원조조정위원회(Foreign

---

58 이현진, 「1950년대 미국의 상호방위원조의 한국 적용과정 : 미국의 한국보고서 내용을 중심으로」, 『이화사학』 43집, 이화사학연구소, 2011, 237쪽.

59 James A. Huston, 앞의 책, 138쪽.

Military Assistance Coordinating Committee: FMACC)로 탈바꿈하였다.[60]

상호방위원조계획과 관련해 최고위 협의체인 대외군사원조운영위원회(FMASC)[61]는 MDAP의 방향을 책임지도록 역할이 부여되었지만, 실제로 모든 관리는 대외군사원조조정위원회(FMACC)가 담당하였다. FMACC는 국무부의 상호방위원조계획국장(Director of the Mutual Defense Assistance Program)과 국방부의 군사원조실장(Director, Office of Military Assistance), 경제협조처의 계획협력국장(Director, Program Relations Staff)의 3인으로 구성되었으며, 정책과 운영 문제를 논의하기 위해 정기적으로 잦은 회합을 가졌다.[62]

FMACC에 대표를 파견한 국무부·국방부·경제협조처는 각각 자체 조직 내부에 상호방위원조계획과 관련한 부서를 설치해 운영하였다. 국무부는 국무장관실 내에 상호방위원조계획국을 신설하고 초대국장에 아르헨티나 주재 미국 대사를 지낸 브루스(James Bruce)[63]를 임명하였

60 상호방위원조계획의 운영 기구와 역할에 대해서는 "Policy Paper Approved by the Foreign Assistance Correlation Committee"(1949. 6. 15), *FRUS 1949,* vol. 1(National Security Affairs, Foreign Economic Policy), 328~336쪽 참조.

61 대외군사원조운영위원회는 부간위원회(interdepartmental committee)라고 불리기도 하였다.

62 Robert H. Connery & Paul T. David, 앞의 논문, 325~326쪽, 330쪽.

63 브루스(James Bruce)는 1892년 12월 23일 메릴랜드주 볼티모어에서 태어났으며, 주로 금융계에서 활동하던 인물이었다. 그는 1947년 트루먼의 요청에 따라 아르헨티나 주재 미국 대사를 역임하였으며, 1948년에는 미 대통령 선거 때 트루먼의 선거자금 모금운동을 이끌었다. 그 공로를 인정받아 브루스는 1949년에 영국 주재 미국 대사로 내정되었다. 하지만 그의 형(David Bruce)이 프랑스 대사로 있었던 상황에서 프랑스와 더불어 외교적으로 가장 중요한 위치에 있던 영국에 동생을 파견하는 것이 결코 바람직하지 않다는 강력한 반대 의견에 부딪혀 그의 영국 대사 임명은 철회되었다. 특히 애치슨은 그의 대사로서의 자질 문제를 제기하였으며, 그를 음모론자로 몰아세우기도 했다. 이후 그는 국무부 초대 상호방위원조계획국장에 임명되었으나 1950년 초에 해임된 후 정치계를 떠나 사업에 종사하였다("James Bruce Papers", University of Maryland libraries, Digital Collections, http://digital.lib.

다. 하지만 브루스는 임명된 지 얼마 지나지 않아 상호방위원조계획국장에서 물러나고, 부국장인 올리(John H. Ohly)[64]가 국장직을 대행하였다. 국무부 상호방위원조계획국장은 약 60명에 이르는 기획·통제 참모들과 정보·법률 전문가들로 구성된 참모진을 이끌었으며, 이 중 기획·통제 참모들이 국방부에서 제출한 계획들을 검토하고 국무부안을 기획하는 등 핵심 역할을 담당하였다.[65]

상호방위원조계획의 집행 부서인 국방부는 국방장관실 내의 군사원조실(Office of Military Assistance), 합동참모본부, 육군부·해군부·공군부 등을 통해 임무를 수행하였다. 국방기관의 대외군사원조 관련 조직들은 매우 체계적으로 운영되었다.

국방부 군사원조실은 군사원조실장과 24명의 참모진으로 구성되었으며, 정책문서들을 조정하고 군사공약 및 전략기획안을 검토하는 역할을 담당하였다. 초대 군사원조실장은 북대서양조약기구의 창설 과정에

umd.edu/archivesum/actions.DisplayEADDoc.do?source=MdU.ead.histms.0065.xml&style=ead, 검색일: 2014. 11. 3).

64 올리(John H. Ohly)는 1911년 뉴욕주 브루클린에서 태어났다. 1937~40년 뉴욕주에서 변호사로 활동하다가 1940년 전쟁부 차관보실 법률대리인으로 공직에 입문하였다. 1946년 전쟁부장관 특별보좌관, 1947~49년 국방장관 특별보좌관 등을 역임한 후 1949년 10월에 국무부 상호방위원조계획국의 부국장 겸 대리국장에 임명되었다. 1951년 국무부 국제안전보장국(International Security Affairs) 부국장, 1951~52년 국무부 상호안전보장국(Mutual Security Affairs) 특별보좌관, 1952~53년 상호안전보장처장실(Office of Director, Mutual Security Agency) 계획국장 대리, 1953~59년 대외운영처(Foreign Operations Administration)와 국제협조처(International Cooperation Administration)의 계획 및 기획부국장 등을 역임하였다("John H. Ohly Papers", Harry S. Truman Library, http://www.trumanlibrary.org/hstpaper/ohly.htm, 검색일: 2014. 11. 3).

65 Robert H. Connery & Paul T. David, 앞의 논문, 331쪽.

서 미군 대표단을 이끌었던 렘니처(Lyman L. Lemnitzer)[66] 소장이 1949년 10월부터 맡았으며, 그의 후임으로 1950년 9월부터 스캇(Stanley L. Scott) 소장이 군사원조실을 이끌었다. 군사원조실장은 국방부 대표로 대외군사원조조정위원회(FMACC)에 참석하여 미국의 대외군사원조 업무에 관한 전반적인 상황을 검토·조정하였다.[67]

합동참모본부는 군사적인 관점에서 군사원조의 기준과 정책을 마련하였다. 합참은 원조계획의 군사적인 목표, 원조 소요, 수원국들의 우선순위, 합동 전략과 군수에 관한 고려 사항 등을 평가해 기본적인 군사원조계획을 수립하였으며, 또 육·해·공군이 사용할 군사원조 자금을 분배하는 결정권을 지니고 있었다.

그리고 육군부·해군부·공군부는 군사원조의 세부적인 프로그램을 개발하고, 군사원조를 제공받는 국가의 군대에 대한 보급·훈련·행정 지원 등을 위해 군사고문단을 파견했다. 이 중 육군부는 대외군사원조의 대부분이 지상군과 관련되었기 때문에 합참으로부터 상호방위원조계

66 렘니처는 1899년 8월 29일 펜실베니아주 혼스데일(Honesdale)에서 태어났다. 1920년에 육군사관학교를 졸업하고 1921~26년 미국과 필리핀에서 근무하다가 1926~30년 육군사관학교 교관을 지냈다. 1931~34년에는 다시 필리핀에서 근무한 후 1935~1940년 지휘참모대학, 육군대학 등 각종 군사학교를 졸업하였다. 제2차 세계대전 기간 동안 그는 해안포병여단장, 영국·북아프리카 연합군사령부 기획작전 장교, 북아프리카 제5군 부참모장, 지중해 연합군최고사령부 참모장, 지중해 미 전역사령관 등을 역임하였다. 제2차 세계대전 후 그는 1945~47년 미 합참 합동전략조사위원회 육군 선임장교, 1947~49년 국방대학 부교장을 거쳐 1949~50년 국방부 군사원조실장을 역임하였다. 이후 그는 제7보병사단장으로 한국전쟁에 참전하였으며, 1955년에는 주한 미 제8군사령관을 거쳐 극동군사령관 겸 유엔군사령관이 되었다. 1959년 육군참모총장을 거쳐 1960년 합참의장이 되었으며, 1962~69년 유럽 미 육군총사령관, NATO군 최고사령관 등을 역임한 후 1969년 7월에 퇴역하였다. 퇴역 후 미 중앙정보국(CIA)의 국내활동 조사위원으로 활동하기도 했다(William Gardner Bell, *Commanding Generals and Chiefs of Staff*, 1775-2005, Center of Military History United States Army, 2005, 136쪽).

67 Robert H. Connery & Paul T. David, 앞의 논문, 331~332쪽.

획의 실행기관(executive agency)으로 선정되었다. 특히 육군부에서도 작전참모부(G-3) 기획작전처(Division of Planning and Operations)와 군수참모부(G-4)가 그 핵심 역할을 담당하였다.[68]

국무부·국방부와 더불어 상호방위원조계획의 또 다른 주체인 경제협조처(ECA)의 역할은 국무부·국방부에 비해 상대적으로 적었다. 경제협조처는 대외군사원조조정위원회의 대표로 계획협력국장(Director of Program Relations Staff)을 파견하고, 수원국의 경제력에 관한 특별보고서의 준비와 추가적인 군수생산계획안의 수립에 일정하게 기여했다. 하지만 경제협조처의 주된 활동은 유럽부흥계획에 중점을 두고 있었으므로, 그들에게 상호방위원조계획은 부차적인 업무로 인식되었다.[69]

상호방위원조계획의 운영과 관련해 각 부처의 역할에 대해서는 1950년 1월 27일자 대통령령 제10099호에 잘 나타나 있다. 여기서 트루먼 대통령은 상호방위원조계획의 일반적인 지시와 통제에 대한 권한을 국무장관에게 위임하였다. 이와 더불어 그는 다음과 같은 내용을 대통령령에 명시하였다. 첫째, 상호방위원조법에 따라 제공되는 모든 군사원조는 국무장관이 승인한 계획과 부합되어야 하며, 국무장관은 계획의 승인에 앞서 국방장관 및 경제협조처장과 협의해야 한다. 둘째, 국방장관이 합동참모본부와 협의한 후에 장비 이관이 미국의 국가안보에 유해하다고 결론을 내릴 경우, 어떠한 군수품도 해외로 이관될 수 없다. 셋째, 경제협조처장은 군사원조계획의 경제적인 효과와 관련해 국무장관을 자문

---

68 James A. Huston, *Outposts and Allies: U.S. Army Logistics in the Cold War, 1945-1953*, Associated University Press, 1988, 144쪽.

69 Robert H. Connery & Paul T. David, 앞의 논문, 332~333쪽.

그림 1-1 미국의 군사원조 조직 체계(1950년 1월 현재)

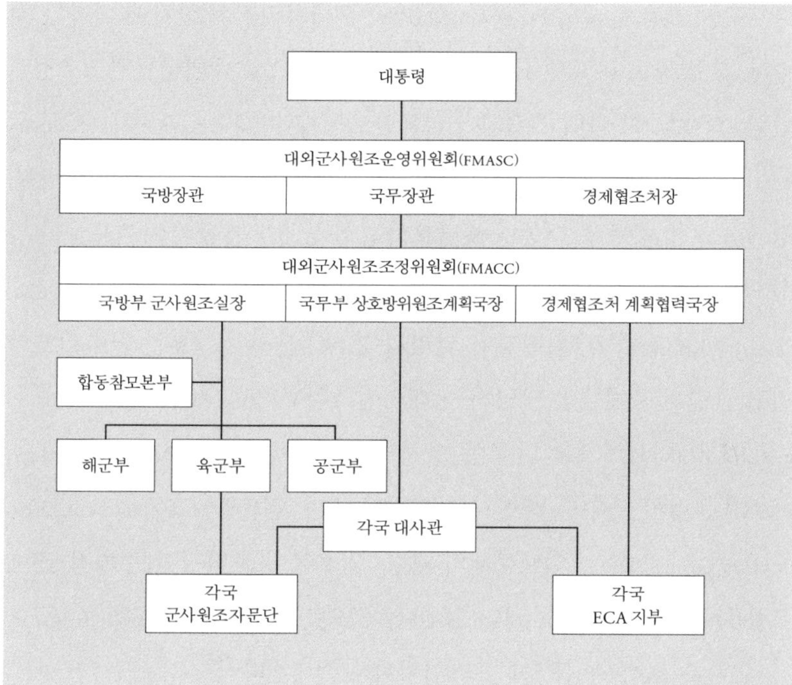

하도록 임무를 부여한다는 것 등이었다.[70] 이러한 사실에서 상호방위원조계획의 정책 방향은 국무부가 주관해 마련하고, 집행은 주로 국방부가 담당했음을 알 수 있다. 경제협조처도 상호방위원조계획에 일부 관여하지만, 이들의 주요 활동이 해외의 경제 복구에 목표를 두었던 만큼 그 활동 영역이 군사장비의 생산을 향상시키는 데 국한되었다. 〈그림 1-1〉은 1950년 1월 군사원조 조직 체계를 도식화한 것이다.

---

70 'Providing for the Administration of the Mutual Defense Act of 1949', "Executive Order No. 10099"(1950. 1. 27), Harry S. Truman & Museum.

군사원조 조직 체계는 1950년 말 새로운 원조 형태로서 상호안전보장계획(Mutual Security Program : MSP)이 구체화되면서 한차례 변화를 겪었다. 첫 번째로 1950년 12월 19일자 대통령령으로 대외군사원조조정위원회(FMACC)가 확대 개편되어 국제안보문제위원회(International Security Affairs Committee, 이하 'ISAC')로 전환되었다. ISAC에는 국무부, 국방부, 경제협조처, 재무부, 대통령 특별보좌관실 등 5개 기관의 차관보급이 위원으로 참석하였으며, 국무부 국제안보문제국장(Director of International Security Affairs)[71]이 위원장을 맡았다. ISAC 산하 기구로는 군사원조와 직접 관련된 문제들을 담당하는 대외원조위원회(Foreign Aid Committee : FAC), 국제안보문제를 다루는 정치 · 군사그룹(Political-Military Group : PMG), 유럽의 군수품 생산지원을 담당하는 국방생산그룹(Defense Production Group : DPG), 안보문제의 재정·경제 분야를 담당하는 재정·경제그룹(Financial & Economic Group : FEG) 그리고 공보위원회(Public Information Committee : PIC) 등 5개 분과위원회가 존재했다.[72]

상호안전보장계획(MSP)을 위한 조직 개편이 완료될 무렵인 1951년 5월 24일, 트루먼 대통령은 미 의회에 이와 관련한 입법을 정식 요청하였다. 그는 의회에 보낸 메시지에서 상호안전보장계획이 "현재의 안보와 지속적인 평화 유지를 위한 노정에서 또다시 중요한 진척을 이루는 것"이라

71 국무부 국제안보문제국(Office of International Security Affairs)은 상호방위원조계획국을 확대 발전시킨 기관으로 초대 국장은 캐봇(Thomas D. Cabot)이었으며, 부국장은 상호방위원조계획국 부국장을 지낸 올리(John H. Ohly)가 계속해서 담당하였다.

72 Stanley L. Scott, "The Military Aid Program", *American Academy of Political and Social Science*, Vol. 278, Nov., 1951, 52쪽. 이 글의 저자인 스캇은 국제안보문제위원회(ISAC) 산하 분과위원회 중 대외원조위원회(FAC)의 위원장을 역임하였다.

그림 1-2 1951년 상호안전보장계획(MSP) 조직도(1951년 5월 현재)

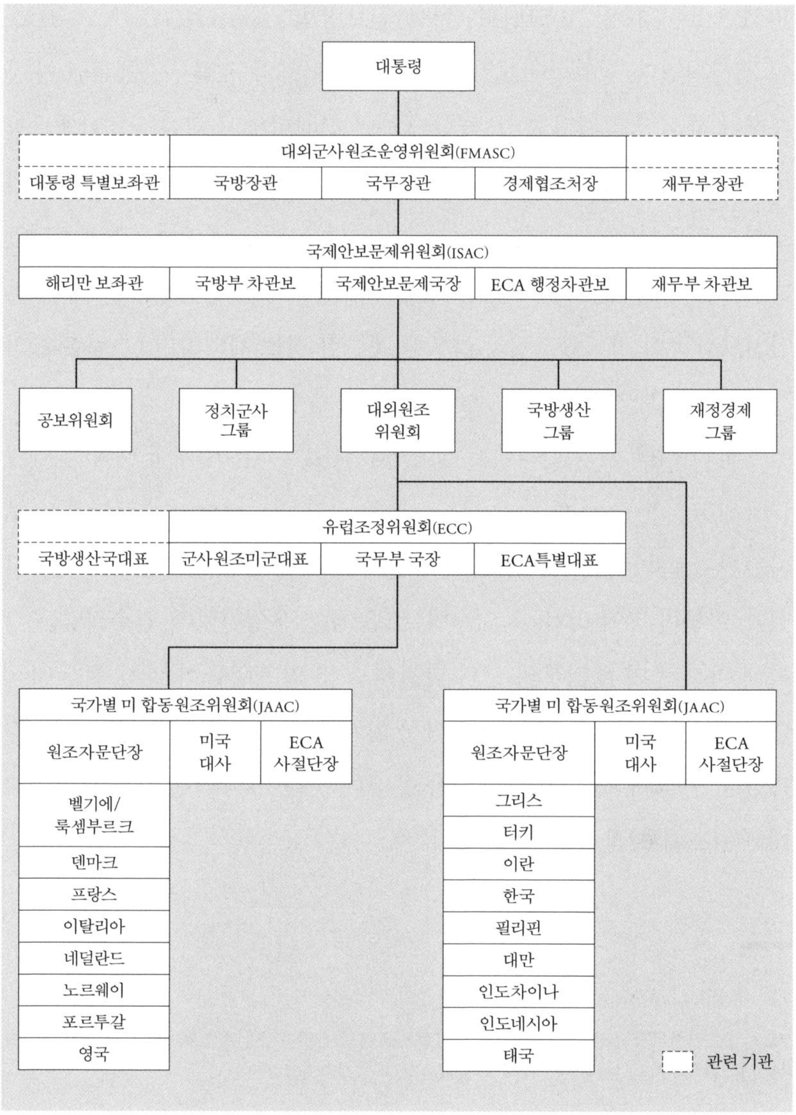

■ 출처 Robert H. Connery & Paul T. David, "The Mutual Defense Assistance Program", *The American Political Science Review*, XLV, June 1951, American Political Science Association, 340쪽.

고 역설하였다.[73] 의회는 이를 승인하였으며, 이에 대한 입법 조치로서 1951년 10월 10일 '1951년도 상호안전보장법(Mutual Security Act : MSA)'이 제정되었다. 상호안전보장법이 발효됨에 따라 유럽부흥계획인 마샬플랜이 사실상 종결되고, 이를 담당하던 경제협조처 대신 상호안전보장국(Mutual Security Agency : MSA)[74]이 신설되었다. 그리고 ISAC가 상호원조자문위원회(Mutual Assistance Advisory Committee : MAAC)로 개칭되었다. 하지만 이러한 조직 변화는 ISAC가 MAAC로 명칭을 바꾸고, 상호안전보장국이 경제협조처의 업무를 계승한 것을 제외하면 〈그림 1-2〉의 '1951년 상호안전보장계획(MSP) 조직도'와 동일하다.[75]

한편 미국 외의 지역에서 상호방위원조계획은 주재국 미국 대사와 군사원조자문단(Military Assistance Advisory Group : MAAG), 그리고 ECA 사절단 소속의 경제자문관들이 유기적으로 결합해 국가 단위로 운영되었다. 이른바 '컨추리팀(Country Team)'을 통한 운영이었다. 컨추리팀은 각국에 파견된 미 행정부와 군의 파견기관 및 기관원들이 현지 주재 미국 대사의 지도하에 부·처 간의 원활한 협력과 활동을 위해 구성된 조직 형태였다. 미국이 '컨추리팀'을 처음 운영한 것은 1947년 그리스와 터키에 대한 원조를 시작하면서부터였다.[76]

---

73 Stanley L. Scott, 위의 논문, 47쪽.

74 상호안전보장국은 대통령실 내에 대외원조를 통합 운영하는 기관으로 설치되었으며, 1953년 8월 1일 대외운영처(Foreign Operations Administration)로 개편되었다.

75 James A. Huston, 앞의 책, 138쪽.

76 '컨추리팀'은 1947년 그리스와 터키에 대한 원조를 시작하면서부터 구상된 것이었지만, 실제 '컨추리팀'이라는 명칭과 개념이 공식적으로 사용된 것은 1951년 클레이 문서(Clay papers)가 처음이었다. 대외 원조 활동에 깊이 관여하면서 해외 파견 기관과 기관원들이 확대되자 트루먼 대통령은

지역별 상호방위원조계획의 운영에서 미국 대사는 주재국 정부와의 협정 체결, 사절단의 규모와 면책특권 같은 정치적인 문제를 주로 다루었으며, ECA 대표들은 추가적인 군수생산계획에 관한 특별보고서를 작성하고 일반적인 경제 상황에 관해 미국 대사를 자문하였다. 각국에 파견된 ECA 요원들은 ECA의 독자적인 프로그램을 가지고 활동하였지만, 상호방위원조계획과 관련해서는 전적으로 미국 대사의 통제하에서 활동하였다.

그리고 원조를 받도록 계획된 국가들에 군사원조자문단을 파견하는 것은 상호방위원조계획의 가장 두드러진 특징 중의 하나였다. 군사원

국가와 지역 차원에서의 '조정기구(mechanisms for coordination)'가 필요하다고 생각하고서 이에 대한 작업을 전 독일 군정장관 클레이(Lucius Clay) 장군에게 위임하였다. 클레이는 관련 정부 부처와 협상을 진행한 후 〈국무부, 국방부, 경제협조처 간의 이해관계에 관한 비망록〉을 작성하였다. 이른바 '클레이 문서(Clay Papers)'로 알려진 이 비망록에서는 "완전한 협력 체제를 구축하기 위해 각국에 파견된 미국 대표들은 미국 대사의 지도하에 팀(team)을 구성하며, 미국 대사의 조정·지시·지도 권한이 새롭게 강조될 것"이라고 밝혔다. 이것은 미국 대사에게 주재국에서 모든 활동을 조정할 수 있는 수단을 부여한 행정 조치였다. 컨추리팀으로 가시화된 미 정부 부처 간의 협력 문제는 트루먼과 아이젠하워 정권 기간에 해결되지 않는 문제로 남았다. 특히 미국 대사와 현지 주둔군 지휘관 간의 불협화음이 문제였다. 이러한 문제는 케네디 정권에 이르러 어느 정도 체계화를 이루게 되었는데, 케네디는 부임 후 얼마 지나지 않아 대사와 현지 지휘관과의 관계에 대해 "미국 대사는 정확한 정보교환을 위해 해당 지역 군사령관과 긴밀하게 협조하며, 미군의 행동이 주재국 국민 또는 정부에 악영향을 끼친다고 판단되면 즉시 군사령관과 그 문제를 논의하고, 필요하다면 고위 당국자의 결심을 요구해야 한다."고 언명하였다. 하지만 일반적으로 현지 주둔군 사령관은 미국 대사와 함께 일하는 것을 달가워하지 않았다(Robert B. Okley, Michael Casey, Jr., "The Country Team : restructuring America's first line of engagement", *Strategic Forum*, Sept., 2007). 한국의 경우에도 컨추리팀 구성이 순조롭게 진행되지 않았다. 한국전쟁 이후 주한미대사는 사실상 유엔군사령관(미8군사령관 겸 주한미군사령관)의 정치고문에 지나지 않았기 때문에 주한미대사가 주관하는 정기적인 컨추리팀 회합은 존재하기가 어려웠다. 한국에서 첫 번째 컨추리팀 회합이 열린 것은 1959년 7월 22일이었으며, 주한미군사령관이 회합에 참석하기 시작한 것은 1960년 3월 25일 제19차 회의 때부터였다. 그 이전까지 주한미군 대표로는 임시주한미합동군사원조자문단장(Chief, PROVMAAG-K)이 참석했다(David Curtis Skaggs & Richard P. Weinert, *American Military Assistance to the Republic of Korea Army 1951-1965*, undated, RG 319, CMH Manuscripts, KMAG in War and Peace, Box 1, Ⅶ-42쪽).

조자문단의 임무는 필요한 군수품 목록과 훈련계획을 마련하고, 미국이 설정한 계획대로만 보급품이 사용되도록 해당국의 군사 업무를 관장하는 것이었다. 군사원조자문단은 그리스, 터키, 이란의 경우처럼 군사사절단(Military Mission)이 군사원조자문단으로 전환하는 경우도 있었고, 한국처럼 군사고문단이 그 기능을 병행하는 경우도 있었다. 그리고 유럽의 NATO 참여국들처럼 본래부터 군사원조자문단으로 출발한 경우도 있었다.

이들 군사원조자문단에 대한 행정 통제는 주재국 대사가 담당했지만, 군사 관련 분야의 실질적인 보고와 통제는 유럽의 경우에 합동미군사고문단(Joint American Military Advisory Group : JAMAG)이 맡았으며, 유럽 이외의 지역에서는 육군부가 담당하였다. 이러한 지휘 구조는 한국전쟁을 계기로 한국과 유럽에서는 새로운 형태로 전환되었다. 한국의 경우에는 1950년 7월에 극동군사령관이 주한미군사고문단(KMAG)을 직접 통제하는 지휘 구조가 만들어졌으며, 유럽의 합동미군사고문단은 1952년 8월에 미국의 유럽군사령부가 새롭게 편제되면서 유럽군사령부 군사원조처(Military Assistance Division)에 그 기능이 흡수되었다.[77] 이는 전투부대의 주둔시 군사원조자문단의 지위와 역할에 대한 새로운 방향 모색의 시도였다고 할 수 있다.

---

77 James A. Huston, *Outposts and Allies : U.S. Army Logistics in the Cold War, 1945-1953*, 145~146쪽.

2. 각국 군사원조자문단 운영 사례와 특징

1) 그리스 미 합동군사자문기획단(JUSMAPG)

발칸 반도 남부에 위치한 그리스는 제2차 세계대전에서 가장 피해가 컸던 국가 중의 하나였다. 이탈리아의 침공과 뒤이은 4년간의 독일군 점령, 그리고 후퇴하던 독일군의 초토화작전 등으로 그리스 경제는 거의 붕괴되다시피 하였다.[78] 이러한 상황에서 1944년 12월경 정부군과 반군 간의 내전이 격화되면서 그리스 사회는 극도로 불안정하게 되었다. 공산주의자 및 레지스탕스 세력으로 구성된 인민해방군(ELAS)[79]과 영국군의 지원을 받는 정부군 간의 내전은 1945년 2월 양측 간에 강화조약이 체결되면서 일시적으로 중단되었다. 그러나 그리스 정부가 정치적 반대자들을 무자비하게 탄압하면서 1946년 3월부터 내전은 다시 격화되었다. 그리스 상황이 극도로 불안정해지자 미국은 수출입은행을 통해 그리스에 경제원조를 제공하는 한편, 동부 지중해 전체를 겨냥하여 전함

---

78 전후 그리스의 공업·농업 생산지수는 주축국인 독일과 비슷하였으며, 건물의 피해는 23퍼센트 정도였다. 이에 관해서는 김정배, 『미국과 냉전의 기원』, 혜안, 2001, 132~133쪽 참조.

79 인민해방군은 1941년 9월에 결성된 인민해방전선(EAM)의 군사조직이었다. 인민해방전선은 1942년 4월에 각지에 흩어져 있던 게릴라집단을 모아 인민해방군을 결성하고 독일군과 전쟁을 시작하였다. 전투원의 약 90퍼센트가 농민과 노동자로 구성된 인민해방군은 1944년 10월 독일군이 그리스에서 철수할 무렵 병력이 약 5만 명에 이르렀다. 이러한 무장력을 바탕으로 인민해방전선은 해방 후 전 국토의 3/4에 해당하는 지역에 자치정부를 수립하고 실질적인 통치기관으로서의 역할을 수행하였다. 인민해방군은 1946년 12월 17일 그리스민주군대(DAG)로 개칭되었다(송광성, 「그리스와 미국의 전쟁: 냉전정책의 선언」 『정책과학연구』 제10권, 단국대학교 정책과학연구소, 2000, 4~5쪽, 7쪽).

을 파견해 시위하도록 했다.[80] 그럼에도 그리스 정부군은 사회주의 국가인 알바니아와 유고슬라비아의 지원하에 국경을 넘나들며 활동하는 인민해방군을 진압하는 데 실패하였다. 오히려 1946년 말에 접어들자 인민해방군은 북쪽 산악 지역을 근거지로 하여 남쪽으로 활동 영역을 확대해 나갔다. 반면 재정적 한계에 다다른 그리스 정부는 이에 적절히 대응하지 못하였다.

그리스의 내부 혼란이 격화되는 상황에서 소련은 영국과 그리스 정부를 상대로 정치 공세를 강화하였다. 1946년 초부터 시작된 소련의 정치 공세는 '그리스에 주둔하는 영국군의 존재가 세계 평화에 위협'이 되고 있으며, '발칸 반도의 위험을 초래한 것은 그리스 정부의 무자비한 탄압정책 때문'이라는 비난으로 이어졌다.[81] 이러한 소련의 정치 공세는 궁극적으로 다르다넬스(Dardanelles) 해협에 대한 통제권 확보와 터키에 대한 압력을 강화하여 동부 지중해 지역을 소련의 세력권하에 두려는 목적에서 비롯된 것이었다. 소련은 터키 해협(보스포러스와 다르다넬스 해협)에 대한 공동 통치와 터키 북동쪽 지방에 대한 영토 합병 주장이 1945년 11월에 터키 정부의 강경한 반대에 부딪혀 좌절되자 그리스와 이란으로 눈을 돌려 터키를 고립시키고자 했던 것이다.[82] 따라서 그리스에 대한

---

80 김정배, 앞의 책, 133~134쪽.

81 Historical Division, Joint Secretariat Joint Chiefs of Staff, *Selected Aspects of U.S. Military Assistance*, 13 December 1961, 1~2쪽, http://www.dod.gov/pubs/foi/reading_room/541.pdf, 검색일: 2010. 3. 5. 이 자료는 미 합참 역사과에서 작성한 것으로 그리스(1946~50년), 한국(1946~55년), 이란(1945~55년), 대만(1950~59년), 필리핀(1935~41년), 중국(1941~44년)에 대한 미국의 군사원조 약사(略史)이다. 65쪽 분량으로 내용은 짧지만 해당국의 군사원조 상황을 이해하고 국가별 특징을 상호 비교하는 데 유용한 자료이다.

82 Supreme Allied Commander, Europe, *Second Annual Report*, 30 May 53, 16~18쪽, James A.

소련의 정치 공세도 이것의 연장선상에서 이루어졌다고 할 수 있다.

이러한 상황에서 미국은 그리스 사태에 개입하기 위한 방안을 적극적으로 모색하였다. 미국의 그리스 개입은 1946년 9월 미국이 '우방국에 대한 군사장비의 이관'이라는 신정책을 내세움으로써 이미 예견된 것이었다. 1946년 9월 25일 미국의 국무부·전쟁부·해군부 장관은 그리스 내전의 격화, 다르다넬스 해협에 대한 소련의 압력, 이란에서의 계속되는 분쟁과 중국에서의 상황 악화 등에 대처하기 위한 방편으로 우방국에 군사 장비를 이관하는 정책을 승인하였다. 군사장비의 이관 기준과 목적은 두 가지로 대별되었다. 첫째는 미국의 이익에 중요하다고 판단되는 국가의 치안과 안보 유지, 둘째는 외부로부터 위협을 받고 있는 국가의 경우 독립과 영토 보존이 그것의 기준과 목적이었다.[83] 그리스, 이란, 중국 등이 전자에 속하며, 유럽과 터키가 후자에 속한다고 할 수 있다.

그러나 미국은 이 지역에 대한 적극적인 개입에 앞서 먼저 해결해야 할 두 가지의 중요한 문제를 안고 있었다. 첫째는 미국의 전통적인 대외정책인 '고립주의 정책'에서 벗어나 미국 세력권의 확대와 통제 강화를 목적으로 하는 새로운 정책을 국민과 의회에 어떻게 설득시킬 것인가라는 문제였으며, 둘째는 이 지역을 독점적으로 지배하던 대영제국의 영향권을 어떻게 침식할 것인가라는 문제였다.

기존 정책의 전환과 영국과의 관계로 요약되는 이러한 문제들은 국내 재정 악화를 이유로 영국이 1947년 2월 24일 그리스와 터키에 대한

Huston, 앞의 책, 132쪽 재인용.

83 Historical Division, Joint Secretariat Joint Chiefs of Staff, *Selected Aspects of U.S. Military Assistance*, 13 December 1961, 2~3쪽.

지원을 더 이상 할 수 없다고 미국에 통보함으로써 그 해결의 실마리가 찾아졌다. 트루먼과 미 행정부는 "그리스 내전을 해결하지 못하면 그리스는 소련의 지배하에 들어갈 가능성이 높으며, 그 결과 소련의 지배가 중동, 유럽, 아시아로 확대될 것"이라는 논리를 전개하면서 의회 지도자들을 설득했다. 의회는 대통령이 이러한 사실을 국민과 의회에 알리는 것을 전제로 행정부의 제안에 동의했다.[84]

1947년 3월 12일 트루먼 대통령은 앞서 살펴보았듯이 이른바 '트루먼 독트린'을 발표하여 그리스와 터키에 대한 원조를 공식화하였다. 이날 그는 의회연설에서 "만약 그리스가 소수 무장세력의 통제하에 놓인다면 이웃 국가들에도 영향을 미치게 되는데, 터키가 직접적이고 심각하게 영향을 받게 될 것이며, 혼란과 무질서는 중동 전역으로 확산될 것"이라고 주장하면서 '그리스와 터키에 4억 달러의 원조'를 요청하였다.[85] 의회는 이것을 승인하였다.

1947년 5월 22일 공법 제75호(Public Law 75)로 공포된 '그리스·터키 원조 법안'의 내용 중 가장 먼저 현실화된 것이 미 군사고문단의 파견이었다. 5월 24일 미국은 레너(Charles R. Lehner) 대령이 이끄는 23명의 '그리스 미 육군단(United States Army Group, Greece : USAGG)' 선발대를 아테네

---

84 Forrest Pogue, *George C. Marshall : Statesman, 1945-1949*, New York, Viking, 1987, 164~165쪽; Arthur H. Vandenberg, jr., *The Private Papers of Senator Vandenberg*, Boston, Houghton Mifflin, 1952, 338~339쪽.

85 "Speech by US President Harry Truman to Congress"(1947. 3. 12). *Public Papers of the Presidents of the United States : Harry S. Truman, 1947*, Washington, Government Printing Office, 1963, 178~179쪽.

로 파견했다.[86]

그리스 미 육군단(이하 '미 육군단')은 그리스군에 대한 보급 활동과 그리스 군인들에게 장비 운용 방법을 훈련시키는 것을 주요 임무로 하였지만, 이러한 공식적인 임무 외에도 그리스군의 주요 결정 사항에 깊이 관여했다. 미 육군단장은 그리스 고위군사평의회(High Military Council)와 총리가 주관하는 최고국방회의(Supreme National Defense Council), 그리고 합동참모위원회(Joint Chiefs of Staff Committee)에 선임고문관 자격으로 참석했다. 특히 6월 19일 레너 대령으로부터 지휘권을 인수받은 미 육군단장 라이브세이(William G. Livesay) 소장은 그리스 정부의 주요 군사회의에 정기적으로 참석하여 그리스군의 주요 결정 사항에 큰 영향을 미쳤다.[87] 그리스군이 수행하는 대게릴라전을 지도하고 숙군 작업을 지원했던 것이 그것의 대표적인 사례였다.

미 육군단이 활동을 개시할 무렵, 그리스 정부군은 육군(Greek National Army), 헌병대(Gendarmerie), 공군(Royal Hellenic Air Force), 해군(Royal Hellenic Navy)으로 구성되었으며, 총병력은 16만 8500명이었다.[88] 이들

---

86 "USAGG Brief History: 24 May 47~31 Aug 49"(1949. 9. 15), 9쪽, RG 334, Entry No. 155, Joint United States Military Aid Groups, Greece, United States Army Section Group, Adjutant General Section, Central Files Unit Historical File, 1947-50, Box 146.

87 Historical Division, Joint Secretariat Joint Chiefs of Staff, *Selected Aspects of U.S. Military Assistance*, 13 December 1961, 4~5쪽. 그리스 미 육군단(USAGG) 규모는 1947년 7월 말, 약 40명의 군인과 약 20명의 민간인 등 총 60명 정도로 확대되었다("USAGG Brief History: 24 May 47~31 Aug 49"(1949. 9. 15), 9쪽).

88 "USAGG Brief History: 24 May 47~31 Aug 49"(1949. 9. 15), 12쪽. 당시 그리스군은 육군이 12만 명, 헌병대가 3만 명, 공군이 5500명, 해군이 1만 3000명이었다. 이외의 그리스 무력으로 그리스 경찰 8000명이 존재했다.

은 영국과 미국이 제공한 무기와 장비로 무장하여 비교적 현대적인 전투력을 갖추고 있었다. 하지만 1946년 말 현재 약 25퍼센트의 병력이 '신뢰할 수 없다'는 영국 정보기관의 보고가 있을 만큼 정부군 내에서 공산주의자들의 활동이 활발하였다. 이러한 공산주의자들의 군내 활동은 1947년 6월 미 육군단장 라이브세이 장군이 "군대 내부에 7000여 명의 공산주의자들이 있다."고 보고한 것에서도 확인된다.[89] 이에 따라 미 육군단은 그리스군의 대게릴라전 지원과 더불어 군내 좌익 세력의 척결, 즉 숙군 작업에도 깊이 관여했다.[90]

미 육군단이 5월 24일부터 활동을 시작했지만, 그리스 정부와 미국 정부 간에 원조에 관한 협정이 공식 체결된 것은 약 1개월 후인 6월 20일이었다. 미국 원조의 지불 방식과 사용을 규정한 협정서에는 원조 운영에 대한 모든 책임을 '그리스 미 원조사절단(American Mission for Aid to Greece : AMAG)'이 담당하기로 하였다. 이러한 임무를 수행하기 위해 독일 미군정에서 근무하던 그리스월드(Dwight P. Griswold)가 7월 14일 초대 원조사절단장으로 부임했다.[91] 그리스월드는 1940~46년 네브라스카

---

89 "Livesay diary"(1948. 6. 20), Livesay papers ; Alexander Papagos, *Guerrilla Warfare*, 236쪽, 양정심, 「제주4·3과 그리스 내전 비교 연구: 미국의 역할을 중심으로」『이화사학연구』 제37집, 이화사학연구소, 2008, 237쪽 재인용.

90 군내 숙군 작업은 1947년 가을부터 그리스 사회 전반에 걸친 공산주의자 색출 작업과 병행하여 진행되었다. 이때 그리스 정부가 취한 조치는 '전면적' 징집과 좌익 및 공산주의자의 영구적 구금 등이었다. 사회적으로는 경찰이 공산계 신문사들을 폐쇄하고, 공산주의 혐의자들을 공직에서 숙청하는 한편 노동자의 파업권을 폐지했다(R. B. 에스프레이 지음, 편집부 옮김, 『세계 게릴라 전사』 ③, 일월총서, 1989, 101쪽).

91 William Blum, *Killing Hope : U.S. Military and CIA Interventions Since World War II*, Common Courage Press, 1995, 38쪽.

(Nebraska) 주지사를 역임했고, 제1차 세계대전 기간에 트루먼과 군복무를 함께 한 경험이 있는 공화당원이었다.[92] 미국의 새로운 대외정책을 시험하는 첫 번째 중요한 무대에서 트루먼 대통령이 다른 정당의 인물을 원조사절단장으로 임명한 것은 의외의 조치였다. 여기에는 다분히 정치적인 의도가 짙게 깔려 있는 것으로, 의회의 다수당인 공화당과의 관계를 고려한 정치적 타협의 조치였다고 할 수 있다. 즉 트루먼 행정부는 새로운 대외정책의 안정화를 위해 해외 원조의 확대가 필요할 경우, 반드시 거쳐야 할 의회로부터의 동의를 보다 손쉽게 구할 수 있다는 정치적 계산이 작용했던 것으로 볼 수 있다. 여하튼 그러한 임명이 정치적 의도에서건 또는 다른 의도에서건 간에 그리스월드의 파견은 그리스 내 미 정부 기관의 조직과 운영상에 많은 혼란과 변화를 초래하였다.

우선 미국 대사관과 원조사절단과의 관계 설정 문제가 제기되었다. 원조의 관리·감독을 책임지게 된 원조사절단은 원조의 효율적인 집행이라는 명목하에 그리스 내부의 정치·경제 문제에까지 깊이 관여하고자 했다. 1947년 11월 17일자 원조사절단이 작성한 비망록에서 "우리가 그리스의 수출·입, 환율, 군대 재건 지시, 구제 비용에 대한 관리는 물론 예산, 조세, 화폐 발행, 물가와 임금 정책, 국가 경제계획 등에 대해 실질적인 관리를 책임졌다."[93] 고 밝히고 있듯이 원조사절단은 그리스에서 초정부적인 위치에 있었다. 게다가 원조사절단장은 그리스 정부나 미국 대사와 협의 없이 비협조적인 그리스 관리들의 제거를 비롯해 사면(赦免), 선

---

92 Howard Jones, *A New Kind of War : America's Global Strategy and the Truman Doctrine in Greece*, Oxford University Press, 1997, 62쪽.

93 William Blum, 앞의 책, 38쪽.

거, 정부 개편 등 그리스의 내정에 깊이 관여하였다.[94]

그리스 주재 미국 대사인 맥비(Lincoln MacVeagh)는 원조사절단장의 그리스 내정 간섭에 대해 자신의 역할을 상당 부분 침해하는 것으로 간주하였다. 특히 그리스 정부의 구성과 관련해 원조사절단장 그리스월드와 미국 대사 맥비 사이에는 접근 방식을 놓고 심각한 갈등 관계를 유지했다. 즉 그리스 연립 정부의 구성에서 그리스월드는 소수인 자유당 지도부를 선호하고, 맥비는 다수인 인민당 지도부를 선호함으로써 양자 간에 입장 차이를 보였다.[95] 이러한 입장 차이의 이면에는 그리스 연립 정부와의 협의를 존중할 것인가 또는 일방적으로 미국의 정책을 관철시킬 것인가라는 문제가 내재되어 있었다. 전자가 미국 대사의 입장이었고, 후자가 원조사절단장의 입장이었다고 할 수 있다.

원조사절단장과 미국 대사 간의 갈등은 양자 간의 임무 한계를 명확하게 규정하지 못한 미 행정부의 정책상 오류에서 비롯되었다고 할 수 있다. 원조사절단과 미국 대사관을 동시에 관장하는 미 국무부는 그리스월드의 적극적인 정치 개입을 옹호한다고 밝히면서도 그리스 정부와의 협의에서 '중요한 정책 결정'은 대사가 담당하게 한다는 모호한 태도로 일관하였다.[96] 이에 대해 그리스월드는 사임 의사를 표명하고, 공화당을 통해 정치적 영향력을 행사함으로써 사절단장의 책임 권한을 강화하

---

94 Howard Jones, 앞의 책, 72쪽.

95 그리스 내정에 대한 원조사절단장과 미국 대사 간의 입장 차이에 대해서는 허호준, 『냉전체제 형성기의 국가건설과 민간인 학살: 제주4·3사건과 그리스 내전의 비교를 중심으로』, 제주대학교 정치외교학과 박사학위논문, 2010, 85~95쪽 참조.

96 Howard Jones, 앞의 책, 72쪽.

는 방향으로 국무부의 방침을 바꾸게 하였다. 반면 맥비는 그리스 대사직에서 물러나는 수모를 당했다.

이렇듯 원조사절단장과 미국 대사의 책임 한계를 명확히 규정하지 않은 것에서 비롯된 행정상의 혼란은 미국으로 하여금 새로운 재외공관 운영 방식을 만들도록 하였다. 즉 이를 계기로 대사가 원조사절단장직을 겸직하는 새로운 조직 형태가 만들어졌다. 그리스에서는 맥비 대사가 소환된 이후 공석으로 남아 있던 대사직에 1948년 7월 그레디(Henry F. Grady)가 부임하면서부터 이러한 체제가 적용되었다.[97]

그사이 미 육군단(USAGG)의 지위와 역할에도 변화가 있었다. 1947년 5월 24일 아테네에 도착한 미 육군단은 지휘계통상 원조사절단(AMAG)에 소속되어 있으면서, 그리스 정부군에 필요한 장비를 구매하고 그것의 운용과 유지 방법을 자문하는 역할을 주로 담당했다. 그러나 그리스 정부군의 압도적인 수적 우위에도 불구하고 1947년 여름 전국적인 공산주의자 검거작전과 2만 3000여 명으로 추산되던 게릴라들에 대한 '하계공세'가 별다른 성과 없이 끝나자 미국 내에서는 그리스에 대한 적극적인 정치·군사적 개입의 필요성이 제기되었다. 미국의 정책결정자들은 그리스의 정치·군사 지도자들이 전쟁의 승리를 위해 반드시 필요한 행정 능력과 정치 의지가 부족하다고 결론을 내리고 미국의 전문가들을 그리스의 행정부서들에 투입하는 한편, 미군 전투부대의 그리스 파견 문제를 논의하였다. 미 합참을 비롯해 다양한 정책부서들에서 논의된 미군 전투부대 파견은 소련의 개입을 유발할 수도 있다는 점에서 폐기되고 대

---

97 Andrew J. Birtle, *U.S. Counterinsurgency and Contingency Operations Doctrine 1942-1976*, Center of Military History United States Army, 2006, 46쪽.

신 미 육군단의 역할을 더욱 확대한다는 방향으로 결론이 났다.[98]

이러한 결론에 따라 군사원조 문제와 관련해 미 합참의 책임운영 기관인 미 육군부에서는 1947년 9월 29일, 육군부 정보국장인 챔버린(Stephen J. Chamberlin)[99] 소장을 단장으로 하는 특별사절단을 그리스에 파견하였다. 챔버린 사절단의 주요 임무는 다음과 같은 두 가지 사항들을 조사하여 건의서를 제출하는 것이었다. 첫째는 고문관으로서 보다 완전하고 효율적인 운영을 위해 미 육군단장의 권한을 확대하고 미 육군단 참모진을 재편성할 필요가 있는지의 여부를 파악하는 것이었다. 둘째는 자질을 갖춘 미군 장교들을 그리스 야전부대의 고문관으로 파견하는 것이 바람직한지의 여부를 파악하는 것이었다.[100]

챔버린 사절단의 조사 결과는 기존의 미 육군단을 작전기획 능력을 지닌 '합동자문기획단(Joint Advisory and Planning Group)'으로 확대·재편해야 한다는 것이었다. 챔버린 사절단이 구상한 합동자문기획단은 명목상으로 미국 대사의 통제를 받지만, 그리스의 군사 문제와 관련한 자문

---

98 Historical Division, Joint Secretariat Joint Chiefs of Staff, *Selected Aspects of U.S. Military Assistance*, 13 December 1961, 5~6쪽; Andrew J. Birtle, 위의 책, 46~47쪽.

99 챔버린은 본래 전쟁부 정보국장이었으나 1947년 7월 26일 제정된 미 국가안전보장법(National Security Act)에 따라 기존의 전쟁부가 육군부로 변경됨에 따라 육군부 정보국장이 되었다. 이와 관련해 1947년 국가안전보장법에 따라 변하게 된 미국의 군사조직을 살펴보면, 육군부와 해군부가 새로 만들어진 국가군사처(National Military Establishment, 후에 국방부) 산하에 포함되었으며, 얼마 지나지 않아 육군부장관과 해군부장관이 각료에서 제외되고, 그 대신에 국방장관이 각료 자리를 차지하게 되었다. 국방장관은 신설된 공군부장관을 비롯해 육군부장관, 해군부장관 그리고 당시에 정식으로 구성된 합동참모본부를 통솔했다(제임스 캐럴 지음, 전일휘·추미란 옮김, 2009, 『전쟁의 집: 펜타곤과 미국 패권의 비극』, 동녘, 171~172쪽).

100 챔버린 사절단은 10월 14일 귀국한 후 10월 20일 육군참모총장 아이젠하워(Dwight D. Eisenhower)에게 사절단 결과보고서를 제출하였다.

과 협조 그리고 고문관의 야전부대 배치 등과 같은 군사적인 분야에 관해서는 미 합참에 직접 보고하는 것으로 구상되었다. 이러한 내용으로 하는 챔버린 사절단 보고서는 육군부를 통해 국방부에 전달되었다.[101]

챔버린 사절단이 제시한 합동자문기획단의 설립 필요성에 대해 주 그리스 원조사절단장과 미국 대사도 적극적으로 찬성하였다. 1947년 9월 원조사절단장 그리스월드는 국무장관에게 "그리스 군대에 대한 작전 자문을 해야 하는 시점이 다가오고 있다."는 전문을 보냈으며, 이를 위해 125~200명의 미군 장교가 최대한 신속하게 파견되어야 한다고 건의하였다. 미국 대사인 맥비 또한 9월 29일 주그리스 영국 대사를 만나 그리스군에 미군 고문관을 배치할 것임을 전달하였다.[102]

합동자문기획단 구성안은 1947년 10월 27일 미 NSC에서 승인되었으며, 11월 4일 대통령의 재가를 받았다. 대통령으로부터 최종적으로 승인받은 내용은 원조사절단의 일부로써 자문기획단을 설립한다는 것이었다. 하지만 여기에는 한 가지 전제조건이 붙었는데, 자문기획단은 군사작전과 관련해 합참과 직통 채널을 갖는다는 것이었다. 이는 자문기획단에 대한 책임이 '미국 대사'에서 '원조사절단장'으로 바뀌었을 뿐, 챔버린의 계획안이 그대로 관철되었음을 보여준다.

최종 승인된 자문기획단 구성안의 내용은 기존의 대사 또는 원조사절단장에 비해 상대적으로 약했던 미 육군단장의 권한이 강화됨을 의미하는 것이기도 했다. 합동자문기획단 설치안에는 원조사절단장이 '명목

---

101 Historical Division, Joint Secretariat Joint Chiefs of Staff, *Selected Aspects of U.S. Military Assistance*, 13 December 1961, 6쪽.

102 양정심, 앞의 논문, 240쪽.

상' 자문기획단의 책임자로 존재하지만, 실제 군사적인 문제의 결정 권한은 자문기획단장이 독자적으로 수행할 수 있음을 규정하고 있었다. 결국 이는 원조사절단과 합동자문기획단의 독립 운영이 결정되었음을 보여주는 것이라고 할 수 있다.

합동자문기획단의 실질적 운영기관인 미 합참은 1947년 12월 2일 기획단의 설립과 운영에 관한 비망록을 국방장관에게 제출했다. 이에 따르면, "합동자문기획단장은 원조사절단장의 통제하에 있지만, 군사작전과 관련한 문제들에 대해서는 합참과 직접 교신한다."고 규정하였다. 또한 합참은 합동자문기획단의 기능을 "첫째, 그리스의 군사 상황에 대한 지속적인 연구와 평가. 둘째, 그리스군의 활용과 조정에 대한 계획 수립. 셋째, 그리스 치안의 확보와 유지를 위한 군사 자문 제공. 넷째, 영국과의 협조하에 그리스 정부와 군에 대한 작전자문. 다섯째, 그리스 주재 영국 정부의 대리기관과 연락 관계 유지. 여섯째, 작전에 부합하도록 원조 무기와 장비의 적절한 분배 및 사용 방안 강구" 등으로 광범위하게 규정하였다.[103]

이에 따라 1947년 12월 31일 '그리스 미 합동군사자문기획단(Joint U.S. Military Advisory and Planning Group in Greece : JUSMAPG)'이 공식적으로 창설되었다. 초대 단장에는 미 육군단장이었던 라이브세이 장군이 임명되었으며, 부단장에는 육·해·공군 대표들로 구성된 실무위원회의 육군 대표인 토슨(Truman C. Thorson) 준장이 선임되었다.[104] 창설 당

---

103 JCS1798/3(1947. 12. 2), Historical Division, Joint Secretariat Joint Chiefs of Staff, *Selected Aspects of U.S. Military Assistance*, 13 December 1961, 6~8쪽 재인용.

104 "JUSMAPG Brief History : 1 January 1948~31 August 1949"(1949. 9. 15), 1~2쪽, RG 334, En-

시 군사자문기획단의 규모는 장교 90명과 사병 80명 등 총 170명이었다. 자문기획단원들은 그리스 육·해·공군에 배치되었으며, 그들에게는 그리스군에 대한 작전 및 군수지원 임무가 부여되었다.[105] 〈그림 1-3〉은 1948년 3월 22일 현재 그리스 미 합동군사자문기획단(이하 '군사자문기획단')의 조직과 지휘계통을 나타낸 것이다.

1948년 2월 라이브세이 장군을 대신하여 밴플리트(James A. Van Fleet) 중장이 군사자문기획단장에 부임하고 그해 7월 미국 대사 그레디가 원조사절단장을 겸직함에 따라 미국 대사관-원조사절단-군사자문기획단으로 3원화된 조직 체계는 미국 대사관-군사자문기획단으로 이원화되었다. 이러한 조직 체계는 향후 상호안전보장계획에 따라 대사가 '컨추리팀(country team)'을 이끄는 미국의 일반적인 재외공관 운영방식의 원형을 보여주는 것이었다.

군사자문기획단의 활동과 관련해서 그것의 설립 목적에 가장 부합한 것은 그리스군 야전부대에 고문관들을 배치한 것이었다. 군사자문기획단은 그리스군의 아테네 육군사령부, 볼로스(Volos)의 제1야전군사령부, 아테네의 A군단, 라리사(Larissa)의 B군단, 살로니카(Salonika)의 C군단을 비롯해 7개의 전투사단에 고문관을 파견하였다.[106] 각급 제대에

try No. 155, Joint United States Military Aid Groups, Greece, United States Army Section Group, Adjutant General Section, Central Files Unit Historical File, 1947–50, Box 146.

105 "JUSMAPG Brief History : 1 January 1948~31 August 1949"(1949. 9. 15), 2~3쪽. 군사자문기획단 이외에 그리스에는 미 해군과 공군의 보급 및 수송단과 육군 1개 공병단이 활동하고 있었다. 제2대 군사자문기획단장이었던 밴플리트는 군사자문기획단과 이들과의 관계에 대해 협조체제가 매우 미약했다고 말하였다(Paul F. Braim 저, 육군교육사령부 자료지원처 번역, 『위대한 장군 밴플리트』, 육군본부, 2001, 252~253쪽).

106 Historical Division, Joint Secretariat Joint Chiefs of Staff, *Selected Aspects of U.S. Mili-*

그림 1-3 그리스 미 합동군사자문기획단(JUSMAPG)의 조직과 지휘계통도

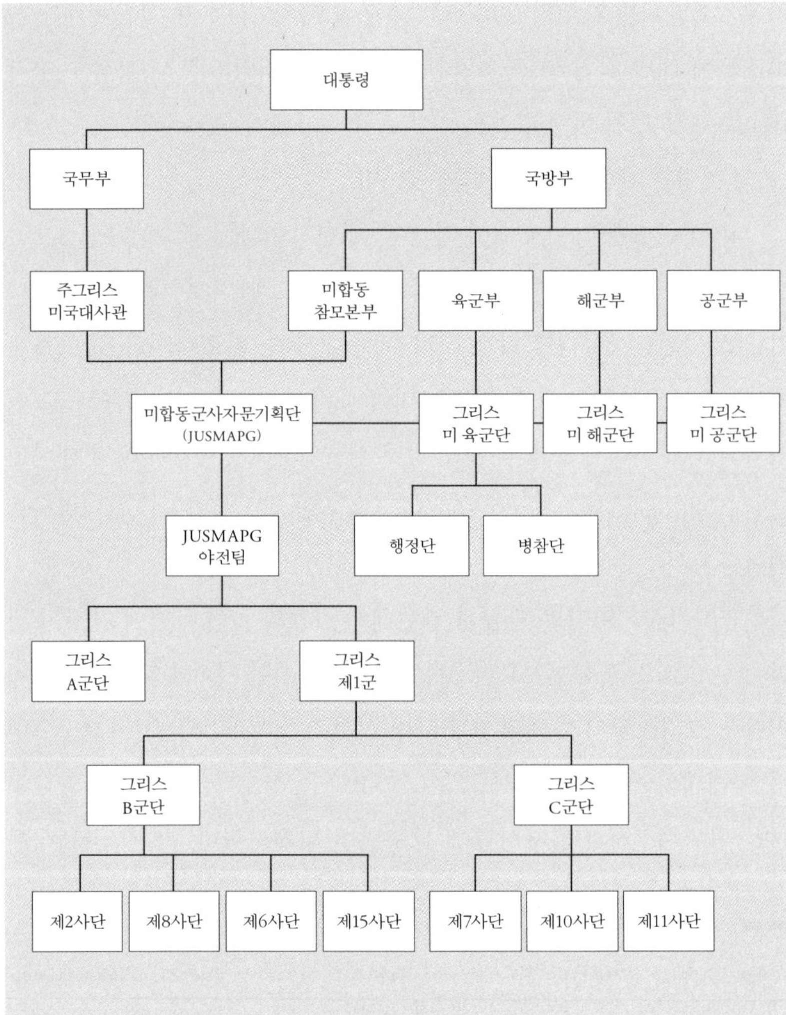

- ■ 출처 "JUSMAPG Brief History : 1 January 1948~31 August 1949"(1949. 9. 15), 5~6쪽, RG 334, Entry No. 155, Joint United States Military Aid Groups, Greece, United States Army Section Group, Adjutant General Section, Central Files Unit Historical File, 1947-50, Box 146.
- ■ 비고 대사와 원조사절단장의 직위는 1948년 7월에 통합됨.

파견된 고문관들은 부대의 작전계획을 수립하고, 작전이 실행될 수 있도록 그리스군을 지원하였다. 또한 각 군단과 사단에 배속된 고문관들은 미군의 전술과 훈련, 행정 교리들을 전파하였다. "그리스군을 지휘(command)하라는 본국으로부터의 명령은 없었지만, 나는 실제로 그렇게 했다."고 회고한 밴플리트의 증언처럼, 군사자문기획단의 '기획(Planning)'은 일반적인 '군사 자문'을 넘어서 작전계획의 수립에서부터 지휘에 이르기까지 포괄적이면서도 절대적인 권한을 의미하는 것이었다.

고문관의 야전부대 배치와 더불어 군사자문기획단은 그리스 군사학교와 훈련소에 고문관들을 상주시켜 교육훈련을 관장하게 하였다. 교육훈련은 미 보병학교에서 개발한 군사교육 프로그램에 따라 진행되었는데, 17주의 훈련 과정으로 개인화기 사격술에서부터 소부대전술을 비롯해 포병, 통신, 공병 관련 훈련들이었다. 신병들은 각각 1만 5000명으로 구성된 3개 학급에서 훈련을 받은 후 전투사단에 배치되었다.[107] 또한 군사자문기획단은 그리스 군대의 증강과 재편성 작업에도 직접 관여했다. 그 결과 그리스군은 1949년 12월 31일 현재 약 17만 명으로 확장되었으며, 정규군과는 별도로 국민방위군(National Defense Corps) 약 2만 2000명, 게릴라에서 전향한 'C'군 약 1만 1000명, 경찰 약 7000명이 그리스 무력으로 편성되었다.[108]

---

tary Assistance, 13 December 1961, 7쪽; "JUSMAPG Brief History: 1 January 1948~31 August 1949"(1949. 9. 15), 2쪽.

107 Paul F. Braim 저, 육군교육사령부 자료지원처 번역실 역, 『위대한 장군 밴플리트』, 육군본부, 2001, 288~289쪽.

108 "Revision of JUSMAPG Brief History: 1 January 1948~31 December 1949"(1950. 2. 3), 23쪽, RG 334, Entry No. 155, Joint United States Military Aid Groups, Greece, United States Army

이렇듯 군사자문기획단(JUSMAPG)은 그리스 내전의 모든 측면을 자문하였다. 이들은 작전과 행정 계획을 수립했으며, 그리스군 참모부와 이러한 계획들을 조율하고 그들의 계획 집행을 지원했다. 또한 자문기획단은 그리스 군사학교와 훈련소에 고문관들을 상주시켰고, 각 군단과 사단에서 미군의 전술·훈련·행정 교리를 도입하도록 했다.[109] 이와 더불어 군사자문기획단은 원조사절단이 대사관과 통합된 후 원조사절단이 담당하던 군사원조의 확보와 집행을 책임지게 되면서 그리스에 지원될 예정인 군사원조의 확보에도 주력하였다. 그 결과 1949년 12월 31일 현재 〈표 1-4〉에서 보는 바와 같이 그리스에 이관될 예정이었던 장비의 대부분을 지원받을 수 있게 되었다.

그리스군의 전술지도, 훈련과 재편성, 현대식 장비로의 무장, 비정규군의 강화 등 군사자문기획단의 활동 범위가 확대됨에 따라 자문기획단의 규모도 비례하여 증가하였다. 자문기획단 창설 당시 179명이었던 고문단원은 1948년 4월 366명으로 늘어났으며, 1949년 8월 31일에는 장교 176명, 사병 215명, 민간인 37명 등 총 428명이 되었다.[110] 이후 고문단원은 최대 527명까지 확대되었다. 그러나 내전이 일단락된 후 미국 내에서 그리스에 대한 군사원조의 삭감 압력이 강해지면서 1950년 8월 31일에

Section Group, Adjutant General Section, Central Files Unit Historical File, 1947-50, Box 146. 1949년 12월 31일을 기준으로 하여 그리스군의 승인된 병력과 실제 병력을 정리하면 다음과 같다. 육군 12만 8701명(승인 병력: 14만 7000명), 공군 6755명(7200명), 해군 1만 2023명(1만 4300명), 헌병대 2만 3004명(2만 3200명), 국민방위군 2만 2266명(5만 명), 경찰 7427명(8000명), 'C'군 1만 1574명(1만 4200명).

109 허호준, 앞의 논문, 102쪽.

110 James A. Huston, 앞의 책, 180쪽; Paul F. Braim 저, 육군교육사령부 자료지원처 번역실 역, 앞의 책, 304쪽.

표 1-4 1947~49년 그리스에 이관된 장비 현황

품목	1949년 12월 31일까지 이관 예정 수량	1949년 12월 31일까지 이관된 수량
C-47 수송기	47대	47대
차량	10,639대	9,953대
자동차 배터리	18,662개	9,682개
휘발유와 항공유	52,861,890갤런	45,400,000갤런
당나귀	11,907필	11,907필
무전기	7,063대	7,063대
소총	159,992정	153,152정
포와 박격포	4,130문	4,080문
소총 탄약	455,342,694발	445,042,694발
포와 박격포탄	7,737,029발	7,370,329발
폭탄과 로켓	89,438발	89,438발
비상활주로 강판	2,324,875평방피트	2,324,875평방피트
주요 의류 품목	7,770,453벌	6,488,568벌
레이션(식량)	240,569,900박스	225,625,284박스
병원(인간)	6곳	6곳
병원(동물)	4곳	4곳

■ 출처 "JUSMAPG History, 25 Mar. 49 to 30 June 50", 58쪽; "USAGG Brief History, 24 May 47 to 31 Aug. 49", 36쪽, RG 334, Entry No. 155, Joint United States Military Aid Groups, Greece, United States Army Section Group, Adjutant General Section, Central Files Unit Historical File, 1947-50, Box 146.

는 자문기획단의 규모가 하사관 108명과 사병 83명 등 총 191명으로 축소되었다.[111]

미국의 막대한 군사원조와 군사자문기획단의 운영 등을 통해 그리스 내전은 1949년 10월 11일 그리스 공산당이 '종전'을 선언함으로써 사실상 일단락되었다. 그리고 1952년 2월 유엔의 공식적인 그리스 사태 종결 선언과 나토 가입을 계기로 그리스는 미국의 중동정책 적용 대상 국가에서 유럽정책의 적용 대상 국가로 전환되었다.

이때부터 그리스 미 합동군사자문기획단(JUSMAPG)은 유럽의 벨기에·덴마크·프랑스·이탈리아·네덜란드·노르웨이·포르투갈·영국 등의 군사원조자문단과 동일한 지위와 역할을 갖게 되었으며, 미 유럽군사령부의 통합 지휘체계 아래에 놓이게 되었다.

2) 터키 미 합동군사원조사절단(JAMMAT)

터키는 1947년 미국의 그리스·터키 원조 법안에 따라 미국으로부터 군사원조를 받았지만, 그리스와는 상황이 크게 달랐다. 터키는 제2차 세계대전의 참화를 겪지 않았고, 그리스의 경우처럼 내란이 터키 영토 전역에서 발생하지도 않았다. 오히려 터키에 대한 위협은 소련이 다르다넬스와 보스포루스 해협의 통제, 북쪽의 아나토리아(Anatolia) 지방의 합병을 갈망한 데서 비롯되었다. 1945년 3월 초 소련은 1925년에 터키와 체결

---

111 David C. Skaggs & Richard P. Weinert, 앞의 책, 4쪽; Howard Jones, 앞의 책, 221쪽. 1950년 말에는 자문기획단의 규모가 128명으로 축소되었다.

한 우호 협정을 파기하고, 각종 언론 매체를 통해 터키를 압박했다. 이에 터키는 제2차 세계대전 기간 중에 동원했던 병력을 해제하지 않고 소련과 맞대응하겠다는 전략을 추구했다.

미국은 터키군의 현대화를 위해 1억 달러의 군사원조를 제공하기로 했다. 당시 터키는 50만 명의 군대를 유지하면서 국방비로 국가 예산의 50퍼센트 이상을 사용하고 있었다. 국방비의 과다 지출로 국가경제의 붕괴마저 우려되는 상황에서, 영국의 원조 중단 조치는 필연적으로 터키에 대한 미국의 적극적인 개입을 이끌었다. 미국 정책당국자들은 "터키에 대한 원조가 이루어지지 않을 경우, 터키는 소련의 영향권하에 들어갈 것이며, 그렇게 된다면 중동과 동부 지중해 지역의 안보는 물론 나아가 유럽의 안보까지도 위태롭게 될 수 있다."고 보고, 터키에 대한 적극적인 원조 제공에 동의했다. 이와 더불어 터키에 대한 군사원조는 부차적으로 미국식 민주주의의 정착과 정치 안정화에 기여할 것으로 판단하였다.[112]

미국은 원조의 목적을 터키군의 현대화와 감군을 통해 군사방어체계를 강화하는 데 두었다. 즉 터키 국방 예산의 증액 없이 미국의 원조를 통해 터키군의 무기와 장비를 현대화하여 군의 효율성을 증대시키고, 군이 현대화되는 만큼 군인들을 군복무에서 해제시켜 민간 생산 인력으로 전환해 경제 활성화를 주도하게 한다는 것이었다. 이것은 미국의 군사원조가 군대의 병력 증강을 통한 군사력 강화에만 초점이 맞춰진 것이 아니라 감군을 통한 군사력의 효율화에도 그 목적이 있었음을 보여주는 하

112 Hakan Yilmaz, "American Perspectives on Turkey : An Evaluation of the Declassified U.S. Documents between 1946-1960", *New Perspectives on Turkey*, No.25, Fall 2001, 77~101쪽.

나의 사례였다.[113]

미국은 원조 법안이 통과되자 그리스와 마찬가지로 원조의 사용처와 터키 정부의 요구 사항 등을 알아보기 위해 사전조사팀을 파견했다. 이들은 터키의 군사시설, 공장, 조병창, 도로, 항구 등 군사시설과 산업기반시설을 시찰하고, 터키군 및 정부 기관의 주요 인사들과 회담을 가진 후, 육군 4850만 달러, 공군 2675만 달러, 해군 1475만 달러, 조병창 개선 500만 달러, 고속도로 개선 500만 달러 등 총 1억 달러에 이르는 터키에 대한 원조 승인을 미 국무부에 건의했다. 미 국무부는 이 건의안을 승인하고, 군사원조 업무를 담당할 기관으로 터키 원조사절단(American Mission for Aid to Turkey : AMAT)을 구성하였다.[114]

터키 원조사절단은 1947년 7월 12일 미국과 터키 정부 간에 체결된 '미원조사절단 설립에 관한 협정'에 의거해 창설되었다. 창설 초기부터 원조사절단은 터키 주재 미국 대사인 윌슨(Edwin C. Wilson)이 사절단장을 겸임하면서 조직을 이끌었다.[115] 이러한 조직 형태는 그리스에서 미국대사관과 원조사절단이 분리 운영되다가 1948년 7월에 통합된 것과 비교해 볼 때, 매우 이례적인 것이었다. 이는 미국이 1950년대 본격화된 '컨추리팀(country team)'제도의 원형을 터키에서 처음으로 적용했다는 점에

---

113 James A. Huston, *Outposts and Allies : U.S. Army Logistics in the Cold War*, 1945-1953, Associated University Press, 1988, 190~191쪽. 한국의 경우에도 1954~55년 미국이 한국군 감군론(減軍論)을 제기하면서 이와 같은 논리를 전개하였다.

114 James A. Huston, 위의 책, 192쪽.

115 "Records of military assistance units in Turkey", http://www.archives.gov/research/guide-fed-records/groups/334.html, 검색일 : 2010. 5. 21.

서 그 의미를 찾을 수 있다.[116]

터키 미 원조사절단의 조직은 원조사절단장 예하에 육군단, 공군단, 해군단, 미국 공공도로관리국(Public Roads Administration)[117] 파견단 등으로 구성되었다. 이 중 미 육군단(The United States Army Group : TUSAG)은 군사원조의 집행과 터키군의 현대화를 실질적으로 담당한 실무기관이었다.

1947년 8월 7일 워싱턴에서 편성된 터키 미 육군단은 10월부터 터키에서 공식적인 활동을 시작했다. 미 육군단이 활동을 시작할 무렵, 터키군은 3개 군, 15개 군단, 37개 보병사단, 3개 기병사단, 3개 기갑사단, 1개 기갑여단, 2개 독립여단 등으로 구성되었으며, 약 45만 명의 병력을 보유하고 있었다.[118]

미 육군단의 주요 임무는 터키군의 병력 감축과 군사교육을 통한 전투력의 증대였다. 1948년 3월에 승인된 126명의 고문관들은 우선 터키군의 적정 규모를 산정해 이를 단계적으로 실행하였다. 그 결과 1950년 3월 1일을 기준으로 터키군은 3개 군, 8개 군단, 16개 보병사단, 3개 기병

---

116 U.S. Department of Defense, *Dictionary of Military and Associated Terms*, 2005.

117 미국 공공도로관리국(Public Roads Administration)은 주로 고속도로의 건설과 관리를 책임지는 기관이었다. 1893년에 창설된 도로연구소(Office of Road Inquiry)가 이 기관의 모체이다. 이후 미국 농무부 산하의 공공도로실(Office of Public Roads), 공공도로국(Bureau of Public Roads)으로 존재하다가 1939년에 연방사업관리총국(Federal Works Agency) 산하의 공공도로관리국(PRA)으로 개칭되었다. 1949년에 연방사업관리총국이 폐지되면서 공공도로국(BPR)으로 명칭이 환원되었으며, 상무부로 소속이 전환되었다. 공공도로국은 1966년에 교통부 산하의 연방고속도로관리국(Federal Highway Administration)으로 개칭되어 현재에 이르고 있다(http://enc.daum.net/dic100/contents.do?query1=20X1339400, 검색일: 2010. 6. 2).

118 "Briefing Summary"(1950. 3. 27), 1~2쪽, RG 334, Entry No. 250, Joint American Military Aid to Turkey, Adjutant General Section, Central Files Unit Decimal File, 1947-50, Box 4.

사단, 6개 기갑여단, 2개 독립여단으로 구성된 약 28만 명의 군대로 탈바꿈 되었고,[119] 대신 미 육군단은 터키 군사학교의 운영과 교육을 집중적으로 관리·감독해 장교들의 자질을 향상시키는 데 전력을 기울였다. 당시 터키 군사학교로는 참모대학과 고사포·기갑·포병·공병·보병·의무·병기·통신·수송학교 등이 운영되었고, 고문관들의 약 16퍼센트가 교육기관에 투입되었다. 또한 미 육군단은 야전부대의 훈련을 위해 고문관 병력의 약 53퍼센트를 야전훈련팀에 배속시키는 등 군사 교육과 훈련에 역량을 집중했다.[120] 이러한 터키 내에서의 교육훈련 외에도 미 육군단은 터키군 장교들을 미 군사학교와 유럽 주둔 미군기지로 군사유학을 보냈다. 1950년 1월까지 터키군 장교 124명이 미 군사학교의 교육과정을 이수했으며, 60명의 장교들이 유럽 주둔 미군기지에서 교육받았다. 이들은 교육을 이수한 후 모두 터키 군사학교의 교관으로 배치되었다.[121]

이외에도 미 육군단은 터키에 파견된 해군단과 공군단의 운영에도 군사원조의 실무기관으로서 깊이 관여했다. 특히 항공기와 함정의 도입 과정에서 미 육군단의 평가는 미 정책 당국의 결정에 중요한 요소로 작용했다. 1948년 3월에 승인된 해군단 병력은 40명이었으며, 공군단은 100명이었다. 육·해·공군단이 군사사절단의 임무를 수행하는 조직이었

---

119 "Briefing Summary"(1950. 3. 27), 3쪽.

120 "History and Program of G-3 Section, TUSAG"(1950. 3. 21), RG 334, Entry No. 250, Joint American Military Aid to Turkey, Adjutant General Section, Central Files Unit Decimal File, 1947-50, Box 4; "JAMMAT, Monthly Activities Report Annex I, January 1953", RG 334, Entry No. 250, Joint American Military Aid to Turkey, Adjutant General Section, Central Files Unit Decimal File, 1947-50, Box 5.

121 "History and Program of G-3 Section, TUSAG"(1950. 3. 21), RG 334, Entry No. 250, Box 4.

다면, 미국 공공도로관리국 파견단은 경제원조를 담당하는 기관이었다. 이 조직은 1947년 10월에 미 육군부와 국무부 사이의 협정에 따라 파견된 기관으로서 터키의 고속도로 건설 및 유지를 담당하였다.[122]

미 육군단은 1949년 10월 11일 해·공군단과 더불어 터키 미 합동군사원조사절단(Joint American Military Mission for Aid to Turkey : JAMMAT)으로 통합되었다.[123] 터키군의 무기 및 장비의 현대화, 군사시설 개선, 군사 교육훈련의 강화 등을 임무로 하여 발족된 터키 미 합동군사원조사절단(이하 '군사원조사절단')은 상호방위원조계획이 가동되자 1950년 5월 공병단이 추가되어 예하에 4개의 단을 두게 되었다. 공병단이 새롭게 추가된 것은 터키 공군력의 증강이 터키에 대한 상호방위원조계획의 중요 구성 요소였기 때문이었다. 이에 따라 공군기지와 비행장 건설을 위해 공병단이 1개의 단으로 추가되었던 것이다. 파견 초기에 공병단은 공군단의 행정 관할권하에 있었지만, 후에 공군단에서 분리되어 군사원조사절단 예하의 독자적인 지위를 갖게 되었다.[124]

미국이 그리스·터키 원조 법안에 따라 터키에 제공한 군사원조액은 1억 5254만 5000달러로 그리스와 비교해 약 절반 가량이었다. 하지만 상호방위원조계획에 의거해 1950~53회계연도 터키에 승인된 원조액은 그

---

122 James A. Huston, *Outposts and Allies : U.S. Army Logistics in the Cold War*, 1945-1953, Associated University Press, 1988, 192쪽. 1948년 10월 말, 터키에 파견된 미 사절단 인원은 군인과 민간인을 포함해 총 374명이었으며, 계속해서 그 숫자가 늘어나 1952년 4월 1일에는 1364명으로 확대되었다.

123 터키 미 합동군사원조사절단(JAMMAT)은 1949년 11월 7일 사절단사령부 명의의 일반명령 제1호를 하달하면서 본격적인 활동을 개시하였다.

124 James A. Huston, 앞의 책, 192~193쪽.

그림 1-4 터키 미 합동군사원조사절단(JAMMAT) 조직도

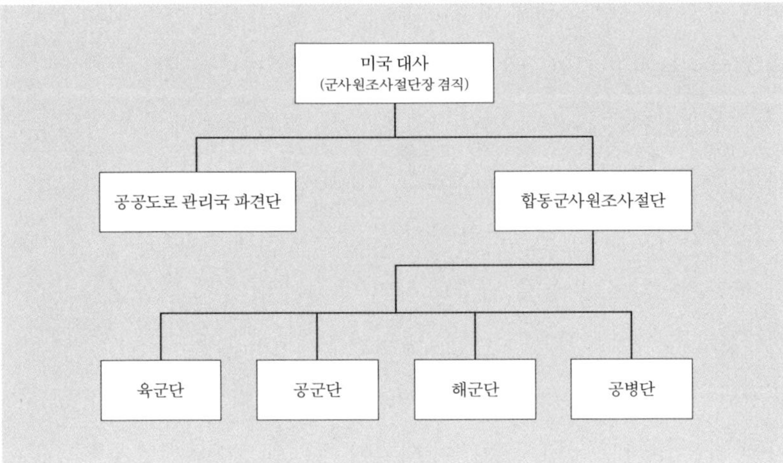

리스보다 1억 3400만 달러가 많은 6억 5680만 달러였다.[125] 이 원조 자금의 운용을 관리·감독하는 것이 군사원조사절단의 임무였다.

터키 미 합동군사원조사절단(JAMMAT)은 1952년 2월 터키가 나토에 가입함에 따라 그리스 군사자문기획단(JUSMAPG)과 더불어 미 유럽 군사령부의 통제하에 운영되는 군사원조기구가 되었다.[126] 이는 터키가 미국의 중동정책 대상국에서 유럽정책 대상국으로 전환되었음을 의미하는 것이었으며, 또 미국의 유럽 지역 군사동맹 체제의 주요 구성 국가가 되었음을 의미하는 것이기도 했다. 이에 따라 이후 터키 군사원조사

---

125 James A. Huston, 위의 책, 194쪽.

126 Joint Military Mission for Aid to Turkey, "Transmittal of JAMMAT Monthly Activities Report for January 1953"(1953. 2. 10), *JAMMAT Monthly Activities Report,* January 1953, RG 334, Entry No. 250, Joint American Military Aid to Turkey, Adjutant General Section, Central Files Unit Decimal File, 1947-50, Box 5.

절단은 미국의 상호방위원조계획에 따라 유럽의 군사원조자문단과 공동보조를 맞춰 터키군에 대한 군사자문기관으로서의 역할을 수행하게 되었다.

3) 이란 군사원조자문단(MAAG-IRAN)

그리스와 터키에 대한 미국의 군사사절단 파견이 1947년 트루먼 독트린이 발표된 이후였다면, 이란에 대한 군사사절단 파견은 제2차 세계대전 기간 동안으로 거슬러 올라간다. 1942년 5~11월까지 이란 정부와 미국 정부는 미 고문관들의 이란 파견에 관한 일련의 협상을 거친 후 2개의 군사사절단과 1개의 경제사절단을 파견하기로 결정했다.[127]

이란에 제일 먼저 파견된 미 사절단은 1942년 8월에 쉬발쯔코프(Norman H. Schwarzkopf) 대령, 본(Philip T. Boone) 중령, 프리스턴(William Preston) 대위 등 3명으로 구성된 이란 왕실헌병대(Imperial Iranian Gendarmerie) 사절단이었으며, 그 다음으로 1942년 10월에 이란 육군에 대한 자문을 목적으로 리들리(Clarence S. Ridley) 소장이 이끄는 육군사절단이 파견되었다. 그리고 헌병대 및 육군사절단과는 별개로 1943년 1월에 이란 정부의 재정 문제를 자문할 목적으로 밀스포(Arthur C. Millspaugh)를 비롯해 7명의 경제고문관이 이란에 파견되었다.[128]

---

127 Historical Division, Joint Secretariat Joint Chiefs of Staff, *Selected Aspects of U.S. Military Assistance*, 13 December 1961, 23쪽.

128 Thomas M. Ricks, "U.S. Military Missions to Iran, 1943-1978: The Political Economy of

쉬발쯔코프의 헌병대사절단과 리들리의 육군사절단은 이란 군사사절단의 양축을 이루었다. 헌병대사절단은 이란의 내무부를, 육군사절단은 전쟁부를 자문하는 역할을 각각 수행했다. 이들 사절단은 이란 정부와 계약 관계에 있었으며, 사절단원들의 월급을 포함한 모든 비용을 이란 정부가 부담하도록 되어 있었다. 비록 계약 관계에 있었지만 사절단장의 권한은 막강했다. 육군사절단장은 이란 육군의 조달·군수·재정 분야에서 광범위한 조사권을 가지고 있었으며, 헌병대사절단장은 헌병대 지휘권을 보유했다.[129]

이 시기 이란에 파견된 군사사절단은 장·단기적인 활동 목적을 가지고 있었다. 단기적으로는 중동 지역에서 나치 독일에 대항하는 다양한 전시동맹의 결성과 강화가 목적이었다. 특히 사절단은 이란에 설치된 영국의 중동보급센터(Middle East Supply Center)와 미국의 페르시아걸프 근무사령부(Persian Gulf Service Command)의 원활한 운영을 위해 이란 정부와의 우호적인 관계 유지를 목적으로 하였다. 하지만 장기적으로는 전후를 대비한 미국과 이란과의 관계 정립이라는 목적이 있었다. 미국은 이들 사절단들이 이란을 실질적으로 경영하면서, 미국에 우호적인 이란의 재건에 중요한 역할을 담당할 것으로 생각했다.[130]

미국은 1943년 11월 27일 이란 정부와 20개항에 이르는 헌병대사절단 관련 협정을 공식적으로 체결했다. 이 협정에 따르면, 헌병대사절단장

Military Assistance", *Iranian Studies*, XII, Nos. 3-4, Summer-Autumn, 1979, 164쪽.

129 Historical Division, Joint Secretariat Joint Chiefs of Staff, *Selected Aspects of U.S. Military Assistance*, 13 December 1961, 23쪽.

130 Thomas M. Ricks, 앞의 논문, 164~165쪽.

은 이란 내무부장관의 고문관으로 왕실헌병대의 지휘를 맡으며, 헌병대원의 임명·진급·강등·면직 등을 장관에게 건의할 수 있는 권한을 부여받았다. 이로써 쉬발쯔코프가 지휘하는 헌병대사절단(Gendarmerie Mission, Shah: GENMISH)이 공식적으로 창설되었다. 헌병대사절단에 부여된 임무는 전쟁을 승리로 이끌기 위한 '가교' 역할이었지만, 그들에게는 이란 정부 내의 정보 수집 활동이라는 또 다른 임무가 부과되었다. 이로 인해 이란 정부 인사들은 헌병대사절단에 큰 반감을 갖기도 했다.

헌병대사절단장인 쉬발쯔코프는 미국 뉴저지주 경찰의 창시자인 동시에 15년간 경찰국장을 지내다가 정규군에 복귀한 특별한 경력의 소유자였다. 그는 자신의 보좌관 2명과 더불어 1942년부터 1946년까지 이란의 지방 경찰과 헌병대사령부 소속의 준군사단체 조직원 2만 명을 훈련시켜 자신의 직접 통제하에 두었다. 이렇듯 헌병대사절단이 막강한 권력을 발휘하게 되자 이란 왕과 육군본부는 헌병대를 육군본부의 통제하에 두고자 하였으며, 이로 인해 양자 간에는 잦은 마찰을 빚었다. 하지만 헌병대사절단은 미국 정부의 강력한 지원하에 전쟁 기간 동안 이란의 경찰과 준군사조직의 강화를 시도했고, 이란에 파견된 미 사절단 중 가장 성공적인 역할을 수행했다는 평가를 받았다.[131]

헌병대사절단이 이란 정부를 강력하게 통제하려고 했던 배경에는 이란의 석유 이권 문제가 내재되어 있었다. 영국과 소련에 비해 뒤늦게 이란에 진출한 미국은 이란 정부를 강력하게 통제해 영국·소련과의 세력권 다툼에서 우위를 점하고자 했다. 1942년에 영국·소련·이란은 대독

131 Thomas M. Ricks, 위의 논문, 168~170쪽.

전을 효과적으로 수행할 목적으로 영국과 소련이 이란을 분할 점령하고, 전쟁이 끝나면 6개월 이내에 이란에서 철수하기로 합의한 바가 있었다. 이때 소련은 아제르바이잔(Azerbaijan)과 카스피안 지방(Caspian provinces)을 점령하고, 그 남쪽 지역을 영국이 점령하였다. 두 점령 지역 사이의 경계선은 3국 간의 협약에도 불구하고 시간이 지나면서 사실상 국경이 되었다.[132] 이란에서의 협력 관계가 깨지기 시작한 것은 1944년 영국과 미국의 석유 회사들이 이란 정부에 석유 이권을 양도하도록 요청하면서부터였다. 이란에서 이권이 배제되는 것을 원치 않았던 소련 역시 이란 정부에 석유 이권의 양도를 요구하고 나섰다.

사실 이란은 영국이 오랫동안 지배해 온 나라였지만, 영국은 더 이상 그러한 지위를 계속해서 유지할 힘을 갖고 있지 못했다. 이러한 상황에서 영국은 소련보다는 오히려 미국이 이란에서 영향력을 확대하길 희망했다. 영국의 입장에서 본다면, 이는 매우 타당한 조치라고 할 수 있었다. 당시 미국은 소련으로의 무기 선적을 위해 이란에 미군을 주둔시키고 있었으며, 중동에서 석유를 확보하려는 노력을 결코 중단하지 않을 것임이 분명했기 때문이었다. 실제로 1944년 미국의 석유 회사들은 중동에서 확인된 석유 매장량 가운데 무려 42퍼센트를 통제하고 있었으며, 계속해서 영향력 확대를 통해 그 비율을 높이려고 하였다.[133]

이렇듯 영국이 중동의 이권 다툼에서 사실상 배제되자 미국은 소련을 상대로 그들의 영향력을 확대해 나가고자 했다. 이란과 소련과의 지리

---

132 Historical Division, Joint Secretariat Joint Chiefs of Staff, *Selected Aspects of U.S. Military Assistance*, 13 December 1961, 24쪽.

133 김정배, 『미국과 냉전의 기원: 공존과 지배의 전략』, 혜안, 2001, 72쪽.

적 관계는 멕시코나 캐나다가 미국에 대해 갖는 관계와 다를 바 없었다. 소련은 영국과 미국이 이란에서 확보하고 있던 석유 자원과 영향력을 자신도 갖기를 원했고, 그들의 접경 국가에 대한 다른 강대국의 침투를 두려워했다.[134] 이러한 지리적 관계는 소련과 이란이 언제든지 연합할 수 있는 가능성을 열어 놓았으며, 미국으로서는 이를 막지 않으면 이란에서의 영향력을 더 이상 확보할 수가 없었다. 이에 따라 미국은 헌병대사절단을 통해 이란 정부를 통제하고자 했던 것이다.

한편 리들리 소장이 이끄는 이란 육군사절단은 헌병대사절단에 비해 상대적으로 그 역할이 미미했지만, 1944~46년 소련과 관련된 일련의 사건들을 거치면서 역할을 확대해 나갔다. 제2차 세계대전이 한창이던 1944년 3월에 소련은 이란의 북서쪽 국경에 배치된 소련군을 철수시키겠다고 공표했다. 소련군의 철수는 이란-이라크-터키에 걸친 쿠르드족 지역(Kurdistan)의 안정화를 위해 최소한 육군 6개 대대와 헌병대 9개 중대의 파견이 불가피한 상황을 초래했다. 이에 따라 쉬발쯔코프의 헌병대사절단과 리들리의 육군사절단 간에는 일정한 협조체제가 만들어졌으며, 상대적으로 약했던 육군사절단의 기능이 강화되는 결과로 이어졌다.[135]

특히 1945~46년 터키와 쿠르드족의 민족자치운동, 이란 북서쪽 지역에서의 소련군 철수 지연, 이란의 공산주의당인 투데(Tudeh)당의 활동 증대, 아제르바이잔에서의 반란 등은 육군사절단 활동의 중요성을 부각

134 김정배, 위의 책, 73쪽.

135 Thomas M. Ricks, 위의 논문, 171쪽.

시켰다.[136]

'이란의 위기'로 불릴 만큼 중대한 고비에서 미국이 취한 태도는 동유럽에서의 모호한 태도와는 달리 매우 강경하고 분명한 것이었다. 1945년 중반 소련은 이란 북부의 아제르바이잔에서 일어난 반란을 지지하고 나섰다. 이에 대해 이란은 1946년 1월 유엔 안전보장이사회에서 소련이 내정간섭을 자행하고 있다고 비난했다. 이란의 행동에 격분한 소련은 영국군이 아직 이란에 남아 있음을 지적했다. 그러나 그해 1월 미군이 군사사절단만을 남겨 두고 철수하고 3월 초에는 영국군마저 철수해버리자 소련은 조약을 무시한 채 홀로 남게 되었다. 이란은 의회의 인준을 받아야 한다는 조건을 붙여 소련군의 철수를 대가로 소련-이란 공동 석유회사 설립에 합의했다.[137] 그러나 합의 이후에 이란 정부는 미 육군사절단과 헌병대사절단의 자문을 받아 1946년 12월 10일부터 육군 2개 사단과 헌병대를 투입해 아제르바이잔에서의 반란을 진압했다. 소련은 이란의 행동을 강력히 비난했지만, 결국 이란에서 철수를 강요당했다. 이때 미국식으로 편제되고 훈련된 이란 육군과 헌병대가 이러한 문제들을 해결하는 데 중추적인 역할을 수행했다.[138]

---

136 이 시기 아제르바이잔 문제는 중동 지역에서 최고의 위기 국면을 조성했다. 러시아 지역에 속하는 아제르바이잔 북부 지역은 1920년 소련 적군에 점령된 뒤 소비에트공화국을 선포했다. 하지만 이때 아제르바이잔 남부는 이란에 속해 있었다. 그런데 1945년 12월 이곳에서 친소 세력이 공산주의 정권을 수립하는 데 성공했다. 소련군은 이들을 지원하기 위해 이란으로 진군했으며, 이란 총리 카밤(Ahmad Qavam)에게 소련-이란 석유 회사를 설립할 것과 이란 북부에 수립된 길란인민공화국(Volks-republik Gilan)의 부분적 자치를 인정할 것을 요구했다(베른트 슈퇴버 지음, 최승완 옮김, 『냉전이란 무엇인가: 극단의 시대 1945~1991』, 역사비평사, 2008, 45~46쪽).

137 김정배, 앞의 책, 73쪽.

138 Historical Division, Joint Secretariat Joint Chiefs of Staff, *Selected Aspects of U.S. Military As-*

육군사절단은 미국 정부와 이란 정부 간의 육군사절단 협정 체결에 따라 1947년 10월 6일 공식적으로 이란 왕립 미 육군사절단(U.S. Army Mission, Shah : ARMISH)으로 확대 개편되었다. 그리고 리들리(Clarence S. Ridley) 소장의 후임으로 그로우(Robert W. Grow) 소장이 취임했다. 육군사절단 협정 체결 과정에서 이란과 미국 사이에는 외국 사절단의 존속 여부를 놓고 마찰이 발생하기도 했다. 이란은 협정 내용 중 미국 이외의 군사사절단을 인정하지 않는다는 조항에 대해 극력 반대했다. 당시 이란 공군은 영국제 항공기로 무장하였으며, 소수이지만 영국의 항공 기술자들이 이란 공군을 지원하고 있었다. 항공기의 운영과 항공 기술의 습득이라는 측면에서 이란은 이들의 존속을 원했지만, 미국은 이를 받아들이지 않았다. 결국 이란은 미국이 주장하던 "외국의 군사사절단을 인정하지 않는다."는 데 합의할 수밖에 없었다.[139]

이란 왕립 미 육군사절단(이하 '육군사절단')에게 부여된 임무는 이란 전쟁부장관 및 이란 육군본부와 협조해 이란군의 전투력을 증대시키는 것이었다. 이란과 미국으로부터 동시에 승인받은 미군 장교들은 이란 육군본부 일반참모부를 비롯해 이란 전쟁부의 모든 부서에 배치되었다. 이들 장교들은 이란군의 편제, 행정, 훈련, 계획 등과 관련해 이란 전쟁부와 육군본부를 자문·지원하였다. 다만 외국군과 관련한 전술, 전략, 작전계획 등은 그들의 임무에서 예외 사항으로 존재했다.[140]

---

sistance, 13 December 1961, 25쪽.

139 Historical Division, Joint Secretariat Joint Chiefs of Staff, 위의 문서, 31쪽.

140 U.S. Department of State, *Treaties and Other International Acts*, Series 1650-1699, 1947, 3~4쪽, 10쪽; Thomas M. Ricks, 위의 논문, 173쪽 재인용.

그림 1-5 이란 왕립 미 육군사절단(ARMISH) 조직도

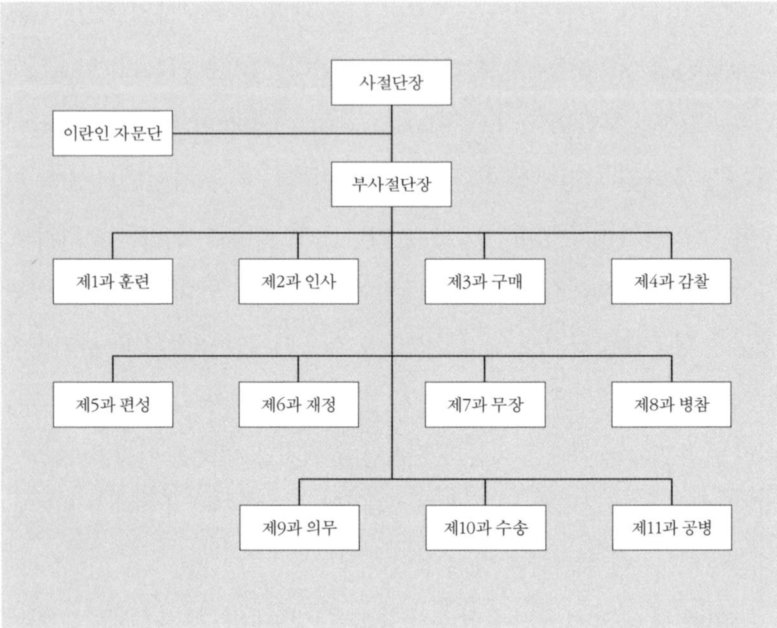

■ 출처 Historical Division, Joint Secretariat Joint Chiefs of Staff, *Selected Aspects of U.S. Military Assistance*, 13 December 1961, 30쪽.

육군사절단은 1949년 6월 당시 헌병대사절단에서 통제하던 헌병대 병력 1만 5000명 중 1만 명을 이란 육군 통제하로 이관시켰다. 이에 따라 헌병대사절단은 5000명의 헌병대 병력만을 보유한 채 이란의 치안 유지 활동만을 전담하게 되었다. 이는 육군사절단이 헌병대사절단을 통제하는 것을 의미하는 것이었다.[141]

---

141 Historical Division, Joint Secretariat Joint Chiefs of Staff, 앞의 문서, 31~32쪽.

이란 왕립 미 육군사절단(ARMISH)의 창설은 미국이 '방어거점'으로 이란을 포함하는 것으로, 이는 '트루먼 독트린의 확대'라는 의미를 지녔다.[142] 미국이 '방어거점'으로 이란을 주목한 것은 소련과 국경을 맞닿고 있는 이란의 지리적 여건과 국제부흥개발은행(IBRD)의 신용 및 자금마련을 위한 석유기지로서의 경제적 이점을 높게 평가했기 때문이었다.[143]

이란이 미국의 정치와 전략적 의미에서의 '방어거점'으로 부상하면서 미국은 1949년도 상호방위원조법의 적용 대상 국가로 이란을 포함시켰다. 이에 따라 미국은 다른 수원국들처럼 1950년 1월 '상호방위원조계획 조사팀'을 이란에 파견했다. 조사팀은 활동결과보고서에서 이란에 존재하는 육군사절단(ARMISH)이 이란 정부로부터 급여를 받고 있기 때문에 법률상 상호방위원조계획의 실무기관이 될 수 없다는 결론을 내리고 군사원조자문단을 새롭게 창설할 것을 제안했다.[144]

상호방위원조계획 조사팀의 조사 후 이란 정부와 미국 정부는 1950년 5월 23일 '상호방위원조계획에 관한 협정'을 체결했고, 이를 집행하기 위한 기관으로 이란 미 군사원조자문단(MAAG-IRAN)을 신설했다. 하지만 군사원조자문단은 초대 단장을 육군사절단장이 맡았다는 점에서 '명목상' 신설이었을 뿐 실제로는 육군사절단의 전환이었다고 할 수 있다. 군사원조자문단과 육군·헌병대 사절단의 행정적 통합이 완료된 것은 1955년 5월이었다. 이때 군사원조자문단은 이란 주재 미 대사관과

---

142 Michael K. Sheehan, *Iran : The Impact of United States Interests and Policies, 1941-1954*, New York : Theo. Gaus' Sons, Inc., 1968, 32~43쪽.

143 Thomas M. Ricks, 앞의 논문, 174쪽.

144 Historical Division, Joint Secretariat Joint Chiefs of Staff, 앞의 문서, 33쪽.

더불어 '컨추리팀(country team)'을 구성함으로써 미 대사의 행정 통제하에 놓이게 되었다. 하지만 군사 문제와 관련해서는 미 육군부와 직접 논의할 수 있었으며, 북대서양·지중해 미 해군사령부와 긴밀한 연락 관계를 유지하였다.[145]

'MAAG-IRAN'으로 명명된 이란 군사원조자문단은 군의 지휘 구조를 강화하고 훈련과 무기 구입을 통해 육군과 헌병대의 효율성을 증대시킨다는 목표를 가지고 활동했으며, 이란의 군대와 경찰의 모든 활동에 개입했다. 나아가 군사원조자문단은 군사원조의 조달과 집행은 물론 미국 정부를 대신해 무기 판매에도 직접 관여했다.[146]

4) 지중해와 중동의 군사원조자문단, 그리고 주한미군사고문단

그리스, 터키, 이란은 동부 지중해와 중동에서 소련과 직접 대결하던 곳으로 미국의 안보에 중요한 지점이었다. 특히 미국은 경제 및 잠재적 군사력의 기본인 중동의 석유 자원에 대한 방벽을 구축한다는 점에서 이 지역의 중요성을 높이 평가했다. 이에 따라 미국은 "이들 3개 국가의 반공 정부를 지속시킬 확고한 기반을 지원하며, 또 그들 국가의 국내 치안과 외세의 침략 저지를 보장하는 기본적인 군대의 유지를 지원해야 한다."는 입장이었다. 그러한 최선의 방편으로서 미국은 군사원조와 더불

145 Historical Division, Joint Secretariat Joint Chiefs of Staff, 위의 문서, 34~35쪽. 1955년 이란 군사원조자문단(MAAG-IRAN)의 규모는 약 190명이었다.

146 Thomas M. Ricks, 위의 논문, 177쪽.

어 이를 집행·관리·감독하는 기구로서 군사원조자문단을 운영했던 것이다.

군사원조자문단(MAAG)은 각국마다 명칭이 달랐지만, 육군사절단(U.S. Army Mission Group)을 모체로 하여 만들어졌다는 점에서 공통점을 갖고 있었다. 또 각국의 군사원조자문단은 미국이 군사원조를 제공하는 국가에 설립되었고, 미국의 상호방위원조계획(MDAP)을 현지에서 구현하는 기관이었다는 점에서 공통된 성격을 갖고 있었다. 각국의 군사원조자문단은 군사원조 대상국의 군사력 강화를 주요 활동 목표로 삼았지만, 보다 중요한 그들의 활동 목표는 상호방위원조계획의 궁극적 목표인 집단적 안보체제, 즉 군사적 측면에서의 지역통합을 실현하는 것이었다. 그리스·터키·이란은 지중해·중동 지역에서의 시험 무대였으며, 그들 국가에서 활동한 군사원조자문단은 미국의 대외군사정책을 충실하게 관철시키는 통로 역할을 했다.

그리스·터키·이란의 군사원조자문단이 해당 국가의 군사력 강화와 상호방위원조계획(MDAP)의 궁극적인 목표를 구현하기 위한 지중해·중동 지역에서의 실험 사례였다면, 한국의 주한미군사고문단(KMAG)은 아시아에서의 실험 사례였다. 미국은 중국이 공산화의 조짐을 보이기 시작한 1947년부터 대일 점령정책을 재고하고, 1948년 1월 7일 트루먼 대통령의 연두교서에서 대일 강화정책을 공식적으로 천명했다.[147] 일본의 경제적 부흥과 정치적 안정화를 목적으로 한 미국의 대일 강화정책은 공산화 과정을 겪고 있는 중국을 대신해 '아시아에서 실질적

147 이완범, 『한국전쟁-국제전적 조망』, 백산서당, 2000, 55~56쪽.

으로 전략적 중요성을 갖는 유일한 나라인 일본'을 중심으로 세력 재편을 이루겠다는 미국의 새로운 동아시아 정책이었다.[148] 여기에는 한국이 일본에 미치는 심리·정치·경제·군사적 영향 등 일본의 안보 차원에서 한반도의 전략적 가치를 고려하겠다는 의미가 내포되어 있었다. 이러한 정책은 1949년 미국이 새로운 내용의 봉쇄론을 제기하면서 보다 분명해졌다.

1949년 4월 북대서양조약기구가 창설될 즈음 미국에서는 경제·이념적 측면을 중시하는 봉쇄론을 대신하여 군사적 봉쇄 내지는 적극적 탈환(roll-back)을 주장하는 논리가 대두하였다. 케난(G. F. Kennan)에 의해 제기된 초기의 봉쇄론이 서유럽, 일본, 중동에서의 봉쇄에 초점이 맞추어졌다면, 이 시기에 대두한 봉쇄론은 '어떤 지역에서든' 소련과 공산주의의 승리가 주는 심리적 파급 효과를 고려해 전면적 봉쇄를 취해야 한다는 것이 주요 내용이었다.[149] 이러한 논리에 기초해서 미국이 아시아에 적용할 정책으로 문서화한 것이 'NSC 48' 시리즈였으며,[150] 세계

---

148 김정배, 「딘 애치슨과 미국의 아시아 방파정책」 『해외 한국학 평론』 2, 일조각, 2001, 178~179쪽.

149 김명섭, 「한국전쟁이 냉전체제의 구성에 미친 영향」 『국제정치논총』 제43집 1호, 한국국제정치학회, 2003, 117쪽. 김명섭에 따르면, "케난(G. F. Kennan)은 서유럽·일본·중동의 세 지역에서의 봉쇄를 주장했던 데 비해 니체(P. H. Nitze)는 어떤 지역에서든 소련과 공산주의의 승리가 주는 심리적 파급 효과를 고려하여 전면적 봉쇄를 지지하였는데, 결국 케난은 경제적, 문화적 측면에 기초한 연성(soft)봉쇄를 주장했던 반면 니체는 군사적 측면에 기초한 강성(hard)봉쇄를 주장했다."고 하여 1949년에 봉쇄정책의 내용이 변하고 있었음을 지적하였다.

150 'NSC 48' 시리즈는 미국의 대아시아정책 문서로 NSC 48에서부터 NSC 48/5까지 존재한다. 이 중 NSC 48/2까지가 한국전쟁 이전에 생산된 문서이다. 'NSC 48' 시리즈는 1949년 6월 10일 'NSC 48(U.S. Policy Toward Asia)'로 시작되었지만, 'NSC 48'은 아시아정책에 대한 검토 필요성만을 제기한 2쪽 분량에 지나지 않았기 때문에 실제로 미국의 아시아정책이 반영된 문서는 1949년 12월 23일자로 작성된 NSC 48/1(The Position of the U.S. with Report to Asia)이라고 할 수 있다(국방군사연구소, 『한국전쟁 자료총서: 미 국가안전보장회의 문서(Documents of the National Security Council)』 1, 1996,

를 대상으로 대규모 군비 증대를 주장한 정책문서가 'NSC 68'이었다. 이 두 가지 정책 문서에서 미국은 일본의 재무장과 부흥을 도모해 일본을 동북아시아의 중심으로 삼겠다는 의지를 분명히 했다. 이러한 미국의 새로운 동아시아 정책은 제2차 세계대전 이후 미국이 최초로 '집단적 방위체제'의 구축을 목표로 추진한 상호방위원조계획(MDAP)에 한국이 포함되고, 아시아 국가로서는 처음으로 한국에 군사고문단이 설치·운영되는 것으로 나타났다. 이것은 이 시기 미국의 전반적인 정책 기조가 한반도를 '포기'하지 않겠다는 것을 의미하는 것이기도 했다.[151] 이러한 미국의 대한정책 기조는 애치슨을 비롯한 미 국무부의 정책결정자들이 일본 부흥의 성패를 한국과 연관지어 사고하면서, '미국이 한국을 돕게 되면 이는 일본을 돕는 것'이라는 일관된 인식에서 비롯된 것이라고 할 수 있다.[152] 이렇듯 군사고문단의 설립과 상호방위원조계획의 적용은 미국의 새로운 봉쇄전략인 '군비 증대 및 집단적 방위체제 구축'과 밀접하게 관련되어 있었다. 미국은 이를 실현하기 위해 상호방위원조계획을 적용받는 국가들에 군사원조자문단(MAAG)을 설치하였다. 각국의 군사원조자문단이 설치되는 과정에서 그리스·터키·이란의 군사원조자문단은 하나의 모델이 되었다. 이 과정에서 한국도 예외는 아니었다. 주한미군사

72~114쪽). NSC 48/1은 1949년 12월 29일 NSC 48/2로 정리되어 대통령의 승인을 얻었다("NSC 48/2"(1949. 12. 30), *FRUS 1949*, vol.Ⅶ, 1215~1220쪽).

151 미국의 세계 전략 변화가 한반도 군사전략에 미친 영향에 대해서는 양영조, 앞의 책, 338~345쪽 참조.

152 애치슨을 비롯한 미국의 정책결정자들이 일본 부흥의 성패를 한국과 연관지어 인식했다는 주장에 대해서는 Ronald McGlothlen, *Controlling the Waves : Dean Acheson and U.S. Foreign Policy in Asia*, Norton & Company, 1993, 50~85쪽 참조.

고문단(KMAG)이 설치되고 이후 주한미합동군사원조단(JUSMAG-K)으로 전환되는 과정은 지중해·중동 지역의 사례와 유사하였다. 하지만 이러한 조직 변화 과정의 유사성에도 불구하고 한국의 특수한 상황, 즉 분단과 남·북 간의 군사적 충돌, 한국전쟁, 미 전투부대의 존속 등과 같은 상황은 지중해·중동 지역의 군사원조자문단과는 또 다른 주한미군사고문단만의 독특한 조직 체계와 활동 영역을 구축해 나가는 요인으로 작용했다.

제2장

주한미군사고문단(KMAG)의 창설과 기능

1. 주한미군의 철수와 주한미군사고문단의 창설

1) 주한미군의 철수 결정과 임시주한미군사고문단(PMAG)의 설치

미국의 대외정책은 1947년에 접어들면서 소련과의 합의를 중시하는 입장에서 소련에 대한 봉쇄로 전환했다. 이러한 정책 기조는 한국에도 그대로 적용되었다.

그리스와 터키에 대한 원조계획이 준비될 무렵 한국에도 이와 유사한 계획이 미 행정부에서 준비되었다. 1947년 2월 25일 국무부와 전쟁부의 동아시아 담당 관리들로 구성된 특별위원회는 "3년간에 걸쳐 총 6억 달러, 첫 해인 1948회계연도에 2억 5000만 달러의 한국 지원"을 권고했다. 이러한 원조계획은 3월 4일과 27일 국무부와 전쟁부 수뇌회의를 거쳐 3개년 5억 4000만 달러, 첫 해 2억 1500만 달러로 수정되었다.[1] 원조의 구체적인 항목은 남한의 경제적 발전과 사회적 안정을 위한 식량, 비료, 산업·통신시설, 석유, 교육시설, 미국인과 한국인 임금 등을 포함하고 있었다. 한국에 대한 원조안은 미 예산국의 승인을 얻어 의회에 정식으로 제출될 예정이었다.[2]

미 행정부가 구상하고 있던 한국에 대한 원조계획은 의회의 승인 여부에 따라 실현 가능성이 결정될 문제였다. 애치슨(Dean G. Acheson) 국무차관은 3월 20일과 24일 각각 하원과 상원 외교위원회에서 3개년의 대한원조계획을 설명했다. 그동안에 언론도 "지구 반대편에 있는 한 작은 국가의 미래가 그리스나 터키, 남동부 유럽과 마찬가지로 미국과 세계 평화에 중요한데, 바로 그곳이 한국이다."라고 지적하면서 한국에 대한 원조의 중요성을 간접적으로 지지했다.[3] 한국에서도 트루먼 독트린이 발표된 다음날 이승만 박사가 트루먼 대통령에게 "한국은 전략적 차원에서 그리스와 동등하며, 당신의 경외심을 자아내는 호소는 자유를 향해 투쟁하는 한국의 애국자들에게 용기를 북돋아 준다."[4] 고 하여 그리스와 같은 지원이 한국에도 이루어져야 함을 내비쳤다.

한국 원조에 대한 미 의회의 반응은 매우 부정적이었다. 당시 상·하

---

1 "부간특별위원회(Special Interdepartmental Committee)의 한국에 관한 비망록"(1947. 2. 25), *Foreign Relation of the United States*(이하 '*FRUS*') 1947, vol. Ⅵ, 608~618쪽; "국무장관 대리가 전쟁부장관(Patterson)에게"(1947. 3. 28), *FRUS 1947*, vol. Ⅵ, 621~623.

2 김영호, 「한국전쟁 직전 미국 합참의 비상전쟁계획과 미국의 한반도 전략에 대한 비판적 고찰」『사회과학논총』 제14집, 성신여자대학교 사회과학연구소, 2001, 55쪽.

3 윌리엄 스툭 지음, 서은경 옮김, 『한국전쟁과 미국 외교정책』, 나남, 2005, 64~65쪽.

4 "이승만 박사가 트루먼 대통령에게"(1947. 3. 13), *FRUS 1947*, vol. Ⅵ, 620쪽.

양원에서 다수 의석을 차지하고 있던 공화당은 그리스·터키 원조를 그 밖의 지역에까지 확대해서는 안 된다는 입장을 취했다. 공화당은 만일 정부가 너무나 많은 원조계획을 제출하면, 그것이 유럽재건계획을 비롯한 다른 더 중요한 계획에까지 영향을 미칠 것이라고 생각했다.[5]

의회의 부정적인 시각은 전쟁부[6]를 중심으로 한 군부의 군사전략적 평가에 기인한 바가 컸다. 1947년 2월 한국에 대한 원조계획이 수립되고 이 계획이 의회에 제출되기에 앞서 전쟁부차관 피터슨(Howard C. Peterson)은 대한원조계획의 실현 가능성이 매우 회의적이라는 견해를 전쟁부장관 패터슨(Robert P. Patterson)에게 전달했다. 그는 한국에서 미국의 지위를 강화하고자 하는 정책은 결국에 실패할 것이라고 내다보았다.[7] 패터슨 장관은 피터슨의 분석에 기본적으로 동의했다. 그는 3월 28일자 한국 원조계획에 관한 애치슨의 서한에 답신하면서, 한국의 상황이 '잠재적으로 폭발적'이기 때문에 원조계획이 남한의 상황을 실제로 개선할 수 있을지에 의문을 표시했다. 또한 그는 피터슨에게 보낸 서한에서 국무부의 계획은 미군의 점령을 장기화시키는 결점이 있다고 지적하고, 이보다는 남한으로부터 미군의 조기 철수를 가장 중요한 목표로 삼아야 한

---

5 小此木政夫 지음, 현대사연구실 옮김, 『한국전쟁: 미국의 개입과정』, 청계연구소, 1986, 16쪽.

6 전쟁부는 1947년 7월 26일 제정된 미 '국가안전보장법(National Security Act)'에 따라 육군부로 전환되었다. 이때 전쟁부 소속이었던 육군항공대가 공군부로 확대 신설되어 육·해·공군의 3군부 체제를 갖추게 되었다.

7 피터슨은 "미국이 중국에서 철수했고 한국민들은 정치적으로 미숙하여 한국의 경제적 상황으로 볼 때 미국이 떠난 후 한반도의 소련 지배는 불가피하다. 미국은 결국 한국을 떠나야 하기 때문에 만약 철수가 '너무 큰 위신의 손실'을 수반하지 않는다면 지금 떠나는 것이 좋다."고 말했다(이원덕, 「한국전쟁 직전의 주한미군 철수」 『한국전쟁의 새로운 접근』, 나남, 1990, 215쪽).

다는 견해를 피력했다.[8]

1947년 4월 29일 미 합참전략조사위원회(Joint Strategic Survey Committee: JSSC)의 전략평가는 대한원조계획의 무용론(無用論)과 주한미군의 조기 철수 주장을 한층 강화시켰다. 봉쇄정책이 미 대외정책의 중요한 근거가 되면서 미 합참은 전 세계를 대상으로 하여 군사전략적 가치와 원조의 긴급성을 평가하고 우선순위를 매겼다. 합참전략조사위원회는 보고서에서 "한국은 38선을 경계로 지난 2년 동안 이데올로기 전쟁을 수행해 온 지역으로, 이 전투를 포기한다면 미국이 진정으로 세계를 이끌어갈 지도력을 갖고 있는지를 의심받게 될 것"이라고 하여 정치적 중요성을 강조했다.[9] 하지만 군사전략적 측면에서의 평가는 사뭇 달랐다. 보고서에서 한국은 원조의 긴급성에서 18개국 가운데 그리스, 터키, 이탈리아, 이란에 이어 5번째, 미국의 안보를 위한 원조의 중요성에서 16개국 가운데 15위로, 종합하면 16개국 가운데 13위를 차지했다.[10]

이러한 군사전략적 평가는 소련과의 전면전에 대비한 비상전쟁계획

---

8 "페터슨이 애치슨에게"(1947. 4. 4), *FRUS 1947*, Ⅵ, 626-627쪽; "페터슨이 피터슨에게"(1947. 4. 7), P&O 091 Korea, Sec.Ⅱ, case 15, Box 87, RG 319, 제임스 I. 매트레이 지음, 구대열 옮김, 1989, 『한반도의 분단과 미국』, 을유문화사, 138쪽 재인용.

9 "JCS to SWNCC"(1947. 5. 5), 제임스 I. 매트레이 지음, 구대열 옮김, 1989, 『한반도의 분단과 미국』, 을유문화사, 145쪽 재인용.

10 미국 국가안보의 중요성에 따른 원조 순위에서 한국은 15위(① 영국, ② 프랑스, ③ 독일, ④ 벨기에, ⑤ 네덜란드, ⑥ 오스트리아, ⑦ 이탈리아, ⑧ 캐나다, ⑨ 터키, ⑩ 그리스, ⑪ 라틴아메리카, ⑫ 스페인, ⑬ 일본, ⑭ 중국, ⑮ 한국, ⑯ 필리핀)였고, 원조의 긴급성에서는 한국이 5위(① 그리스, ② 터키, ③ 이탈리아, ④ 이란, ⑤ 한국, ⑥ 프랑스, ⑦ 오스트리아, ⑧ 헝가리, ⑨ 영국, ⑩ 벨기에, ⑪ 룩셈부르크, ⑫ 네덜란드, ⑬ 필리핀, ⑭ 포르투갈, ⑮ 체코슬로바키아, ⑯ 폴란드, ⑰ 라틴아메리카, ⑱ 캐나다)였다. 미국의 안보에 영향을 미치는 중요성과 원조의 긴급성을 종합하면 한국은 13위(① 영국, ② 프랑스, ③ 독일, ④ 이탈리아, ⑤ 그리스, ⑥ 터키, ⑦ 오스트리아, ⑧ 일본, ⑨ 벨기에, ⑩ 네덜란드, ⑪ 라틴아메리카, ⑫ 스페인, ⑬ 한국, ⑭ 중국, ⑮ 필리핀, ⑯ 캐나다)였다. (박태균, 『우방과 제국, 한미관계의 두 신화』, 창비, 2006, 71~72쪽).

(Emergency War Plan)의 일환으로 이루어진 결과물이었다. 합참은 1946년 3월부터 합참전략계획그룹의 전신인 전쟁계획위원회(Joint War Plans Committee : JWPC)의 주도하에 비상전쟁계획 수립 작업에 착수했다. 처음에 이 작업은 유럽과 동아시아 등 특정 지역에 관한 군사전략과 그것에 수반되는 특수한 군사적 문제점들을 연구하는 데 초첨이 맞추어졌다. 이러한 개별적인 연구들은 통칭하여 핀처(PINCHER)라는 암호명으로 불리게 되었는데, 한반도와 관련해서는 다음과 같은 내용의 결과물이 생산되었다. 첫째, 소련과의 전면전이 발생할 경우, 소련의 군사적 압력에 직면해 주한미군은 직접적인 위협에 노출되어 큰 손실을 입을 것이다. 따라서 병력 손실을 줄이고 일본 방어를 위해서 빠른 시일 내에 주한미군을 일본으로 철수시켜야 한다. 둘째, 미국은 아시아에서 충분한 지상군 병력을 보유하지 못했기 때문에 전쟁 초기에는 공군력을 동원해 적을 공격할 수밖에 없다. 이러한 공격을 위해서는 공군기지들이 필요하며, 아시아 지역에서 가용한 미 지상군 병력은 이러한 공군기지들을 확보하기 위해 배치되어야 한다. 극동에서는 일본, 특히 오키나와가 그 중심지가 되어야 한다는 것이었다. 비록 '소련과의 전면전'이라는 전제 조건이 붙었지만, 핀처의 연구 결과물인 '주한미군의 철수와 공군력 위주의 동아시아 방어'라는 개념은 향후 미국의 동아시아 군사전략의 기본을 이루는 대목이었다.[11]

---

11 핀처계획에 의해 진행된 연구들을 토대로 합참은 1947년 7월 16일 향후 3년 내에 소련과의 전면전 발생에 대비한 종합적인 비상전쟁계획 수립을 합참전략계획위원회(Joint Strategic Plans Committee)에 지시했다. 이때 만들어진 비상전쟁계획은 브로일러(BROILER)라는 암호명으로 불리게 되는데, 그 내용은 핀처의 내용과 거의 동일했다. 특히 이 계획은 이후 여러 번의 수정을 거치게 되지만, 극동 및 한반도와 관련된 합참의 전략적 발상은 핀처의 내용을 수정 없이 반영했다. 1947년 6월

비상전쟁계획의 개념하에서 미 합참은 국무부로부터 한반도의 군사전략적 가치를 판단해 달라고 요청을 받을 때마다 남한에 병력과 군사기지를 유지할 전략적 이해관계를 갖고 있지 않다고 답했다. 하지만 여기서 합참이 말하는 '전략적 이해관계'라는 것은 남한에 미군 병력을 직접 주둔시키지 않는다는 것이지 한국을 군사전략적으로 포기하겠다는 것을 의미하는 것은 아니었다. 흔히 '도서방위전략'이라고 부르는 이러한 변화는 안보적인 중요성이 있는 지역에 통상병력을 직접 배치하지 않아도 전쟁을 수행할 수 있다는 점에서 미국의 재정적자 문제와 의회의 비판에 대응할 수 있는 중요한 수단이 되었다.

군부와 의회의 부정적인 시각에도 불구하고 미국의 대한원조계획은 1947년 6월 3일 로턴(Frederick J. Lawton) 예산국장 서리가 1948회계연도 2억 1500만 달러의 대한원조금액을 승인함으로써 의회의 통과 절차만 남게 되었다. 국무부는 의회에 한국 원조계획의 승인을 요청하는 대통령의 메시지를 준비했다. 하지만 6월 27일 공화당 상원 외교위원장 반덴버그(Arthur H. Vandenberg)가 "잔여 의회 기간 내에는 어떠한 대외 원조의 승인도 반대한다."는 내용을 애치슨에게 통보하면서 미 국무부가 주도한 한국 원조계획은 사실상 무산되었다.[12]

한국에 대한 원조계획안이 무산되고 1947년 7월 제2차 미소공동위원회가 사실상의 결렬 상태에 들어가게 되자, 한국 문제의 유엔 이관과 주한미군의 철수 문제가 현안으로 급격히 부각되었다. 이 문제를 검토

16일 완성된 미국의 극동 지역 비상전쟁계획인 문라이즈(Moonrise)도 핀처에 기초해 작성된 것이었다. 이에 관해서는 김영호, 앞의 논문, 50~56쪽 참조.

12 제임스 I. 매트레이 지음, 구대열 옮김, 앞의 책, 146~147쪽.

하기 위해 7월 23일 3부조정위원회(SWNCC) 산하에 한국특별위원회가 설치되었다. 8월 4일 한국특별위원회는 국무부 동북아시아과의 앨리슨(John M. Allison)이 기초한 〈한국에서 미국의 정책(SWNCC 176/30)〉을 채택하고 3부조정위원회에 제출했다. SWNCC 176/30은 결론 부분에서 다음과 같이 언급하고 있다.

> 한국의 현재 상황에서 미군을 철수시키는 것은 공산주의자들에게 전 한반도를 맡기는 것이다. 한국을 소련에게 떠넘기지 않으면서도 한국에 대한 미국의 인적·경제적 개입을 줄일 수 있는 모든 노력을 가능한 한 빨리 취해야 한다. 즉 미국은 한국의 독립을 촉진하기 위해 가능한 모든 노력을 다하고 있다는 것을 한국인들에게 증명하고 미국인과 세계 여론에는 미국이 국제적 공약, 즉 모스크바 결정과 유엔헌장에 따라 행동하고 있다는 것을 증명해야 한다.[13]

이 문서는 미국이 한국 문제의 해결책으로 유엔을 활용한다는 것을 공식화하고, 전쟁부의 철군 요구도 원칙적으로 인정하는 가운데 보장 조치를 강구하도록 촉구하는 내용을 담고 있다. 8월 26일 애치슨의 후임으로 국무차관에 새로 취임한 로베트(Robert A. Lovett)는 "미소공동위원회를 통한 한국 문제 논의가 소용이 없으므로 4대국 회담을 워싱턴에서 열자."고 몰로토프(V. M. Molotov) 소련 외상에게 제안했다. 이와 더불어 그

13 "한국특별위원회가 작성한 보고서"(1947. 8. 4), *FRUS 1947*, vol. Ⅵ, 738~741쪽, 조이현, 「1948~49년 주한미군의 철수와 주한미군사고문단(KMAG)의 활동」『한국사론』 35, 서울대학교 인문대학 국사학과, 1996, 271쪽 재인용.

는 남북 양 지역에서 인구 비례에 의한 총선거 실시를 제안했다.[14]

9월 4일 몰로토프는 미국의 일방적인 결정에 대해 문제를 제기하면서 미소공위의 합의 가능성이 있다는 점을 들어 미국의 4대국 회담제의를 거부했다. 트루먼 대통령은 주소련 미국 대사 스미스(Walter B. Smith)를 통해 소련이 4대국 회담을 거부할 것이라는 점을 예견하고 있었다. 이에 그는 마샬 국무장관에게 9월 17일 유엔 총회 연설에서 한국 문제를 의제로 상정하라고 지시했다.[15]

미국의 한국 문제 유엔 이관에 대한 소련의 반응은 양군 동시 철수 제안으로 나타났다. 1947년 9월 26일 소련은 1948년 초까지 미·소 양군 철수와 한국 문제에 대해 한국인들 스스로가 결정할 수 있도록 맡기자고 제안했다.[16] 미국은 소련의 제안을 선전효과를 노린 책략으로 파악하고, 역선전과 외교적 대응으로 제안의 의미를 희석시키고자 했다. 미국은 소련의 동시 철군안에 대해 한국 문제가 유엔에 이관되어 있는 상태이므로 철군 문제도 유엔의 결정에 따라야 한다며 반대 의사를 표명했다.[17]

소련이 동시 철군안을 제기하기에 앞서 국무부는 주한미군이 계속해서 한반도에 주둔할 경우 미국의 국가이익에 미치는 영향 등을 검토하도록 합참에 요구한 상태였다. 합참은 9월 26일 신임 국방장관 포레스털(James V. Forrestal)을 통해 "주한미군과 기지를 계속 유지하는 것은 전략

14 "로베트(Lovett)가 주소련 대사관에"(1947. 8. 26), *FRUS 1947*, vol. Ⅵ, 771~774쪽.

15 제임스 I. 매트레이, 앞의 책, 154쪽.

16 《조선일보》 1947년 9월 29일.

17 정용욱, 「1947년의 철군논의와 미국의 남한 점령정책」 『역사와 현실』 제14호, 1994, 216쪽.

적으로 미국의 국익에 거의 도움이 되지 않는다."고 회신했다.[18]

> 극동에서 적대행위가 발생할 경우 현 주한미군은 군사적 부담이 되고 적대행위의 발발에 앞서 대규모의 증강이 없는 한 현 병력을 유지하는 것 자체가 불가능하다. 더구나 미국이 아시아에서 실시할지도 모르는 공세작전은 한반도를 우회할 것이다. 반면에 만약 적이 한반도에 강력한 공군과 해군기지를 건설·보유할 수 있다면, 적은 동중국, 만주, 서해, 동해 및 그 인근 도서에서 미국의 병참선과 작전을 방해할 수도 있다. 그러한 방해를 하려면 적은 어떤 지역에 실질적인 해·공군력의 유지를 필요로 하게 될 것이나, 그 지역에서 그들은 미국의 공군작전에 의해 무력화될 것이다. 이러한 공중작전에 의한 무력화는 대규모 지상 작전보다 실행하기가 용이하고 비용도 상대적으로 적게 들 것이다. 군 병력의 심각한 부족이라는 상황에서 볼 때 남한에 주둔하는 약 4만 5000명의 병력은 한국 이외의 다른 지역에 사용하는 편이 좋다. 현재의 한국 점령은 질병과 무질서의 방지라는 1차적 목적의 수행을 위해서도 막대한 지출이 요구된다. 현재의 남한 내 정세는 미군의 입장을 유지시키기 어렵고 철수를 단행하는 것은 미국의 군사적 위신을 저하시켜 미국의 안전에 보다 긴요한 지역의 협력에 악영향을 줄 것이다.

이러한 합참의 보고서에 대해 국무부는 공식적인 반응을 보이지 않

---

18 합참은 9월 15일 검토 요청을 받고, 9월 22일 보고서 초안을 작성한 후 24일 약간의 수정을 거쳐 25일 신임 국방장관에게 보고했다("Military Importance of Korea(JCS 1483/44)"(1947. 9. 24), 『합동참모본부 기록(Records of Joint Chiefs of Staff)』 17, 아름출판사, 185~193쪽).

은 채 9월 29일 마샬(George C. Marshall) 장관, 로베트 차관, 캐넌(George F. Kennan) 정책기획국장, 버터워스(Walton W. Butterworth) 극동국장, 러스크(Dean Rusk) 유엔 담당국장, 앨리슨 동북아시아과 부과장 등이 참여한 수뇌회의를 개최했다. 여기서 국무부는 한국 문제의 유엔 상정과 함께 미군 철수를 위한 제반 조치를 취하기로 결정했다.[19] 이 결정을 기초로 미국은 10월 17일 한국 문제에 대한 해결책을 유엔 사무총장에게 제출했다.[20]

소련의 반대 속에 유엔은 1947년 11월 14일 총회 본회의에서 "유엔 한국임시위원회 설치, 1948년 3월 31일 이전에 총선거 실시, 중앙정부 수립, 90일 이내 점령군의 완전 철수 협의" 등을 주요 내용으로 하는 미국 제안의 유엔 결의안을 통과시켰다.[21]

한국 문제가 유엔으로 이관되는 과정은 철수 문제를 둘러싼 군부와 국무부의 의견이 절충되어 가는 과정이기도 했다. 당시 군부는 동원해제와 의회의 군 예산감축, 여론의 장정귀환 요구 등으로 자원과 병력의 부족 속에서 제한된 군사력을 가장 효율적으로 분배하는 문제를 고심 중이었다. 또한 군부는 앞서 살펴보았듯이 동아시아에서의 전략 개념으로 도서방위선을 중심으로 하는 안보체제를 구상 중이었다. 이러한 군사력

---

19 "극동담당국장 버터워스(Butterworth)가 로베트 차관에게 보내는 비망록"(1947. 10. 1), *FRUS 1947*, vol. VI, 820~821쪽.

20 《경향신문》 1947년 10월 19일.

21 찬성 43, 반대 9, 기권 6표로 가결된 유엔 결의안은 중앙정부 수립 후 정부는 유엔한국임시위원회와 다음과 같은 사항에 대해 협의할 것을 밝히고 있다. "첫째, 자체 보안군을 편성하여 이에 포함되지 않는 모든 군사 및 반군사 단체를 해산한다. 둘째, 남북 조선의 군사령관 및 민정 당국으로부터 정권을 인수한다. 셋째, 조선으로부터 가급적 속히 또는 가능하다면 90일 이내에 점령군의 완전 철퇴에 관하여 점령국과 타협한다." 등이었다(《동아일보》 1947년 11월 21일).

의 약화와 군사전략적인 측면이 복합적으로 작용하여 주한미군 철수 문제가 군부 내에서 강하게 제기되었다. 이는 원조를 통한 적극적인 한반도 개입을 지향했던 국무부의 입장과는 분명 차이가 있었다.

한국 문제의 유엔 이관을 기점으로 주한미군의 철수는 정책의 취사선택 차원을 넘어 기정사실화되었다. 이제 남은 것은 철군의 시점, 구체적인 절차나 방법, 철군 후의 안전보장 조치 등에 관한 문제였다. 철군의 시점과 관련해 미국은 1948년 3/4분기까지를 철군 시한으로 정하되, 소련의 행동 여부와 북한군의 조직 전망, 한국민들을 진정시키는 방안에 따라 최종적인 철군 시점이 정해질 것임을 분명히 했다. 그리고 철군에 대한 대비책으로 적절한 규모의 군대 창설과 대한군사원조의 제공을 구상했다.[22]

철군과 관련한 구체적인 언급은 국무·육군·해군·공군부 조정위원회(State-Army-Navy-Air Force Coordinating Committee)[23]에서 이루어졌다. 1948년 1월 14일 4부조정위원회의 극동소위원회(Far Eastern Subcommittee)는 〈한국에서의 미국 정책(SANACC 176/35)〉이라는 보고서를 작성했다. 극동소위원회는 이 보고서에서 "소련은 자신들의 점령 지역에서 유엔 감시하의 어떠한 선거도 허용하지 않을 것이기 때문에 그러한 사태가 발생할 경우 3월 31일로 계획된 남한에서의 선거를 진행"하도록 건의했다. 또한 보고서에서는 "신정부를 8월 15일까지 수립하고, 11월 15일까지 점령군의 철수가 완료될 수 있도록 하며, 남한에 대한 소련 지배를 방지하

---

22 조이현, 앞의 논문, 281~282쪽.

23 SANACC는 일명 '4부조정위원회'로 1947년 공군이 육군에서 독립함에 따라 공군을 포함하여 SWNCC(국무부-육군부-해군부 조정위원회)를 확대 개편한 조직이다.

기 위해 사용가능한 예산, 인력, 장비의 범위 내에서 국방경비대를 증강하고 신정부에 군사 및 경제원조를 제공해야 한다."고 밝혔다.[24]

SANACC 176/35는 합참의 검토를 거쳤으나 승인되지 못하고 새로 발족한 국가안보회의(NSC)의 명령에 따라 극동소위원회가 다시 SANACC 176/35에 수정을 가하여 SANACC 176/39로 확정했다. 이 보고서는 2월 21일 합참으로부터 승인을 받았다. 철군 문제와 관련해 SANACC 176/39에서는 다음과 같이 밝히고 있다.[25]

> 미 점령군과 군정 기관들은 '실제로 가장 빠른 시일'에 한국에서 철수할 것이며, 1948년 12월 31일까지 점령군 철수의 완료를 위한 전제로써 정부수립을 촉진하는 것에 모든 노력을 기울일 것이다. 철수는 한국 정부의 수립과 함께 개시될 것이다. 주한미군의 철수에 따른 신생 정부의 안보조처로 현재의 법적 근거 내에서 국방경비대 강화를 위한 자금, 인력, 장비를 제공할 것이다. 한국 정부에 제공될 군사원조의 규모는 전략적으로 우리에게 더 중요한 국가들의 원조 범위에 따라 결정될 것이다.

이 보고서는 4월 2일 NSC에 제출되어 약간의 문구 수정을 거친

---

24 James F. Schnabel & Robert J. Watson, *The History of the Joint Chiefs of Staff: The Joint Chiefs of Staff and National Policy 1950-1951*, vol. Ⅲ, Office of Joint History, Office of the Chairman of the Joint Chiefs of Staff, 1998, 7~8쪽.

25 "United States Policy in Korea(JCS 1483/50)"(1948. 1. 30), 『합동참모본부 기록(Records of Joint Chiefs of Staff)』 17, 아름출판사, 283~287쪽. 합참은 극동소위원회에서 검토를 의뢰한 SANACC 176/39(합참 문서 번호는 JCS 1483/50)를 검토한 후 2월 21일에 승인했다. 같은 날 합참은 승인한 문서를 4부조정위원회에 송부하였으며, 4부조정위원회도 이를 승인하였다(같은 책, 282쪽).

후 〈한국에 관한 미국의 입장(NSC 8)〉으로 채택되어 4월 8일 트루먼 대통령의 승인을 얻었다. 이 문서에서 미국은 "유엔 회원국 자격을 갖춘 통일·자주 정부 수립, 한국민들의 자유로운 의사표현을 충분히 반영할 수 있도록 정부가 보장, 독립적이고 민주적인 국가의 중요한 기틀로서 경제·교육제도의 수립 지원" 등을 한국에 대한 총괄적인 목표로 설정했다. 이러한 목표하에 가능한 한 빨리 주한미군의 한반도 점령을 종결짓는 것을 부차적인 목표로 삼았다. 이에 따라 미국은 1948년 12월 31일까지 주한미군 철수를 완료하기로 결정하고, 이를 위해 국방경비대의 증강 및 훈련, 무기·장비 지원, 계획 중인 1949회계연도 원조계획의 조속한 집행 등을 실행 방침으로 정했다. 이와 더불어 주한미군 철수 후에 적정 규모의 군사고문단 설치를 제안했다.[26]

NSC 8에 따라 철군에 대한 준비가 진행되었지만, 국무부는 한국의 정치 상황이 매우 유동적이라는 점을 들어 철군계획에 유연성을 가질 것을 육군부에 촉구했다. 한국 현지에서도 미군정 정치고문인 제이콥스(Joseph E. Jacobs)가 신생 정부의 유엔총회 승인 이전에 철수하는 것을 반대하였으며, 주한미군사령관 하지(John R. Hodge)도 한국 정부 수립 계획의 지연에 따라 철군 개시일이 9월 15일로 연기되어야 한다고 제안했다.[27]

육군부는 7월 20일 철군 시기를 1개월 연기하고, 1949년 1월 15일까지 철군을 완료한다는 데 동의했다. 그리고 육군부는 철군에 대비하여 임시군사고문단(Provisional Military Advisory Group : PMAG)을 설치하기로

---

26 "The Position of the U.S. With Respect to Korea(NSC 8)"(1948. 4. 2), 국방군사연구소, 『한국전쟁 자료총서 : Documents of the National Security Council(미국가안전보장회의 문서)』 1, 1~14쪽.

27 조이현, 앞의 논문, 282~283쪽.

했다.[28] 이에 따라 1948년 8월 15일 주한미군사령부(USAFIK) 일반명령 제31호에 근거해 241명의 병력으로 구성된 임시군사고문단이 설립되었다.[29]

주한미군의 철수는 1948년 9월 15일부터 비밀리에 시작되었다. 하지만 10~11월 한반도 내외 정세는 철군 완료 시점을 불분명하게 했다. 즉 10월 19일에 발생한 국군 제14연대의 반란사건으로 인한 한국 정세의 불안정과 중국 내전이 마오쩌둥(毛澤東)의 만주 점령으로 국민당에게 결정적으로 불리하게 전개되면서 미 국무부와 한국 현지 관리들 사이에서 미군 철수 연기론이 급부상했다. 여기에 '한국군 강화 이전의 주한미군 철수 불가'라는 이승만 대통령의 강력한 주장은 한·미 간의 외교적 갈등을 초래할 수도 있는 요인이었다.

한반도 내외의 정세 불안 속에서 철군작전이 최종 단계에 이르자 국무부와 주한 미국 관리들의 철군 연기 주장이 재기되었다. 11월 9일 국무부는 육군부에 보내는 전문에서 "유엔총회가 한국 문제에 관한 조치를 취할 때까지는 최종적이며 돌이킬 수 없는 단계의 철수를 실시하는 것이 현명하지 않다."고 밝혔다.[30] 한국 현지의 무초(John J. Muccio) 대사도 11월 12일의 보고서에서 "1948년 말의 한국 상황이 심상치 않기 때문에 1월 중순까지 철수를 완료하는 것은 시기적으로 부적절하다."고 언급하

28 James F. Schnabel & Robert J. Watson, *The History of the Joint Chiefs of Staff: The Joint Chiefs of Staff and National Policy 1950-1951*, vol. Ⅲ, 9쪽.

29 Headquarters, Provisional Military Advisory Group, "Staff Memorandum Number 1 : Highlights of Weekly Staff Meeting, Seoul"(1948. 8. 20), RG 338, KMAG, Adjutant General Decimal File, 1948~53, Box 4.

30 James F. Schnabel & Robert J. Watson, 위의 책, 10쪽.

면서 미군 철수를 수개월 연기할 필요가 있음을 요청했다.[31]

여순 10·19사건, 중국의 사태 악화, 북한군의 군사력 강화 등으로 촉발된 철군 연기론은 NSC 8의 결정 사항에 대한 재검토 요구로 확대되었다. 국무부 동북아과장 비숍(Max Bishop)은 12월 27일 버터워스 극동국장에게 제출한 각서에서 현재의 주한미군 철수는 한국 정부의 안보와 안정을 극도로 악화시킬 것이라는 평가와 더불어 철군의 연기를 호소했다. 비숍은 마오쩌둥의 공산당이 중국의 지배권을 장악해 가는 상황에서 일본의 안보를 확보하기 위해 남한이 공산주의의 방벽으로 남아야 한다는 인식 아래 주한미군의 철수가 재고되어야 한다고 보고했다. 이 각서는 마지막 '권고' 부분에서 철수의 결정이 담긴 문서 NSC 8이 재검토되어야 한다고 밝히고 있다.[32]

비숍의 NSC 8에 대한 재검토 주장은 국무부에 받아들여져 국무차관 로베트가 1949년 1월 17일 정식으로 NSC에 주한미군 철수의 재검토를 제안하는 것으로 이어졌다.[33] 국무부와 한국 현지의 주장에 따라 철군의 연기와 보완책 마련을 위한 새로운 정책이 3월에 NSC에서 논의되어 1949년 3월 23일 〈한국에 관한 미국의 입장(NSC 8/2)〉으로 정리되었

---

31 "무초가 국무장관에게"(1948. 11. 12), *FRUS 1948*, vol. Ⅵ, 1325~1327쪽. 이러한 철군 연기론에 따라 육군부는 1948년 11월 15일 맥아더 극동군사령관에게 "7500명 수준의 증강된 1개 연대전투단을 한국에 잔류시킬 것"을 명령했다.

32 "극동담당국장 버터워스에게 제출된 비망록 초안"(1948. 12. 27), *FRUS 1948*, vol. Ⅵ, 1337~1340, 이원덕, 앞의 논문, 227~228쪽 재인용.

33 이 시기 주한미군 철수는 잔류 병력 7500명에 대한 문제였다. 1948년 9월 15일부터 시작된 주한미군 철수는 1949년 1월 4일 미 제7사단이 공식적으로 남한에서 완전히 철수했으며, 1월 15일부로 미 제24군단 사령부가 일본으로 철수하였다(이상호, 『맥아더와 한국전쟁, 1945~1951』, 푸른역사, 2012, 143~145쪽).

다. 여기서는 철군 시한을 1949년 6월 말로 결정하고 최종 철수에 앞서 한국의 육군·해안경비대·경찰에 장비를 이양하며 정식으로 군사고문단을 설치하도록 했다. 구체적으로 육군 6만 5000명, 해안경비대 4000명, 경찰 3만 5000명에 대해 무기와 장비를 지원하도록 한 것이었다. 또 NSC 8/2에서는 미국이 철군을 공표할 때, 이것이 "결코 대한민국 정부에 대한 미국의 지지를 감소시키는 것이 아님"을 확실히 해야 하며, 오히려 이것이 "미국과 한국의 관계를 원활하게 하고 1948년 12월 12일 유엔총회 결의를 완수하기 위한 새로운 단계임을 명백히 해야한다."고 언급하고 있다. NSC 8/2는 주한미군의 철수 시한과 철군에 따른 한국에 대한 보완책이 미 정부차원에서 최종적으로 마무리되었음을 의미하는 것이었다.

2) 주한미군의 철수 완료와 군사고문단(KMAG)의 창설

주한미군의 철수는 새로이 수립된 한국 정부에도 중요한 문제였기 때문에 한국 정부는 이에 적극적으로 대응했다. 한국 정부의 대응은 크게 두 부분으로 나눌 수 있다. 즉 주한미군의 철수 문제가 제기되어 결정되는 과정에서는 철군 자체에 대해 반대했지만, 철군이 결정되고 더 이상 철군 반대가 어려울 때에는 경제·군사원조의 획득에 집중하였다. 이러한 노력은 미국에 특사를 파견해 미국의 관리들과 직접 협상을 하거나 국내에서 이승만 대통령을 비롯한 정부의 여러 활동을 통해 이루어졌다.[34]

---

34 조이현, 앞의 논문, 285쪽.

1948년 8월 20일 이승만 대통령은 남북 분단의 책임이 미국에 있는 만큼 한국군 편성과 국내 치안이 확보될 때까지 철군을 연기할 것을 주장했다.[35] 한국 정부의 철군 연기 주장은 대통령 특사로 미국에 파견된 조병옥과 한국 유엔 특사인 김활란을 통해서도 미국에 전달되었다.[36] 특히 조병옥은 9월 23일 로베트 국무차관과 버터워스 국무부 극동국장과의 대담에서 미국이 당분간 주한미군을 유지하면서 효과적으로 훈련받고 장비를 갖춘 한국군의 발전과 전력설비 및 전기산업에 초점을 둔 경제원조를 지속해 달라고 요구했다.[37]

물론 이와는 반대로 주요 언론들과 정치단체들은 한국의 자주독립을 위해 외국 군대의 조속한 철수를 요구하기도 했다. 한국독립당은 1948년 9월 16일 "조국의 자주통일독립을 주장하는 진정한 의사를 관철하기 위하여 미소 양국군의 즉시 철퇴를 요구한다."는 성명을 발표했다. 《조선일보》는 1948년 9월 16일자 사설에서 조병옥과 김활란의 미군 장기 주둔 요청을 비판하며 외국 군대의 주둔은 그 국가의 독립주권이 무력함을 반증하는 것이라며 미군의 즉시 철군을 주장했다. 《서울신문》 또한 1948년 10월 16일자 사설에서 "원칙적으로 외군 철퇴에 이의를 가질 수 없고 강토 내에 외군 상주가 요청될 이유가 없다."면서 조속한 미군 철수를 주장했다.[38] 국회에서도 10월 12일 소장파 의원 45명이 "미소 양

35 《서울신문》 1948년 8월 21일.

36 《한성일보》 1948년 9월 12일; 《서울신문》 1948년 9월 14일.

37 "로베트 국무차관과 버터워스 국무부 극동국장과의 대담"(1948. 9. 23), *FRUS 1948*, vol. Ⅵ, 1309~1311쪽.

38 이상호, 앞의 책, 141쪽.

군 철퇴를 급속히 정상적으로 실천하도록 정부로 하여금 유엔총회에 요청케 하자."는 긴급동의안을 제출하여 주한미군의 조속한 철군을 요청했다. 국회 소장파들의 외군 철퇴 요구는 1949년 2월 4일 '외군의 즉시 철퇴를 실천하도록 유엔한국위원단에 요청'하는 긴급동의안 제출로 이어졌지만, 투표 결과 95대37로 부결되었다.[39]

주한미군의 철수와 보완 대책을 밝힌 NSC 8/2의 주요 내용이 한국 정부에 알려진 것은 1949년 4월 14일경이었다. 이날 무초 대사는 이승만 대통령에게 보낸 서한에서 "1948년 12월 12일 유엔 결의안의 조치에 근거하여 아마도 몇 개월 내에 미군이 철수해야만 한다."고 알리면서 "신생 공화국의 경제·정치적 안정화에 필수적인 것으로 여겨지는 경제, 기술, 군사 및 기타 원조를 계속해서 제공하는 것이 미국의 의도"라고 밝혔다.[40]

이승만 대통령은 무초 대사의 서한을 받은 지 4일 후인 4월 18일 특별성명을 통해 주한미군의 철수 문제가 한·미 간에 협의 중임을 처음으로 공개했다.

> 지금 대한민국과 합중국정부 대표자들이 수개월 이내로 어느 날짜를 정하야 미군이 한국에서 철퇴할 것을 토의하는 중에 있다. 그러나 이 토의가 미국의 한국에 대한 책임이나 관계를 조금이라도 감소시키는 의도는 아니며 도로혀 민국의 안전과 행복을 위하야 경제·군사 지원

---

39 《서울신문》 1948년 10월 15일; 《경향신문》 1949년 2월 8일.

40 "무초가 이승만 대통령에게"(1949. 4. 14), *FRUS 1949*, vol. Ⅶ, 989~990쪽.

기타 모든 원조를 다시금 강화하는 것이오. 따라서 미 군사사절단은 여전히 계속하야 우리 국방군을 발전식히고 확장하기에 모든 장교들을 빌려줄 것이다.[41]

잔류 주한미군의 철수와 군사사절단의 존속에 관한 이승만 대통령의 성명에 대해 무초 대사는 한국 정부에 보낼 서한을 준비하였다. 이 서한은 4월 28일자 애치슨의 전문에서 "주한미군사고문단의 설치가 미국 정부에서 결정되었음을 알려도 좋다."는 지시에 근거해 준비되었다.[42] 앞서 살펴보았듯이 이 무렵 미국에서는 상호방위원조계획에 관한 행정부안이 완성되어 4월 20일 트루먼 대통령으로부터 의회 제출을 승인받은 상태였다. 상호방위원조계획에 따르면 원조 대상 국가에 군사원조자문단을 파견하는 것이 기본이었기 때문에 원조 대상 국가로 선정된 한국에도 당연히 이러한 조직을 만들기로 계획되어 있었다.[43] 다만 국무부는 무초에게 한국 정부에 전달할 최종 형태의 서한에 대해 반드시 국무부와의 사전 협의와 대외 비밀보장을 전제로 제시했다.

한국 정부에 전달할 서한의 최종 문구를 수정한 후 무초는 5월 2일 임시군사고문단장 로버츠(William L. Roberts), 주한미사절단의 드럼라이트(Everett F. Drumright)와 함께 직접 이승만 대통령을 방문해 서한을 전달했다. 이날 무초가 이승만 대통령에게 전달한 서한의 주요 내용은 "미국 정부가 한국군의 훈련을 위해 증강된 주한미군사고문단(KMAG)을 설립

---

41 《조선일보》 1949년 4월 19일.

42 "국무장관이 주미 대사관에"(1949. 4. 28), *FRUS 1949*, vol. Ⅶ, 997~998쪽.

43 이에 대해서는 제1장 참조.

하기로 결정했으며, 임시군사고문단(PMAG)이 이를 담당한다."는 것이었다. 여기서 무초는 고문단 구성과 관련한 세부 사항들은 '적절한 시기에' 논의될 것이라고 덧붙였다.[44]

서한을 전달받은 이승만 대통령은 서한과 관련해 다양한 질문을 던졌고, 모임은 자연스럽게 회담의 형식을 취하게 되었다. 이날 논의된 내용은 향후 군사고문단의 규모와 계획, 한국에 대한 안전보장 요구 등이 포함되었는데, 주요 논의 내용은 다음과 같다.

- 임시군사고문단장은 미 육군부로부터 주한미군사고문단의 병력을 최대 500명까지 증강하도록 지시받았다.
- 군사고문단에 충원될 장교는 현재 한국에 있는 병력 중 가장 우수한 장교와 사병 중에서 선발될 것이며, 필요할 경우 일본에서 올 수도 있다. 이와 관련해 선발팀이 운영 중이며, 선발될 장교는 대부분 영관급이나 대위급이 될 것이다.
- 16~20명 정도의 장교를 각각 한국군 여단에 배치할 것을 고려 중이다.
- 경찰을 자문하기 위해 소령이나 중령급의 장교 9명을 선발할 것이다. 이들은 주한미군 헌병대 사령관이며 고문단원의 일원으로서 한국에 잔류할 베어드(John Baird) 대령의 지휘하에 임무를 수행할 것이다.

44 "무초 대사가 이승만 대통령에게"(1949. 5. 2), Division of Historical Policy Research Office of Public Affairs, Department of State, *United States Policy Regarding Korea : December 1945-June 1950*, 1951, 33쪽, Harry S. Truman Library.

- 비군사활동 지원은 대사관 무관이 담당할 것이다.[45]

군사고문단의 설치와 운영에 관해서 이승만 대통령은 대체로 공감의 뜻을 표하면서도 이와는 별개로 보다 더 확고한 방위 공약을 요구하였다. 무초 대사는 5월 6일 국무부에 "이승만 대통령으로부터 미군의 조기 철수에 대한 동의를 구할 수가 없었다."라고 알렸다. 그는 회담에서 제기되었던 내용과 그것에 대한 자신의 평가를 다음과 같이 전하였다. 첫째는 이승만 대통령을 설득하기 위해서 자신이 여러 차례 제안했던 한국의 해안경비대와 공군 지원에 관해 본국으로부터 확실한 지침이 제공되어야 한다는 것이었다. 둘째는 한국 정부가 철군의 전제조건으로 확고한 방위 공약을 얻고자 언론 조작을 통해 '한미상호방위 협정 체결'이 임박했음을 기정사실화시키려 한다는 것이었다.[46] 마지막으로 무초는 5월 4일 개성에서 시작된 38선 충돌사건과 다음날 춘천 지역에서 있었던 제8연대 2개 대대의 월북사건을 들었다.[47] 이 두 사건에 대해 무초는 이승만 대통령이 철군을 반대하고 원조를 확대해달라고 요구하는 기폭제가

---

45 "주한미대사의 회담비망록"(1949. 5. 2), *FRUS 1949*, vol. Ⅶ, 1000~1002쪽.

46 실제로 5월 4일자 연합신문은 "일부 소식통에 따르면, 방위 협정이 매우 빠른 속도로 진척되고 있으며, 이 달 중순경 워싱턴에서 서명식을 가질 예정"이라고 보도하기까지 했다(《연합신문》 1949년 5월 4일).

47 1949년 5월 4일 개성에서는 '육탄 10용사'로 잘 알려진 송악산전투가 발발했다. 이 전투는 5월 이후 남북한 간 연대급 전투의 시발점이 된 전투였다. 그리고 다음날인 5월 5일 춘천에서는 제6여단 제8연대 소속 강태무·표무원 소령이 각각 지휘하는 2개 대대가 월북했다. 245명 가량이 월북한 이 사건은, 개성의 38선 충돌이 한국 정부의 북진통일론과 관련된 것이라고 판단한 북한 측이 한국군 부대를 통째로 월북시킴으로써 한국 군부의 와해를 시도한 것이었다. 이와 관련한 자세한 내용은 정병준, 『한국전쟁』, 돌베개, 2006, 333~350쪽 참조.

될 것이라고 평가했다.

무초는 자신의 건의 사항이 받아들여지지 않으면, 한국 정부는 계속해서 문제를 일으킬 것이라고 보았다. 무초는 "본인이 요청한 해안경비대와 공군 지원에 관한 조기 결정의 필요성은 아무리 강조해도 지나치지 않으며, 이러한 지원을 통해서 이승만 대통령에게 철수 목표 일을 설득할 수 있을 것"이라고 국무부에 강력히 제안했다.[48]

무초의 우려는 다음날 현실로 나타났다. 5월 7일 이승만 대통령은 한국에 대한 확고한 방위 공약과 적절한 무기의 지원을 강력하게 요청하는 성명서를 발표했다. 이날 언론을 통해 공개된 이승만 대통령의 성명서 내용은 "북한으로부터의 공격이 있을 경우 한국이 전적으로 미국의 군사 원조에 의존할 수 있는지"의 여부를 묻는 것이었다.

> 우리들은 한국이 미국 자체의 방위의 제일선에 해당한다고 생각하는지 아니하는지를 알고자 하는 바이다. 한국에 대하여 공격이 있을 때 미국 국민 자신에 대한 공격과 동일하다고 미국은 판단하는지? 또 외부 세력에 의한 공격이 있을 시에는 대한민국은 미국의 군사적 원조에 전적으로 의뢰할 것이 있을 것인지? 이 문제는 현재 잔류하고 있는 미 군대가 한국에 주둔하느냐의 단순한 문제보다 월등히 중요한 것이다. 우리들은 평화적 수단으로 남북을 통일하고저 하는 노력을 계속할 것이다. 따라서 우리는 이 목적을 위하여 자위에 필요한 적당한 무기를 충분

48 "무초 대사로부터의 전문"(1949. 5. 6), *FRUS 1949*, vol. Ⅶ, 1008~1009쪽.

히 공급받아야 할 것이다.[49]

국무부는 이러한 사태 전개에 대해 혼란스러워 하면서 5월 9일 무초 대사에게 보내는 전문에서 다음과 같은 내용을 이승만 대통령에게 전달하도록 지시했다. 전문의 내용은 대단히 강경한 어조로 이루어졌는데, 우선 "공식 기자회견을 통하여 미국 정부를 압박하려는 시도는 정상적인 외교 관례의 파기로 간주될 뿐 아니라 양국 관계가 기반하고 있는 호혜의 정신과 굳건한 믿음에도 크게 부합하지 않는다."는 점을 이승만 대통령에게 인식시키라는 것이었다. 이와 더불어 국무부는 무초 대사에게 "미국의 군사원조에 대한 세계적인 수요의 중요성에 비추어 그(이승만)는 자신의 요구 사항이 그러한 원조에서 '작은 부분 이상으로 우리가 생각하고 있다'는 망상에 사로잡혀 있는 듯하다. 그가 비현실적이고 비합리적인 원조 요구를 계속하는 것은 자신의 주장을 강화시키기보다는 오히려 약화시키는 것임"을 이승만 대통령에게 일깨워 주라고 지시했다.[50]

국무부는 같은 날 무초 대사에게 보낸 또 다른 전문에서 "지난 몇 주간 미군 철수와 관련해 이승만 대통령이 우리로부터 모든 양보를 끌어내기 위해 철군 동의에 대한 대가를 끌어올리려 한다는 인상을 받았다."고 지적하였다. 이러한 인식하에서 국무부는 "이승만 대통령이 자신의 동의를 담보로 우리가 어떠한 값을 기꺼이 지불할 것이라는 착각의 어리석음을 깨우쳐 주어야 하고, 6월 30일경 철군을 완료할 것이라는 우리의

---

49 《조선일보》 1949년 5월 8일.

50 "국무장관이 주한미대사관에"(1949. 5. 9), *FRUS 1949*, vol. Ⅶ, 1014쪽.

의도를 즉시 알려야만 한다."는 점을 무초 대사에게 전했다.

이 전문에서는 또한 5월 6일 무초가 요구한 "해안경비대와 공군 지원을 위한 장비 요구"에 대해 다음과 같이 회신하고 있다. "NSC 8/2에서 규정한 대한민국의 안보와 안정을 보장하고자 하는 당신의 요구를 전적으로 인정하나 6월 30일 이전 혹은 철군 이후에 항공기의 확보는 장비의 입수 가능성과 구매 자금 등의 사정으로 인해서 결코 실현 가능하지 않다. 이 문제는 NSC 8/2를 채택할 시점에 전반적으로 논의된 사항이었으며, NSC 8/2에서 밝히고 있는 철군 이전의 장비 이양 품목에는 그러한 품목이 포함되지 않았다."[51] 이러한 국무부의 입장은 계획된 군수지원 이상의 지원은 불가하며, 이승만 대통령의 독단적인 행동을 강력하게 제재할 것임을 시사하는 것이었다.

무초는 5월 11일 애치슨에게 '약간의 해안경비대 함정들과 정찰기·수송기의 제공이 한국인들을 설득하는 데 가장 주효한 수단'이라는 견해를 굽히지 않으면서도 며칠 내에 이승만 대통령으로부터 철군 동의를 얻을 수 있을 것이라고 전했다.[52] 또한 무초는 5월 12일자 전문을 통해 전날 있었던 면담에서 이승만 대통령이 미국 정부를 강제하려고 한 것은 자신의 실수였음을 밝혔다고 보고했다.[53] 한국 정부가 철군에 동의했다는 내용의 미 대사관 전문은 계속되었다. 5월 17일 오전에 2시간 동안 있었던 이승만 대통령과의 회담에 대해 무초는 다음과 같이 전했다.

---

51 "국무장관이 주한미대사관에"(1949. 5. 9), *FRUS 1949*, vol. Ⅶ, 1014~1016쪽.

52 "주한미대사 무초가 국무장관에게"(1949. 5. 11), *FRUS 1949*, vol. Ⅶ, 1018~1019쪽.

53 "주한미대사 무초가 국무장관에게"(1949. 5. 12), *FRUS 1949*, vol. Ⅶ, 1021~1022쪽.

> 철수가 '다음 몇 주일' 동안에 완료될 것임을 알렸다. 하지만 특별한 종결 시점에 대해서는 어떠한 언급도 목적의식적으로 회피했다. 이승만 대통령과 한국 관료들은 본인의 언급을 '상당히 꺼려하면서도' 받아들였다. 조기 철수의 사실에 순응하는 것이 명백했다. …… 오늘의 대담으로 볼 때, 본인은 이승만 대통령이 미군 철수를 완료하는 것에 동의했다고 생각하며, 그는 철수를 방해하기 위해 특별한 노력을 하리라고는 보이지 않는다. 이승만 대통령은 제3국이 침략할 경우에 미국이 자신의 정부를 전폭적으로 지지한다는 확고한 선언을 원하고 있지만, 본인은 그와 한국민이 결국은 미군의 철수 완료가 미국의 지원과 지지의 약화를 의미하지 않는다는 일반적인 성명의 발표에 궁극적으로 만족하리라고 확실히 믿는다.[54]

그러나 무초의 생각과는 달리 이승만 대통령은 한국의 방위 문제와 관련해 다음과 같은 3가지 방안 중 하나를 선택하도록 미국에 요구했다. 첫째는 북대서양조약기구와 같은 태평양조약기구의 설치였고, 둘째는 한국과 미국 간에 또는 다른 국가도 포함하는 상호방위 협정의 체결이었으며, 셋째는 트루먼 대통령의 정책에 의거해 한국을 방위한다는 공약을 미국이 공개적으로 선언하라는 것이었다.[55] 이 중에서도 이승만 대통령은 북대서양조약기구와 같은 태평양조약기구의 설치를 가장 선호했다. 하지만 그는 이것이 불가능할 경우를 고려해 한국에 대한 미국의 안전보

---

54 "주한미대사 무초가 국무장관에게"(1949. 5. 17), *FRUS 1949*, vol. Ⅶ, 1029~1030쪽.

55 《연합신문》 1949년 5월 18일.

장 공약과 상호방위 협정 체결을 동시에 요구했다.[56]

주한미군의 철수 문제를 둘러싸고 한국 정부의 대응이 매우 적극적으로 진행되자 미국으로서도 이에 대응하지 않을 수 없었다. 무초는 철군에 대한 한국 정부의 대응에 대해 "철군 문제는 이미 너무도 크게 진척되었기 때문에 앞으로 나가야만 한다. 하지만 현재 진행 중이거나 미래에 집행 예정인 경제·군사원조가 계속될 것이며 특히 철군 후 군사고문단이 크게 강화될 것"이라고 하여 한국 정부를 설득하고자 했다.[57]

이와 더불어 무초는 본국에 한국 정부의 반발을 최소화할 방안을 공표해 줄 것을 요구했다. 5월 28일 잔류 미군의 철수가 시작되자 무초는 5월 31일자 국무장관에게 보내는 전문에서 철군에 대한 한국 내의 심리적 상황과 그 보안책을 다음과 같이 제시했다. 이 전문에서 그는 철군에 의해 야기된 한국 내의 소란과 두려움이 자신의 예상보다 훨씬 컸으며, 한국 정부 고위층에 감돌던 위기감이 일반 대중에게까지 퍼져 공황 단계로 넘어가는 것 같다고 지적했다. 그는 이러한 상황이 발생하게 된 것은 철군을 반대하는 한국 정부의 선전활동과 최근에 발생한 해안경비대 함정의 월북,[58] 그리고 중국의 붕괴와 같은 일련의 사건들에 기인하지만,

---

56 《연합신문》 1949년 5월 18일. 이승만 대통령은 5월 17일 무초 대사와의 회담에서 "태평양조약기구의 창설과 상호방위 협정의 체결 또는 1882년 한미조약 중 친선조항의 재확인" 등을 요구했다("주한미대사 무초가 국무장관에게"(1949. 5. 17), *FRUS 1949*, vol. Ⅶ, 1029~1030쪽).

57 "주한미대사 무초가 국무장관에게"(1949. 5. 26), *FRUS 1949*, vol. Ⅶ, 1034~1035쪽.

58 이 시기의 해안경비대 월북사건은 1949년 5월 11일 발생한 해안경비대 508초계정의 월북사건을 말한다. 이 사건은 해사 2기생 이송학(李松鶴) 소위가 주도해 사령관 황운서(黃雲瑞) 중령과 정장 이기종(李基宗) 소령을 사살하고 월북한 사건으로 해사 출신이 사건을 주도했다는 점에서 한국 정부와 해안경비대에 큰 충격을 주었다. 이보다 앞서 해안경비대에서는 1948년 5월 통천정(通川艇)과 고원정(高原艇)이 월북한 경우가 있었지만, 이때는 승조원(乘組員) 일부가 주도해 사건이 발생했다

현재의 불확실한 한국 상황을 극복할 수 있는 방편으로써 한국 정부와 한국인들에게 신뢰를 높일 수 있는 가능한 모든 조치들이 취해져야 한다고 제안했다.[59] 그 예로 무초는 다음과 같은 5가지의 사항을 조속히 발표해 달라고 본국에 요청했다. 첫째는 한국에 대한 지속적인 지원 보장과 더불어 주한미군사고문단에 관한 내용을 언론에 조기에 발표할 것, 둘째는 필요하다면 경제협조처의 원조를 완전히 공개할 것, 셋째는 해안경비대와 항공기에 대한 한국의 최소한의 요구에 응할 것이라고 발표할 것, 넷째는 풀브라이트 협정(Fulbright Agreement)[60]에 대한 협상이 시작됨을 발표할 것, 다섯째는 철군 직후 미 해군이 한국을 방문할 것 등이었다.[61]

이 전문이 발송된 일주일 후에 주한미군 철수 문제는 일단락되었다. 1949년 6월 6일 무초는 이승만 대통령과의 회담에서 철수가 "궁극적으로 6월 30일까지 완료될 것"임을 알렸다. 회담에서 이승만 대통령은 "더 이상 미군 잔류에 관심이 없으며, 지속적인 미군지원에 대한 공식적인 보장에만 관심이 있다."고 솔직히 밝혔다.[62] 6월 8일 미 국무부는 "철군은

는 점에서 508초계정의 월북사건과는 차이가 있었다(국방부 전사편찬위원회, 『한국전쟁사: 해방과 건군』 제1권, 1967, 564쪽, 571~572쪽).

59 "주한미대사 무초가 국무장관에게"(1949. 5. 31), FRUS 1949, vol. Ⅶ, 1035~1036쪽; Division of Historical Policy Research Office of Public Affairs, Department of State, *United States Policy Regarding Korea: December 1945-June 1950*, 1951, 29쪽, Harry S. Truman Library.

60 풀브라이트 협정은 풀브라이트 상원의원의 제안에 의해서 1946년에 제정된 풀브라이트 법(Fulbright Act)에 따라 미국과의 문화 교류, 특히 교육교환계획과 관련한 협정이었다. 이 협정은 1950년 4월 28일 체결되었다(임대식, 「1950년대 미국의 교육원조와 친미 엘리트의 형성」 『1950년대 남북한의 선택과 굴절』, 역사비평사, 1998, 159~160쪽).

61 "주한미대사 무초가 국무장관에게"(1949. 5. 31), *FRUS 1949*, vol. Ⅶ, 1035~1036쪽.

62 "수한미대사 무초가 국무장관에게"(1949. 6. 6), *FRUS 1949*, vol. Ⅶ, 1039쪽.

어떠한 방식으로든 한국에서 미국의 이익을 약화시키는 것을 의미하지 않으며, 12월 12일의 유엔 결의안 조항에 따라 미국의 입장에서 정상화를 향한 또 다른 진척에 기여한다."는 내용의 성명서를 발표했다.[63]

이와 같이 미국은 철군을 진행하면서 한국에 대한 안전보장을 위해 국방경비대를 강화시키고 경제·군사원조를 제공하기로 결정했다. 이러한 미국의 철군 방침에 대해 한국 정부는 처음에는 철군에 반대했지만 철군이 기정사실화되자 한국에 대한 확고한 방위 공약과 무기 및 장비 지원을 포함한 더 많은 군사원조를 얻기 위해 노력했다. 국방경비대의 강화와 군사고문단의 설치는 그것의 결과물이었다.[64]

이로써 주한미군 철수는 1949년 6월 29일 제5연대전투단 최종 잔류 병력이 한국을 떠나면서 완료되었으며, 주한미군(USAFIK)으로 알려진 미군 점령 조직은 1949년 6월 30일 24시부로 해체되었다.[65] 그리고 약 500명으로 구성된 주한미군사고문단이 한국군의 훈련을 위해 남겨졌다.

---

63 Division of Historical Policy Research Office of Public Affairs, Department of State, *United States Policy Regarding Korea : December 1945-June 1950*, 1951, 30쪽, Harry S. Truman Library.

64 조이현, 앞의 논문, 289쪽.

65 "Status of Military Problems on Korea"(1949. 7. 1), RG 319, Entry No. 154, ACofS(G-3) Operations Decimal File 1949-1950, Box 163.

2. 군사고문단의 구성과 임무

1) 인적 구성과 배치

주한미군사고문단(U.S. Military Advisory Group to the Republic of Korea : KMAG)은 1948년 8월 15일에 만들어진 임시군사고문단(Provisional Military Advisory Group)을 모체로 하여 1949년 7월 1일 '제8668부대'라는 부대 통상명칭을 가지고 정식으로 창설되었다.[66] 군사고문단은 설립 당시 법적 근거가 마련되지 않은 상태에서 1948년 8월 24일 한·미 간에 체결된 〈과도기에 시행될 잠정적 군사안전에 관한 행정협정〉의 포괄적 적용 대상이 되었다. '행정협정'은 1948년 8월 15일 대한민국 정부가 수립되자 주한미군사령관 하지와 이승만 대통령 사이에 체결된 협약으로, 미군이 남한에서 완전히 철수할 때까지 한국군의 작전통제권과 군사시설을 계속 보유하며, 국방경비대의 훈련을 책임진다는 것 등의 내용으로 이루어졌다. 5개조로 구성된 '행정협정'의 주요 내용은 다음과 같다.[67]

---

66 일반적으로 군부대에는 고유명칭과 통상명칭이 부여된다. 고유명칭(Long Name)은 일반명령 또는 부대편제표에 따라 명명된 원래의 부대명칭을 말한다. 예를 들어 '제1사단'식으로 표기하는 것이 이에 속한다. 이와 더불어 군사 보안상 부대의 성격·편성·규모·장비 등을 숨기기 위해 통상명칭(Common Name)이 사용되는데, 흔히 4자리 숫자로 표기된다. 이에 따라 고문단의 고유명칭은 '주한미군사고문단'이 되며, 통상명칭은 '제8668부대'가 된다. 이후 고문단의 통상명칭은 소속과 편제의 변화에 따라 1951년에 '제8202부대'로 개칭되었다.

67 〈대한민국 대통령과 주한미군사령관 간에 체결된 과도기에 시행할 잠정적 군사안전에 관한 행정협정〉(1948. 8. 24), 국방부 전사편찬위원회, 『국방조약집』 제1집, 1981, 34~39쪽. 행정협정의 원문은 〔부록 4〕 "대한민국 대통령과 주한미군사령관 간에 체결된 과도기에 시행될 잠정적 군사안전에 관한 행정협정" 참조.

① 주한미군사령관은 주한미군의 철수가 완료될 때까지 한국 국방군의 조직, 훈련, 무장을 책임진다.

② 주한미군사령관은 국방군(국방경비대, 해안경비대, 비상 지역에 주둔하는 국립 경찰파견대를 포함함)에 대한 작전통제 권한을 보유한다.

③ 대한민국 대통령은 주한미군의 철수 완료 시까지 주한미군사령관이 중요 지역과 시설(항구, 진지, 철도, 병참선, 비행장, 기타)에 대한 통제권을 보유하는 것에 동의한다.

④ 주한미군사령관은 자신의 지휘하에 있는 군인과 민간인에 대해 배타적 관할권을 갖는다.

⑤ 가급적 빠른 시일 내에 국방군에 대한 책임을 한국 정부로 이양하는 작업에 착수한다.

주한미군의 철수가 완료될 때까지 한국군의 조직·훈련·무장을 미군이 계속해서 담당하도록 한 '행정협정' 제1조의 규정에 따라 로버츠(William L. Roberts) 준장을 단장으로 하는 임시군사고문단(PMAG)이 주한미외교사절단의 산하 조직으로 편입되었다.[68] 그러나 임시군사고문단은 행정을 목적으로 한 임시적인 지위를 갖고 있었으며, 그 소속도 1949년 1월부터는 한국에 잔류 중이던 미 제5연대전투단으로 전환되었

68 대한민국이 수립되자 트루먼 대통령은 무초(John J. Muccio)에게 대사의 직위와 미군 철수에 대한 협상 권한을 부여했다. 무초는 1948년 8월 26일 주한미대사에 취임하고 주한미외교사절단을 설립했다. 이에 따라 임시군사고문단도 외교사절단의 일부가 되었다. 군사고문관 제도는 임시군사고문단이 설치되기 이전인 1946년부터 존재했다. 하지만 임시군사고문단이 설치되기 이전의 고문관들은 단일한 조직하에서 운영된 것이 아니라 필요에 따라 주한미군사령부에서 국방경비대에 병력을 파견하는 형식으로 이루어졌다. 따라서 임시군사고문단의 설치는 고문단 업무를 위한 단일 조직이 마련되었다는 점에서 그 의의를 찾을 수 있다.

행정권 이양 서명 장면(1948. 9. 12)
왼쪽부터 전 군정장관 헬믹(Charles G. Helmic) 소장, 주한미군사령관 쿨터(John B. Coulter) 소장, 외무부장관 장택상, 주한미대사 무초, 국무총리 이범석, 내무부장관 윤치영, 드럼라이트 자문위원

■ 출처 Office of the Chief Signal Officer, "US Army Signal Corps Photo, XXIV-48-3843", RG 111, Signal Corps Photographs of American Military Activity, 1754-1954[111-SC], Box 153, NARA.

다. 한시적 기구였던 임시군사고문단의 규모는 인가된 병력이 241명이었으며, 한국군의 조직화와 훈련 임무에 더하여 정식으로 군사고문단을 창설하기 위한 기반 조성 임무를 수행했다.[69]

군사고문단의 정식 창설을 위한 논의가 본격화된 것은 1949년 3월 22일 "기존에 구성된 임시 조직을 기반으로 군사고문단을 한국에 설치

69 Robert K. Sawyer, *Military Advisors in Korea : KMAG in Peace and War*, Office of the Chief of Military History Department of the Army, 1962, 35쪽.

서울 반도호텔 집무실에서의 무초(John J. Muccio) 대사
그는 1948년 8월 24일 한국에 도착했다.

■ 출처 Office of the Chief Signal Officer, "US Army Signal Corps Photo, XXIV-48-3932", RG 111, Signal Corps Photographs of American Military Activity, 1754-1954[111-SC], Box 153, NARA.

할 것"을 규정한 〈한국에 관한 미국의 입장(NSC 8/2)〉이 정책문서화되면서부터였다.[70] 미 육군부는 3월 30일 군사고문단 창설에 관한 방침을 확정하여 극동군사령부에 내려보냈다. 이 방침에 따르면, 군사고문단의 활동 목적은 한국 경제가 허용하는 범위 내에서 외부의 침입에 적절히 대

---

70 이와 관련해 NSC 8/2에서는 "임시 지위로만 있어 온 군사고문단을 즉시 한국에 조직해야 하며, 이 고문단은 육군·해안경비대·경찰에 대한 효율적인 훈련과 군사원조의 효율적인 사용에 대한 책임을 지게 한다."고 규정하였다("The Position of the U.S. With Respect to Korea(NSC 8/2)"(1949. 3. 22), 국방군사연구소, 『한국전쟁 자료총서: Documents of the National Security Council(미국가안전보장회의 문서)』 1, 1996, 54쪽).

처하고 내부 질서를 유지할 수 있도록 한국의 국방력을 발전시키는 것이었다. 그리고 이 방침에서는 군사고문단의 구성과 지휘 관계를 다음과 같이 밝혔다.

① 군사고문단은 육군의 대대급과 해안경비대, 경찰사령부에서 활동한다.
② 군사고문단에 대한 작전통제는 극동군사령부가 하며 행정적인 통제는 주한미대사가 담당한다.
③ 군사고문단의 규모는 현재 241명에서 495명으로 증강한다.
④ 경제원조가 지속되는 한 군사고문단을 포함한 군사원조도 지속될 것이다. 경제협조처(ECA)가 한국에 대한 원조를 승인한 기한은 1952년 6월 30일까지이다.[71]

군사고문단 창설 명령이 주한미군사령부에 하달된 것은 4월 2일이었다. 이날 주한미군사령부는 육군부로부터 6월 30일까지 철수 완료를 준비하라는 훈령과 더불어 500명을 넘지 않는 선에서 군사고문단 인원배당표(Table of Distribution : T/D)를 작성·제출하라는 명령을 받았다.[72]

군사고문단을 정식 설치한다는 방침에 따라 주한미군사령부는 곧

---

71 "육군부 작전기획처가 극동군사령관에게"(1949. 3. 30), 091 Korea Incoming Telegram 1946-1949, GHQ, SCAP, P&O, 조이현, 앞의 논문, 306~307쪽 재인용.

72 Office of the Chief, KMAG, *Semi-Annual Report, Period Ending 31 December 1949*, RG 554, Entry No. A-1 1355, KMAG 8202nd Army Unit AG Section, Semi Annual Historical Report, 1 July 1949 to 30 June 1950, Box 29. 육군부는 1949년 4월 2일자 전문(WARX 90049)에서 현재의 임시고문단 병력에 장교 92명과 사병 142명을 추가로 확보하라는 명령을 하달했다.

바로 준비 작업에 착수했다. 주한미군사령부에서는 1949년 4월 11일 군사고문단 규모에 대해 한국군 대대급까지 고문관을 파견한다는 방침 아래 총 480명(장교 182명, 부사관 4명, 간호사 1명, 사병 293명)으로 구성된 인원배당표를 제시하였다. 극동군사령부는 4월 30일 주한미군사령부에서 제출한 배당표에 23명의 인원을 추가시켜 총 503명을 승인해 달라고 육군부에 요청했다. 육군부는 6월 7일 극동군사령부가 제출한 군사고문단 인원배당표를 잠정적으로 승인하고 고문단 구성에 착수할 것을 지시했다.[73]

'잠정적'인 인원배당표가 만들어지자 임시군사고문단에서는 부족한 인원의 충원을 실행했다. 당시 임시군사고문단의 병력은 장교 92명, 사병 148명으로 총 240명이었다. 이에 따라 임시군사고문단에서는 고문관을 추가로 선발하기 위해 바토식(Mattew J. Bartosik) 중령이 지휘하는 '3인 선발위원회'를 구성하여 고문관 인선 작업에 착수했다.[74]

고문관 충원에서 사병의 경우에는 명령에 따라 근무지 전환을 시킬 수 있었지만, 장교의 경우에는 지원을 원칙으로 했기 때문에 충원이 쉽지 않았다. "한국은 장교들이 매우 꺼리는 근무지였으며, 근무하고 있던 장교들도 그곳의 업무에서 벗어나고 싶어 했다."고 바토식 중령이 회고하듯이 한국은 장교들에게 결코 매력적인 근무지가 아니었다. 예를 들어 선발위원회에서는 제5연대전투단의 모든 대대장과 중대장, 그리고 참모들을 대상으로 선발 심사를 실시했지만, 고문단에 남고자 하는 장교는 거

---

73 Robert K. Sawyer, 앞의 책, 43쪽.

74 Robert K. Sawyer, 위의 책, 43~44쪽.

의 없었다. 따라서 '대위급 이상에 해외 근무 경력 1년 이상'으로 계획했던 초기의 장교 선발 기준은 '중위급 이상에 6개월의 해외 근무 경력을 가진 장교'로 완화되었다.[75]

미 육군부는 1949년 6월 28일 군사고문단 설립과 편성에 대한 최종 명령을 하달하면서 고문단의 규모를 장교 186명, 간호사 1명, 부사관 4명, 사병 288명 등 총 479명으로 결정했다.[76] 이로써 7월 1일 창설된 군사고문단의 정식 인가병력은 479명이 되었다. 이러한 군사고문단의 인원배당표는 약 2개월 후인 10월 19일 개정되어 총 472명(장교 181명, 부사관 7명, 간호사 1명, 사병 283명)으로 축소되었다. 개정된 인원배당표(제400-1734 개정 인원배당표)는 12월 31일부로 효력을 갖게 되었으며, 1951년 3월에 새로운 군사고문단 인원배당표가 적용될 때까지 유효하였다.[77] 〈그림 2-1〉은 군사고문단 개정 인원배당표[78]를 나타낸 것이다.

---

75 "Lt Col., M. J. Bartosik to the 1st Lieutenant, Robert K. Sawyer"(1953. 1. 2), RG 319, Entry No. 181, Office of the Chief of Military History BKGD-Military Adv. Korea: KMAG Peace & War, Box 2.

76 "Status of Military Problems on Korea"(1949. 7. 1), "Status of Military Problems on Korea"(1949. 7. 1), RG 319, Entry No. 154, ACofS(G-3) Operations Decimal File 1949-1950, Box 163.

77 '제400-1734 개정 인원배당표(T/D)'는 1951년 초까지 군사고문단의 기본 인원배당표가 되었지만, 미 육군부와 군사고문단에서는 고문단의 병력 축소를 검토하고 있었다. 1950년 4월 20일 육군부 명령에 따라 군사고문단은 병력 축소를 검토하고 축소 시점까지 마련했지만, 전쟁의 발발로 인해 현실화되지는 않았다(Office of the Chief, KMAG, *Semi-Annual Report, Period 1 Jan 1950-30 June 1950*, RG 554, Entry No. A-1 1355, KMAG 8202nd Army Unit AG Section, Semi Annual Historical Report, 1 July 1949 to 30 June 1950, Box 29). 한편 군사고문단의 〈반년간보고서(Semi-Annual Report)〉는 '육군참모부 문서군(RG 319)'과 '1945~57년 극동군사령부, 연합군최고사령부, 유엔군사령부 문서군(RG 554)'에서 동시에 확인할 수 있다. 양 문서군의 고문단 〈반년간보고서〉는 같은 문서이지만 부록 등에서 일부 자료들이 누락되어 있어 이 책에서는 필요에 따라 양 문서를 각주에서 혼용함을 미리 밝혀둔다.

78 개정 인원배당표에 나타난 계급별 분포에 대해서는 〔부록 5〕 "군사고문단 개정 인원배당표(1949. 10. 19 작성)의 계급별 분포" 참조.

그림 2-1 주한미군사고문단 개정 인원배당표(No. 400-1734)

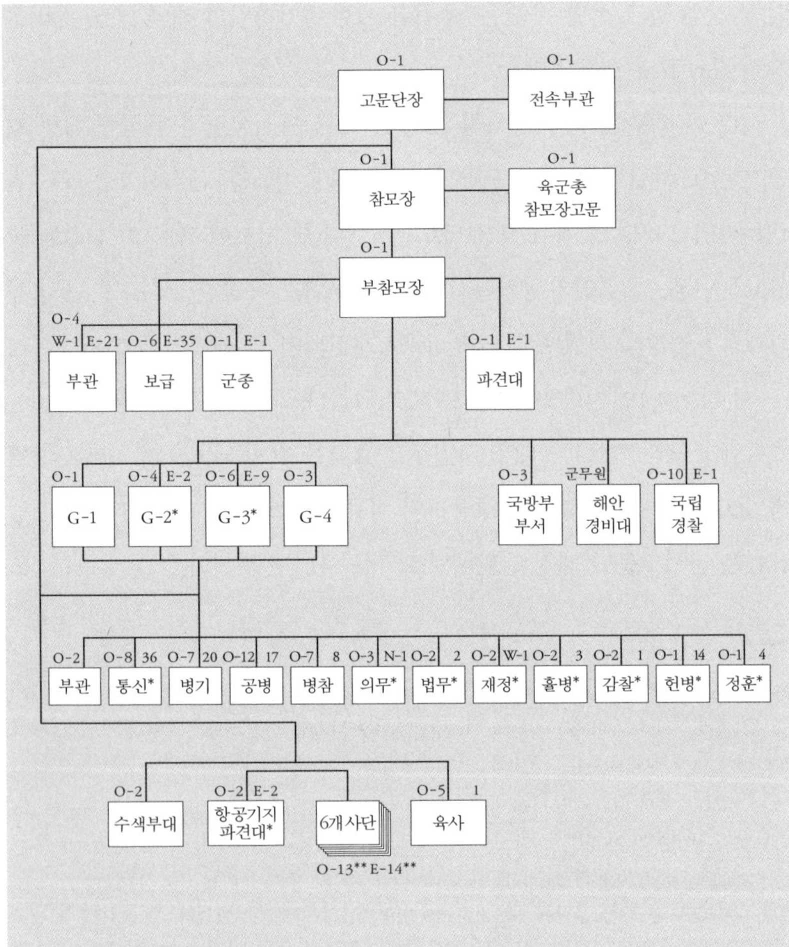

■ 출처 Office of the Chief, KMAG, *Semi-Annual Report, Period Ending 31 December 1949; Semi-Annual Report, Period 1 Jan 1950-30 June 1950*, RG 554, Entry No. A-1 1355, KMAG 8202nd Army Unit AG Section, Semi Annual Historical Report, 1 July 1949 to 30 June 1950, Box 29.

■ 참고 1. O(장교), W(부사관), N(간호사), E(사병), 숫자만 기록(사병)

2. * 는 해당 병과의 한국군 고문관 업무와 고문단 참모 임무 동시 수행

3. ** 는 각 사단 인원

개정된 인원배당표상에서 보이는 군사고문단 병력은 창설 당시와 비교해서 장교와 사병이 각각 5명씩 줄어든 것 이외에 외견상 큰 차이를 보이지 않는다. 하지만 이러한 병력 축소가 단지 일시적인 것이 아니라 장기적으로 진행될 계획의 일환이었다는 점은 특기할 만하다. 1949년 12월 미 육군부와 군사고문단은 1950년 7월 1일을 기점으로 단계적인 군사고문단 축소를 계획하였다.[79] 잘 알려진 바와 같이 1949년 11~12월은 북한의 제9차 유격대가 보현산에 침투하고, 육군본부 정보국에서 북한의 남침 준비에 대한 정보보고서를 작성한 시기였으며, 1950년 6월은 전쟁이 임박한 시점이었다.[80] 그럼에도 이 시기에 고문단 축소가 계획·검토되었다는 것은 군사고문단이 한반도 상황을 비교적 낙관하고 있었다는 것을 보여주는 사례이다. 즉 군사고문단은 창설 후 1년 이내에 부여된 임무 수행을 어느 정도 완료할 것으로 상정하고 철수 계획을 추진했던 것으로 보인다.

이러한 군사고문단 축소 계획은 1950년 4월 미 육군부의 지시와 군사고문단의 세부 검토를 통해 구체화되었다. 미 육군부에서는 1950년 4월 20일 군사고문단 인원 축소에 관한 세부 계획을 마련해 제출하도록 지시했다. 이에 따라 군사고문단에서는 약 2개월간에 걸쳐 세부계획을 수립하고 주한미대사와 비공개 토의를 거쳐 6월 22일 인원 축소에 관한 계획안을 사실상 확정지었다. 군사고문단 감원계획의 주요 내용은 다음과 같다.

---

79 Office of the Chief, KMAG, *Semi-Annual Report, Period Ending 31 December 1949; Semi-Annual Report, Period 1 Jan 1950-30 June 1950*, RG 554, Entry No. A-1 1355, KMAG 8202nd Army Unit AG Section, Semi Annual Historical Report, 1 July 1949 to 30 June 1950, Box 29.

80 국방부 군사편찬연구소, 『6·25전쟁사: 전쟁의 배경과 원인』, 2004, 496쪽, 718쪽.

① 1951년 1월 1일을 기하여 장교 정원을 181명에서 96명으로, 사병 정원을 283명에서 139명으로 감원하여 고문단의 총병력을 472명에서 242명으로 줄인다.

② 감원 방식은 정상적인 감원, 복무연한 연장의 단축, 징집 해제 등을 통해 이루어질 것이다.

③ 상호방위원조계획에 따라 1951년에 보급품과 장비의 공급이 많아질 것이므로 이를 감독하기 위해 공병과 병기 분야의 고문관 수를 늘린다.

④ 일선 부대의 고문관은 현재의 수준을 그대로 유지하며, 연대급까지 배치한다.

⑤ 각종 군사학교에 배치된 고문관들과 고문단 사령부의 인원이 주요 감원 대상이다.

⑥ 수송부와 같은 다양한 병참기능들은 합동행정위원회(Joint Administrative Services)로 이관한다.[81]

군사고문단이 마련한 감원계획은 6월 23일 "한국 육군은 지난 1년 동안 큰 발전을 보였으며, 군사고문단의 지원으로 만들어진 제도와 기구는 고문관의 감원을 잘 소화할 수 있을 정도에 이르렀다."는 주한미대사 무초의 논평과 더불어 미 국무장관에게 전달되었다.[82]

---

81 "주한미대사 무초가 국무장관에게"(1950. 6. 23), *FRUS 1950*, vol. Ⅶ, 121~123쪽.

82 무초는 군사고문단이 작성한 감원계획에 대해 전적으로 동의하지만, 공군 고문관의 파견과 그들이 군사고문단에 소속되어야 한다는 점을 추가해야 한다고 주장하였다("주한미대사가 주한미군사고문단장에게"(1950. 6. 23), *FRUS 1950*, vol. Ⅶ, 123쪽).

1949년 말부터 진행된 군사고문단 축소계획은 1950년 6월 23일을 기해 '잠정적'이지만 완성 단계에 이르렀다. 이때가 한국전쟁이 발발하기 이틀 전이었다. 이를 통해 볼 때, 군사고문단과 주한미대사관은 북한의 동향과는 무관하게 한반도의 상황을 매우 낙관적으로 사고했으며, 이러한 인식은 군사고문단 운영에도 적지 않은 영향을 미쳤다고 볼 수 있다.

고문단 축소계획이 검토되는 가운데 군사고문단에서는 장교 고문관들의 대대적인 보직(補職) 이동이 예정되어 있었다. 1950년 1월 군사고문단은 2월부터 8월까지 영관급 장교 75명 중 35명이 고문관직에서 해제될 예정이고, 이에 따라 새로운 인원이 시급히 충원되어야 한다고 지적했다. 여기에는 참모장, 부참모장, 인사·정보·작전·군수 등 일반참모 전원, 부관참모, 국립경찰 선임고문관 등이 포함되었으며, 고문단장인 로버츠 준장도 9월에 계급정년으로 그보다 앞서 퇴역할 상황이었다. 특히 작전참모부(G-3)는 배속 장교 중 75퍼센트가 교체될 예정이었다.[83] 이러한 장교들의 이동은 로버츠 준장처럼 퇴역에 의한 경우도 있지만, 장교들이 근무 연한을 연장하지 않고 한국을 떠나고자 한 데서 기인한 경우도 많았다. 그 결과 주요 참모진을 중심으로 한 대규모의 장교 이동은 결원인 참모직을 메우기 위해 한국군 전투사단에 배속된 장교들의 이동을 불가피하게 하였다. 이로 인해 〈표 2-1〉에서 보는 바와 같이 1950년 5~6월을 전후해 고문단 사령부에는 주요 보직자들의 대폭적인 교체 현상이 나타

---

83 "Radio to the Department of Army"(Undated), RG 338, KMAG, Adjutant General, Decimal file, 1948-53, Box 7. 이 문서에는 작성 일자가 누락되어 있지만, 내용 가운데 "현재의 고문단 병력 규모가 장교 175명, 부사관 5명, 간호사 1명" 등이라고 언급한 점으로 보아 '개정 인원배당표'의 효력이 발생한 1949년 12월 31일 이후의 시기인 것으로 보이며, 또 "금년 9월에 퇴역하는 고문단장"과 "2월부터 8월까지"라는 표현에 비추어 1950년 1월에 작성된 문서라고 판단된다.

표 2-1 고문단 사령부 주요 보직자 현황(1949. 10~1950. 6)

구분	1949년 12월 1일			1950년 6월 2일		
	성명	계급	장교 구분	성명	계급	장교 구분
고문단장	William L. Roberts	준장	정규	Roberts ②	준장	정규
참모장	W.H. Sterling Wright	대령	정규	Wright ③	대령	정규
부참모장	W. Greenwood Jr.	중령	정규	W. Greenwood Jr.	중령	정규
G-1	Floy W. McGinn	중령	정규	Peter W. Scott ④	중령	예비
G-2	John F. Reed	대위	정규	Jean H. Faup ⑤	대위	예비
G-3	Ralph W. Hansen	중령	예비	George R. Sedberry ⑥	소령	정규
G-4	Russell C. Geist Jr.	소령	정규	Lewis D. Vieman ⑦	중령	정규
병참	Anthony E. Lukowski	중령	예비	William F. Runge	소령	-
병기	Albert L. Hettrich ①	중령	예비	Albert L. Hettrich	중령	예비
통신	Orman G. Charles	중령	정규	Carl H. Sturies	중령	-
부관	Matthew J. Bartosik	중령	정규	R. L. Butt Jr. ⑧	중령	정규
보급국장	Robert E. Myers	중령	예비	Thomas MacConnell III	소령	정규
본부사령	Thomas MacConnell III	소령	정규	Thomas MacConnell III	소령	정규
국립경찰	John E. Baird	대령	예비	John E. Baird	대령	예비

■ 출처 "Orientation Newly-Assigned Officers"(1949. 10. 27) ; "Orientation Newly-Assigned Officers"(1950. 5. 4) ; "Orientation Newly-Assigned Officers"(1950. 6. 2), KMAG, Adjutant General, Decimal File, 1948-53, RG 338, Box 7. ; Office of the Chief Military History, *BKGD-Military Adv. Korea : KMAG Peace & War, 1951-1965, Correspondence to Supporting Documents*, RG 319, Entry No. 181, Box 2.

■ 참고 ① 병기 참모는 1949년 11월 우터스(Pericival C. Wooters) 중령에서 햇리치 중령으로 교체.
② 로버츠 준장은 6월 15일 한국을 떠났으며, 후임으로 키팅 소장이 부임할 예정.

③ 라이트 대령은 6월 중순에 미 국방산업대학에 입교할 예정.
④ 스캇 중령은 1950년 5월에 인사참모로 부임함.
⑤ 파우프 대위는 1950년 5월에 정보참모로 부임함.
⑥ G-3는 1950년 3월까지 한센 중령이 담당하다가 4월에 레이놀드(Reynolds) 소령이 잠시 맡은 후 5월에 세드베리 소령으로 교체됨.
⑦ 비어만 중령은 1950년 3월에 군수참모로 부임함. 군수참모직을 맡기 전에 비어만 중령은 한국군 교육훈련을 전담하는 선임고문관이었음.
⑧ 버트 중령은 1950년 5월에 고문단 부관과 선임고문관으로 부임함.

났다.

주요 참모진의 교체와 더불어 1950년 2~6월 사이에 전체 고문단 장교 176명 중 약 27퍼센트인 47명(대령 1명, 중령 11명, 소령 11명, 위관급 24명)이 한국을 떠났다.[84] 이러한 대규모의 장교 교체는 고문단 업무 수행에 차질을 초래하는 하나의 요인이 되었다. 새롭게 부임한 고문관들은 대부분 위관급 장교들로 구성되었으며, 영관급 장교는 필요한 인원의 절반만이 충원되었다.[85] 앞서 지적했듯이 한국은 장교들에게 매력적인 근무지가 아니었다. 그 이유는 무엇이었을까? 이에 대해 소이어(Robert K. Sawyer)는 "만연한 인플레이션, 열악한 주거 및 의료 환경, 불편한 도로 교통, 끊이지 않는 정치적 소요사태 등이 고문관들로 하여금 한국 근무를 기피하게 하였다."고 하면서 열악한 근무 환경을 가장 큰 요인으로 꼽았다. 또한 그는 "그럼에도 18개월이라는 비교적 짧은 근무연한과 각종 수당 및

84 "Report on Officers Returning to the ZI for Reassignment", February-June 1950, RG 338, KMAG, Adjutant General, Decimal File, 1948-53, Box 7.

85 1950년 2~5월 중령 5명, 소령 7명, 대위 22명, 중위 2명이 새롭게 고문단에 배속되었다.

생활보조금 지급이 고문관들을 한국에 머물게 했다."고 말한다.[86] 이러한 소이어의 지적은 나름대로 타당성을 갖지만, 그보다는 장교들의 진급과 관련한 군사적(軍事的)인 측면의 분석이 더 중요하다고 할 수 있다.

고문관으로 한국에서 근무하는 것은 장교들에게 승진의 기회를 낮게 하는 것이었다. 열악한 근무지 환경과는 무관하게 군사고문단은 소속이 육군부 관할 지역(Army Administrative Area)의 행정부대였기 때문에 고문단 소속의 장교들은 일반 전투부대의 장교들에 비해 진급의 우선순위에서 낮았다. 당시 미 육군의 인사제도는 전투지역 또는 전투부대의 근무 기간, 해당 계급에서의 복무 기간, 개인의 능력, 정규 또는 예비장교의 구분 등에 의해 승진을 결정하였다. 군사고문단은 자체 경쟁에 의한 승진제도를 갖추지 않을 경우, 주일미군이나 타 지역의 장교들에 비해 상대적으로 승진 기회를 얻기가 어려웠다.[87] 이는 정규군 장교(Officer of Regular Army)보다 예비역 장교(Officer of Reserve Corps)들에게 더욱 불리하게 작용했다.[88] 대부분 미 육군사관학교 출신들로 구성된 정규군 장교와는 달

86 Robert K. Sawyer, 앞의 책, 52~53쪽.

87 고문관의 승진 문제는 1950~53년 전쟁 기간 동안에도 고문단의 사기와 관련해 다양하게 검토되었던 문제였다. 1950년 9월 15일 고문단의 위관급 장교 승진에 대한 절차가 마련되었다. 이에 따르면, 중위, 대위로의 진급 조건은 '① 60일 이상 전투지역에서 근무(한국은 모든 지역이 전투지역으로 포함됨), ② 현재의 계급에서 6개월 이상 복무' 등이었다("Promotion Policies and Procedures"(1950. 9. 15), RG 338, KMAG, AG, Decimal File, Box 7).

88 미 육군은 정규군(Regular Army), 주방위군(National Guard), 예비군(Reserve Corps)으로 구성되어 있었다. 미 육군에서 정규군이 주전력이라면, 주방위군과 예비군은 예비전력의 개념을 띠고 있다. 정규군과 주방위군·예비군 소속 장병들의 차이점은 복무연한과 근무 형태 등에서 차이가 나는 것이 특징이다. 정규군은 주방위군·예비군에 비해 복무연한이 길며, 복무 기간 중에는 전업군인으로 생활한다. 이에 비해 주방위군과 예비군은 복무연한이 짧고, 정해진 기간이나 또는 필요시에 동원되는 파트타임(part-time) 근무 형태를 띠었다. 이러한 미 육군 조직으로 인해 장교 선발도 정규군 장교와 예비역 장교로 구분하여 이루어졌다. 당시 미 육군은 육군사관학교 정규 과정, ROTC(일반대학

리 예비역장교교육대(Reserve Officers Training Corps: ROTC), 간부후보생학교(Officer Candidate School), 소대장교육 등을 통해 임관한 예비역 장교들은 위관급에서 영관급으로의 승진율이 약 15퍼센트에 불과했으며, 그 중 약 20퍼센트만이 중령으로 진출할 수 있었다.[89]

군사고문단에 배속된 장교들은 정규군 장교가 21퍼센트, 예비역 장교가 79퍼센트를 차지하여 예비역 장교의 비율이 월등하게 높음을 알 수 있다.[90] 이러한 고문단의 인적 구성과 관련해 다음과 같은 몇 가지 점을 유추해 볼 수 있다. 첫째, 열악한 근무 조건과 진급 기회의 부족에도 불구하고 한국에서 근무한다는 것은 진급과 무관하거나 또는 의무복무를 해야하는 고문관들이 많았다는 것을 짐작하게 한다. 둘째, 이는 고문관 개개인들의 군사적인 지식이나 경험의 정도와는 별개로 실제 그 능력을 발휘하는 데에서 큰 제약 요소가 되었다고 볼 수 있다. 셋째, 그 결과 동기부여가 제대로 이루어지지 않는 상황에서 고문관들은 소극적인 활동에 치우칠 수밖에 없었다고 판단된다.

그럼에도 군사고문단에 배속된 장교들은 전문성이 높고, 다양한 병

에서의 2년제 군사교육) 과정, 간부후보생 과정(OCS), 일반 병사 출신의 소대장 과정 등을 통해 장교들을 육성했다. 이들 중 육군사관학교 출신들이 대부분 정규군 장교(RA)단을 이루었으며, ROTC·간부후보생·소대장 과정을 거친 장교들이 예비역 장교(ORC)단을 구성하였다. 하지만 정규군 장교와 예비역 장교의 부대배치와 보직 이동은 일정하게 정해진 원칙이 있기보다는 필요에 따라 운영되었던 것으로 보인다(육군본부, 『미국군사교육제도』,1979, 7~288쪽; http://en.wikipedia.org/wiki/United_States_Army, 검색일: 2010. 5. 21).

89 정규군 장교단의 대위 → 중령 진급률이 80퍼센트였던 것에 비해 예비역장교단의 진급률은 20퍼센트에 불과하였다(육군본부, 『미국군사교육제도』, 1979, 105쪽).

90 1950년 2월 현재 전체 장교 176명 중 정규군 장교가 36명, 예비역 장교가 140명이었다. 예비역 장교 전체 명단은 〔부록 6〕 "군사고문단 예비역 장교 명단(1950년 2월 현재)" 참조.

과 출신들로 구성되었음이 확인된다. 우선 병과별 분포 상황을 살펴보면, 보병이 49퍼센트로 가장 많았으며, 다음으로 포병(8퍼센트), 병기(7퍼센트), 병참(6퍼센트), 공병(5퍼센트), 통신(5퍼센트), 헌병(5퍼센트), 기타(15퍼센트) 순이었다. 이를 보다 세분화하여 군사 업무 수행과 관련해 전문 분야별로 개개인에게 부여된 '특기번호(Specification Serial Number)'를 통해 분석해 보면,[91] 보병부대 지휘관, 작전훈련장교, 파견부대장, 부관참모, 인사장교, 지불관, 전속부관, 우체장교, 전략정보, 전술정보, 감찰, 보급장교, 구매장교, 헌병, 민정장교, 통신, 병기, 건설공병, 전투공병, 의무, 법무, 경리, 휼병, 정훈 등 총 51종의 특기번호가 확인된다.[92]

또한 군사고문단에는 정확한 인원은 확인되지 않으나 제308방첩대 병력이 포함되어 있었다. 이는 1950년 4월 17일 극동군사령부가 군사고문단장에게 "본국으로 원대 복귀하는 제441방첩대 한국지부의 장교를 대체할 목적으로 린치(Charles A. Lynch) 중위를 파견하니 행정상 고문단에 배속하도록 허가를 요청한다."는 전문에서 확인된다.[93] 이 조직은 고문단 정보참모부(G-2)와 긴밀한 연계를 갖거나 G-2에 소속되어 활동

---

91 특기번호(SSN)는 '군사특기(Military Occupational Specialty: MOS)'에 따라 개인별로 부여된 번호이다. 군사특기란 군의 다양한 업무를 전문 분야별로 세분화하여 개인이 가진 전문지식과 능력·소양 등을 기초로 직무를 수행할 수 있는 분야를 지정하는 군 인사관리 제도의 하나이다(육군본부, 『군사용어사전』, 2006, 114쪽; 네이버백과사전, '군사특기'). 군사특기는 군의 현대화로 전문 분야가 확대됨에 따라 계속해서 영역을 확장해 나간다. 이에 따라 특기번호도 시기에 따라 그 번호가 달라지는 경우가 많다. 이 책에서는 한국전쟁과 베트남전쟁기에 미군이 사용한 특기번호에 근거해 분석·정리했다.

92 Office of the Chief, KMAG, *Semi-Annual Report, Period Ending 31 December 1949*, Annex No. Ⅱ, RG 554, Entry No. A-1 1355, Box 29.

93 "CINCFE to the Chief, KMAG"(1950. 4. 17), RG 338, KMAG Adjutant General, Decimal File, 1948-53, Box 7.

했던 것으로 보인다. 1949년 4월부터 1950년 11월까지 육군본부 정보참모부 고문관과 군사고문단 사령부 정보참모를 지낸 쉬발쯔(Frederick C. Schwarze) 중위는 "고문관의 역할 이외에 미국인과 관련이 있을 경우 언제 어디서든지 CIC로 활동했으며, 몇몇 유엔한국위원단원들에게 북한군과 그들의 적대행위, 그리고 소련의 지원 등에 관한 정보를 제공했다."[94] 고 회고한 것을 볼 때 고문단 정보참모부(G-2)와 방첩대(CIC)가 매우 밀접한 관계에 있었음을 알 수 있다.

한편 군사고문단의 실제 병력과 배치 상황은 어떠했을까? 이를 분석하는 데에는 1949년 12월과 1950년 6월의 군사고문단 반기보고서(Semi-Annual Report), 군사고문단 인사참모부(G-1) 역사 자료 등이 매우 유용하다. 이를 토대로 전쟁 발발 전 군사고문단의 실제 규모를 살펴보면, 군사고문단 병력은 1949년 12월에 군무원을 포함해 497명(장교 178명, 사병 298명, 군무원 21명)으로 최대 규모를 보이다가 1950년 6월 1일 479명(장교 176명 간호사 1명, 부사관 5명, 사병 276명, 군무원 19명), 6월 25일에는 467명(장교 181명, 사병 286명)으로 줄어들었다.[95] 1949년 12월 이후 감소 추세를 보인 것은 장교들의 보직 이동 및 충원과 관련이 있다고 할 수

---

94 "Frederick C. Schwarze to Lieutenant Sawyer"(1953. 1. 6), RG 319, Entry No. 181, Office of the Chief of Military History BKGD-Military Adv. Korea: KMAG Peace & War, Box 2. 쉬발쯔는 1949년 4월 제5연대전투단에서 군사고문단으로 소속을 전환했다. 그 후 그는 1950년 8월까지 육군본부 정보참모부 소속의 고문관 겸 고문단 사령부 정보참모부 요원으로 활동했으며, 1950년 9~11월 한국군 제7사단 정보참모 및 작전참모 고문관으로 활동했다.

95 1949년 12월과 1950년 6월의 고문단 규모는 Office of the Chief, KMAG, *Semi-Annual Report, Period Ending 31 December 1949*, Annex No. Ⅱ; *Semi-Annual Report, Period 1 Jan 1950-30 June 1950*, Annex No. Ⅱ, RG 554, Entry No. A-1 1355, Box 29 참조. 1950년 6월 25일의 고문단 병력은 Office of the Chief, KMAG, Historical Data, G-1 Section, RG 554, Entry No. A-1 1355, Box 29.

표 2-2 각 지역별 군사고문단 실제 배치 인원

구분	1949년 12월 23일		1950년 6월 1일	
	장교	사병	장교	사병
서빙고	76	168	77	134
서울	12	35	14	30
시흥	6	0	4	0
경기도	4	0	6	0
용산	2	0	4	2
수색	4	2	6	7
서울비행장	2	0	2	3
김포	1	2	1	5
영등포	1	3	1	3
필동	2	0	–	–
부천	9	31	8	32
인천	3	0	3	3
옹진	4	5	3	4
개성	1	0	1	0
문산	2	2	2	0
의정부	5	5	9	6
춘천	8	3	3	3
원주	4	8	6	5
강릉	5	5	2	6
삼척	1	0	2	0
영월	1	0	–	–
충주	–	–	2	1
단양	1	0	–	–
안동	1	0	–	–
대전	6	7	4	7
온양	–	–	2	1
대구	5	10	4	9
부산	3	2	3	3
진해	0	1	0	2
마산	1	0	1	1
전주	–	–	1	1
순천	1	0	–	–
광주	7	9	5	10
부사관			1명(서빙고)	
간호사			5명	
군무원	서울(16명)/진해(5명)		서울(14명)/진해(5명)	
총원	장교 178명	298명	장교 176명	278명
	부사관/간호사		6명	
	군무원 21명		군무원 19명	
계	497명		479명	

■ 출처 Office of the Chief, KMAG, *Semi-Annual Report, Period Ending 31 December 1949*, Annex No.Ⅱ ; *Semi-Annual Report, Period 1 Jan 1950-30 June 1950*, Annex No.Ⅱ, RG 554, Entry No. A-1 1355, Box 29.

표 2-3 한국군 전투부대에 배치된 고문관 수

지역	1949년 12월 23일			1950년 6월 1일		
	부대	장교	사병	부대	장교	사병
서울	수도사단(2연대) 1기갑연대	2	0	수도사단 (2, 3, 18연대) 1기갑연대	4	2
옹진	제17·제18연대	4	5	제17연대	3	4
수색	제1사단 (11,12,13연대)	4	2	제1사단 (11,12,13연대)	6	7
개성		1	0		1	0
문산		2	2		2	0
의정부	제7사단 (1, 9연대)	5	5	제7사단 (1, 9연대)	9	6
춘천	제6사단 (7, 8연대)	8	3	제6사단 (7, 8, 19연대)	3	3
원주		4	8		6	5
강릉	제8사단 (10, 21연대)	5	5	제8사단 (10, 21연대)	2	6
삼척		1	0		2	0
영월	제2독립대대	1	0		–	–
청주	제2사단 (5, 16, 25연대)	–	–	제2사단 (5, 16, 25연대)	2	1
단양		1	0		–	–
안동		1	0		–	–
대전		6	7		4	7
온양		–	–		2	1
대구	제3사단 (22, 23연대)	5	10	제3사단 (22, 23연대)	4	9
부산		3	2		3	3
마산	제1독립대대	1	0	제1독립대대	1	1
전주	5사단 (3, 15, 20연대) 6사단(19연대)	–	–	제5사단 (15, 20연대)	1	1
순천		1	0		–	–
광주		7	9		5	10
총원		62	58		60	66

있다. 〈표 2-2〉는 고문단의 실제 규모와 각 지역별 배치 상황을 정리한 것이다.

인원배당표와 실제 배치 상황을 분석해 보면 다음과 같은 특징을 확인할 수 있다. 첫째, 인원배당표에서는 고문단 전체 장교의 43퍼센트와 사병 30퍼센트를 육군 6개 사단에 배치하기로 계획하였다. 하지만 실제 배치는 1949년 12월을 기준으로 할 때, 장교와 사병이 각각 34퍼센트와 20퍼센트였으며, 1950년 6월 기준으로는 각각 33퍼센트와 23퍼센트로 계획과는 큰 차이를 보였다. 또한 각 사단별로 장교 13명과 사병 14명 등 총 27명을 배치하기로 했던 것과는 달리 〈표 2-3〉에서 보는 바와 같이 가장 많은 인원이 배치된 제6사단의 경우도 이를 충족하지 못하고 있었다.

둘째, 전투부대와는 달리 서울과 인천을 중심으로 한 수도권 지역에 상대적으로 많은 수의 고문관이 배치되었는데, 전체 고문관 중 약 64퍼센트의 장교와 74퍼센트의 사병이 이들 지역에서 활동하였다.[96] 이를 통해 당시 군사고문단은 조직 운영이 철저하지 못했으며, 고문관들이 전투부대 배속을 꺼려했고, 고문단의 활동이 전·후방의 한국군 작전보다는 조직의 재편, 교육, 군수 등에 중점을 두고 있었음을 짐작할 수 있다.

---

96 여기서 말하는 서울-인천 지역은 당시에 '서울-ASCOM 지역'이라고 불리는 곳으로 1949년 말 이들 지역에는 장교 116명과 사병 239명이 있었으며, 1950년 6월경에는 장교 116명, 사병 210명이 있었다.

2) 내부조직과 임무

군사고문단은 주한미대사관, 경제협조처, 합동행정위원회(Joint Administrative Services : JAS)와 더불어 주한미사절단(American Mission in Korea : AMIK)의 일부로 편성되었으며, 주한미대사의 통제를 받았다. 원래 미 육군부는 군사고문단의 작전통제 권한을 극동군사령관인 맥아더(Douglas MacArthur)에게 허용한 상황에서, 고문단을 무초(John J. Muccio) 대사의 행정 통제하에 두려고 했다. 그러나 제2차 세계대전 기간에 필리핀 군사고문단(JUSMAGPHIL)을 운영한 경험을 가진 맥아더가 이 임무를 받아들이려 하지 않았다. 필리핀 군사고문단장직을 수행하던 시절, 미 합참은 맥아더의 역할을 군사 자문이 아닌 사소한 업무에 국한시켰기 때문이었다. 이러한 경험을 가진 맥아더는 군사고문단에 대한 예속[97] 권한이 보장되지 않는다면, 고문단을 미 대사의 통제하에 두는 것이 바람직하다고 육군부에 전했다.[98] 이러한 맥아더의 주장은 군사고문단에 대한 책임에서 벗어나겠다는 것이 아니라, 오히려 군사고문단을 극동군사령부 예하의 정식 편제부대로 설치해 직접 통제하겠다는 적극적인 의사표시였다. 하지만 당시 미국은 앞서 살펴보았듯이 국무부를 중심으로 하여 주재국 대사가 '컨추리팀(Country Team)'을 이끄는 재외공관 운영 방식을 적

---

97 예속(隷屬)이란 배치된 부대나 인원의 기본적인 기능 또는 그 대부분의 기능을 통제 관장(행정적)하는 것을 말한다(김광석, 『용병술어연구』, 병학사, 1993, 346쪽).

98 "CINCFE to DA"(1949. 4. 23), *GHQ, SCAP and FEC History Report, 1949*, vol.Ⅱ, Robert K. Sawyer, 앞의 책, 46쪽 재인용.

극적으로 검토하고 있는 중이었다.[99] 이러한 제도의 적용은 한국도 예외가 아니었다. 이는 군사고문단에 대한 성격과도 연결되는 문제였다. 즉 군사고문단을 순수한 군사조직으로 이해할 것인가 아니면 군사원조 문제를 주로 담당하는 행정부대로 이해할 것인가의 문제였는데, 후자의 견해가 보다 더 강하게 작용했다고 볼 수 있다. 이러한 견해 차이는 1950년 1월 26일 〈주한미국 군사고문단 설치에 관한 한미 협정〉이 체결될 때까지 지속되었다.

특히 1949년 10월에 미국의 상호방위원조 법안이 통과되고 한국도 이의 적용대상국이 되면서 군사고문단의 활동 범위와 성격에 대한 국무부와 군부의 논쟁이 활발하게 전개되었다. 이때의 논쟁은 표면상 〈고문단 협정〉과 〈상호방위원조 협정〉을 개별적으로 체결할 것인가 또는 일괄적으로 체결할 것인가의 문제로 나타났지만, 그 이면에는 군사고문단의 활동 중점을 어디에 둘 것인가의 문제가 포함되어 있었다. 국무부는 군사고문단을 상호방위원조계획(MDAP)의 집행 기관으로 상정한 반면 군부는 상호방위원조계획과는 별개로 독자적인 고문단 운영을 지향해야 한다는 견해를 피력했다. 양자 간의 견해 차이는 실무진의 수차에 걸친 논의 끝에 군사고문단이 상호방위원조계획의 집행기관으로서 역할을 병행하도록 한다는 결론에 이르게 되었다.[100]

그 결과 군사고문단은 주한미사절단의 일부로 무초 대사의 통제

---

99 Robert B. Okley, Michael Casey, Jr., "The Country Team : restructuring America's first line of engagement", *Strategic Forum*, Sept., 2007.

100 "Memorandum for the Deputy Director, Mutual Defense Assistance"(1949. 12. 8), "Memorandum for Major General R. E. Duff"(1949. 12. 28), "Memorandum for General Lemnitzer"(1949. 12. 30), RG 319, Entry No. 154, ACofS(G-3) Operations Decimal File 1949-1950, Box 162.

를 받게 되었으며, 군 지휘체계상 극동군사령부가 아닌 미 육군부의 직할 기구가 되었다. 이러한 형식은 앞서 살펴보았듯이 그리스·터키·이란의 군사원조사절단과 매우 유사한 것이었다. 주한미사절단과 군사고문단의 관계는 미국의 대한군사원조를 매개로 연결되어 있었다. 원조의 수단·방법·범위와 관련한 모든 문제에 대해 군사고문단은 주한미대사관과 공식적인 회합이나 개인적인 관계를 통해 협조하였다. 그 밖에 군사적인 명령과 행정에 관해서는 직접 미 육군부와 교통하였다.[101]

이러한 지휘체계로 인해 동북아 지역의 군사 업무를 실질적으로 관장하는 극동군사령부는 고문단의 병참지원과 유사시의 미국인 소개(疏開)작전을 지원하는 임무로 권한을 제한받았으며, 비공식적인 경로를 통하지 않고서는 고문단과 직접 관계할 수 없었다. 이에 따라 극동군사령부는 1949년 6월 서울에 설치한 한국연락사무소(Korean Liaison Office: KLO)를 통해 군사고문단과 밀접한 관계를 유지하고자 했으며, 또 '소개작전의 협의'라는 명목하에 군사고문단 책임자의 정기적인 극동군사령부 방문을 주선했다.[102]

주한미대사와 미 육군부로부터 이중적으로 통제를 받던 군사고문단의 내부 구조는 고문단장 밑에 참모장과 부참모장, 그리고 일반·특별

101 "Interview, Col. W. H. Steling Wright"(1953. 1. 5), RG 319, Entry No. 181, Office of the Chief of Military History BKGD-Military Adv. Korea: KMAG Peace & War, Box 2; "Advisor's Handbook"(1949. 10. 17), 국사편찬위원회, 『한국현대사자료총서: 주한미군사고문단 문서』 46, 1999, 376쪽.

102 "DA, WARX 90992"(1949. 7. 1), Office of the Chief, KMAG, *Semi-Annual Report, Period Ending 31 December 1949*, RG 554, Entry No. A-1 1355, Box 29; "KMAG Relationship with FEC", Orientation Folder (OFldr), sec. Ⅰ. 날짜 미상의 이 폴더는 후임자를 위해 로버츠 장군이 1950년 3월경에 작성한 것으로 OCMH 파일에 수록되어 있다.

참모부로 고문단 사령부가 구성되고, 각 지역의 한국군 주둔 지역에 파견대가 배치되는 형태로 이루어져 있었다. 이 중 일반참모부는 인사(G-1), 정보(G-2), 작전교육(G-3), 군수(G-4)로 구성되었으며, 특별참모부에는 부관, 통신, 병기, 공병, 병참, 의무, 법무, 재정, 휼병, 감찰, 헌병, 정훈 등이 포함되었다. 이들 부서들의 구성과 임무를 정리하면 다음과 같다.

고문단 인사참모부(G-1)는 육군본부 인사참모부장(G-1)의 전담 고문관으로 맥긴(Floy W. McGinn) 중령이 유일하게 배치되었다. 맥긴의 임무는 미 '야전교범 101-5'의 참모장교 편에 규정된 미군의 계획과 정책에 의거해 인사참모 업무를 한국군에 적용시키는 것이었으며, 한국군 소속의 군인과 민간인의 인사행정을 지원하는 것이었다.[103]

정보참모부는(G-2) 고문단 창설 당시 리드(John P. Leed) 대위의 지휘 아래 5명의 장교와 사병으로 구성되었다.[104] 고문단 정보참모부의 임무는 한국군 관련 동향과 남한의 주요 정치·사회 변화 등에 관한 첩보 수집과 정보(Intelligence) 판단, 북한군 전투서열 등에 대한 첩보 수집과 정

---

103 United States Military Advisory Group to the Republic of Korea, "Advisor's Handbook"(1949. 10. 17), 국사편찬위원회, 『주한미군사고문단 문서』(이하 'Advisor's Handbook'), 381쪽; KMAG, "History of the G-1 Section", *Historical Report*, RG 554, Entry No. A-1 1355, Box 29.

104 고문단 창설 당시 G-2 요원은 리드 대위를 비롯해 쉬발쯔(Frederick C. Schwarze) 중위, 시에로(John W. Ciarlo) 상사, 홍(Harry S. C. Hong) 상사, 해밀턴(Elvin K. Hamilton) 중사 등 5명으로 구성되었다. 1950년 5월에 파우프(Jean H. Faup)가 리드를 대신해 고문단 G-2 선임장교가 되었다(KMAG, "History of the G-2 Section", *Historical Report*, RG 554, Entry No. A-1 1355, Box 29; KMAG, "Orientation New-Assisgned Officers"(1950. 6. 2), KMAG, Adjutant General, Decimal File, 1948-53, RG 338, Box 7). 1950년 6월 25일 고문단 정보참모부(G-2) 소속 고문관은 파우프 대위를 비롯해 킹(James King) 대위, 쉬발쯔(Frederick Schwarze) 중위, 시에로(John Ciarlo) 상사, 브리유(Leroy W. Beaulieu) 상사, 홍(Harry Hong) 상사, 스케미혼(Herman Scamehorn) 상병 등이었다(KMAG, "History of the G-2 Section", *Historical Report*, RG 554, Entry No. A-1 1355, Box 29.).

보 판단, 수집한 첩보와 정보를 한국군 연대급 이상에 배치된 고문관들에게 전파, 한국군 정보장교들에 대한 교육 등이었다. 고문단 정보참모부는 일일보고서와 주간보고서, 브리핑 자료, 정치사건 수사록 등을 작성하였으며, 그것이 긴급보고서일 경우 모든 통신수단의 사용권에서 우선순위를 가졌다.[105]

작전참모부(G-3)는 한센(Ralph W. Hansen) 중령의 지휘 아래 장교 6명과 사병 9명으로 구성되었으며, 한국군의 조직화와 훈련을 지도하고 감독하는 것을 주요 임무로 하였다. 작전참모부는 다양한 훈련 단계에 맞춘 교육각서[106]와 지시들을 생산하고, 육군본부 작전참모부를 통해 번역과 배포를 담당하게 하였다. 또한 작전참모부는 한국군의 훈련 및 보급 상황, 부대 현황 등을 관리·감독하기 위해 만들어진 한미검열반(Korean and American Inspection Team)의 운영 책임을 맡았다. 특히 한국군 교육훈련과 관련해 작전참모부에는 고문단장 명의로 "한국군 지휘관들이 교육각서와 지시들에 따르지 않고, 교육훈련에 비협조적이면 고문단장에게 보고해 조치 받을 것"이 지시되어 있었다.[107]

군수참모부(G-4)는 임시군사고문단 시절 가이스트(Russell G. Geist, Jr.) 소령이 선임고문관으로 운영된 조직이었으나, 고문단 자체의 보급 문제와 한국군의 확장에 따른 군수지원 업무가 가중되면서 고문단과 한

---

105 Advisor's Handbook : G-2 section.

106 교육각서(Traning Memorandum)는 훈련에 관한 지휘관의 영구적 또는 반영구적인 지시 사항을 하달한 문서이다(군사영어편찬위원회 편, 『군사영어사전』, 1976, 890쪽).

107 KMAG, "History of the G-3 Section", *Historical Report*, RG 554, Entry No. A-1 1355, Box 29; Advisor's Handbook : G-3 section.

국군의 군수 업무가 분리되었다. 기존의 군수참모부는 계속해서 한국군의 군수지원 업무를 담당하였으며, 1949년 6월 28일 신설된 보급국장실(Office of the Director of Supply)이 고문단 자체의 군수 업무를 전담하게 되었다. 군수참모부는 한국군의 보급시스템 정비와 보급품의 확보 및 분배에 관한 업무를 책임졌으며, 또 각각의 단위부대에서 요구하는 보급품과 장비품목을 검토하고, 이의 집행을 결정하는 역할을 담당하였다.

군수참모부와 별개로 고문단 자체의 보급문제를 담당하게 된 보급국장실은 마이어(Robert E. Myers) 중령이 국장을 맡았으며, 맥코넬 3세(Thomas MacConnell Ⅲ) 소령이 고문단 본부사령 겸 부국장을 맡았다. 또한 이 부서에는 국장과 부국장을 제외한 4명의 장교와 6명의 사병, 그리고 약 30명의 고용 한국인들이 소속되어 있었다. 보급국장실의 주요 업무는 고문단의 관리 유지에서부터 고문관 부양가족들에 대한 처우 개선에 이르기까지 고문단 운영과 관련한 모든 업무를 총괄하였으며, 보급 문제와 관련해 주한미사절단과도 직접 연락을 취할 수 있는 기관이었다.[108]

부관부는 한국군 고급 부관실이 실시하는 정책 절차에 대한 자문 및 지원의 임무와 더불어 고문관들의 인사행정 업무를 담당했다. 부관참모는 고문단 창설부터 1950년 2월까지 바토식(Mattew J. Bartosik) 중령이 맡다가 그 후 버트(R. L. Butt Jr.) 중령이 업무를 수행했다. 부관참모는 인사행정과 관련한 모든 공식 문서의 통제권한을 가지고 있었으며, 한국군

---

108 KMAG, "History of G-4 Section", "History of Director of Supply", *Historical Report*, RG 554, Entry No. A-1 1355, Box 29; Advisor's Handbook: G-4 section.

의 문서간행소와 고급 부관학교 운영을 책임졌다.[109]

병참부는 루코스키(Anthony E. Lukowski) 중령이 선임 장교였으며, 한국군의 군수품 보관과 출고, 선적과 접수, 재고 기록 관리 등에서 한국군 병참감실을 지원하는 것을 주요 임무로 하였다. 소속 고문관들에게는 한국군 관련 장교들에게 물자 보급 부족에 대한 인식을 철저히 시킬 것과 피복 및 군 장비에 대한 주기적인 조사를 실시하도록 임무가 부여되었다.[110]

병기부는 고문단 창설 당시에 우터스(Pericival C. Wooters) 중령이 선임 장교였다가 1949년 12월부터 헷리치(Albert L. Hettrich) 중령이 담당하게 되었다. 소속 고문관들은 한국군 군수체계의 확립과 한국군 병기감에 대한 자문 역할을 담당하도록 임무가 부여되었다. 병기부는 한국군 각 사단에 분배되는 군수품과 차량, 무기, 장비 등을 관장했으며, 필요한 기술 지원과 관련 정보를 제공하는 업무도 담당했다.[111]

공병부는 한국군 공병대의 훈련 일정 조정과 공병 군수물자 공급, 각종 군사시설물 건설, 보수작업, 공병장비 취득 등과 관련하여 한국군 공병감에게 조언하고 공병대의 임무수행 여부를 감독하는 역할을 하였다.[112]

통신부는 찰스(Charles) 중령이 선임 장교로 고문단 참모부 중 가장 많은 인원을 보유하며 활동하였다. 통신부는 한국군 통신체계의 발전에

---

109 KMAG, "History of AG Section", *Historical Report*; Advisor's Handbook: AG section.

110 KMAG, "History of QM Section", *Historical Report*; Advisor's Handbook: QM section.

111 KMAG, "History of Ordnance Section", *Historical Report*; Advisor's Handbook: Ord section.

112 KMAG, "History of Engineer Section", *Historical Report*; Advisor's Handbook: Eng section.

필요한 기술 지원과 무선통신망 제공과 같은 실제적인 전술 통신시설을 제공하는 임무를 갖고 있었으며 각 지역에 통신파견대를 운영하면서 고문단 사령부와의 교신을 항상 유지하였다. 통신 분야는 고문단이 각별히 관심을 기울인 부문으로서 무선 교환수와 신호수는 고문단 통신장교와 사단의 선임고문관 지휘하에 있었다. 또한 통신부는 암호해독반과 사진반을 설치·운영하면서 정보참모부의 정보 수집 활동을 지원했으며, 민간인으로 대체되기 전까지 주한미사절단의 통신소를 운영하기도 했다.[113]

통신부는 남한 내 약 18개 지역에 분산 거주하고 있는 고문관들과의 연락을 위해 무선통신망을 설치 운영했다. 서울과 대구에 중앙통신소를 설치하고 대전, 광주, 원주, 강릉, 춘천 등에 이동통신소를 설치하였다. 또한 고문관이 동행하는 게릴라 진압작전 때에는 추가로 이동통신소를 설치하여 활용했다. 고문단에서는 1949년 말 현재 2개의 분리통신망과 12개의 지역통신소를 운영하였는데, 2개의 분리통신망 중 하나는 각 지역의 고문관들과 접촉하는 데 사용되었으며, 다른 하나는 옹진 등 38선 부근에 배치된 고문관들과의 연락에 사용되었다. 고문단 사령부가 있는 서울 중앙통신소에서는 통신부 무선교환수가 임무를 담당하였지만, 통신 전문 고문관이 부족한 야전통신대의 경우에는 교환수가 고문단뿐 아니라 한국군 통신대의 고문관 역할까지도 함께 수행해야 했다. 각 통신소는 1일 2회의 전문을 서울통신소로 발송했다. 무선통신망은 전술작전의 메시지 전달과 전화 대용품으로 사용되었다.[114] 그 밖에 군사고문단

---

113 KMAG, "History of Signal Section", *Historical Report*; Advisor's Handbook: Sig section.

114 Robert K. Sawyer, 앞의 책, 52쪽.

은 감찰, 재정, 헌병, 휼병 등 특별참모부를 운영하면서 한국군 관련 부서에 대한 지원과 감독 임무를 수행했다.

이러한 임무를 가지고 군사고문단은 소위 '상대역제도(Counterpart System)'라는 운영방식을 한국군에 적용했다. 상대역제도는 한국군의 국방장관, 육군총참모장, 육군본부의 일반 및 특별참모, 각 기술·행정 근무부대장, 각 사단장, 연대장, 대대장이 효율적으로 임무를 수행할 수 있도록 각각 고문관 1명씩을 붙여 함께 근무하고 행동하면서 상호 토의하고 조언하도록 하는 제도였다.[115] 이 제도는 주한미군사고문단보다 앞서 창설된 그리스·터키·이란의 고문단에서도 일부 시행되었지만, 한국만큼 광범위하게 시행되지는 않았다. 상대역제도는 고문관과 한국군 지휘관 간의 밀접한 관계 유지를 통해 작전지휘의 효율성을 높인다는 점에서 매우 효과적인 제도였음이 분명하다. 하지만 이 제도가 제대로 운영되기 위해서는 한국군의 확장에 비례하여 고문관의 수도 증가해야 하는 전제조건이 충족되어야 한다. 그러한 점에서 이 제도는 전쟁 발발 이전보다는 미 전투부대가 존재하는 가운데 고문단 규모가 확대되었던 전쟁 기간 중에 보다 큰 효과를 거두게 되었다.

---

115 Robert K. Sawyer, 위의 책, 58쪽. 당시 고문단에서는 상대역제도를 'Counterpart System' 또는 'Opposite Number System'으로 혼용했는데, 의미상에서의 차이는 없었다. 이러한 사례에 대해서는 다음을 참조. Hq. Eighth army, *Information Brochure : United States Military Advisory Group and Republic of Korea Army*, 12 March 1953, RG 550, Records of HQ, U.S. Army, Pacific Military Historian's Office, Organizational History Files, KMAG to History of the Korean War, Box 44.

3. 군사고문단의 주요 활동

1) 한국군 훈련과 교육지도

미국의 국방경비대 증강 정책과 한국 정부의 독자적인 병력 증강으로 인해 1949년 6월에 이르러 육군 약 8만 명 규모의 8개 사단이 정식으로 편성되는 등 짧은 기간에 한국군은 양적인 증가를 이루었다.[116] 이처럼 짧은 기간에 급격하게 팽창했기 때문에, 한국군이 당면한 과제는 이를 뒷받침할 수 있는 질적 수준을 확보하는 데 있었다. 이에 따라 군사고문단의 임무는 먼저 한국군에 대한 체계적인 훈련을 지도·감독하는 것이었다. 군사고문단의 한국군에 대한 훈련지도는 크게 한국군 각 사단에 대한 체계적인 훈련계획의 수립과 시행, 각종 군사학교의 설치를 통한 지도, 장교들의 해외 유학 등을 통해 이루어졌다. 이는 부대의 전술훈련 강화와 지휘관 양성교육으로 요약될 수 있는 것이었다.

전술훈련은 일반적으로 작전 및 전투를 가장 효과적으로 진행시키기 위한 훈련으로 화기운용, 독도법, 정찰 및 순찰 등 기초훈련에서부터 소대급 이상의 단위부대 전술훈련까지 매우 광범위하게 진행되는 것이었다. 이러한 훈련을 위해 군사고문단은 먼저 한국군의 훈련과 조직 상태를 파악하고자 1949년 5~6월에 조사단을 각 사단에 파견했다. 각 사단에 대한 조사를 마친 후 조사단은 한국군이 소대·중대 단위의 훈련조차 제대로 끝내지 못한 부대가 많으며, 특히 기술·군수 분야가 취약하고 사

116 한국군의 병력 현황과 지휘 구조 변화에 대해서는 박동찬, 『통계로 본 6·25전쟁』, 국방부 군사편찬연구소, 2014, 38~47쪽, 70~75쪽, 87~89쪽 참조.

표 2-4 한국군 연대 창설 현황(1949. 6. 현재)

구분	창설일	창설지	구분	창설일	창설지
제1연대	1946. 1. 15.	경기 양주	제14연대	1948. 5. 4.	전남 여수
제2연대	1946. 2. 28.	충남 대전	제15연대	1948. 5. 4.	경남 마산
제3연대	1946. 2. 26.	전북 이리	제16연대	1948. 10. 28.	경남 마산
제4연대	1946. 2. 15.	전남 광산	제17연대	1948. 11. 20.	경기 시흥
제5연대	1946. 1. 19.	경남 부산	제18연대	1948. 11. 20.	경북 포항
제6연대	1946. 2. 18.	경북 대구	제19연대	1948. 11. 20.	전남 광주
제7연대	1946. 2. 7.	충북 청주	제20연대	1948. 11. 20.	전남 광주
제8연대	1946. 4. 1.	강원 춘천	기갑연대	1948. 12. 10.	경기 수원
제9연대	1946. 11. 16.	제주 모슬포	제21연대	1949. 2. 1.	전남 광주
제10연대	1948. 5. 1.	강원 강릉	제22연대	1949. 4. 15.	경북 대구
제11연대	1948. 5. 1.	경기 수원	제23연대	1949. 4. 20.	경남 마산
제12연대	1948. 5. 1.	전북 군산	제25연대	1949. 6. 20.	충남 대전
제13연대	1948. 5. 4.	충남 온양			

■ 출처 한용원, 『창군』, 박영사, 1984, 95쪽; 육군본부, 『육군발전사』 상권, 1970, 133~140쪽.

■ 비고 가. 창설지는 당시의 행정구역명을 따름.
나. 제14연대는 여순 10·19사건 때 군반란이 발생한 부대로 1948년 10월 28일 해체.
나. 제20연대는 여순 10·19사건에 일부 병력이 가담하여 해체된 제4연대의 후신으로 제4연대 병력을 재편성하여 창설.
다. 제22연대는 대구 반란사건을 계기로 해체된 제6연대의 후신으로 제6연대 잔여 병력과 제7·12·18연대에서 각각 1개 대대씩 차출하여 창설.
라. 기갑연대는 1948년 1월 1일 제1여단의 수색대로 발족하여 1948년 11월 9일에 수색단으로, 12월 10일에 기갑연대로 승격.

격술이 매우 부족하다고 평가했다.[117] 즉 한국군은 기초 과정에 대한 훈련이 절실한 것으로 파악되었다.

이러한 평가를 바탕으로 군사고문단은 제2차 세계대전 당시 사용하던 미군의 '동원훈련계획(Mobilization Training Program : MTP) 7-1'을 한국군 훈련에 적용하기로 했다. 훈련계획은 2단계로 나누어 1단계는 1949년 6월 21일부터 9월 15일까지 분대·소대·중대급 전술훈련을 실시하고, 2단계는 1949년 9월 16일부터 12월 31일까지 대대·연대급 전술훈련을 실시하도록 했다. 그러나 이 훈련계획은 예정대로 진행되지 못했다. 1949년 말까지도 육군의 67개 대대 중 28개 대대만이 제1단계 훈련인 중대 전술훈련을 완료했으며, 이 중 20개 대대가 대대 전술훈련 단계에 있었다.[118]

제1단계 훈련이 계획대로 진행되지 않은 이유에 대해 군사고문단에서는 훈련 시설의 부족, 적합한 훈련지 확보의 어려움, 한국인 훈련교관의 부족, 38선 충돌과 후방의 게릴라 토벌작전 등을 들었다. 그러면서도 가장 중요한 요인으로는 무기와 장비의 부족을 꼽았다.[119] 본래 군사고

---

117 Robert K. Sawyer, 위의 책, 69쪽.

118 Office of the Chief, KMAG, "Status of Training, KA", *Semi-Annual Report, Period 1 Jan 1950-30 June 1950*, Annex No. V, RG 554, Entry No. A-1 1355, Box 29. 대부분의 연구에서는 1949년 12월 말 한국군 훈련 상황을 설명하면서 "육군 67개 대대 중 30개의 대대가 중대전술훈련을 마쳤다." 고 기술한다. 이는 소이어의 연구(Robert K. Sawyer, 위의 책, 76쪽)를 그대로 인용한 것에서 나타나는 오류이다. 1949년도 군사고문단의 〈반년간 보고서〉에 나타난 한국군 훈련 상황을 정리하면, 육군의 67개 대대 중 28개 대대가 중대전술훈련을 마치고, 이 중 20개 대대가 대대 전술훈련 단계에 있었다. 부대별 훈련 상황에 대한 구체적인 통계자료는 〔부록 7〕 "1949년 12월 31일 현재 한국군 훈련 상황"을 참조.

119 Office of the Chief, KMAG, *Semi-Annual Report, Period Ending 31 December 1949*, RG 319, Entry No. 154, Box 162.

문단에서는 한국 정부가 추진하는 '한국군 10만 명 증강 계획'에 반대하였다. 군사고문단장은 반대의 이유로 첫째 수송수단이 충분하지 못하고, 둘째 장비에 필요한 정비 수단이 충분하지 못하며, 셋째 기관총과 박격포가 부족하고, 넷째 훈련에 더 많은 탄약을 소비하게 되며, 다섯째 유능한 장교가 부족하다는 점을 들었다.[120] 이러한 군사고문단의 훈련평가는 한국군의 급속한 팽창이 훈련계획의 이행에 가장 큰 걸림돌임을 지적하는 것이었다.

제1단계 훈련계획이 차질을 빚자 1950년 1월에 군사고문단은 다시 '1950년 1년 동안의 4단계 훈련' 계획을 수립했다. 한국군의 〈교육각서 제1호〉로 구체화된 이 계획은 제1단계(1950년 1월 1일~3월 31일) 대대급 훈련(8일간의 야전훈련 포함), 제2단계(1950년 4월 1일~6월 30일) 연대급 훈련, 제3단계(1950년 7월 1일~9월 30일) 사단급 제병연합 훈련, 제4단계(1950년 10월 1일~12월 31일) 각종 규모의 기동훈련 등으로 구성되었다. 그러나 이러한 2차 훈련계획도 앞서 지적한 이유 등으로 예정대로 진행되지 못했다. 이에 군사고문단은 계획을 조정하여 1950년 6월 1일까지 대대훈련을, 9월까지 연대훈련을 실시하도록 하였다. 이러한 계획은 3월 14일 〈교육각서 제2호〉로 육군 예하부대에 하달되었다.[121] 그러나 6월 15일까지 대대훈련을 완료한 부대는 총 16개 대대에 불과하였고 잔여 부대 중 30개 대대가 겨우 중대 훈련을 종료하였으며, 그나마 17개 대대는 소대훈련도

---

120 "Memorandum to Minister of National Defense"(1949. 8. 29), RG 338, KMAG, Box 8, 윤시원, 「제1공화국 초기 국방정책 연구: 한국군의 증강과 대미 군사외교를 중심으로」, 성균관대학교 사학과 석사논문, 2009, 43쪽 재인용.

121 국방부 군사편찬연구소, 『건군사』, 2002, 351쪽.

끝내지 못했다. 그리고 17개 대대의 참모요원이 대대 지휘소연습(CPX)을,[122] 5개 연대 참모요원이 연대 지휘소연습을 실시했고, 14개 대대가 8일간의 야외 기동훈련에 참가했다.[123] 이 무렵 14개의 전투경찰대대가 국내 치안 임무를 맡기 위해 군부대와 교체되었으며, 교체된 부대는 원대 복귀하였다. 이때 군사고문단은 대대급 훈련 만료기일을 1950년 7월 31일까지로, 연대급 훈련을 10월 31일까지로 각각 연기하였다.[124]

군사고문단이 계획한 한국군에 대한 훈련계획은 여러 가지 장애 요소로 인해 계획대로 진행되지 못했지만, 한국군에 대한 최초의 체계적인 미국식 훈련이 이루어졌다는 점에서 의의가 있었다.[125] 그렇다면 훈련 성과는 어느 정도였을까? 이를 위해서는 훈련의 성과와 직결되는 전투효율성[126]의 변화 양상을 추적해 볼 필요가 있다. 〈표 2-5〉는 1949년 12월과 1950년 6월의 연대별 전투효율성의 변화 추이를 정리한 것이다.[127]

---

122 지휘소연습(Command Post Exercise : CPX)은 각급 제대의 지휘관 및 참모의 지휘본부와 통신요원 등을 훈련시키기 위한 연습으로 가상 상황하에서 통신을 유지하면서 지휘소 이동 및 운용, 지휘 및 참모절차연습, 작전계획 및 작전예규의 적용, 각종 상황하에서의 지휘 및 통제 능력을 배양하기 위한 연습을 말한다(합동참모본부, 『합동 · 연합작전 군사용어사전』, 2004, 456쪽).

123 1950년 6월 15일 현재의 한국군 훈련 상황에 대해서는 〔부록 8〕 "1950년 6월 15일 현재 한국군 훈련 상황" 참조.

124 Office of the Chief, KMAG, *Semi-Annual Report, Period 1 Jan 1950-30 June 1950*, 9쪽, RG 554, Entry No. A-1 1355, Box 29.

125 조이현, 앞의 논문, 313쪽.

126 전투효율성이란 부대가 전투기능을 어떻게 잘 수행하는가 하는 점이다. 부대의 전투효율성은 지휘관의 지휘통솔력, 부대원의 정신전력 등을 포함하며, 이는 화력, 통신, 전투근무지원 등 물질적인 수단과 더불어 흔히 전투력의 핵심 요소가 된다. 부대의 훈련은 곧 전투효율성을 증대시키기 위한 중요한 수단이라고 할 수 있다(김광석, 『용병술어연구』, 1994, 516~520쪽).

127 1949년 12월 31일과 1950년 6월 15일 현재, 한국군의 대대 · 연대별 전체 훈련 현황과 전투효율성에 대해서는 〔부록 7〕 "1949년 12월 31일 현재 한국군 훈련 상황", 〔부록 8〕 "1950년 6월 15일 현

미 제48야포대대에서 105밀리미터 곡사포 사용법을 훈련 중인 한국군 장교들(1948. 9. 8)

■ 출처 "US Army Corps photo, XXIV-48-3812", RG 111, Signal Corps Photographs of American Military Activity, 1754-1954 [111-SC], Box 153, NARA.

이 표를 통해 볼 때 다음과 같은 결론을 도출해 볼 수 있다. 첫째, 1950년 1~6월 사이에 한국군 전체 22개 연대 중 14개 연대가 전투효율성 측면에서 약간의 증가 추세를 보이고 있다. 특히 서울지구의 수도사단, 중부지구의 제2사단, 영남지구의 제3사단, 호남지구의 제5사단에 소속된 연대들이 다른 지역에 비해 비교적 높은 증가율을 보인다. 이러한 현상은 후방 지역의 게릴라 토벌작전이 진정 국면에 들어섰음을 반영하는 것이었다. 이는 태백산·일월산·보현산·지리산·덕유산 등지에서 게릴라 토벌 전담부대로 활동하던 제16연대 제1대대, 제25연대 제1대대, 제

재 한국군 훈련 상황" 참조.

표 2-5 1949~50년 한국 육군의 전투효율성

단위 : 퍼센트(%)

사단	연대	1949년 12월 31일	1950년 6월 15일
제1사단	11연대	53	43
	12연대	60	55
	13연대	45	62
제2사단	5연대	18	50
	16연대	50	55
제3사단	22연대	50	50
	23연대	28	35
제5사단	15연대	18	37
	20연대	28	32
제6사단	7연대	50	50
	8연대	63	50
	19연대*	37	43
제7사단	1연대	57	60
	9연대	46	62
	25연대*	67	60
제8사단	10연대	53	48
	21연대	27	38
수도사단	2연대	37	50
	3연대*	27	32
	18연대	37	65
육군본부	17연대*	58	68
	기갑연대	42	53

■ 출처 KMAG AG Section, "Semi-Annual Report, 1949. 7. 1~12. 31 : Annex No. 9, Status of Training, K.A." ; "Semi-Annual Report, 15 June 1950 : Annex No. V, Status of Training, KA", RG 554, Entry A-1 1355, Box 29, NARA.

■ 비고 가. 각 사단 예속부대는 1950년 6월 15일 기준으로 작성됨.

나. * 표시는 부대의 소속 전환이 있었던 것을 의미함. 제19연대의 경우 1949년 12월 31일에는 제7사단이었으나 1950년 5월 1일부로 제6사단에 편입됨. 제25연대는 제2사단 소속이었다가 1950년 6월 13일 '육본작명 제79호'에 따라 제7사단에 편입되었으나 6월 25일까지 신주둔지로 이동하지 못함. 제3연대는 1949년 12월 31일 현재 제5사단, 제17연대는 수도사단 소속이었음.

22연대 제2대대, 제15연대 제2대대, 제20연대 제2대대 등의 전투효율성이 현상을 유지하거나 또는 약간의 증가 추세를 보인다는 점에서도 확인된다.[128]

둘째, 후방 지역에 비해 전방 지역에 배치된 전투부대의 경우, 제7사단을 제외하면 전투효율성이 대부분 하향 곡선을 그린다는 특징을 갖는다. 특히 제1사단 제11·12연대, 제6사단 제8연대, 제8사단 제10연대의 경우에서 두드러졌다. 이는 38선 분쟁과 밀접한 관련이 있었다. 제11·12연대는 개성 일대에,[129] 제8연대는 홍천 북방에, 제10연대는 양양 일대에 각각 배치된 38선 경계부대들이었으며, 이들이 담당하던 지역에서는 1949년 5~10월에 대대급 이상의 무장 충돌이 발생했던 곳이었다. 1949년 10월 옹진의 은파산전투 이후 대대급 이상의 전투는 사실상 종료되었지만, 개성·홍천 북방·양양의 38선 일대에서는 소규모 충돌이 계속되었다. 군사고문단의 정보보고에 따르면, 1950년 3월부터 38선 분쟁이 재개되었고, 5월 5일부터 6월 16일 사이에 주당 평균 약 14건의 충돌이 있었다.[130] 이때의 충돌은 비록 소규모 정찰 과정에서의 충돌과 총격전 수준이었지만, 한국군 전방부대의 전투효율성을 약화시킨 주된 요인으로 작용했다.

---

128 1950년 6월 후방 지역의 한국군 부대 배치 상황에 대해서는 국방부 군사편찬연구소, 『6·25전쟁사: 전쟁의 배경과 원인』, 2004, 651~654쪽 참조. 게릴라 토벌작전 전담부대의 전투효율성은 〔부록 8〕 "1950년 6월 15일 현재 한국군 훈련 상황" 참조.

129 제11연대는 1948년 11월 미 제7사단 제32연대로부터 개성 일대의 38선 경계 임무를 인계받은 후에 1년 5개월간 38선 경계 임무를 수행한 후 1950년 4월 2일 제12연대와 임무를 교대했다(국방부 군사편찬연구소, 위의 책, 658쪽).

130 정병준, 『한국전쟁』, 돌베개, 2006, 452~454쪽.

셋째, 이와 관련하여 지휘소연습(CPX)까지 실시한 연대들에서조차 전투효율성이 낮아지는 현상이 나타나는 것은 훈련방식, 지휘관의 통솔 능력, 병사들의 사기 등에서 복합적인 문제가 있었음을 증명한다. 즉 부대에 파견된 미 고문관과 한국군 지휘관 사이의 의견 불일치, 훈련에 대한 한국군 지휘관의 인식 부족, 긴장의 연속성으로 인한 병사들의 피로누적과 사기저하 등이 존재했음을 의미하는 것이었다. 그 결과 1950년 6월 13일부터 20일까지 전후방부대의 대대적인 교대가 이루어졌다.[131]

부대훈련과 더불어 군사고문단이 한국군의 질적 수준을 높이기 위해 주력한 것은 각종 군사학교의 설치를 지도·지원하는 것이었다. 군사고문단 설치 이전에도 전투정보학교 등 8개의 군사학교가 있었지만, 자질 있는 장교 양성에는 실패했다. 군사고문단에서는 1949년 4월 15일 제5사단 고문관인 비어만(Lewis D. Vieman) 중령을 고문단 사령부의 군사학교 담당 고문관으로 임명하여 각종 군사학교의 설치와 강화 계획을 수립하도록 했다. 비어만 중령은 1952년 1월까지 한국군의 독립을 목표로 각종 군사학교의 강화·설립 방안을 강구하였다. 이를 통해 1952년 1월 1일까지 장교 1만 3850명, 사병 1만 6474명이 각종 병과학교를 졸업할 수 있을 것으로 예상했다. 비어만이 작성한 계획의 주요 내용은 "첫째, 모든 위관급 장교는 해당 병과학교의 초등군사반 과정을 이수하게 한다. 둘째, 모든 장교의 30퍼센트는 해당 병과학교의 고등군사반 과정을 이수하고, 300명의 장교를 선발하여 참모대학을 이수하게 한다. 셋째, 장교후보생

---

131 이 시기에 있었던 전후방부대의 대대적인 교대를 '6·25전쟁 10대 불가사의' 중 하나로 제기하면서 "육군 지휘부에 통적(通敵) 분자가 있었기 때문"이라고 주장하는 견해도 있다(이형근, 『군번 1번의 외길 인생』, 중앙일보사, 1993, 55~56쪽).

3000명을 선발하여 교육 후 임관시킨다. 넷째, 전문 기술직의 특기병 교육을 실시한다. 다섯째, 미 육군부가 허용하는 범위 내에서 가능한 많은 장교들을 미국에 유학시킨다."는 것이었다.[132]

이 계획에 따라 1949년 말까지 육군사관학교, 정보학교, 공병학교, 통신학교, 병기학교, 포병학교, 보병학교, 지휘참모학교, 병참학교, 군의학교, 경리학교, 군악학교, 자동차학교 등 13개의 주요 군사학교가 운영되었는데, 특히 보병학교와 지휘참모학교에 비중이 두어져 운영되었다. 각종 군사학교에서는 1950년 6월 15일 현재 장교 9126명, 사병 1만 1112명을 배출하였다. 그리고 중령급 이상의 장교들은 대부분 보병학교의 고등군사반 과정 또는 지휘참모학교 교육과정을 이수했다.[133]

한편 군사고문단은 한국군 장교 교육의 일환으로 장교들의 미국 유학과 일본의 미군기지 시찰을 주선하기도 했다. 1948년 8월 14일 이형근 대령 외 5명의 중령이 포트 베닝(Fort Benning) 소재 보병학교 고등과정을 이수하기 위해 출발했다.[134] 이들은 약 1년간의 교육을 마친 후 1949년 7월 귀국하여 보병학교장(민기식)·부교장(임선하), 육사 부교장(이한림), 참모대학 지휘관(장창국) 등의 보직을 맡아 병과학교의 지도 수준과 교리를 향상시키기도 했다. 고문단은 이어 1949년 7월 18일에 최덕신 대령, 최홍희 대령, 심흥선 중령, 장은산 소령, 강관용 대위, 이승호 중위 등 6명을 포트 베닝 보병학교와 포트 실(Fort Sill) 포병학교에 파견하였다.

한국군 장교들의 미국 유학 주선과 더불어 군사고문단은 일본의 미

132 조이현, 앞의 논문, 313~314쪽.

133 Robert K. Sawyer, 위의 책, 80~88쪽.

134 장창국, 『육사졸업생』, 중앙일보사, 1984, 158~159쪽.

육군보병학교 개교식(1949. 9. 26)

■ 출처 Office of the Chief Signal Officer, "KMAG-49-144", RG 111, General Personal File, 1900-1981 [111-PP], NARA.

대대 지휘소연습(CPX) 참관 장면

■ 출처 미 해외참전용사회 엮음, 박동찬 · 이주영 옮김, 『한국전쟁』1, 눈빛출판사, 2010, 70쪽.

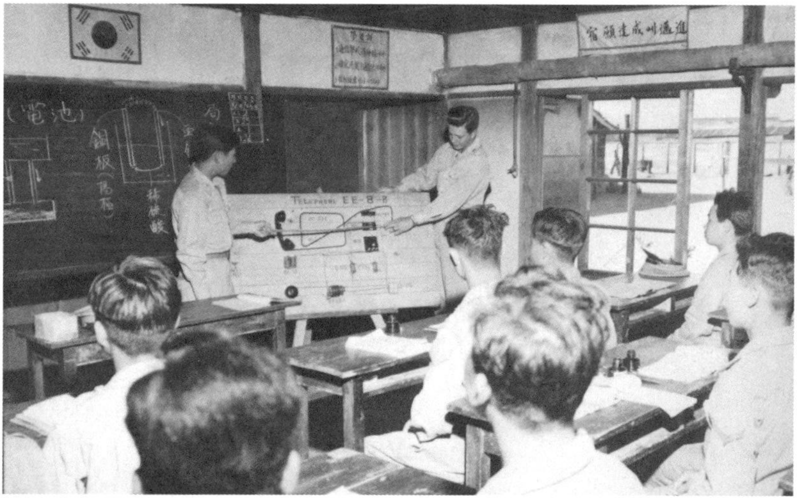

통신학교의 교육 장면(1949. 7. 6)

■ 출처 Office of the Chief Signal Officer, "KMAG-49-020", RG 111, Signal Corps Photographs of American Military Activity, 1754-1954 [111-SC], NARA.

육군사관학교 교육 장면(1949. 7. 9)

■ 출처 Office of the Chief Signal Officer, "KMAG-49-044", RG 111, Signal Corps Photographs of American Military Activity, 1754-1954 [111-SC], NARA.

공병학교의 도하 훈련 장면(1949. 7. 18)

■ 출처　미 해외참전용사회 엮음, 박동찬 · 이주영 옮김, 『한국전쟁』1, 눈빛출판사, 2010, 69쪽.

병기학교의 교육 장면

■ 출처　미 해외참전용사회 엮음, 박동찬 · 이주영 옮김, 위의 책, 2010, 69쪽.

군기지에 대한 시찰을 주선하기도 했다. 이 계획은 일본에 있는 8개의 미군부대 시찰을 통해 미군부대의 행정과 훈련 과정을 시찰하는 것이 주목적이었다. 33명의 장교가 3개월 예정으로 1950년 4월 15일 일본에 파견되었다.[135]

미 본토에서의 군사교육과 일본 주둔 미군기지 시찰은 1951회계연도 계획에서 더욱 확대되었다. 미 본토에서의 군사교육은 공병, 포병, 병기, 통신 병과에 각각 2명, 지휘참모대학 1명, 행정 분야 10명 등 총 19명이 피교육생 신분으로 미 군사학교에 참석하도록 계획되었다. 또한 병기장교 20명, 포병장교 20명, 통신장교 10명 등 총 50명이 상호방위원조계획(MDAP)의 예산으로 주일 미군기지에서 군사교육을 받도록 계획되었다. 이와 더불어 분기마다 33명의 장교들이 주일 미군기지 시찰단으로 일본에 파견될 예정이었다. 이러한 한국군 장교들의 해외 군사교육은 1951회계연도 상호방위원조계획에 한국군 교육훈련 비용으로 책정된 11만 2800달러에서 자금을 충당할 예정이었다.[136]

한국군 장교들에 대한 유학 주선과 미군부대 시찰을 통해 군사고문단은 한국군의 교육훈련, 작전계획 수립, 부대 운영 등 군의 전반적인 운영과 유지에서 미국 방식을 한국군에 적용시키려고 했다. 특히 각종 군사학교의 설치와 교육, 한국군 장교들의 도미 유학 주선은 군사고문단 활동의 두드러진 부분이었다고 할 수 있다.

---

135 한용원, 앞의 책, 110쪽.

136 "United States Military Assistance to the Republic of Korea"(1950. 6. 25), RG 59, Lot File 52-19, Box 17.

2) 한국군 작전지원

군사고문단의 한국군 작전지원은 게릴라 토벌작전의 지도와 38선 분쟁 관련 작전계획 수립의 지원으로 대별된다. 이와 관련해 군사고문단의 행동은 상반된 형태로 나타났다. 게릴라 토벌작전과 관련한 군사고문단의 행동은 매우 공세적인 성격을 보인 반면, 남·북 간의 군사적 충돌에 대해서는 방어적인 성격을 띠고 있었다.

1948~50년 남한에서 활발히 전개되던 게릴라 활동은 한국 정부의 존망을 결정할 수도 있을 만큼 위협적인 요소였다. 미국은 '내부 위협에 대한 진압 여부'를 이승만 정권의 생존 능력을 시험하는 '리트머스 시험'으로 보는 등 게릴라 토벌에 시선을 집중하고 있었다.[137] 정부가 수립된 지 약 2개월 후인 1948년 10월 19일 '여순 10·19사건'이 일어나자 한국군과 군사고문단은 광주에 토벌사령부를 설치하여 이를 조기에 진압하고자 하였다. 군사고문단에서는 육군총참모장 고문관인 하우스만(James H. Hausman) 대위를 파견해 작전을 지원하도록 했으나 별다른 성과를 거두지 못하자, 풀러(Hurley E. Fuller) 대령 등 총 9명의 고문관들을 추가로 파견해 게릴라 토벌작전에서 핵심적인 역할을 수행하게 했다.[138]

남한 지역 내에서의 게릴라 토벌작전과 더불어 군사고문단은 북한에서 남파한 유격대의 토벌작전에도 깊이 관여했다. 1948년 11월부터 1950년 3월까지 북한은 모두 10차례에 걸쳐 유격대를 남파하였다. 한국

---

137 Bruce Cumings, *The Origins of the Korean War volume II: The Roaring of the Cataract 1947-1950*, Princeton University Press, 1990, 285쪽, 조이현, 앞의 논문 322쪽 재인용.

138 조이현, 위의 논문, 322쪽.

군은 이들의 토벌에 많은 시간과 노력을 투입하지 않을 수 없었다. 이 과정에서 군사고문단은 토벌부대의 조직과 무장에 힘쓰는 한편, 정보자료의 제공과 작전계획의 수립 등을 통해 한국군의 게릴라 토벌작전을 지원하였다.

게릴라 토벌작전의 결과에 대해 군사고문단은 '대단히 성공적'이었다고 자평하였다. 게릴라 토벌작전이 일단락된 후 군사고문단은 작전보고서를 통해 "이번 겨울(1949~50년)의 게릴라 토벌작전은 대단히 성공적이었다. 1949년 10월 1일부터 1950년 5월 1일까지 태백산, 지리산, 호남지역을 중심으로 강력한 게릴라 토벌작전을 수행하였다. 이 작전을 위해 최고의 한국군 지휘관과 참모들이 선발되었으며, 모든 참여 부대들은 중앙정보기관들(central intelligence agencies)을 활용하고, 수송과 통신 부대들을 지원받았다. 3개의 대규모 게릴라 집단은 거의 와해되었다."고 밝혔다.[139] 이와 더불어 군사고문단은 "잔여 게릴라들은 강원도에 60명, 경상도에 70명, 전라도에 130명이 존재하지만, 더 이상 국가안보와 공공의 평화에 위협 요소가 되지 않는다."고 결론지었다.[140]

한편 군사고문단은 게릴라 토벌작전에서의 적극적인 개입과는 달리 38선 충돌에 대해서는 방어적인 입장을 취했다. 미국은 한국 정부의 대규모 군대 증강과 북진 주장에 대해 여러 통로를 통해 반대하였다. 이와 관련해 1949년 5월 초 개성에서 남북 사이에 격렬한 무력 충돌이 발생한

---

139 Office of the Chief, KMAG, *Semi-Annual Report, Period 1 Jan 1950-30 June 1950*, 14쪽, RG 554, Entry No. A-1 1355, Box 29.

140 Office of the Chief, KMAG, *Semi-Annual Report, Period 1 Jan 1950-30 June 1950*, Annex No. XⅢ, RG 554, Entry No. A-1 1355, Box 29.

표 2-6 북한의 인민유격대 남파 현황

구분	침투지역	일시	병력	활동 상황 및 결과
제1차	양양-오대산지구	1948. 11. 14.	180명	양양으로 침투 후 태기산까지 남하, 대부분 소탕되고 나머지는 제천 방면으로 도주
제2차	오대산지구	1949. 6. 1.	약 400명	오대산으로 침투, 대부분 소탕되고 잔여 병력이 지방 유격대와 합세, 동해안 일대에서 활동
제3차	오대산지구	1949. 7. 6.	약 200명	대부분 소탕되고, 약 30명이 중봉산 방면으로 도피
제4차	일월산, 지경리	1949. 8. 4.	약 300명	김달삼부대 약 300명이 일월산으로 침투, 보현산 일대의 게릴라와 통합 유격전 전개
제5차	철원지구-용문산	1949. 8. 12.	선발대 15명	철원에 근거지를 둔 유격대가 침투로 확보를 위해 선발대 파견, 선발대 15명이 명지산을 거쳐 용문산까지 침투
제6차	명지산-용문산	1949. 8. 15.	약 40명	5차의 본대로서 명지산을 거쳐 용문산까지 침투, 병력의 절반은 사살되고, 잔여 병력은 매봉산을 거쳐 월북
제7차	태백산-경북 일대	1949. 9. 28.	약 360명	이호제부대가 태백산에 침투, 잔여 병력 약 100명이 분산 도피 중에 보현산의 김달삼 부대와 합류
제8차	금옥치리	1949. 9. 28.	약 50명	북한군 38경비대의 엄호하에 침투, 대부분 소탕됨
제9차	경북 지경리 일대	1949. 11. 6.	약 100명	해로로 침투, 보현산부근의 김달삼부대와 합류, 병력보충과 세력확장을 기도했으나 실패
제10차	홍천지구 오대산 일대	1950. 3. 28.	약 700명	김무현부대, 양양-양구-인제 부근서 대기 중 침투, 강력한 화력을 동원, 1개월간의 토벌작전으로 완전 소탕

■ 출처 김점곤, 『한국전쟁과 노동당전략』, 박영사, 1973, 235~237쪽.

후 5월 7일 이승만 대통령과의 면담에서 로버츠 군사고문단장과 무초 대사의 다음과 같은 발언은 38선 충돌에 대한 미국의 입장을 극명하게 보여주는 사례였다. 이 자리에서 로버츠는 "개성 사건의 원인과 진상에 대한 광범위한 조사를 시작했다."고 하면서 "한국 정부가 침략적인 목적을 가지고 있다면 미국은 어떠한 원조도 제공할 수 없다."고 밝혔다.[141] 군사고문단은 이후 계속해서 발생했던 38선 충돌에 대해 예의 주시하면서 대사관과의 협조하에 한국 정부와 한국군을 적절히 제어하고자 했다. 이러한 군사고문단의 입장은 작전계획의 수립에도 그대로 반영되었다.

군사고문단은 1949년 말부터 북한의 전차·야포·자주포 등 소련제 무기의 도입, 중공군 내 한인 사병의 북한 입국 및 병력 증강, 교량과 도로 보수, 병력의 남진 배치 등에 관한 무수한 정보를 수집하고 이를 미 육군부에 보고하였다. 특히 1950년 1월부터 4월까지 전차들이 남진 배치되고 있다는 정보들이 군사고문단 정보망에 접수되었으며, 이는 고문단과 긴밀한 연락 관계를 유지하고 있던 KLO부대원들에 의해서도 확인되었다. 이를 통해 볼 때, 고문단에서는 전쟁 징후들을 어느 정도 파악하고 있었다고 할 수 있다.[142]

그러나 군사고문단에서는 이러한 전쟁 징후들을 포착했음에도 불구하고 그것이 전면전으로 이어질 것이라고 생각하지는 않았다. 이는 1950년 3월 25일에 작성된 '육군본부 작전명령(약칭 '작명') 제38호', 일명 '육군방어계획'에서 확인된다. 작명 제38호는 본문과 별지부록으로 구성

141 "주한미대사 무초의 회담비망록"(1949. 5. 10), *FRUS 1949*, vol. Ⅶ, 1016~1018쪽.

142 주한미군사고문단과 KLO의 대북 정보 수집에 대해서는 정병준, 『한국전쟁』, 돌베게, 2006, 653~661쪽 참조.

38선 충돌 관련 회의 장면(1949. 7. 21)
왼쪽부터 신성모 국방장관, 유재흥 제6사단장, 무초 주한미대사, 육군총참모장 고문관 하우스만 대위, 군사고문단 작전참모부장 한센 중령, 로버츠 군사고문단장, 허정 교통부장관

■ 출처 Office of the Chief Signal Officer, "US Army Signal Corps Photo, KMAG-49-062", RG 111, Signal Corps Photographs of American Military Activity, 1754-1954 [111-SC], Box 153, NARA.

되어 있는데, 별지부록 제4호의 '육군방어계획'이 작전명령의 핵심내용이다. 현재 '작명 제38호'는 두 가지 판이 존재한다. 하나는 육군본부에서 영인한 『한국전쟁사료』(62)에 수록된 것이며, 또 하나는 군사편찬연구소에 소장되어 있는 원문서의 사본이다. 본고에서는 후자를 통해 '작명 제38호'의 성격과 작성 주체를 규명해 보고자 한다.[143]

---

143 『한국전쟁사료』에 수록된 '작명 제38호'는 필체와 한글 사용법 등을 고려할 때, 이기(移記)한 것으로 판단된다. 원문과 비교했을 때 가감한 부분이 많으며, 본문과 부록을 혼합해 기술한 경우

송악산에서 부상당해 후송되는 병사(1948. 8. 6)

■ 출처 육군본부, 『육군역사사진집(1945~1988)』, 1988, 54쪽.

북측 진지를 가리키고 있는 제18연대장 최석 대령과 군사고문관(1949. 8. 5. 옹진반도)

■ 출처 KBS 6·25 40주년 특별제작반, 『다큐멘터리 한국전쟁』(상), KBS 문화사업단, 1991, 146~147쪽.

'작명 제38호'의 내용과 작성 주체를 구체적으로 언급하고 있는 가장 최근의 연구서는 군사편찬연구소의 『6·25전쟁사: 전쟁의 배경과 원인』이다.[144] 『6·25전쟁사』에서는 작명의 주요 내용을 다음과 같이 기술하고 있다.

> ① 국군 방어계획의 기본개념은 다음의 3가지로 구분하여 계획하였다. 첫째, 옹진지구의 육군부대는 적의 공격 시 인천으로 철수하는 것이었다. 둘째, 개성지구의 육군부대는 적의 공격을 받으면 지연전을 실시하면서 설정된 임진강 남안의 방어선으로 철수하고, 기타 다른 부대는 계속 지연전을 실시하도록 계획하였다. 셋째, 후방 지역 예비사단은 적의 공격 시 역습부대로 운용되도록 계획하였다. 후방 지역 경계는 청년방위대 등으로 후방경계부대를 편성하여 관할 지역 내의 해·공군 부대와 협조하여 후방 지역작전을 수행하도록 계획하였다.
>
> ② 그러나 38도선에서 적을 저지하지 못할 경우에는 남한 지역의 큰 강을 이용하여 지연전을 전개한다는 계획을 수립하였다. 지연전은 최초 한강 이남으로 전략적인 철수작전을 수행하면서 한강선, 대전선, 낙동강선에서 축차적인 지연전을 전개하도록 계획하였다.[145]

도 발견된다. 이에 대한 면밀한 사료 검토가 있어야 할 것이다. 이와 더불어 안용현의 저서에도 '작명 38호'가 수록되어 있는데(안용현, 『한국전쟁의 허와 실』, 고려원, 1987), 『한국전쟁사료』와 원문 자료를 혼합한 것으로 정리되어 있다.

144 국방부 군사편찬연구소, 『6·25전쟁사: 전쟁의 배경과 원인』, 2005, 641~650쪽.

145 국방부 군사편찬연구소, 위의 책, 641~650쪽.

이 글의 원 출처는 전사편찬위원회가 1978년에 발간한 『한국전쟁사』 제2권이다.[146] 그런데 전사편찬위원회의 『한국전쟁사』에서는 위의 『6·25전쟁사』 내용 중 ②부분, 즉 "그러나 38도선에서 …… 전개하도록 계획하였다."고 하는 내용이 확인되지 않으며, 단지 ①번 내용만이 기술되어 있다. 실제로 '작명 제38호'에는 ②와 관련한 내용이 존재하지 않는다. 따라서 ②의 내용은 사후(事後) 전쟁의 전개 과정을 염두에 두고 기술한 것으로 볼 수 있다.

그리고 ①과 관련해 '작명 제38호' 원문에는 북한군 공세를 서울 이북 지역에서 단계별로 격파한다는 내용으로 구성되어 있다. 구체적인 내용을 열거하면 다음과 같다.

- 방침: 군은 투명도 제1과 같이 중점을 의정부 정면에 보지(保持)하고 진전(陣前)에 적을 섬멸하려함.
- 전투 각 기(期)의 지도(指導):
  A. 초기(경계선 전투): 투명도 제1 (A)선에서 진출을 지연시킴. 지연전투는 주진지 전면의 교량 및 도로 파괴를 실시하여 (B)선까지 전진함(교량 및 도로 파괴계획에 의거), 일방(一方) 제2, 제3, 제5사단을 집결하는 동시에 옹진 방면과 제8사단은 주 작전이 유리하게 전개할 수 있도록 극력 견제공격을 취하고 적의(適宜) 유격전을 감행하여 적의 동서 측방을 위협함.
  B. 제2기(주저항선 전투): 투명도 제1 (B)선에서 전군의 전 화력 및 역

146 국방부 전사편찬위원회, 『한국전쟁사: 북한 괴뢰군의 남침』 제2권, 1978, 56~57쪽.

습으로 가장 강력한 전투를 실시하여 적을 섬멸시키고 만약 부득이한 경우에도 동 선상에 교착시킴. 전투지도상 불리한 경우에는 (C)선까지 지연전투를 유지하여 전진함.

C. 제3기(최후 저항선 전투) : 전 화력 및 역습으로 적 전력을 철저히 분쇄 섬멸하여 차(此) 진지에서 최후까지 확보함.

여기서 말하는 (A), (B), (C)선은 모두 문산-의정부-춘천-주문진선의 이북 지역에 위치한다. 따라서 이 작전계획은 남한 전역을 대상으로 한 것이 아니라 38선 부근의 충돌이 확대될 경우를 대비한 것으로 해석할 수 있다.

한편 『6·25전쟁사』에서는 '작명 제38호'의 작성 주체와 관련해 "당시 미 군사고문단 측에서는 38선의 방어계획이나 적 침공 시의 철수작전, 또는 공세 이전의 작전계획 등에 관해서 이를 지도한 바 없었고, 모든 계획은 한국군이 독자적으로 수립하였다."고 밝히고 있다. 이는 1978년도 『한국전쟁사』에서도 발견되는 언술이다. 하지만 군사고문단이 1949년 12월에 작성한 〈반년간보고서(Semi-Annual Report)〉의 내용을 살펴보면, 이 방어계획의 기본 틀이 고문단에 의해 만들어졌음을 알 수 있다. '반년간보고서' 중 '제4부 한국군 상황, 4. 방어계획'의 내용을 요약하면 다음과 같다.

38선 방어를 위해 대한민국은 21개 연대, 2개 독립대대, 1개 기갑연대로 구성된 8개 사단을 보유하고 있다. 하지만 한국군은 현재 전술부대의 약 30퍼센트가 대게릴라전을 수행하고 있다. 따라서 방어계획은 서울로 향하는 접근로상의 '거점(Strong Point)'방어를 요구한다. 한국 외부의 군대로부터 공격을 받을 시에 옹진반도의 부대들과 임진강 서쪽의 부대들은 병렬적으로 철수할 것이다. 매우 우려되는 접근로를 포함하고 있는 제1사단과 제7사단 지역이 가장 중요하다. 동쪽의 제6사단과 제8사단은 기동을 제한하는 지형 때문에 쉽게 공격받지 않을 것이다. 제6사단과 제8사단은 한국군의 예비 병력이 도착할 때까지 침략행위를 저지해야만 할 것이다. 한국군의 예비 병력은 수도사단, 제2사단, 제3사단, 제5사단으로 구성되어 있다. 이들 사단들은 현재 예하 연대들 대부분이 대게릴라전에 투입되어 있기 때문에 한국군은 긴급 상황을 대비한 이들 예비대를 자유롭게 하기 위해 국내 문제에 대한 책임을 줄이고 경찰이 담당하게 하는 것을 기대한다. 우선순위에 따라 예비대에 부과된 임무는 다음과 같다.

첫째, 현재의 계획에 따라 반격한다. 둘째, 제1사단과 제7사단을 증원한다. 셋째, 제6사단과 제8사단을 증원한다. 넷째, 국내 게릴라들을 토벌한다. 한국군이 현재의 계획을 준수한다면 중공군이 지원하지 않을 경우 북한군을 견제하고 일소할 수 있다.[147]

'반년간보고서'에 나타난 방어계획은 다소 추상적이지만, 분명 4개월 후에 만들어진 '국군 방어계획'의 원형임에 틀림없다. 이는 국군 방어계획의 훈련 과정에서 군사고문단의 역할을 언급하고 있는 다음의 증언에서도 확인된다. 다음은 당시 제1사단 선임고문관이던 로크웰(Lloyd H.

147 Hq. KMAG, *Semi-Annual Report, Period Ending 31 December 1949*, RG 319, Entry No. 154, Box 162.

Rockwell) 중령의 증언 내용이다.[148]

내가 부임했을 때, 제1사단장은 나이가 많고 생각이 느렸던 유 대령(역자 주: 유승렬 대령)이었다. 당시 제1사단은 다른 사단과 비교해 평균 정도였다. 내가 취한 첫 번째 조치는 고문단장과 채병덕 총장에게 유 대령을 면직하고 젊고 보다 강한 장교를 배속해 달라는 것이었다. 내가 생각하기로는 1월(역자 주: 4월 22일)에 백 대령(역자 주: 백선엽 대령)이 배속되었다. 백 대령은 군사 훈련과 경험 면에서 한국군 장교들 중 평균보다 훨씬 그 이상이었으며, 영어를 매우 잘하고 친근할 뿐 아니라 충고도 잘 받아들였다. 우리는 즉시 사단 예하부대들의 훈련에 돌입하였다. 백 대령과 예하 장교들은 대부분 영어로 말하기·읽기·쓰기가 가능했다.

우리의 훈련은 지속적이고 점진적으로 진행되었다. 첫 번째 연대 지휘소훈련(CPX) 기간에 제1사단이 유지할 수 있는 최상의 방어선은 임진강 남쪽이어야 한다는 것이 결정되었다. 그렇지 않으면 연안에 있는 제12연대 소속의 대대가 전멸(complete loss)할 것이며, 개성 또는 그 인근의 2개 대대가 큰 손실(considerable loss)을 입게 될 것이라고 판단하였다. 따라서 (연안과 개성 지역의) 부대 병력 대다수가 임진강 서쪽과 남쪽의 주저항선(MLR)으로 후퇴하는 데 필요한 만큼의 지연전을 수행하면서 그 부대들이 가능한 한 신속하게 철수할 수 있는 계획들이 만들어졌다. 관

148 로크웰은 1949년 11월에 한국군 제1사단 선임고문관으로 부임했으며, 그 전에는 6개월간 강릉의 제8사단 선임고문관으로 근무했다("Lloyd H. Rockwell to Lt Col, Roy E. Appleman"(1954. 5. 21), RG 319, Office of the Chief of Military History BKGD-Military Adv. Korea : KMAG Peace & War, Entry No. 181, Box 2).

련 참모들과 지휘관들은 모든 철수 방법들을 철저하게 숙지하였으며, 교량과 도로 파괴를 위한 공병계획(engineering plans)이 마련되었다.

이를 통해 볼 때, 1950년 3월 25일 하달된 '육군본부 작전명령 제 38호'는 주한미군사고문단이 직·간접적으로 깊이 관여해 작성한 것이며, 그 내용은 북한군에 의한 전면전을 가정한 계획이라기보다 서울-38도선 사이에서 발생할지도 모를 '국지도발', 즉 서울 이북 지역에서의 군사적 충돌에 대한 방어계획이었다고 평가할 수 있다.

정리하자면, 고문단은 북한군의 군사력 강화와 38선 전진 배치라는 전쟁 징후를 감지했음에도 불구하고, 전면전의 가능성에 대해서는 낮게 보았던 것으로 판단된다. 이는 당시 미국 내에서 만연했던 '소련은 미국과의 전쟁을 원치 않으며, 소련의 괴뢰인 북한이 독자적으로 행동할 수 없다'는 논리[149]가 군사고문단 내에서도 만연했던 것으로 해석할 수 있다.

---

149 정병준, 앞의 책, 672쪽.

4. 군사원조자문단 기능의 추가

1) 군사고문단 협정과 상호방위원조 협정의 체결

1949년 6월까지 주한미군의 철수 완료를 결정한 1949년 3월의 NSC 8/2에서는 국방경비대 6만 5000명(항공파견대 포함), 해안경비대 4000명, 경찰 3만 5000명에 대한 무장과 훈련을 규정하였다. 이 규정에 따라 주한미군의 철수가 완료되기 직전인 1949년 6월 29일 미국은 잉여자금법(Surplus Property Act)에 의거, 대외청산위원회실(Office of the Foreign Liquidation Commission)을 통해 미화 5600만 달러 상당(代替原價는 1억 1000만 달러로 추정)의 군사장비를 한국 정부에 이관하였다.[150] 〈표 2-7〉에서 보는 바와 같이 여기에는 소총, 탄약, 수송수단, 각종 포, 해안경비대를 위한 소해정, 그리고 연락기 20대 등이 포함되었다.

그러나 이 무렵 한국군은 급속한 팽창을 이루어 병력이 8만 명에 이르고 있었다. 여기에 경찰 병력 약 5만 명을 더하면 남한의 총무장병력은 약 13만 명에 달했다.[151] 이에 따라 6만 5000명 분의 무기와 장비를 가지고 13만 명의 병력이 무장해야 하는 상황이었기 때문에 장비와 무기가 절대적으로 부족했다.

미국의 대한정책이 소극적이라고 생각한 이승만 대통령은 1949년

---

150 Division of Historical Policy Research Office of Public Affairs, Department of State, *United States Policy Regarding Korea : December 1945-June 1950*, 1951, 34쪽, Harry S. Truman Library ; "국무장관이 주한미대사관에"(1949. 5. 9), *FRUS 1949*, vol. Ⅶ, 1014~1016쪽.

151 주한미군사고문단이 창설된 1949년 7월 1일을 기준으로 할 때, 병력은 육군이 7만 7841명, 해군이 5417명, 경찰이 5만 484명이었다(박동찬, 앞의 책, 47쪽, 75쪽, 227쪽).

표 2-7 주한미군 철수 시 미국이 이관한 주요 장비 현황(1949. 6. 30. 현재)

품목	수량	품목	수량
칼빈 소총(M1)	49,107	1½톤 트럭	597
Cal.50 기관총	759	2¼톤 트럭	1,380
Cal.30 경기관총	433	10톤 레커	11
Cal.30 기관총	294	칼빈 소총탄	9,747,800
Cal.30 중기관총	390	30구경 총탄	36,680,871
37밀리미터 대전차포(M6)	56	45구경 총탄	1,864,600
57밀리미터 무반동총(M1)	117	50구경 총탄	2,144,000
2.36인치 로켓포	150	2.36인치 로켓포탄	43,776
기관단총(M3)	1,320	총류탄(HE-AT)	170,275
105밀리미터 곡사포	91	수류탄	125,000
60밀리미터 박격포	417	60밀리미터 박격포탄	350,000
81밀리미터 박격포	284	81밀리미터 박격포탄	265,000
총류탄발사기	8,884	105밀리미터 곡사포탄	108,000
45구경 권총	6,844	대인 지뢰	10,000
M1 소총	41,897	네모진 폭약	42,000
30구경 자동소총	1,324	무전기	3,075
장갑차(M6)	19	유선전화기	2,102
1/2톤 궤도차량	11	각종 함정	79
1/4톤 트럭	2,000	연락항공기	20
3/4톤 트럭	884		

■ 출처 "Memorandum for General Bradley from L. L. Lemnitzer Director, Office of Military Assistance, Department of Army, sub. Military Aid to Korea"(1950. 7. 10), RG 330, Entry No. 18, Box 68, NARA.

■ 비고 단위는 정(총기류), 문(각종 포), 발(총·포탄), 개(지뢰, 폭약), 대(항공기, 차량, 무전기, 전화기), 척(함정).

7월 11일 유엔한국대표 조병옥과 주미한국대사 장면을 애치슨에게 보내 한국 방위에 대한 미국의 확고한 선언과 태평양 지역의 집단안전보장제도,[152] 그리고 정규군과 예비군을 포함한 총 40만 명(상비군 10만 명, 예비군 5만 명, 경찰 5만 명, 보충병 20만 명)에 대한 무장 지원을 요청했다.[153] '한국군 증강'과 '태평양연맹의 창설'로 요약되는 한국 정부의 요구에 대해 7월 13일 주한미대사 무초는 이승만 대통령을 방문하여 "급속한 국방력의 증강이 군대 내부에 불온 세력의 침투를 조장하고 이를 제거하기 위해 충성스러운 군대를 소모해야 하는 위험이 있다."고 경고했다.[154] 그리고 애치슨은 7월 20일 기자회견을 통해 "태평양연맹을 정식화하는 것은 시기상조"라고 미국의 공식 입장을 표명했다.[155]

한국군 증강도 태평양연맹 창설도 만족할 만한 결과를 얻지 못하자 이승만 대통령은 8월 20일 트루먼 대통령에게 다음과 같은 내용의 서한을 직접 보내 군사원조를 요청했다.

군사고문단의 훌륭한 충고대로 우리는 소규모의 우수한 정예군을 훈

---

152 여기서 말하는 '태평양 지역의 집단안전보장제도'는 1949년 3월 20일 필리핀의 퀴리노 대통령이 주창하고 이승만 대통령이 적극 찬동한 아시아 집단안전보장제도로, 7월 10일 바기오(Bagiuo) 회담 이후 '태평양연맹'이라는 명칭을 갖게 되었다. 이승만은 미국의 소극적인 대한정책에 불만을 갖고, 미국의 관심을 유발시켜 한반도를 냉전의 전초기지로 삼고자 하였다. 이러한 이승만의 의도는 미·소의 냉전체제에 조응하면서 북한을 견제하고 한·미 안보관계를 결속시키기 위한 정략으로서의 의미를 내포하고 있었다(양영조, 『한국전쟁과 동북아 국가정책』, 선인, 2007, 21~25쪽).

153 《자유신문》 1949년 7월 14일.

154 "주한미대사 무초가 국무부 극동국 부국장 본드에게"(1949. 7. 13), *FRUS 1949*, vol. Ⅶ, 1060~1061쪽.

155 《조선중앙일보》 1949년 7월 22일.

련해 왔습니다. 그러나 이북의 공산 세력과 직면해야만 하는 우리 군은 당면한 전쟁에 대비하여 적절하게 군수물자를 제공받지 못하고 있습니다. 몇몇 미국 고문관은 저에게 공산주의자들이 결코 무력으로 공격하지 못할 것이라고 말합니다. 그러나 공산주의자들은 무력으로 공격할 의사가 있으며, 향후 그럴 것이라고 생각합니다. 그렇게 된다면 낙관적인 미국 고문관이 아닌, 바로 우리 한국인이 그 값을 치러야 한다고 믿습니다. 다시 한 번 단언하는데, 대한민국은 38도선 이북 지역을 공격하지 않을 것입니다. 그러나 공산 세력이 전력을 다해 남하해서 우리 수도를 장악하려 한다면, 우리는 우리가 가진 모든 힘을 다해서 그들을 쳐서 무찌를 뿐 아니라 퇴각하는 부대까지 공격해서 이북의 노예상태에 있는 동포들을 해방시킬 것입니다. 대통령 각하, 저는 귀하가 조만간에 있을 공산주의자들의 공격 위험성을 다시 한 번 고려하시기를 간청합니다.[156]

이 서한에서 이승만 대통령은 '조만간에' 북한의 공격이 있을 것이며, 그러한 공격은 국지전이 아닌 전면전의 성격을 띨 것이라고 단언하였다. 이에 따라 한국은 추가적인 군대와 군수물자가 필요하다고 하였으며, 군수물자의 구체적인 목록까지 첨부하였다.[157]

---

156 "대한민국 대통령 이승만이 트루먼 대통령에게"(1949. 8. 20), *FRUS 1949*, vol. Ⅶ, 1075~1076쪽.

157 무기 소요 목록은 〔부록 9〕"1948년 8월 20일 한국 정부가 요구한 무기 소요 목록" 참조. 안정애의 연구에도 무기 소요 목록이 제시되어 있다(안정애, 『주한미군사고문단에 관한 연구-한국군 창군과정(1945~1950)에서의 역할 및 기능을 중심으로』, 부록 Ⅷ쪽, 1996). 하지만 그가 활용한 1981년 대한민국 통일부에서 발행한 자료는 소총 목록에서 수치상의 오류를 갖고 있는 자료이다. 이 자료를 인용한 논문들도 모두 이와 같은 오류를 범하고 있다. 이에 이 책에서는 1949년 10월 7일자 육군부 기획작전처

이에 대해 트루먼은 1949년 9월 26일자 회신에서 대한군사원조가 집행 중임을 환기시키면서 다음과 같이 전했다. "우리 정부는 국가 경제가 지탱할 수 없는 대규모의 군대를 갖는 것보다는 효율적이고 경제적인 한국군을 발전시키는 것이 한국의 안보에 가장 중요하다고 생각합니다. 이것은 비단 한국뿐 아니라 군사원조계획하에서 우리로부터 원조를 받는 모든 국가들에 적용되는 지침입니다."라고 하면서 한국 정부의 제안을 받아들이지 않았다. 그리고 그는 향후 군사원조를 요구할 때에는 적절한 계통을 밟을 것을 강조하였다. 이는 이승만 대통령의 서한에 대한 불만의 표시인 동시에 군사고문단과 무초 대사를 통하여 제출되어야 함을 사실상 공표한 것이었다.[158]

이러한 미국의 태도는 대한군사원조를 개별 국가의 문제로 바라보지 않고 세계에 적용할 '상호방위원조계획(MDAP)'의 일환으로 사고한 데서 비롯된 것이었다. 앞서 살펴보았듯이 트루먼은 1949년 7월 25일 군사원조에 관한 입법을 의회에 권고하였으며, 미 상원 군사·외교위원회는 9월 13일에 13억 1401만 달러의 대외군사원조액을 가결하였다. 그리고 이를 근거로 9월 24일에는 1100만 달러의 대한군사원조액이 미 의회로부터 승인을 받은 상태였다. 이러한 상황에서 한국 정부의 군사원조 요청은 미국 입장에서는 자신들의 구상과 부합하지 않는 것이었다.

군사원조의 세계적인 통합 운영을 위해 마련된 '1949년도 상호방위원조법'이 1949년 10월 6일 트루먼 대통령의 서명을 받아 정식으로 효력

(P&O) 문서에 나오는 소요 목록을 제시하였다.

158 "트루먼 대통령이 이승만 대통령에게"(1949. 9. 26), *FRUS 1949*, vol. Ⅶ, 1084~1085쪽.

을 발휘하게 되자, 미국은 상호방위원조법 제401조의 규정에 따라 수원국들과 상호방위원조 협정(Mutual Defense Assistance Agreement)을 체결하기 위한 협상을 본격화하였다. 이란, 필리핀과 더불어 상호방위원조법 제302조에 포함된 한국도 협정 체결 대상국이 되었다.[159]

그런데 원조 협정을 체결하기 위한 한국과의 협상에 앞서 미국 내에서는 원조 협정과 군사고문단 협정의 체결 방식을 놓고 국무부와 국방부 간에 의견대립이 발생했다.[160] 국무부는 상호방위원조 협정 속에 군사고문단의 지위와 역할을 반영하고자 했다. 반면 국방부는 두 개의 협정이 반드시 분리되어야 하며, 군사고문단의 지위와 역할을 세부적으로 규정해야 한다고 하였다. 국방부는 한국군의 발전과 훈련을 담당해야 하는 군사고문단의 고유 임무와 상호방위원조계획을 운영하는 주체로서의 활동이 업무상으로 충돌할 수 있다는 견해를 가지고 있었다.

1949년 12월 8일 국방부 군사원조실장 렘니처(Lyman L. Lemnitzer) 소장은 국무부 상호방위원조계획국 올리(John H. Ohly) 부국장에게 보내는 전문에서 다음과 같이 국방부의 입장을 표명했다. "현재 한국에 있는 군사고문단은 한국의 육군, 해안경비대, 국립경찰의 발전과 훈련을 지원하는 임무를 수행하고 있다. 군사고문단은 한국의 고용인(servant)으로서 그곳에 있는 것이지, 상호방위원조계획(MDAP)의 옹호자(protector)로서 있는 것이 아니다. 상호방위원조계획의 효율적인 운영을 보장하기 위한

---

159 "Public Law 329-81th Congress: Mutual Defense Assistance Act of 1949"(1949. 10. 6), President's Secretary's Files, Truman Papers, Harry S. Truman Library. 상호방위원조법(공법 제329호) 제302조는 이란·한국·필리핀에 대한 군사원조액을 2764만 달러로 규정하였으며, 제303조에서는 중화 지역에 대한 대통령 긴급자금 7500만 달러를 규정하였다.

160 주한미군사고문단 협정은 1949년 11월 말까지 한국과 체결하기로 계획되어 있었다.

역할은 때때로 한국을 돕고 지원해야 하는 군사고문단의 역할과 상충될 수도 있다. 군사고문단이 상호방위원조 협정이라는 단일 협정하에서 이러한 두 가지 기능을 수행하도록 요구된다면, 고문단원들은 업무상 상충되는 임무를 강요받아 활동을 복잡하게 만들 수도 있다." 이러한 이유를 들어 렘니처는 한국과의 협정 체결을 위한 협상을 연기하도록 요구하였다.[161]

이 무렵 국무부는 단일 협정안 체결을 위한 준비 작업을 완료하고 국방부의 동의를 구하려는 단계에 있었다. 국무부는 1949년 11월 30일까지를 시한으로 하여 국방부의 최종적인 입장을 요구하며 압박하였다. 그러나 12월 8일 도착한 국방부의 입장은 단일 협정안 체결을 반대하고 협상을 연기하라는 것이었다. 국방부의 협상 연기 요구는 다음날(9일) 긴급 전문으로 무초 대사에게 전달되었다. 이에 대해 무초는 12월 22일 국무장관에게 보내는 전문에서 "분리 협정에 대해 더 이상 논쟁하지 않기를 바라지만, 워싱턴에서 이것이 적절하다고 판단한다면 분리 협정을 협상하는 것에 반대하지 않는다."고 전했다. 또한 그는 "워싱턴에서 결정만 한다면, 독립 협정이거나 또는 분리 협정이거나 간에 빠른 시일 내에 협정 체결을 이룰 수 있다."고 하면서 명확한 지시를 요구했다.[162]

국무부 상호방위원조계획국과 국방부 군사원조실의 실무진들은

---

161 "Memorandum for the Deputy Director, Mutual Defence Assistance from L. L. Lemnitzer"(1949. 12. 8), RG 319, Entry No. 154, ACofS(G-3) Operations Decimal File, 1949-1950, Box 162.

162 "Muccio to the Secretary of State"(1949. 12. 22), RG 319, Entry No. 154, Box 162.

1949년 12월 30일 회합을 갖고 이 문제에 관해 토의하였다.[163] 국방부 군사원조실의 대표로 참석한 그린(Francis T. Greene)은 "상호방위원조계획으로 인해 군사고문단의 기능이 훼손되어서는 안 된다. 군사고문단의 주된 기능은 군사원조계획과 별개의 것이다. 군사원조 품목들을 확보하고 전달하는 것은 미국 대사가 담당할 몫이며, 군사고문단은 그러한 품목들을 활용하는 기능을 수행한다. 군수품의 확보와 전달이라는 기능과 활용이라는 기능을 혼동하는 것은 실수"라고 주장하였다. 이에 대해 국무부 상호방위원조계획국 실무진들은 "한국 보안군의 조직화와 훈련을 자문·지원하고 미국이 제공하는 원조를 한국 보안군이 효과적으로 활용할 수 있도록 보장"한다고 밝힌 NSC 8/2의 규정에서 이미 군사고문단의 기능이 상충될 수밖에 없다고 반박하였다. 2시간에 걸친 논의는 국방부의 입장에 대한 국무부의 일방적인 반박으로 진행되었다. 이와 관련해 그린은 렘니처에게 보낸 보고서에서 "자신의 주장은 차갑고 메마른 나락으로 떨어졌다."고 비유했다. 국무부 상호방위원조계획국 대표들은 결론적으로 단일 협정을 고집하지는 않겠지만, 군사고문단의 기능은 상호방위원조계획과 밀접하게 연관되어 있음을 강조하였다.[164]

군사고문단과 상호방위원조 협정의 체결 방식 문제를 놓고 국무부 상호방위원조계획국에서는 1950년 1월 초에 국방부의 의도를 파악하고자 실무진들의 분석과 회합이 계속되었다. 1월 4일 갈브래이스(Galbraith)

163 이 회의에는 국무부 극동담당과의 비더만(Alfred Vigderman)과 상호방위원조계획국에서 갈브래이스(Galbraith), 윌리암(John Williams) 등이 참석했으며, 국방부 군사원조실에서는 그린(Francis T. Greene)이 참석했다("Memorandum for General Lemnitzer"(1949. 12. 30), RG 319, Entry No. 154, Box 162).

164 "Memorandum for General Lemnitzer"(1949. 12. 30), RG 319, Entry No. 154, Box 162.

는 상호방위원조계획국 부국장인 올리(Ohly)에게 보낸 비망록에서 "군사고문단 협정과 상호방위원조 협정의 분리 체결은 국방부 군사원조실이 아니라 육군부의 강력한 주장 때문"이라고 밝히면서 부처 국장급 간의 회담을 통한 문제 해결을 요청하였다.[165] 또한 국무부 상호방위원조계획국에서는 군사고문단이 주한미대사관과 완전히 별개로 운영되고 그 활동이 군사 자문 기능에만 국한된다면, 군사고문단의 활동비용은 전적으로 한국 정부 또는 미 국방부에서 지불해야 한다는 점을 강조하였다.[166]

이 문제는 1950년 1월 10일 올리 부국장 주재하에 열린 국무부 상호방위원조계획국 실무진 회의에서 국방부가 요구하는 분리 협정을 수용하기로 결정하면서 일단락되었다. 이 회의에서 올리는 국방부의 독립 협정 체결 주장이 명확한 근거를 가지지 못한 것처럼 자신들의 통합 협정 체결 주장에도 확실한 근거가 없음을 지적하면서, 무엇보다도 현지 실무기관인 주한미대사관과 군사고문단이 명확한 입장 표명을 하지 않는다는 점을 들어 분리 협정 체결에 동의한다고 밝혔다.[167]

결국 상호방위원조계획과 군사고문단의 역할에 관한 국무부와 국방부의 논의는 최종적으로 〈대한민국 정부와 미합중국 정부 간의 주한미국군사고문단 설치에 관한 협정〉과 〈대한민국 정부 및 미합중국 정부 간의 상호방위원조 협정〉으로 분리해 작성하는 것으로 결론이 났다. 이에 따라 2개의 협정문이 따로 작성되었으며, 1950년 1월 26일을 기해 동

---

165 "Galbraith to Ohly"(1950. 1. 4), RG 59, Lot File 52-19, Box 26.

166 "Bray of S/MDA to Galbraith"(1949. 12. 12), RG 59, Lot File 52-19, Box 26.

167 "Meeting re KMAG and MDAP Agreement for Korea"(1950. 1. 10), RG 59, Lot File 52-19, Box 26.

시에 효력을 갖게 되었다.[168]

비록 협정문이 국방부 군사원조실의 주장에 따라 2개로 만들어졌지만, 실제로 군사고문단은 국무부 상호방위원조계획국에서 수차에 걸쳐 지적했듯이 MDAP의 실무운영기관으로서의 역할까지 담당하게 되었다. 이는 군사고문단 설립에 관한 NSC 8/2와 1949년 7월의 육군부 전문 WARX 90992가 수정되지 않는 한 군사고문단이 MDAP와 관련한 임무 수행에서 벗어날 수 없음을 의미하는 것이었다. 이에 따라 군사고문단은 한국군의 조직화와 훈련, 장비와 군수품의 적절한 분배와 활용이라는 군사고문단 고유의 임무에 더하여 상호방위원조계획의 운영과 관련해 주한미대사를 보좌하는 역할까지 담당하게 되었다. 이는 국방부 군사원조실에서 지적했듯이 군사고문단이 상충하는 두 가지 기능을 수행해야 함을 의미하는 것이었으며, 또 한국군의 조직화와 훈련이라는 군사고문단 본연의 활동이 축소되어짐을 의미하는 것이기도 했다. 즉 군사고문단은 고문단 본연의 임무에 더하여 군사원조사절단의 역할까지 병행하게 되었던 것이다.

2) 상호방위원조계획 운영기관으로서의 위상 부여

상호방위원조계획의 운영 주체를 두고 미국 내에서 논란이 벌어지는 동안에 미국 정부는 1950회계연도의 군사원조를 논의하기 위해서 한

168 국방부 전사편찬위원회, 『국방조약집』 제1집, 1981, 58~69쪽. 주한미군사고문단 협정 원문은 〔부록 10〕 "대한민국 정부와 미합중국 정부 간의 주한 미국군사고문단 설치에 관한 협정" 참조.

국에 조사단을 파견했다. 1949년 12월 14일 국무부 상호방위원조계획국 소속의 본드(Niles W. Bond)와 육군부 기획작전처 소속의 로슨(Richard H. Lawson) 중령이 '상호방위원조계획 조사반'으로 한국에 도착했다. 이들의 방문 목적은 한국 정부를 비롯해 한국 주재 미국 기관들과 한국 원조에 관한 세부 사항을 협의하기 위한 것이었다.[169] 조사반은 14~15일 양일에 걸쳐 미 대사관과 군사고문단을 방문해 1950회계연도 군사원조계획안을 조율했다. 조사반은 군사고문단과의 협의 결과, 상대적으로 재고가 충분한 105밀리미터 포탄의 원조를 삭감하는 대신 소총을 비롯해 추가 전투장비를 제공하기로 결정했다. 이 결정 사항에 대해 미 대사관도 전적으로 동의했다. 12월 17일 조사반은 무초 대사, 로버츠 고문단장과 함께 한국 정부와 군사원조계획안에 대한 최종 조율을 위한 회의를 가졌다. 이때 한국 정부는 조사반과 미국 대사가 대한군사원조의 추가 지원을 본국에 적극적으로 개진하겠다는 의사를 표명함에 따라 미국 측의

---

169 상호방위원조계획 조사반은 1949년 10월 24일 미국을 출발해 조사활동을 벌일 예정이었다. 이 계획에 따르면, 육군부 기획작전처 극동·태평양과의 로슨 중령이 한국과 필리핀을 방문할 예정이었으며, 유럽·중동과의 브란트(Brant) 중령이 이란을 방문할 예정이었다. 이들은 30일간의 기간으로 임무를 완료할 예정이었다. 그러나 이들에 대한 활동자금의 배정 문제가 해결되지 않아서 출발일이 연기되었다("Memorandum for General Lemnitzer from Charles L. Bolte, Director of P&O, sub : Proposed Visit of Army Officers to Korea, the Philippines and Iran on MAP Matters"(1949. 10. 19), RG 319, Entry No. 153, Army Staff Plans & Operations Division, Decimal File 1949-1950, Box 587). 한국과 필리핀을 방문할 예정이던 로슨은 1949년 11월 23일에 국무부 상호방위원조계획국의 멜비(Melby), 미 공군의 크레이그(Craig) 중령과 함께 필리핀을 먼저 방문하였다("Memorandum for Record, sub : Authorization for Extension MDAP Trip-Lt Col Lawson"(1949. 12. 7), RG 319, Entry No. 153, Army Staff Plans & Operations Division, Decimal File 1949-1950, Box 587). 로슨은 필리핀에서의 활동을 마친 후 곧바로 한국으로 향해 12월 14일 한국에 도착하였으며, 국무부 상호방위원조계획국의 본드도 워싱턴을 출발해 12월 14일 서울에 도착하였다("Report of MDA Survey Team for Korea"(1950. 1. 17), RG 319, Entry No. 153, Army Staff Plans & Operations Division, Decimal File 1949-1950, Box 549).

제안을 수용하였다.[170]

조사반이 활동 중이던 12월 19일 주한미대사 무초는 국무부에 대한군사원조의 증액을 공식적으로 요청했다. 그는 1950회계연도 상호방위원조법이 규정한 1023만 달러의 대한군사원조액은 '매우 부족한 것'이며, "최소한 2000만 달러가 되도록 중화권에 적용된 상호방위원조법 제303조의 자금을 한국에 확대 적용하는 것이 고려되어야 한다."고 제안했다. 무초는 지상군 장비 460만 달러, 해안경비대 장비 130만 달러, 공군 장비 390만 달러 등 총 980만 달러에 이르는 추가 군사원조액도 구체적으로 제시하였다.[171] 이러한 무초의 건의는 상호방위원조계획 조사반으로부터 지지를 받았다.[172]

상호방위원조계획 조사반은 12월 22일 미국에 도착한 후[173] 1950년 1월 17일 귀국보고서를 작성해 제출하였다. 조사반의 보고서는 상호방위원조계획이 한국 정부에 의해 약간의 수정을 거친 후 승인되었다고 진술하면서 다음과 같은 결론을 제시하였다.

> 조사반은 특히 소련의 지배를 받는 침략적 공산 정권과 경계를 접하고 있는 (서울로부터 30마일 이내) 한국에 대한 군사원조의 필요성이 대단히

---

170 "Report of MDA Survey Team for Korea"(1950. 1. 17), "MDAP Negotiation"(1949. 12. 20), RG 319, Entry No. 153, Army Staff Plans & Operations Division, Decimal File 1949-1950, Box 549.

171 "주한미대사 무초가 국무장관에게"(1949. 12. 19), *FRUS 1949*, vol. Ⅶ, 1112쪽.

172 "Report of the MDAP Survey Team to Korea"(1950. 1. 17), RG 319, Entry No. 153, Army Staff Plans & Operations Division, Decimal File 1949-1950, Box 549.

173 상호방위원조계획 조사반은 12월 20일과 21일 항공편을 이용해 개별적으로 출발하였으며, 12월 22일 워싱턴에 도착하였다.

절실하고 긴박하다는 인상을 받았다. 북한 공산주의 정권은 공공연히 무력으로 한국을 파괴할 것을 공언하고 있으며, 조사반은 이 점 때문에 상호방위원조 수혜국 가운데 상대적인 우선순위를 결정하는 데에서 한국에 정당한 무게가 주어져야 한다고 믿고 있다.[174]

이와 같이 한국에 대한 군사원조의 확대 필요성을 인정하면서 조사반은 특별 건의 사항으로 한국 정부와의 합의하에 수정된 원조안을 개시할 수 있도록 대외군사원조조정위원회(FMACC)의 승인을 요청하였다. 이와 더불어 조사반은 상호방위원조법 제303조의 원조액을 한국으로 증액해 달라는 무초 대사의 12월 19일자 요구 사항을 받아들일 것을 함께 제시하였다.[175]

조사반의 보고서가 제출된 후 무초 대사는 1950년 1월 25일 국무장관에게 보낸 전문에서 추가 군사원조의 필요성을 재차 강조했다. 이 전문에서 무초는 "현재 배정된 1023만 달러로는 이 지역의 정세에 비추어 볼 때, 한국 보안군의 일반적인 소요 품목들을 최소한으로 채우는 것조차 어려울 정도로 부족하다는 것이 대사관과 군사고문단의 공통된 의견"임을 강조하였다.

그리고 무초 대사는 상호방위원조법 제303조의 자금으로부터 약 980만 달러 범위 내에서 '탄력적인' 추가 군사원조를 요구하는 군사고문단의 건의안을 첨부하였다.[176] 군사고문단이 작성한 건의안에는 육군을

174 "Report of the MDAP Survey Team to Korea"(1950. 1. 17), RG 319, Entry No. 153, Box 549.

175 위의 문서.

176 "Muccio to the Department of State, sub : Transmitting Recommendations for Additional

표 2-8 군사고문단이 작성한 항공기 요청 현황

기종	수량	획득비용	정비비용	부품비용	수송비용	P. H&C	총액
F-51	25	1,208,050	252,925	605,025	271,811	30,200	1,158,961
C-47	9	1,018,107	188,631	509,054	222,074	26,453	964,212
T-6	20	535,800	119,540	267,900	120,555	13,385	521,380
B-25	6	1,022,880	56,550	511,440	230,148	25,572	823,710
L-5	15	157,680	-	-	-	-	112,545
합계	75	3,942,517	617,646	1,892,419	844,588	95,610	3,562,808

■ 출처 "Memorandum for the JCS from Leven C. Allen, sub : Additional Military Assistance to Korea"(1950. 5. 26), RG 330, Entry No. 199, Box 20.

■ 비고 총액에는 행정비용 11만 2545달러 포함된 수치임.

비롯해 해안경비대와 공군에 필요한 품목들이 포함되어 있었는데, 그 추정 액수는 지상군 장비 457만 4976달러, 해안경비대 장비 128만 달러, 공군 장비 356만 2808달러 등이었다.[177] 특히 〈표 2-8〉에서 보는 바와 같이 공군 증강을 반영한 것이 주목된다. 군사고문단의 건의안이 첨부된 주한미대사의 전문은 1950년 2월 16일 참고 사항으로 국방부 군사원조

United States Military Aid to Korea during Fiscal Year 1950"(1950. 1. 25), RG 59, Lot File 52-19, Box 52.

177 "Memorandum for the JCS from Leven C. Allen, sub : Additional Military Assistance to Korea"(1950. 5. 26), RG 330, Entry No. 199, Box 20.

실에 제출되었다.[178]

주한미대사의 한국 공군과 해안경비대 증강 요구는 한국 정부의 끊임없는 요청과 군사고문단의 분석 평가에 기초한 것이었다. 이승만 대통령은 1949년 12월 2일 공군 원조를 공식적으로 요청하였으며, 1950년 1월 5일에는 해안경비대의 병력을 늘릴 필요성에 대해 미국이 주목해 주기를 요구했다. 무초는 이승만 대통령의 한국 공군과 해안경비대 증강 요청에 대해 기본적으로 동의한다고 첨언하여 국무부에 전달하였다.[179] 나아가 무초는 3월 16일 한국의 공군 창설 및 발전 지원을 요청한 3월 6일자 이승만 대통령의 요구 사항을 국무부에 전달하면서 이는 자신도 동의한 요구 사항임을 분명히 했다.[180] 이 전문에서 무초는 "군사고문단장에게 미 극동공군 소유의 구형 항공기 도입에 대한 자문을 받았다."고 덧붙였다. 이와 관련해 군사고문단에서는 3월 8일 다음과 같은 자문 내용을 무초 대사에게 이미 전달한 바가 있었다.

첫째, 북으로부터의 공중 위협을 막아내기 위해 한국에 효과적인 공중 수단을 제공하는 즉각적인 방안이 강구되어야 한다는 사실에는 이론(異論)이 없다.

---

178 "Memorandum for the Director, MDA, Department of State"(1950. 4. 5), RG 59, Lot File 52-19, Box 52.

179 Desp. 777 from Seoul, Dec. 7, 1949, enclosing President Rhee to Ambassador Muccio, Dec. 2, 1949(encl. 1), file 895.248/12-749; Desp. 56 from Seoul, Jan. 21, 1950, enclosing President Rhee to Ambassador Muccio, Jan. 5, 1950(encl. 1), file 795.796/11-849.

180 Desp. 272-bis from Seoul, Mar. 16, 1950, enclosing President Rhee to Ambassador Muccio, Mar. 6, 1950(encl. 1), file 795B.5622/3-1650.

둘째, 군사고문단은 공군 고문관과 공군 물자로 한국 공군을 지원하기 위한 방안이 취해져야 한다는 수차례의 대사관 전문작성에 협조했다.

셋째, 1949년 9월 21일 우리 제안의 하나로 미 극동공군기지 내에서 한국 조종사 교관들을 훈련시키기로 되어 있고, 상호방위원조협정에 의해 그러한 훈련이 계획되고 있으니 만큼 지금이 그러한 문제를 실천할 논리적이고 시기 적합한 때이다.

넷째, 극동공군에서 교체 중인 F-51기의 도입이 필요하다. 하지만 무엇보다도 공군 고문관의 배치와 한국 공군 조종사들의 해외 훈련이 중요하다.[181]

공군원조와 관련한 한국 정부의 공식 요청은 국방부 군사원조실장을 통해 미 공군부에서 회람되었다. 1950년 3월 11일 공군부는 "군사적 관점에서 볼 때, NSC 8/2가 승인된 이후 한국의 상황이 군사원조계획의 확대를 정당화할 만큼 충분한 중요성을 가지고 있지 않다."고 결론지었다. 이러한 미 공군부의 견해는 JCS 1868/62, JCS 1868/111, JCS 1868/167에서 표현했던 군사전략적 개념에 근거한 것이었다. 이에 따르면, 한국 공군은 지상군을 직접 지원하는 소수의 연락기로 구성된 공군 파견대로 구성하고, 미국은 이에 대한 지원으로 국한한다는 것이었다.[182]

---

181 Desp. 272-bis from Seoul, Mar. 16, 1950, enclosing President Rhee to Ambassador Muccio, Mar. 6, 1950(encl. 1), file 795B.5622/3-1650.

182 "Memorandum for Secretary Johnson from W. Stuart Symington, sub : Official Request from

결론적으로 미 공군부는 "현재의 한국 보안군은 적정 규모이며, 따라서 한국 공군은 필요하지 않다."는 입장이었다. 이러한 결론의 배경으로 미 공군부는 다음과 같은 문제점을 제기하였다. "첫째, 한국을 삼키려는 소련의 행동은 멈추지 않을 것으로 인정되지만, 동시에 한국 공군의 증강이 현재 최소한의 충돌로 국한되어 있는 38선상의 분규를 악화시킬 가능성이 높다는 데 의심의 여지가 없다. 둘째, 또 다른 중요한 군사적인 측면으로 아시아 대륙에서 미국의 공세작전이 있을 경우, 한반도를 우회할 수 있다는 미 합참의 결론(JCS 1483/44)이다. 셋째, 정치적으로 한국 공군에 대한 지원이 공산주의자들의 선전도구가 될 수 있으며, 경제적으로 한국 경제가 공군을 지탱할 정도가 되지 못하는 열악한 상황이라는 점이다." 이러한 점들을 고려할 때, 전적으로 군사적인 관점에서 본다면 공군을 포함한 대한군사원조의 확대는 필요성이 없다는 것이 미 공군부의 견해였다. 이러한 견해에도 불구하고 미 공군부는 하나의 단서 조항을 적시하였다. 그것은 국무부가 정치적인 고려 사항으로 NSC 8/2의 수정을 개진한다면 자신들은 그것을 받아들이겠다는 것이었다. 다만 지원 규모는 한국 정부가 요구하는 것보다 상당히 축소된 것이어야 한다는 점을 분명히 했다.[183]

미 공군부의 견해는 국방부 군사원조실장 렘니처(L. L. Lemnitzer) 소장이 1950년 4월 5일 국무부 상호방위원조계획국장에게 보내는 비망록에서 보다 구체화되었다. 이 비망록에서 렘니처는 국방부의 잠정적인 견

Korea for Air Aid"(1950. 3. 11), RG 330, Entry No. 199, Box 20.

183 위의 문서.

해임을 밝히고, 무초 대사의 1950회계연도 상호방위원조계획의 증액 요청에 대해 다음과 같이 썼다.

① 현존하는 NSC 8/2의 권능(authority)과 목적에 근거할 때, 현 시점에서 1950회계연도 상호방위원조계획의 원조 자금을 증액할 군사적 필요성이 존재하지 않는다고 보인다.

② 한국 공군의 발전과 관련하여 미국의 기준에서 보았을 때, 공군 파견대는 정상적으로 육군 통제하에서 지상연락과 통신전달을 위한 경비행기로 구성되는 것이 타당하다. 이 때문에 그러한 계획(공군 증강 계획)은 공군 파견대를 포함한 6만 5000명의 육군을 승인한 NSC 8/2의 개념을 넘어서는 것이라는 점을 지적한다. 한편 현재 한국의 요청은 별도의 전술적 한국 공군의 창설을 계획하고 있으며 여기에는 25대의 전투기, 6대의 장거리 정찰기와 9대의 수송기에 덧붙여 지상지원과 미 고문관들에 의한 훈련을 포함하고 있다.

③ 지상군과 관련해 1950회계연도 한국 지상군 계획은 현재 적절한 지원을 제공하여 그들이 국내 치안을 유지하고 국경 충돌(border incidents)로부터 한국을 보호할 수 있도록 되어 있다. 이는 NSC 8/2의 규정에 부합한다.

④ 해안경비대는 NSC 8/2에 의해 4000명으로 창설되어 있으며, 이 숫자에 맞는 함정을 확보하고 있다. 현재 계획은 이들 함정에 소요되는 유지관리부품을 제공하는 것이다.

⑤ 만약 국무부가 정치적인 이유로 한국 공군과 육군 및 해안경비대의 병력 증강을 제공하도록 NSC 8/2의 개정을 건의할 것이 예상된다면, 국방부 군사원조실도 그렇게 하도록 자문했다고 알려주기

바란다.[184]

이 문서를 통해 드러난 국방부 군사원조실의 입장은 NSC 8/2가 규정하고 있는 상황에서는 대한군사원조의 확대가 어려우며, 이를 개정해야만 군사원조의 증액이 이루어질 수 있다는 것이었다.

1949년도 상호방위원조법 제303조의 전환 사용을 고려하던 국무부 상호방위원조계획국은 렘니처의 비망록이 전달되자, 올리 부국장 주재하에 실무진 회의를 거친 후 4월 10일 "1950회계연도에는 제303조 자금의 한국 전환 사용을 고려하지 않는다."고 결론지었다.[185] 이로써 상호방위원조법 제303조의 자금 전환을 통한 대한군사원조의 증액은 사실상 어렵게 되었다. 4월 13일 국무장관 애치슨은 주한미대사에게 보낸 전문에서 이러한 사실을 알리고 무초 대사가 워싱턴에 도착하는 즉시 대한군사원조에 관한 모든 문제들을 검토할 것이라고 밝혔다.[186]

무초가 워싱턴으로 출발하기에 앞서 군사고문단장 로버츠는 무초 대사에게 추가 군사원조가 반드시 필요하다는 점을 주지시켰다. 그는 국방부가 승인한 1950회계연도 원조계획으로는 소모된 장비와 현재의 병력을 유지하기가 어렵기 때문에 한국군의 현재 병력 수준에 맞는 군사원조가 제공되어야 한다고 하였다. 그는 만약 이것이 실현되지 않는다면 미

---

184 "Memorandum for the Director, MDA, Department of State"(1950. 4. 5), RG 59, Lot File 52-19, Box 52.

185 "Memorandum : Mr. Ohly to Gen. Lemnitzer, sub : Use of Section 303 funds for additional military aid to Korea Fiscal Year 1950"(1950. 4. 10), RG 59, Lot File 52-19, Box 52.

186 "국무장관이 주한미대사관에"(1950. 4. 13), *FRUS 1950*, vol. Ⅶ, 45~46쪽.

국이 지금까지 해 온 투자를 헛되이 하고 아시아 본토에 마지막으로 남은 미국의 거점을 상실하게 될지도 모른다고 우려하면서, 무초에게 전투기 원조가 반드시 필요하다고 강조했다.[187]

대한군사원조 문제를 논의하기 위해 워싱턴을 방문한 무초는 1950년 5월 10일 국무부 극동담당관실의 본드(Niles W. Bond)와 에몬스(Arthur B. Emmons), 국무부 상호방위원조계획국의 갈브래이스(Galbraith)와 스티븐스(Stevens), 국방부 군사원조실장 렘니처, 국방부 군사원조 부실장 머도(Albert C. Murdaugh), 공군 작전참모부장 에드워즈(Idwal H. Edwards)가 참석한 가운데 회담을 가졌다. 이 자리에서 렘니처는 1950년 4월 5일자 자신의 비망록에서 밝힌 입장을 계속해서 유지하였다. 그는 동아시아 지역에서 미국의 전반적인 전략적 입장을 고려할 때, 한국은 특별한 가치가 있는 것으로 간주되지 않는 만큼 한국에 대한 군사원조 문제는 근본적으로 정치적인 문제라고 지적하였다.

주한미대사 무초는 해안경비대와 공군 원조를 보장하는 것에 대한 중요성을 언급하였는데, 특히 즉각적인 전력화로서의 의미보다는 몇 대의 전투기를 제공함으로써 한국인들의 사기를 진작시킬 필요가 있다는 점을 강조하였다. 결국 한국 공군의 증강 문제는 국방부 대표인 렘니처와 에드워즈가 NSC 8/2의 개정을 전제로 긍정적인 의사를 표명함으로써 가능성을 열어두었다. 하지만 그들은 한국 공군의 증강이 군사적 측면에서는 결코 바람직하지 않으며, 그것은 정치적인 문제이기 때문에 국무부가 주도하여 NSC 8/2의 개정을 추진하라고 권고했다.

---

187 "Memorandum for Ambassador Muccio"(1950. 4. 10), RG 338, PMAG1948-49/KMAG1948-53, Box 18, 윤시원, 앞의 논문, 65쪽 재인용.

한편 이 회담에서 참석자들 대부분은 한국에 대한 전투기 지원 문제를 제외하고 한국 육군과 해안경비대에 대한 추가 지원에 동의 의사를 표시했다. 국무부 상호방위원조계획국 대표들은 전투기 지원과는 별개로 한국 육군과 해안경비대에 대한 추가 지원을 위해 약 590만 달러의 자금 배정을 신속하게 처리하자고 요구하였다. 논의는 상호방위원조법 제303조의 자금 전환이 어렵게 된 상황에서 어떻게 자금 확보를 할 것인가의 문제로 이어졌다. 이에 대해 렘니처는 "대외군사원조조정위원회(FMACC)에서 결정할 문제이지만, 제303조의 가용 자금보다도 상호방위원조법의 Ⅱ그룹 국가들에 배정된 자금을 입수하는 것이 보다 손쉬울 것"이라는 해결 방안을 제시하였다.[188] 렘니처가 제시한 방안은 한국에 적용된 상호방위원조법 제302조의 개정이나 또는 NSC 8/2의 수정을 거치지 않아도 되는 매우 실현 가능성이 높은 것이었다. 상호방위원조법 제408조 (C)항에 따르면, 대통령이 상호방위원조법의 목적을 구현하는데 필요하다고 결정하면, 다른 그룹의 항목에서 5퍼센트 이내의 범위로 자금을 전용할 수 있도록 규정하고 있었다.[189] 이 무렵 렘니처가 지적한 Ⅱ그룹에 속한 국가인 그리스와 터키는 아직 자금 집행 계획이 마련되지 않은 상태였기 때문에 대통령의 승인만 있으면 언제든지 자금 전용이 가능하였다.

추가 군사원조에 대한 국무부와 국방부 실무진 회의가 끝난 직후 국무부 상호방위원조계획국 올리 부국장은 러스크 국무부 극동담당차

188 "한국 문제 담당관 본드(Bond)의 회담비망록"(1950. 5. 10), *FRUS 1950*, vol. Ⅶ, 78~82쪽.

189 "Public Law 329-81th Congress: Mutual Defense Assistance Act of 1949"(1949. 10. 6), Harry S. Truman Library. 〔부록 3〕 "1949년도 상호방위원조법 전문" 참조.

관보에게 회담의 주요 내용과 더불어 선결해야 할 문제들을 정리한 비망록을 발송했다. 비망록에서 올리는 "주한미대사의 건의를 받아들이기로 결정하면, 전투기가 포함되기 때문에 NSC 8/2의 규정을 개정해야 하고, 그와 같은 공군력을 확보 및 유지하는 데에 필요한 자금을 마련하는 문제가 뒤따른다."고 지적하였다. 또한 그는 NSC 8/2가 개정된다는 전제 아래에서도 다음과 같은 몇 가지 문제들이 해명되어야 한다고 하였다. 그것은 첫째 전투기를 제공할 경우, 이를 유지하기 위한 훈련과 정비 시설이 갖추어져 있는가, 둘째 상호방위원조계획에 반영되어 있지 않은 전투기 부품 및 유지비용의 자금 조달을 어떻게 할 것인가, 셋째 단종 위기에 처해 있는 F-51기의 부품 공급을 어떻게 지속시킬 것인가 등이었다. 이러한 해명과 더불어 올리 부국장은 전투기의 제공이 군사적인 측면에서 불리한 요인들을 상쇄하고도 남을 만큼 정치적으로 큰 이점이 있다는 내용의 미 국무부 성명이 공식적으로 발표되어야 한다고 자신의 의견을 피력했다.[190]

국무부 상호방위원조계획국의 지적에 따라 1950년 5월 19일 국무부는 주한미대사에게 "① F-51기의 유지에 필요한 정비 및 기타 지상시설, 그리고 시초비용(始初費用)은 어떻게 마련할 것인지, ② 1951회계연도와 그 이후에 소요되는 경비(항공유, 예비부품 등)를 어떻게 충당할 계획인지, ③ 적절한 훈련을 받은 한국인 조종사와 정비사들을 어떻게 확보할 생각인지" 등에 관한 의견 제시를 요구하였다.[191] 같은 날 국무부 극동담

---

190 "상호방위원조계획국 부국장 어리(Ohly)가 국무부 극동문제 담당 차관보 러스크(Rusk)에게 보낸 비망록"(1950. 5. 10), *FRUS 1950*, vol. Ⅶ, 82~83쪽.

191 "국무장관 대리가 주한미대사관에"(1950. 5. 19), *FRUS 1950*, vol. Ⅶ, 85~86쪽.

당 차관보 러스크는 상호방위원조계획국 올리 부국장에게 전투기 항목을 제외하고, 1950년 1월 25일자 무초 대사의 전문에서 요구한 추가적인 군사원조의 자금 배정 문제를 대외군사원조조정위원회(FMACC)에서 처리해 줄 것을 요구하였다.[192]

주한미대사 무초는 5월 23일자 회신에서 한국 공군에 대한 지원계획과 관련하여 최종적인 건의안임을 환기시키면서,[193] 무기와 항공통신장비를 완비한 F-51기 40대와 T-6기 10대, 항공통신장비를 갖춘 C-47수송기 3대, 그리고 충분한 예비부품과 정비용 장비 등을 요구하였다. 또 그는 비행장과 지상시설에 관한 한 현재의 것을 보수해서 사용하는 것이 가능하지만 조종사와 정비사의 훈련, 부속품과 운영장비 등은 상당 부분 미국의 지원에 의존할 수밖에 없으며, 특히 군사고문단에 공군 고문관으로 6명의 장교와 11명의 사병이 배치되어야 한다고 언급하였다.[194]

미 국무부에서 한국에 대한 추가 군사원조를 논의하는 동안 미 합참에서도 이에 대한 검토 작업을 진행했다. 1950년 5월 26일, 합참에서는 국방장관 비서실장 알렌(Leven C. Allen) 소장 명의의 '한국에 대한 추가 군사지원'이라는 주제의 비망록이 회람되었다. 여기서 알렌은 국무부가 정치적 입장에서 추가 군사원조를 고려하고 있으며, 공법 제329호 제

---

192 "Rusk to Mr. Ohly(S/MDA), sub : Allocation of Funds for Additional Military Assistance to Korea for Fiscal Year 1950"(1950. 5. 19), RG 52, Lot File 52-19, Box 52.

193 무초는 이 전문에서 기존의 랜달보고서, 군사고문단 반년간보고서, 주한미대사관 보고서 등 여러 경로를 통해 한국 공군의 증강을 요구했는데, 이러한 보고서의 최종적이고 가장 권위 있는 건의안이 바로 본 전문이라고 밝히고 있다.

194 "주한미대사(Muccio)가 국무장관에게"(1950. 5. 23), *FRUS 1950*, vol. Ⅶ, 86~88쪽.

408조 (C)항에 따라 Ⅱ그룹 국가에 배정된 자금 중 아직 사용계획이 없는 비계획자금에서 소요 자금을 충당할 예정이라고 알렸다. 그리고 그는 1950년 5월 10일 국방부와 국무부 대표들이 참석한 회의에서 국무부가 정치적인 이유를 근거로 한국에 대한 추가 군사원조를 건의한다면 국방부는 반대하지 않을 것임을 비공식적으로 합의했다고 알렸다. 그런 후 결론적으로 알렌은 국무부에 제출할 국방부의 공식 입장을 마련하기 위해 군사적 측면에서의 검토를 요구하였다.[195]

한국에 대한 추가 군사원조는 1950년 6월에 접어들면서 실현 가능한 쪽으로 기울어졌다. 트루먼 대통령은 1951회계연도 상호방위원조계획의 심의를 앞두고 6월 1일 다시 이란, 한국, 필리핀 3개국에 총액 2750만 달러의 원조를 요청하는 메시지를 의회에 보냈다. 이 메시지에서 그는 "한국의 안전이 북한에 있는 공산 정권으로부터 끊임없이 위협받고 있으며, 그러한 위협은 유엔의 비호 아래에서 자유선거로 수립된 새로운 공화국을 파괴하는 것을 목적으로 하고 있다."고 지적했다. 다음날 애치슨 국무장관도 역시 상원 대외관계위원회 및 군사위원회의 청문회에서 한국에 대한 계속적인 원조가 불가피함을 강조하는 성명을 낭독했

195 "Memorandum for the JCS from Leven C. Allen, sub : Additional Military Assistance to Korea"(1950. 5. 26), RG 330, Entry No. 199, Box 20. 이 비망록에서는 1950년 1월 25일 주한미대사를 통해 건의된 군사고문단의 한국에 대한 추가 군사원조 요구 사항, 즉 한국 지상군에 457만 4976달러, 해안경비대에 128만 달러의 추가 원조 부분도 검토하라는 내용이 포함되었다. 하지만 공군 지원에 대해서는 언급이 없다. 이 비망록은 5월 29일에 합참의 합동전략기획위원회, 합동군수기획위원회, 합동정보위원회에 각각 회람되었다("Note by the Secretaries to the Joint Chiefs of Staff on Additional Military Assistance to Korea(JCS 2099/16)"(1950. 9. 25), 『합동참모본부 기록(Records of Joint Chiefs of Staff)』, 아름출판사, 1996, 457~459쪽).

다.[196]

더욱이 국무부 상호방위원조계획국과 국방부 군사원조실은 한국에 대한 추가 군사원조를 사실상 확정짓고 있었다. 국무부 상호방위원조계획국은 1950년 5월 말에 "상호방위원조법 Ⅱ그룹에 배정된 자금 전환을 통해서 한국에 추가적인 군사원조를 제공하는 것은 중요한 정책 문제이므로 검토할 시간이 더 필요하다."[197]는 입장에서, 6월 초에는 "공군 지원을 포함하는 추가 군사원조가 NSC 8/2의 수정을 정당화할 만큼 중요하다."는 입장으로 선회하였다. 여기에는 한국의 방위가 곧 일본의 방위와 직결된다는 점이 중요한 이유로 제시되었다.[198] 6월 14일 국무부 상호방위원조계획국의 브레이(Bray)는 갈브래이스에게 러스크 극동문제 담당 차관보에게 보낼 올리 부국장 명의의 비망록 초안을 검토해 줄 것을 요청했다. 여기서 브레이는 "한국에 전투기를 제공하려면 NSC 8/2의 개정이 필요하다는 언술로 문제를 더 이상 회피해서는 안 된다."는 것이 자신과 부국장의 공통된 견해이며, 가능한 한 빨리 전투기 제공 문제에 대한 우리의 입장을 세워야 한다고 전하였다. 또한 그는 "우리가 요구할 때 대통령이 상호방위원조법 Ⅱ그룹에서 Ⅲ그룹으로의 자금 전환을 수용할 것인가"에 대해서도 신중히 검토해야 하지만, "한국에 대한 전투기 지원과 2년간의 부속품 조달이 결정되어지고 있다."고 덧붙였다.[199] 이 비망

196 小此木政夫, 『한국전쟁: 미국의 개입과정』, 청계연구소, 1986, 69쪽.

197 "Bray(S/MDA) to Galbraith(S/MDA)"(1950. 5. 29), "Bray(S/MDA) to Galbraith(S/MDA)"(1950. 5. 31), RG 59, Lot File 52-19, Box 52.

198 "Scheenfeld to Galbraith, sub: FY 1950 Supplemental MDAP for Korea"(1950. 6. 9), RG 59, Lot File 52-19, Box 52.

199 "Bray to Galbraith, sub: Supplemental Fiscal Year 1950 Military Aid to Korea"(1950. 6. 14),

록 초안을 통해 볼 때, 이 무렵 국무부 상호방위원조계획국은 전투기를 포함한 추가적인 대한군사원조를 사실상 확정했음을 알 수 있다.

국무부 상호방위원조계획국의 추가 군사원조 결정은 국방부 군사원조실의 입장 표명에서도 확인된다. 국방부 군사원조실은 한국 해군의 초계정(PC) 3척의 무장을 위한 자금 지원과 관련해 국무부 상호방위원조계획국장이 지원을 결정한다면 자신들은 전적으로 동의한다고 전하였다.[200] 나아가 6월 20일 국방부 군사원조실장 렘니처는 하원 대외문제위원회에서 미국 정부가 5퍼센트 조항에 따른 1950년 대한군사원조계획의 보충을 준비하고 있으며, 한정된 수의 F-51전투기를 한국군에 공급할 것을 고려 중이라고 밝혔다.[201]

한국에 대한 추가 군사지원이 국무부와 국방부의 상호방위원조 담당기관에서 사실상 확정 단계에 들어설 무렵, 미 합참에서도 1950년 5월 26일자 국방장관 비서실장의 비망록에 대한 검토 결과를 제시하였다. 미 합참은 비망록을 접수한 후 더프(Duff) 소장을 위원장으로 하는 '군사원조계획 관련 특별위원회(Ad Hoc Committee on Programs for Military Assistance)'를 구성해 이를 검토한 후 보고서를 작성했다. 특별위원회는 보고서에서 군사적인 관점에서 볼 때, 한국에 대한 군사원조는 합당하다고 볼 수 없지만 정치적인 고려 사항이 우선시되어야 한다면 합참은 추가 원

RG 59, Lot File 52-19, Box 52.

200 "Memorandum for Acting Director, MDA, Department of State"(1950. 5. 29), "Galbraith to Murphy(S/MDA), sub : Purchase by Koreans of armament for three PC boats"(1950. 6. 2), "Memorandum for Acting Director, MDA, Department of State, sub : Korean Request in Connection with Repair of Three PC Boats"(1950. 6. 19), RG 59, Lot File 52-19, Box 52.

201 United States Policy in the Far East, Part 2, 465~466쪽, 小此木政夫, 위의 책, 70쪽 재인용.

조에 반대하지 않을 것이라고 하였다. 그러면서 1950년 1월 25일 군사고문단이 건의한 추가 원조 요구 사항을 기초로 한국 육군과 해안경비대에 대한 세부적인 추가 원조 품목과 비용을 제시하였다.[202]

특별위원회에서 작성한 추가 군사원조액은 고문단이 건의한 것보다 21만 7226달러가 추가된 금액이었다. 특별위원회의 보고서는 6월 19일 미 합참 산하의 합동전략기획위원회(Joint Strategic Plans Committee), 합동군수기획위원회(Joint Logistics Plans Committee), 합동정보위원회(Joint Intelligence Committee)에서 회람되었다. 6월 21일 합동군수기획위원회는 약간의 문구 수정만을 요구한 채 특별위원회의 보고서를 승인하였다.[203]

한국에 대한 추가 군사원조는 최종적으로 대외군사원조조정위원회(FMACC)와 대통령의 승인을 필요로 하는 문제였지만, 이 무렵 국무부와 국방부의 상호방위원조 담당 실무진의 긍정적인 평가와 비록 '정치적'이라는 전제를 달고 있기는 하지만 미 합참의 인식 변화 등을 고려할 때, 현실성이 매우 높았다고 볼 수 있다. 대한군사원조와 관련해 이러한 정책

---

202 "Memorandum for General Lindsay, General Schuyler, Admiral Ingersoll, General Smith, sub : Additional Military Assistance to Korea"(1950. 6. 19), RG 319, Entry No. 97, Army-Operations 1950-1951 General Decimal File, Box 33.

203 "Memorandum for Ad Hoc Committee on Programs for Military Assistance, Joint Strategic Plains Committee, Joint Intelligence Committee, sub : Additional Military Assistance to Korea"(1950. 6. 21), RG 319, Entry No. 97, Army-Operations 1950-1951 General Decimal File, Box 33. 합동전략기획위원회의 검토 결과에 대해서는 현재 확인되지 않는 것으로 보아 한국전쟁 발발 당시까지 검토 중이었을 것으로 추정된다. 한편 이와 관련해 1950년 6월 22일 해군부 작전참모실은 특별위원회의 보고서에 대해 "해안경비대를 위해 건의한 품목의 가격 기준은 수정할 필요가 있다."고 지적하면서 특별위원회가 다시 검토할 것을 요청하였다. 하지만 해군부는 한국 해안경비대에 대한 추가원조에 대해서는 반대하지 않는다는 점을 분명히 하고 있다("Memorandum for Maj. Gen. R. C. Lindsay(USAF), Brig. Gen. C. V. R. Schuyler(USA), Maj. Gen. Joseph Smith(USAF)"(1950. 6. 22), RG 319, Entry No. 97, Army-Operations 1950-1951 General Decimal File, Box 33).

표 2-9 미 합참이 작성한 추가 원조 예정 품목 및 비용

단위: 달러

구분	추가 요구 주요 품목	비용
육군	30구경 기관총(M1917A6) 374정, 60밀리미터 박격포 49문, 81밀리미터 박격포 20문, 4.2인치 박격포 180문, 105밀리미터 곡사포(M2A1, M2A2) 27문, 4.2인치 박격포탄 70,000발, 30구경 기관총탄약 4,867,000발 등 19개 병기 품목	3,848,646
	무전기 SCR-193 20대, SCR-694 50대 등 9개 통신 장비	130,715
	로드롤러 등 11개 공병 장비	116,538
	포장·출하·운송비	696,303
해안경비대	3인치/50구경 함포 14문과 포탄 8,000발, 초계정(PC) 3척의 무장 및 수리장비 등 8개 품목	1,280,000
	포장·출하·운송비	217,600

■ 출처 "Memorandum for General Lindsay, General Schuyler, Admiral Ingersoll, General Smith, sub: Additional Military Assistance to Korea"(1950. 6. 19), RG 319, Entry No. 97, Army-Operations 1950-1951 General Decimal File, Box 33.

변화가 가능했던 것은 NSC 8/2의 개정이나 '중화 지역'에 배정된 상호방위원조법 제303조로부터 자금 전환을 하지 않고서도 상호방위원조법 제408조 (C)항에 근거해 Ⅱ그룹에 속한 그리스·터키 지역의 비계획자금을 전환할 수 있는 통로가 확인되었기 때문이었다.

이 시기 미국의 정책결정자들이 대한군사원조의 추가 지원을 적극적으로 검토하게 된 것은 군사력을 바탕으로 적극적인 대소전략을 취해야 한다는 NSC 68의 '군사적 봉쇄 노선'과, 일본의 부흥을 위해서는 한국의 방위가 무엇보다 중요하다는 '일본 중심의 동아시아 재편론'이 크게

힘을 얻은 것과 밀접하게 연관되어 있었다. 여기에 한국 정부의 적극적인 대미 군사외교가 맞물리면서 주한미대사관과 군사고문단이 기획·건의한 대한군사원조의 추가 지원계획은 사실상 확정 단계에 들어가게 되었다.

이와 같이 한국에 대한 추가 군사원조의 논의 과정을 볼 때, 미국의 대한군사원조의 목표는 NSC 8/2에서 보이는 국내적 안전의 유지라는 것에서 1950년 6월을 전후해 북한군에 대항하는 목표로 점차 수정되어 가고 있었음을 확인할 수 있다. 하지만 그러한 움직임은 전쟁이라는 새로운 국면에 접어들면서 현실화되지 못한 채 '계획'으로만 남게 되었다.

제3장

한국전쟁과 군사고문단의 조직 확대

1. 전쟁의 발발과 군사고문단의 초기 대응

1) 군사고문단 사령부의 동향

전쟁 발발 당시 군사고문단의 병력은 장교 181명, 사병 286명 등 총 467명이었으며, 군사고문단의 구조는 고문단 사령부와 각지의 파견대로 구성되었다.[1]

개전 당일 군사고문단은 고문단장과 참모장이 공석이었다. 임시군사고문단 시절부터 단장직을 수행하던 로버츠 준장은 전역을 위해 1950년 6월 15일 한국을 떠났으며, 후임으로 내정된 키팅(Frank A. Keating) 소장은 부임을 거부하고 퇴역을 선택했다. 고문단장의 교체와 관련해 한국 정

1 "KMAG, Historical Data, G-1 Section, TAB E: G-1 Activities"(Undated), RG 554, Entry No. A-1 1355, Box 29.

부는 이미 1950년 3월부터 로버츠 장군의 후임으로 한국 사정에 밝은 인사를 파견해 달라고 주한미대사관을 통해 미국 정부에 요청한 바가 있었다. 한국 정부가 요구한 후임 군사고문단장은 주한미군사령부 부사령관을 지낸 쿨터(John B. Coulter)[2] 소장이나 또는 군정장관을 지낸 딘(William F. Dean)[3] 소장이었다.[4] 하지만 당시 쿨터는 시카고의 미 제5군 부사령관을 지내면서 중장 진급이 예정되어 있었으며, 딘은 주일 미 제24사단장을 맡고 있었기 때문에 미 육군부가 승인하지 않았다. 미 육군부는 그 대신에 보스턴 미 제1군 소속의 뉴잉글랜드 지역 사령관인 키팅 소장을 로버츠의 후임 군사고문단장으로 임명하였다.[5] 그러나 1950년 7월에 부임하도록 명령을 받은 키팅은 한국에 부임하느니 차라리 군대를 떠나겠다며 퇴역을 신청하였다. 또한 개전 당일 고문단장 대리직을 수행해야 할 참모장 라이트(W. H. S. Wright) 대령도 미 국방산업대학 입교를 위해 일본에 머물고 있었다.[6]

---

2 쿨터는 1948~49년 주한미군 제7사단장과 주한미군사령부 부사령관을 지냈으며, 전쟁 기간 동안에는 미 제1군단장(1950년 8월 2일~9월 10일), 제9군단장(1950년 9월 12일~1951년 1월 31일)을 역임한 한국통이었다.

3 딘은 미군정장관을 지낸 후 제7사단장으로 부임하여 일본으로 갔다. 그 후 그는 미 제8군 참모장을 지낸 후 1949년 10월에 제24사단장이 되었으며, 한국전쟁이 발발하자 1950년 7월 3일 미 지상군 사단장으로는 처음으로 한국에 도착하였다. 7월 20일 대전전투에서 실종된 후 북한군의 포로가 되어 포로 송환 시 귀환한 것으로도 유명하다.

4 "Rhee Syngman to John J. Muccio"(1950. 3. 2), RG 338, KMAG Adjutant General, Decimal File, Box 7.

5 "John J. Muccio to the President(Rhee Syngman)"(1950. 3. 15), "Replacement of Brig. Gen. W. L. Roberts by Maj. Gen. Frank A. Keating"(1950. 3. 18), RG 338, KMAG Adjutant General, Decimal File, Box 7.

6 Robert K. Sawyer, Robert K. Sawyer, *Military Advisor in Korea*: KMAG in Peace and War, Office of the Chief of Military Department of the Army, 1962, 119쪽.

군사고문단장과 참모장이 부재한 상황에서 북한군의 전면적인 공격을 받게 되자 군사고문단의 지휘체계는 일시에 마비되었다. 군사고문단은 6월 26일 라이트 대령이 한국으로 복귀하기 전까지 통신 선임고문관이던 스튜라이스(Carl H. Sturies) 중령에 의해 임시로 운영되었지만, 고문단 사령부 내에서조차 누가 고문단을 지휘하는 지 혼선이 야기될 정도였다.[7] 그리고 휴일이라는 상황에서 서울의 군사고문단 사령부와 전투부대 간의 연락체계도 제대로 가동되지 못했다. 이로 인해 군사고문단 작전참모인 세드베리(George R. Sedberry) 소령이 고문단 주요 참모들에게 상황을 전달한 것은 북한군의 공격이 있은 지 약 2시간 후인 6월 25일 오전 6시였으며, 이러한 사실이 대사관에 전달된 것은 그보다 1시간 후인 오

7 1949년 9월에서 1950년 7월까지 군사고문단장 부관이었던 메이(Ray B. May) 소령은 1950년 6월 25일 당시 마호니(Mahoney) 중령이 군사고문단을 책임지도록 임명되었지만, 현 계급으로의 진급일이 빠른 스튜라이스가 지휘하게 되었다고 증언하였다. 또한 당시 군수참모였던 비어만(L. D. Vieman)도 마호니가 군사고문단의 책임자라고 알고 있었다("Ray B. May to Robert K. Sawyer"(1954. 2. 11), "Taegu Paper of L. D. Vieman"(1951. 2. 15), RG 319, Entry No. 181, Office of the Chief of Military History BKGD-Military Adv. Korea : KMAG Peace & War, Box 2). 하지만 1950년 6월 25일 당시 군사고문단장직을 대리한 이는 스튜라이스 중령이었다. 이는 1950년 6월 23일 주한미대사 무초가 군사고문단장에게 보내는 전문에서 고문단장 대리로 스튜라이스를 지목하고 있는 것이 확인되며("주한미대사(Muccio)가 주한미군사고문단장(Sturies)에게"(1950. 6. 23), *FRUS 1950*, vol. Ⅶ, 123쪽), 또 스튜라이스 본인도 "1950년 6월 20일부터 26일까지 군사고문단장직을 수행했다."고 증언하였다("Carl H. Sturies to the Captain Robert K. Sawyer"(1954. 1. 9), RG 319, Entry No. 181, Office of the Chief of Military History BKGD-Military Adv. Korea : KMAG Peace & War, Entry, Box 2). 그러나 스튜라이스는 명목상 고문단장직을 수행했을 뿐 개전 당일 실제로 군사고문단을 지휘한 이는 고문단 부참모장이었던 그린우드(Walter Greenwood Jr.)였다. 이러한 사실은 이 책의 제2장 "〈그림 2-1〉 주한미군사고문단 개정 인원배당표(No. 400-1734)"의 지휘체계도에서 확인되며, 또 개전 당일 고문단 본부사령에게 미국인 소개 명령을 내리는 것도 부참모장 그린우드로 확인되기 때문이다("Sequence of Events, 0430 25 June 1950-1200 28 June 1950"(Undated), RG 319, Entry No. 181, Office of the Chief of Military History BKGD-Military Adv. Korea : KMAG Peace & War, Box 2).

전 7시였다.[8] 그리고 오전 8시에 이르러 전쟁 발발 이후 처음으로 군사고문단 참모회의가 열렸다.

비공식으로 진행된 참모회의에는 무초 대사, 드럼라이트(Everett F. Drumright) 참사관, 에드워즈(Bob Edwards) 육군무관, 스튜라이스 중령, 그린우드 중령, 마호니(William J. Mahoney) 중령, 비어만(Lewis D. Vieman) 중령, 세드베리 소령 등이 참석했으며, 전선 상황과 미국인 소개 문제가 주로 논의되었다. 하지만 이때까지도 군사고문단에서는 북한군의 공격을 '전면전'이 아닌 '38선상의 충돌' 정도로 간주하였다. 전술 브리핑을 담당한 마호니 중령은 북한 공군기의 출현이 없고, 지상군 활동에 대한 더 많은 정보가 수집될 때까지 38선상에서 벌어지고 있는 북한군의 공격을 '대규모 병력에 의한 수색 정찰'로 간주할 것이라고 결론지었다.[9]

비공식 참모회의가 진행되는 동안에 군사고문단 사령부에서는 고문관들의 원대 복귀를 지시하였다.[10] 하지만 휴일 오전이었기 때문에 이것은 빠르게 진행되지 못하였다. 선임고문관들과 주요 행정장교들이 집결을 완료한 것은 오전 9시 30분경이었으며, 일부 고문관들은 오전 11시에 있었던 교회 예배 때까지 지시를 전달받지 못한 경우도 있었다.

군사고문단이 북한군의 공격을 단순한 38선 충돌이 아니라 전면전의 양상으로 파악한 것은 오전 9시경이었다. 이때 옹진의 한국군 제17연

---

8 해롤드 노블 저, 박실 역, 『전화속의 대사관』, 한섬사, 1980, 19쪽.

9 "Sequence of Events, 0430 25 June 1950-1200 28 June 1950"(Undated), RG 319, Entry No. 181, Office of the Chief of Military History BKGD-Military Adv. Korea : KMAG Peace & War, Box 2.

10 "Ray B. May to Sawyer"(1954. 2. 11), RG 319, Entry No. 181, Office of the Chief of Military History BKGD-Military Adv. Korea : KMAG Peace & War, Box 2.

38선을 둘러보고 있는 미국 특파원들

■ 출처　미 해외참전용사회 엮음, 박동찬 · 이주영 옮김, 앞의 책, 52쪽.

대 고문관들이 북한군으로부터 강력한 공격을 받고 있으며, 연대가 궤멸되고 있다는 긴급 보고를 전하면서 항공 철수를 요청하였다.[11] 뒤이어 문산의 한국군 제1사단에서도 개성이 북한군에게 함락되었다는 무전을 전해왔다.[12]

군사고문단은 오전 10시경에 북한군의 공격에 관한 첫 전문을 육군

11　위의 문서. 옹진에 주재하던 고문관은 5명이었으며, 이들은 스윙크(Lloyd Swink) 소령과 브라운(Frank Brown) 중위가 몰고 온 L-5기에 동승해 오전 10시 35분 옹진을 출발, 서울로 복귀하였다(국방부 전사편찬위원회, 『한국전쟁사』 1권(개정판), 1977, 467쪽). 옹진지구 고문관들의 소개작전을 수행했던 2명의 조종사는 그 공로로 동성무공훈장을 받았다.

12　Roy E. Appleman 저, 육군본부 역, 『낙동강에서 압록강까지』, 1963, 27쪽.

부에 전송하였다. 이 무렵 주한미대사 무초도 국무부에 한국 상황 전문을 발송하였다. 이들의 전문은 약간의 시차를 두고 육군부와 국무부에 수신되었는데, 수신 시각은 군사고문단의 전문이 워싱턴 시각 6월 24일 오후 9시 21분, 무초 대사의 전문이 오후 9시 26분이었다.[13] 고문단에서 발송한 전문 내용은 현재 확인되지 않는다. 다만 주한미대사 무초가 처음으로 전쟁 발발 사실을 전한 전문이 다음과 같이 확인되는데, 이 전문은 워싱턴 시각 6월 24일 오후 10시 30분에 육군부에 전달되었다.[14]

> 주한미군사고문단이 부분적으로 확인한 한국군 정보에 따르면, 오늘 아침 북한군은 남한의 여러 지점으로 침략하였다. 군사행동은 새벽 4시경에 이루어졌으며, 옹진이 북한군 포격에 휩싸였다. 오전 6시경 북한군 보병이 옹진지구, 개성지구, 춘천지구로 38선을 넘어왔으며, 들리는 바에 따르면 동해안의 강릉 남쪽 지역에 북한군의 상륙이 있었다. 개성은 오전 9시에 함락된 것으로 보고되고 있다. 이 작전에는 10여대의 북한군 탱크가 동원되었다. 강릉에 대한 자세한 보고는 없으나 주요 도로를 점거한 것으로 보인다. 본인은 오늘 아침 군사고문단 및 한국군

---

13 "Memorandum for General Collins, sub : Invasion of South Korea"(1950. 6. 25), RG 319, Entry No. 2, Army Chief of Staff 1950 Decimal Files-Korea, Box 557. 전쟁 발발이 미국 내에 처음으로 알려진 것은 연합통신 기자에 의해서였다. 군사고문단과 무초의 전문에 앞서 연합통신 한국 주재기자 제임스(Jack James)가 전쟁 발발 기사를 연합통신 본사에 전송하였으며, 이 기사는 워싱턴 시각 오후 9시 4분에 도착하였다(James F. Schnabel & Robert J. Watson 저, 국방부 전사편찬위원회 역, 『미합동참모본부사: 한국전쟁』(상), 1990, 58쪽). 당시 주한미대사관 1등서기관이었던 노블의 회고에 따르면, 주한미대사관에서는 이러한 사실을 뉴스로 취급하는 데 주의를 기울여 달라고 충고했지만, 제임스 기자가 무초 대사의 전문에 앞서 기사를 발송했다고 하였다(해롤드 노블 저, 박실 역, 『전화속의 대사관』, 한섬사, 1980, 21쪽).

14 "주한미대사가 국무장관에게"(1950. 6. 25), *FRUS 1950*, vol. Ⅶ, 125~126쪽.

장교들과 이번 사태에 대해 협의했다. 공격의 성격과 방법으로 보아 남한에 대한 전면 공격으로 보인다.

이 보고서를 시작으로 군사고문단은 4시간마다 상황보고서를 육군부에 발송하였으며, 발신문의 요약본을 극동군사령부에 전달하였다. 하지만 전선에서 전달되는 정보는 극히 제한적이었으며, 또 부정확하고 시기적절하지도 않은 경우가 많았다.[15] 그럼에도 군사고문단은 계속해서 한국 상황을 보고하는 한편, 도쿄의 극동군사령부에 긴급 전문을 보내 105밀리미터 곡사포 90문, 60밀리미터 박격포 700문, 칼빈 소총 4만 정 등 한국군이 보유한 무기에 대한 10일분의 탄약 보급을 요청하였다.[16]

하지만 전쟁 발발 당일 미 육군부와 극동군사령부에서는 향후 군사고문단의 활동과 관련해 어떠한 조치도 취하지 않았다. 6월 25일 군사고문단 사령부에 내려진 지시는 극동군사령부가 무초 대사를 통해 전달한 '미국인 소개' 명령이 유일하였다.[17]

군사고문단의 실질적인 상위 책임 기관인 미 육군부는 이날 어떠한 지시 사항도 하달하지 않았다. 또 1년 전 미 육군부가 제시한 군사고문단 훈령에도 전쟁이 발발할 경우 군사고문단의 임무가 무엇인지 명시되어 있지 않았다. 이에 따라 군사고문단 참모진은 자체적으로 향후 행동

---

15 "Sequence of Events, 0430 25 June 1950-1200 28 June 1950"(Undated), RG 319, Entry No. 181, Office of the Chief of Military History BKGD-Military Adv. Korea : KMAG Peace & War, Box 2.

16 Robert K. Sawyer, 앞의 책, 120쪽.

17 Roy E. Appleman 저, 육군본부 역, 앞의 책, 38쪽.

방향을 모색하였는데, 핵심은 다음과 같은 세 가지로 요약되었다. 첫째는 고문관들이 무기를 들고 한국군과 함께 싸워서 북한군을 격퇴시킨다. 둘째는 한국군의 작전 수행을 조언한다. 셋째는 한국의 운명을 그들 자신의 손에 맡기고 군사고문단은 철수한다는 것이었다.[18] 이 밖에 또 한 가지 방안으로 제시된 것이 북한군의 서울 점령 시 미국 대사관 직원들과 더불어 '외교적 특권'을 주장하는 것이었다. 이는 무초 대사가 제의한 것이었지만, 대다수의 고문관들이 반대하여 철회되었다.[19] 이러한 여러 대안 중에서 군사고문단이 선택한 방안은 철수에 중점을 두고 소수의 인원만으로 한국군의 작전을 지원한다는 것이었다.

군사고문단은 즉시 주한 미국인 소개작전에 들어갔다. 소개작전은 1949년 7월 14일 마련된 '크럴러 계획(Plan Cruller)'에 따라 진행되었다.[20] 크럴러 계획은 국내 소요 또는 북한 침략 시 한국에 있는 미국인과 특정 외국인을 일본으로 안전하게 후송하는 계획이었다. 이 계획은 대사관과 군사고문단의 합동계획으로 실행될 수도 있었고, 분리하여 각각 독자적으로 실행될 수도 있었다. 계획의 실행은 군사고문단의 작전참모(G-3)가

---

18 Robert K. Sawyer, 앞의 책, 121쪽.

19 중앙일보사 편, 『민족의 증언』 1, 1983, 112쪽, 115쪽. 무초 대사는 이날 오후 6시에 있었던 간부회의에서 북한군에 의해 포로가 되더라도 미국인들은 '외교적 특권'에 의해 보호를 받을 수 있을 것이라고 하였다.

20 크럴러 계획이 군사고문단에서 준비한 주한 미국인 철수작전계획이었다면, 극동군사령부에서도 이와 유사한 계획이 준비되어 있었다. 미 극동군사령부는 오래전부터 한반도 내의 자국인들에 대한 소개계획을 준비하였으며, 1947년 12월 8일 'STRONGBARK', 1948년 4월 10일 'STRETCHABLE', 1949년 2월 23일 'TAILRACE'와 개정판인 'CULDESAC', 1949년 7월 'CHOW CHOW' 등으로 발전했다. 이 계획에서 극동군사령부는 96시간(4일) 이내에 민간인들의 소개를 완료해야 한다고 예상하였다(이상호, 『맥아더와 한국전쟁』, 푸른역사, 2012, 164~165쪽).

총괄하게 되어 있었다.

소개작전 계획에 따르면, 2급(minor), 제한(limited), 1급(major) 등 3단계로 비상 등급이 구분되었으며, 단계별 상황에 따라 조치 상황을 달리하였다. 여기서 2급 비상은 국내 소요 또는 지방 봉기가 일어났을 때 발효되는 것으로 한국 정부가 충분히 진압할 수 있을 때를 말하며, 제한 비상은 위와 동일한 상황에서 다만 한국 정부가 특정 지역에서 통제 기능을 상실했을 때 발효된다. 그리고 1급 비상은 한국 정부가 전국적으로 통제 기능을 완전히 상실했을 때와 북한의 침략이 임박했거나 진행 중에 있을 때 발효된다. 비상사태의 선포는 주한미대사인 무초의 책임이었다.

2급 비상시 주한미대사관과 군사고문단은 정확한 상황 인식을 위해 정보 수집과 분석에 임하고, '제한' 비상이 발효되면 대사는 군사고문단장과 긴밀히 협조해 치안 질서가 유지될 때까지 한국 정부에 조언을 제공하도록 계획되었다. 그리고 비상사태가 1급으로 격상되면 대사는 비상을 선포한 후 남한 내 모든 미국인에게 경계를 주지시키고, 방어에 필요한 한국군을 소집하며, 상황이 심각하다고 판단되면 소개작전의 실행을 명령할 수 있게 하였다.[21]

전쟁 발발 직후 소개작전의 실행까지는 대사관과 군사고문단 사이에 실행 시점을 놓고 여러 차례 논쟁이 벌어지기도 했다. 전쟁 발발 직후 고문단 사령부가 처음으로 소개작전을 추진한 것은 6월 25일 오전이었다. 이때 군사고문단에서는 보급참모 겸 본부사령인 맥코넬(Thomas. MacConnell Ⅲ) 소령이 주한미사절단 소개계획을 준비하였다. 그러나 주한미

21 Robert K. Sawyer, 앞의 책, 110~113쪽.

대사 무초는 소개작전의 실행을 원하지 않았다. 그는 소개작전이 현재 한국인들의 공황 현상을 더욱 가속화시킬 것이라는 점에서 이를 반대했다. 그러나 군사고문단에서는 사절단 소속의 부녀자와 아이들이 계속해서 한국에 남아 있을 경우 가족들에 대한 부담으로 고문관들의 전투효율성이 급격히 떨어질 것이라는 이유를 들어 가능한 한 빨리 그들을 한국에서 소개시킬 필요가 있다고 판단하였다.[22]

군사고문단에서는 6월 25일 오후 1시 무초 대사에게 소개계획의 조속한 실행을 재차 요구했지만, 무초 대사는 아직 시기상조라고 이를 거부했다. 무초 대사는 "한국인에게 실망을 주지 않기 위해 너무 빨리 미국인을 철수시켜서도 안 되고, 그렇다고 너무 그 시기가 늦어서도 안 되는 두 갈래의 갈림길에서 속 태웠다."고 회고하듯이 결정의 순간에서 망설였다.[23]

미국인 소개 문제와 관련해 군사고문단과 미 대사관 사이의 논쟁은 이날 밤까지 계속되었다. 그동안 군사고문단에서는 주한미대사의 견해와는 무관하게 독자적으로 소개준비를 시작하였다. 군사고문단 부참모장인 그린우드(Walter Greenwood Jr.)[24] 중령은 맥코넬 소령에게 군인 가

---

22 "Sequence of Events, 0430 25 June 1950-1200 28 June 1950"(Undated), RG 319, Entry No. 181, Office of the Chief of Military History BKGD-Military Adv. Korea : KMAG Peace & War, Box 2.

23 중앙일보사, 『민족의 증언』 1, 1983, 112~113쪽.

24 그린우드 중령은 1948년 12월 20일부터 1951년 3월 1일까지 군사고문단에서 근무하였다. 그는 1948년 12월 23일부터 1949년 4월 30일까지 한국군 제6사단 선임고문관이었으며, 1949년 5월 1일부터 1951년 3월 1일까지 군사고문단 부참모장을 지냈다("Answers to Questionnaire Prepared by Caption Robert K. Sawyer"(Undated), RG 319, Entry No. 181, Office of the Chief of Military History BKGD-Military Adv. Korea : KMAG Peace & War, Box 2).

족들을 자동차나 열차 편으로 부산에 이동시킬 수 있도록 준비하라고 지시했다.[25] 이 무렵 "무초 대사의 요청을 받은 모든 기관은 즉시 철수하라."는 지시가 극동군사령부로부터 전달되었다. 오후 10시경에 지시를 전달받은 무초 대사는 오후 11시경에 민간인 소개를 명령하였고, 26일 오전 1시에 인천으로의 이동이 시작되었다.[26]

민간인 소개작전이 진행되면서 군사고문단도 자체적으로 철수작전을 준비하기 시작했다. 고문단의 철수계획은 고문단 부참모장 그린우드 중령과 작전참모 세드베리 소령에 의해서 준비되었다. 26일 그린우드 중령은 세드베리 소령과 함께 향후 현실적으로 가장 타당한 고문단의 행동노선으로 한국군 전술부대에 있는 전술 고문관들을 제외하고 기술 및 행정 담당 고문관, 이미 와해된 부대에 배속된 전술 고문관들을 한국에서 완전히 소개시키는 것으로 잠정 결론을 내렸다.

그린우드 중령은 한국에 최소한의 인원만을 남기고 일본으로 철수하는 계획안을 고문단장 대리인 라이트 대령에게 제출했다. 그러나 라이트 대령은 처음에 이 건의안을 받아들이지 않았다.[27] 이때 라이트는 미육군부에 "상황이 악화될 경우 서울-부산 간의 어느 한 지점에서 군사고

25 "Sequence of Events, 0430 25 June 1950-1200 28 June 1950"(Undated), RG 319, Entry No. 181, Office of the Chief of Military History BKGD-Military Adv. Korea : KMAG Peace & War, Box 2.

26 Roy E. Appleman, 앞의 책, 38쪽. 6월 26일 오후 7시, 682명의 미국인들이 한국을 떠난 것을 시작으로 29일까지 총 2000명의 미국인이 수송기와 선박 편으로 한국을 떠났다(중앙일보사, 앞의 책, 114~116쪽).

27 "Sequence of Events, 0430 25 June 1950-1200 28 June 1950"(Undated), RG 319, Entry No. 181, Office of the Chief of Military History BKGD-Military Adv. Korea : KMAG Peace & War, Box 2.

문단이 한국에서 철수할 수 있는지"의 여부를 문의해 놓고 있는 상태였다.[28] 미 육군부의 명령이 없는 상황에서 라이트는 독자적으로 철수를 결정할 수가 없었던 것이다.[29]

하지만 전선 상황이 예상보다 빠르게 악화되고, 또 26일 저녁에 무초 대사가 필수 요원들을 제외한 미 사절단원의 전원 철수를 지시함에 따라 라이트 대령은 그린우드와 세드베리가 작성한 고문단의 철수계획안에 동의했다.

라이트 대령은 군사고문단의 개인별 기록 및 파일들과 함께 필요한 요원들을 제외한 모든 고문관들을 일본에 보내기로 결정하였다. 고문단이 해야 할 일이 무엇인지가 여전히 불확실한 상황이었지만, 라이트는 사태와 관련한 결정의 시간이 얼마 남지 않았고, 또한 고문단의 대부분이 떠나고 나면 최후 순간에 군사고문단의 철수가 보다 더 효율적으로 실행될 수 있다고 판단하였다. 이에 따라 라이트 대령은 6월 27일 주요 핵심 요원들만을 한국에 잔류시키고 모든 고문관들을 일본으로 철수시키라고 명령하였다. 이 명령에 따르면, 육군본부와 대구·부산 지역의 제3사단에 배속된 고문관들을 제외하고 모든 요원들을 한국에서 철수시키는

28 "Message from the Chief of KMAG to DEPTAR"(1950. 6. 26), RG 319, Assistant Chief of Staff, G-3, Operations Records Section, March 1950-51, 091 Korea, Box 121.

29 이날(26일) 육군부에서는 극동군사령부에 극동군사령관의 판단에 따라 군사고문단의 소개를 허가한다는 전문을 발송했지만("Message from DEPTAR to CINCFE"(1950. 6. 26), RG 319, Assistant Chief of Staff, G-3, Operations Records Section, March 1950-51, 091 Korea, Box 121), 이 전문은 고문단에 전달되지 않은 듯하다. 오히려 다음날 극동군사령부에서는 "모든 주한미군의 작전통제 권한이 극동군사령관에게 부여되었으며, 곧 처치(John H. Church) 준장이 이끄는 전방지휘소가 설치될 예정이므로 고문단은 본연의 임무로 돌아가라"는 명령을 하달했다("Message from CINCFE to Chief, KMAG"(1950. 6. 27), RG 319, Assistant Chief of Staff, G-3, Operations Records Section, March 1950-51, 091 Korea, Box 121).

것이었다. 한국에 잔류하는 고문관들도 '자신들이 배속된 부대가 존속하는 기간 동안에만'이라는 단서가 붙었다. 육군본부와 함께할 고문관은 33명의 장병들로 구성되었으며, 제3사단의 고문관들만이 전쟁 전의 상태를 그대로 유지하였다.[30]

고문단 철수 명령은 곧바로 실행되었는데, 약 400명의 고문관들이 일본으로 철수하기 위해 수원비행장에 집결하였다. 그러나 이러한 상황은 극동군사령부에 제대로 전해지지 않았으며, 그로 인해 고문단의 초기 혼란 상황을 더욱 크게 하는 결과를 초래하였다.[31] 이와 관련해 당시 극동군사령부 통신부장이었던 백(George I. Back) 소장은 "27일 오전 9시에 서울에서의 철수에 앞서 최후의 메시지가 주한미대사관으로부터 전달되었는데, 내용은 미 대사관 무선국이 파괴 중이며, 직원들이 서울에서 철수 중임을 알렸다."고 회고하였다. 또 그는 "그로부터 몇 시간 후에 군사고문단 통신대 지부에서 운영하던 무전기(SCR-399)를 통해 고문단 사령부와 연락을 취할 수 있었다."고 하였다.[32] 이를 통해 볼 때, 라이트 대령과 함께 서울에 잔류하던 고문관들도 주한미대사관 무선국이 폐쇄된

---

30 "Sequence of Events, 0430 25 June 1950-1200 28 June 1950"(Undated), RG 319, Entry No. 181, Office of the Chief of Military History BKGD-Military Adv. Korea : KMAG Peace & War, Box 2.

31 그린우드는 "27일 오전에 극동군사령부 부참모장 알몬드(Edward M. Almond) 장군과 대화를 시작하자마자 대사관의 스위치보드가 나가 도쿄와의 무선전화가 무용지물이 되었다."고 증언하였다. 이에 따라 고문단 사령부는 극동군사령부와 연락을 제대로 취하지 못한 가운데 서울 주변의 고문관들이 수원으로 집결하였으며, 중동부 지역 및 대구 지역의 고문관들이 부산으로 집결하였다(위의 문서).

32 "George I. Back to Sawyer"(1953. 12. 16), RG 319, Entry No. 181, Office of the Chief of Military History BKGD-Military Adv. Korea : KMAG Peace & War, Box 2.

27일 오전 9시를 전후하여 철수를 시작했다고 볼 수 있다. 이때 수원비행장에서는 극동공군의 항공기들이 김포와 수원에 도착하기 시작해 하루 동안 4회를 왕복하면서 미 사절단원, 선교사, 특정 외국인, 군사고문단원들을 수송하였다.[33]

수원에서의 고문단원 철수가 진행되는 동안 극동군사령관이 군사고문단장에게 보낸 다음과 같은 내용의 메시지 한 통은 고문단의 향후 행동 방향에 일대 전환을 가져왔다. 고문단에 전달된 극동군사령관 맥아더의 전문은 "한국에 대한 지원이 진행 중이다. 당신의 이전 위치로 되돌아가라. 행운을 빈다." 짧은 메시지였지만, 이것으로 인해 고문단 사령부는 철수 작전을 멈추고 아직 철수하지 않은 약 100명의 고문관들을 서울로 복귀시켰다.[34]

이틀간에 걸친 고문단의 혼란은 한국군을 공황 상태로 몰아넣었다. 한국군 사단에 배속된 고문관들이 떠나는 과정에서 일부 한국군 사단장들은 울면서 만류하기도 했으며, 떠나기 전에 차후 작전 방침을 만들어 줄 것을 요구하기도 했다.[35] 문제는 이러한 상황이 왜 발생했는가 하는 점이다. 이는 전쟁 발발 당시 고문단의 지휘체계를 살펴봄으로써 설명이 가능하다. 1949년 7월 고문단이 정식으로 창설된 이후 군사고문단은

---

33 Robert K. sawyer, 앞의 책, 124쪽.

34 "Sequence of Events, 0430 25 June 1950-1200 28 June 1950"(Undated), RG 319, Entry No. 181, Office of the Chief of Military History BKGD-Military Adv. Korea : KMAG Peace & War, Box 2.

35 "Early History of the Korean War 1950 by Lieutenant Colonel Rollings S. Emmerich"(1953. 11. 20), RG 319, Entry No. 181, Office of the Chief of Military History BKGD-Military Adv. Korea : KMAG Peace & War, Box 2; 백선엽, 『군과 나』, 대륙연구소 출판부, 1989, 31쪽.

주한미사절단의 일부로서 주한미대사의 직접 통제하에 있었다. 극동군사령부는 병참지원 이상의 역할을 수행하지 않았다. 이로 인해 고문단은 육군부를 통해 극동군사령부와 연락을 취할 수밖에 없었고, 군 조직이면서도 민간사절단으로서의 역할이 크게 강조되면서 군사기구로서의 정체성을 상실했기 때문이었다고 할 수 있다.

군사고문단 사령부는 6월 27일 오후 6시경 우여곡절 끝에 다시 서울로 복귀했지만, 다음날 한강교 폭파를 계기로 오전 3시에 잔류 고문단원들에게 서울을 떠날 것을 명령하였다. 한강교 폭파와 관련해 당시 일선부대의 사단장들은 한강 이북 지역의 부대를 철수하지 않은 상황에서 육군본부의 독단적인 행동이 초래한 비극에 대해 훗날 회고와 저서 등을 통해 비판했고, 한강 도하에 대한 처절한 상황을 묘사하기도 했다.[36] 또한 한강교 폭파의 책임 소재와 관련해 다양한 추론들이 제기되었다.[37]

한국군과 가장 가까운 거리에서 활동하던 군사고문단은 한강교 폭파 사건을 어떻게 기술하고 있을까? 민감한 문제로 인식했기 때문인지 대부분의 미국 전사(戰史)에서는 폭파 과정과 그 결과만을 단순하게 기술하고 있으며,[38] 관련 자료도 확인하기가 어렵다. 그러나 군사고문단 부참모장이었던 그린우드의 다음과 같은 증언은 한강교 폭파와 관련한 문제들에 대해 시사하는 바가 크다.

---

36 이응준, 『회고 90년』, 281~184쪽; 백선엽, 앞의 책, 40~42쪽; 이형근, 『군번 1번의 외길인생』, 56~57쪽; 장도영, 『장도영 회고록: 망향』, 숲속의 꿈, 2001, 196~198쪽.

37 이러한 주장은 언론사들을 통해 제기되었는데, 대표적으로 중앙일보사, 앞의 책, 144쪽과 조선일보사, 『전환기의 내막』, 1982, 348~376쪽을 들 수 있다. 그러나 이러한 주장이 제기될 무렵 관련자들이 모두 작고한 상태여서 확인이 불가능하였다.

38 Robert, K. Sawyer, 앞의 책, 125~126쪽; Roy E. Appleman 저, 육군본부 역, 앞의 책, 40쪽.

27일 밤 12시경 라이트 대령은 우리에게 잠시 휴식을 취하고 28일 오전 4시까지 고문단 사령부로 복귀할 것을 지시하였다. 나는 숙소로 가서 약간의 음식을 먹고 잠자리에 들었다. 내가 침상에 들어간 지 얼마 지나지 않아 세드베리 소령이 전화를 걸어왔다. 그는 분개한 목소리로 한국인들이 지체 없이 한강교를 폭파하겠다고 언급한 사실을 보고했다. 나와 통화할 때 세드베리는 병력과 장비, 보급품들이 철수될 때까지 교량 폭파를 미루어 달라고 김백일 장군과 이야기하고 있는 중이었다. 나는 즉시 육군본부로 갔다. 그곳에서 나는 군수참모부(G-4) 선임고문관 비어만 대령 및 세드베리 중령과 격렬한 논쟁을 벌이고 있는 김 장군을 발견했다. 김 장군은 교량이 지체 없이 폭파되어야 한다는 국무총리 겸 국방장관의 결정이 있었다는 것을 우리에게 알렸다. 우리는 적이 실제로 가까이 올 때까지 교량이 폭파되지 않기를 간절히 열망했다. 우리는 교량의 조기 폭파를 격렬하게 반대했다. 그런 후 그는 떠났으며, 우리는 거의 24시간 동안 그를 보지 못했다. 나는 즉시 라이트 대령의 숙소로 갔다. 내가 육군본부를 떠날 때 거대한 폭발이 있었으며, 교량이 폭파되었다. 그 시각이 오전 1시 35분이었다.[39]

그린우드의 증언은 장교들의 당시 계급과 폭파 시간의 오류를 제외한다면, 매우 사실적으로 묘사되어 있다. 또한 교량 파괴 이후의 상황 설명이 소이어나 애플만의 저서에 그대로 인용되고 있다는 점에서 그의 증

---

39 "Sequence of Events, 0430 25 June 1950-1200 28 June 1950"(Undated), RG 319, Entry No. 181, Office of the Chief of Military History BKGD-Military Adv. Korea : KMAG Peace & War, Box 2.

언은 신빙성이 높다고 평가할 수 있다. 이를 통해 볼 때, 한강교 폭파는 군사고문단과 무관하게 이루어졌으며, 명령은 최소한 국무총리 선에서 이루어졌음을 알 수 있다.

한강교 폭파 이후 군사고문단은 오전 3시에 라이트 대령의 명령에 따라 한강 이남으로의 철수를 시작했다. 군사고문단은 중요 자료들을 소각한 후 가솔린과 식량, 그리고 극히 제한된 개인 물품만을 소지한 채 약 50대 가량의 수송단을 구성하고 광진교로 향했다. 하지만 광진교도 이미 폭파된 이후였기 때문에 군사고문단은 서빙고로 돌아와 한강변에서 뗏목을 타고 강을 건넜다. 군사고문단은 수원에 도착한 후 처지 준장이 지휘하는 극동군사령부 전방지휘소에 소속되었다가 7월 5일 미 제24사단 딘 소장의 통제하에 들어가게 되었다.[40]

2) 전방부대 파견 고문관들의 동향

전쟁 발발 당일 38선에 배치된 한국군 전투부대는 서쪽에서부터 제17독립연대(옹진), 제1사단(개성), 제7사단(동두천), 제6사단(춘천), 제8사단(강릉) 순이었다. 이들 부대에는 전쟁 발발 이전부터 5~17명에 이르는 고문관들이 배치되어 한국군 훈련 및 작전을 지원하고 있었다.[41]

---

40 한강교 폭파 이후의 철수 과정에 대해서는 Robert K. Sawyer, 앞의 책, 128~135쪽 참조.

41 전방부대에 배치된 고문관에 대해서는 제2장 "〈표 2-3〉 한국군 전투부대에 배치된 고문관 수" 참조.

표 3-1 한국군 전투부대 및 선임고문관 현황(1950년 6월 25일)

구분		부대 명칭	예하부대	지휘관	선임고문관
전방부대	옹진반도	제17연대	제1·2·3대대	백인엽 대령	스칼러키(Emil Skalicky) 소령[42]
	개성지구	제1사단	제11·12·13연대	백선엽 대령	로크웰(Lloyd H. Rockwell) 중령
	동두천지구	제7사단	제1·9·25연대	유재흥 준장	비렐로(Joseph W. Bilello) 중령
	춘천지구	제6사단	제2·7·19연대	김종오 대령	맥페일(Thomas D. McPhail) 중령
	강릉지구	제8사단	제10·21연대	이성가 대령	라슨(Gerald E. Larsen) 소령
후방부대	서울지구	수도경비사령부	제3·8·18연대, 기갑연대(육본)	이종찬 대령	페리스(Franklin G. Paris) 중령
	중부지구	제2사단	제5·16연대	이형근 준장	갤러거(James. S. Gallagher) 중령
	영남지구	제3사단	제22·23연대	유승렬 대령	에머리치(Rollins S. Emmerich) 중령

■ 출처 "Lloyd H. Rockwell to Lt Col, Roy E, Appleman"(1954. 5. 21), "James S. Gallagher to Robert K. Sawyer"(1953. 10. 5), "Early History of the Korean War 1950 by Lieutenant Colonel Rollings S. Emmerich"(1953. 11. 20), RG 319, Entry No. 181, Office of the Chief of Military History BKGD-Military Adv. Korea : KMAG Peace & War, Box 2 ; "Colonel Wright to Lt Col McPhail, sub : Letter of Instructions"(1950. 7. 8), RG 338, KMAG, Adjutant General, Decimal File, 1948~53, Box 7.

42 전쟁 발발 당일 옹진반도의 제17연대 선임고문관에 대한 기록은 현재 자료상으로 확인하기가 어렵다. 다만 1950년 7월 8일 스칼러키(Skalicky) 소령이 선임고문관으로 나오는 문서를 고려할 때, 전쟁 발발 당일에도 제17연대 선임고문관이 스칼러키였을 것으로 추정된다("Colonel Wright to Lt Col McPhail, sub : Letter of Instructions"(1950. 7. 8), RG 338, KMAG, Adjutant General, Decimal File, 1948~53, Box 7). 이와 관련해 1950년 7월 3일자 『노동신문』 기사에는 "미군사고문단원 스트락카와 백인엽 연대장은 무기창고와 가솔린탱크들을 소각하고 군용트럭 100여 대와 105밀리미터 포 8문을 바다로 던지고 도주"했다는 기록이 있다(「패주하는 적을 추격하여 해상에서 섬멸! 탁연도구분대의 빛나는 공적」, 『노동신문』(1950. 7. 3), 정병준, 앞의 책, 586쪽 재인용). 여기서 말하는 미군사고문단원 스트락카는 스칼러키를

전쟁이 발발하자 군사고문단 참모들은 몇 개월 전에 수립했던 방어 계획의 실행을 한국인들에게 권고하였다. 이는 옹진반도에서의 철수, 임진강 서쪽 부대의 남쪽 제방으로의 철수, 후방 지역에 주둔하는 예비사단의 북상과 명령에 따른 반격을 요구하는 것이었다. 한국군 총참모장 채병덕 소장은 이에 동의하였으며, 그의 참모들은 즉시 각 사단에 경계경보를 발령했다.[43]

한국군 각 사단에 육군본부의 경계경보가 발령된 것은 오전 8시였다. 이때 육군본부에서는 유·무선통신망을 이용해 경계경보를 발령하고 후방부대의 북상 명령을 하달하였다. 이 명령은 오전 8시에 구두명령으로 전달되었으며, 12시에 작전명령 제84호로 정식 하달되었다.[44] 물론 이보다 2시간 앞서 육군본부에서는 비상사태 돌입을 지시하였지만, 그 내용은 휴가·외출·외박·교육 중인 장병들의 긴급 소집을 발령한 것으로 부대 이동에 관한 사항은 아니었다.[45] 따라서 실제 한국군이 작전계획에 따라 비상조치를 시행한 것은 오전 8시로 보는 것이 타당하다.

한국군에 대한 비상조치가 내려질 무렵 군사고문단에서도 부참모장 그린우드 중령이 고문관들에게 경보를 발하여 원대 복귀할 것을 지시

잘못 발음한 것이 아닌가 생각된다. 미 육군부는 1950년 1월 4일자 명령에서 작전교육참모장교(MOS 2162) 스칼러키 소령(군번 O375312)을 1950년 4월 4일부로 고문단에 배속시켰다("DEPTAR to Chief KMAG"(1950. 1. 4), RG 338, KMAG, AG, Decimal File, 1948-53, Box 7).

43 Robert K. Sawyer, 앞의 책, 119쪽.

44 작전명령 원문 사본은 국방부 군사편찬연구소, 『6·25전쟁사: 북한의 전면남침과 초기방어전투』 제2권, 2005, 806쪽에 수록되어 있다.

45 『작전명령 제83호』(1950. 6. 25. 06:00), 위의 책, 805쪽.

하였다.[46] 그러나 이러한 지시는 고문단 사령부 소속의 고문관들에게만 전달되었으며, 일선 전투부대의 고문관들에게는 전달되지 않았던 것으로 보인다. 25일 오전에 고문단 사령부로부터 메시지를 받았다고 증언하는 한국군 전투부대 소속 고문관은 대전에 주둔하던 한국군 제2사단 선임고문관 갤러거(James S. Gallagher) 중령이 유일하다. 그는 "25일 오전 9시에 고문단 사령부로부터 전선 상황을 처음 들었지만, 이미 1시간 전에 한국군 제2사단 참모들로부터 북한군의 공격 사실을 들었다."고 회고하였다.[47] 또한 대구 주둔 한국군 제3사단의 선임고문관 에머리치 중령은 "오전 11시에 한국인 통역관이 북한군의 38선 월경을 알려주었다."고 하였다. 이를 통해 볼 때, 고문단 사령부의 경보 발령은 오전 9시 이후에 그것도 제한적으로 이루어진 것이 아닌가 생각된다.

고문단 사령부의 경보 발령이나 행동 지침과는 무관하게 38선에 인접한 사단의 고문관들은 개별적으로 행동했음이 각종 증언들을 통해 확인된다. 개전 당일 오전에 옹진반도를 철수한 제17연대를 제외하고 나머지 4개 사단에 배속된 고문관들의 행동 양태는 매우 다양하게 나타난다. 개전 당일 서울로 철수하는 고문관이 있는가 하면, 서울에서 주둔 지역으로 복귀하는 고문관도 있었다. 하지만 38선 인접 사단의 고문관들은 대부분 6월 26일까지 모두 철수한 것으로 확인된다. 이는 27일 오전에

---

46 "Ray B. May to Sawyer"(1954. 2. 11), RG 319, Entry No. 181, Office of the Chief of Military History BKGD-Military Adv. Korea : KMAG Peace & War, Box 2.

47 "James S. Gallagher to Robert K. Sawyer"(1953. 10. 5), RG 319, Entry No. 181, Office of the Chief of Military History BKGD-Military Adv. Korea : KMAG Peace & War, Box 2. 갤러거는 1949년 6월 14일부터 1951년 10월 1일까지 군사고문단에서 활동했다. 그는 수도사단 선임고문관을 거쳐 전쟁 발발 당시 한국군 제2사단 선임고문관으로 복무 중이었다.

발령되는 라이트 군사고문단장 대리의 명령이 있기 전의 일이었다. 각 사단별 선임고문관의 행적을 중심으로 이를 보다 구체적으로 살펴보면 다음과 같다.

우선 개성과 문산 지역을 담당하던 한국군 제1사단의 선임고문관 로크웰(Lloyd H. Rockwell) 중령에 대해 살펴보자. 로크웰은 1949년 11월에 한국군 제1사단 선임고문관으로 부임했으며, 그 전에는 6개월간 강릉의 제8사단 선임고문관으로 근무했던 인물이었다. 개전 당일 그의 행적과 관련해 로크웰 자신은 다음과 같이 증언하고 있다.

> 전쟁 발발 당일 모두가 그러했듯이 나도 서울에 있었다. 백 대령(역자 주: 백선엽 대령)과 나는 절친한 사이였다. 전쟁 발발 전 그와 그의 참모들은 일과 후에 자주 우리 집에 들러 군사 문제 등 여러 가지 이야기들을 나누었다. 그는 종종 나를 자신의 아버지로 소개하곤 했으며, 후에는 '제1사단의 아버지'로 소개하곤 했다. 6월 27일(역자 주: 25일의 오기) 오전 5시에 백 대령과 그의 참모 몇 명이 내 집 문을 두드리고서 북한군의 공격을 알렸다. 내 집에서 백 대령은 자신의 참모들 중 2명을 서울로 보내 사단 장교들을 수소문하게 하였다. 나는 아내에게 제1사단 고문관들에게 북한군의 공격 사실을 알리게 하였다. 백 대령은 제13연대에 사전 준비된 방어진지로 이동할 것을 명령하고서 우리는 문산으로 달렸다. 약 1시간 반 만에 우리는 문산에 도착하였다. …… 군사고문단은 사전에 준비된 신호(Signals)가 있었다. '파이어 사이드(fire-side)'라는 첫 번째 명령은 모든 요원들이 자신의 집으로 돌아가 대기하라는 것이었으며, 두 번째 명령은 가능한 한 빨리 철수하라는 것을 의미하는 것이었다. 내가 생각하기로는 6월 29일 밤늦게 고문단 사령부로부터 유선상으로 한국

인들에게는 알리지 말고 모든 미국인들은 즉시 서울의 미군사령부로 돌아오라는 지시를 받았다. 우리는 그들에게 알리지 않고 떠날 수가 없었지만 서울로 돌아왔다. 그리고 이날 일본으로 소개되었다.[48]

위의 증언에서 로크웰은 개전 당일 오전 5시에 북한군의 공격 사실을 알았으며, 개전 이틀 후에 고문단 사령부로부터 철수 명령을 받고 서울로 철수했다고 하였다. 그러나 당시 제1사단장 백선엽 대령은 로크웰 중령과는 사뭇 다른 주장을 제기한다. 이와 관련해 백선엽은 『군과 나』에서 다음과 같이 기록하고 있다.

1950년 6월 25일 아침 7시경, 사단작전참모 김덕준 소령의 숨가쁜 전화가 내가 받은 6·25전쟁의 제1보였다. …… 전황을 알아보기 위해 육군본부로 갔다. 참모총장실에는 7~8명의 장교들이 선 채로 심각하게 웅성거리고 있었다. …… 차편을 얻을 겸 육군본부 근처의 관사에 사는 1사단의 수석고문관 로크웰 중령 관사를 찾았다. 그는 아무것도 모른 채 집에 있었고 다행히 지프도 있었다. 급보를 전해주고 나는 로크웰 중령이 운전하는 지프를 타고 최경록 대령의 자택이 있는 남대문 쪽으로 향했다. 11연대장 최 대령은 내가 사단을 비우고 있는 동안 선임 연대장으로서 사단장 대리로 근무 중이었다. 이리하여 우리 세 사람은 수색의 사단사령부로 직행하게 됐다. 사단사령부에 도착한 것은 9시경이었다. …… 파주국민학교까지 동행했던 로크웰 중령이 한낮쯤 군사고문단에

48 "Lloyd H. Rockwell to Lt Col, Roy E, Appleman"(1954. 5. 21), RG 319, Entry No. 181, Office of the Chief of Military History BKGD-Military Adv. Korea: KMAG Peace & War, Box 2.

서 철수 명령이 내려 서울로 돌아간다고 말하고 총총히 사라졌다. '미군이 우리를 돕겠다고 하더니 상황이 불리해지니 철수해 버리는구나. 미군에 기대를 거는 것은 이제 절망적이야.' 나는 크게 낙담하며 눈물지은 얼굴로 악수를 나누며 그를 전송했다.[49]

백선엽의 증언에 따르면, 로크웰은 25일 오전 7시 이후에 전황 소식을 접했으며, 9시경에 임진강 방어선을 돌아본 후 점심 무렵에 전선을 이탈한 것으로 된다.

로크웰과 백선엽의 증언을 비교해 보았을 때, 신뢰성 면에서 백선엽의 증언이 보다 더 사실적이라고 할 수 있다. 로크웰의 증언 중 날짜의 오류 문제는 차치하더라도 25일 오전 상황을 상세하게 설명한 것과는 대조적으로 6월 25일 오후부터 7월 초까지의 상황 설명이 없다는 점을 고려하면 "29일 고문단 사령부의 명령에 의해 철수했다."는 그의 주장은 신뢰도가 떨어진다고 할 수 있다.

이러한 사단 선임고문관의 전선 이탈은 강릉의 제8사단에서도 발생했다. 선임고문관인 라슨(Gerald E. Larsen) 소령과 소속 고문관들에 대해 당시 제8사단장이었던 이성가 대령은 25일 저녁에 모두 임의 철수했다고 하였다.

고문관들은 6월 25일 저녁에 간다는 소리도 없이 서울로 가버렸다. 사단 고문은 소령이고, 연대고문은 대위들이었는데, 6·25날 사단으로 모

49 백선엽, 『군과 나』, 대륙연구소 출판부, 1989, 29~31쪽.

였어요. 그래서 어떻게 하겠느냐고 해서 우리는 상부에 의하여 싸울 때까지 싸울 것이라고 했어요. 그 후 그들은 저녁 먹으로 간다고 가서 그냥 모두 서울로 달아난 것이지. 의복과 기타 짐을 그대로 두고서……. 이것이 고문단에 나가 있던 통역들의 보고로 알았지.[50]

하지만 제8사단 소속으로 삼척의 제21연대 고문관이었던 캐슬러(George D. Kessler) 소령은 이와 다른 증언을 하였다.

6월 25일 새벽녘에 강릉의 라슨 소령으로부터 온 무선통신문을 전달받고서 나는 제21연대장과 함께 강릉으로 가기로 결정하였다. 나와 제21연대장은 다음날 오후 늦게 강릉에 도착하였다. 라슨 소령은 내가 전날 삼척 부근으로 상륙한 적에게 포로가 되었을 것이라고 생각했던지 나를 보고서 놀랐다. 이때 라슨은 나에게 한국군 제6사단 선임고문관 맥페일(Thomas D. McPhail) 중령이 무선으로 우리에게 원주에서 합류할 것을 지시했다고 알렸다. 라슨은 소속 부대원들에게 장비를 챙겨 원주로 향하게 하였다. 라슨과 나는 강릉을 떠나기 전 한국군 제8사단장에게 평창-단양-부산으로 이어지는 사단 철수 계획을 조언하였다.[51]

캐슬러 소령의 증언에 따르면, 라슨 제8사단 선임고문관과 소속 고문관들은 6월 26일 오후까지 강릉에 머물렀으며, 한국군 제6사단 선임

50 「이성가 증언」(1965. 3. 9), 전사편찬위원회 증언록 HA01502.

51 Robert K. Sawyer, 앞의 책, 117~118쪽. 이 기록은 소이어가 1954년 2월 24일 캐슬러와 인터뷰한 내용이다.

고문관의 명령에 따라 철수하였다. 이들은 철수 전에 한국군 제8사단의 철수로까지 마련해 주었다는 것이었다. 양자의 증언 중 어느 것이 정확한지는 현재 확인하기가 어렵다. 다만 "한국군 제6사단과 제8사단 출신 고문관들이 지프차로 며칠 밤낮을 달려 부산에 도착했다."는 한국군 제3사단 선임고문관 에머리치(Rollins S. Emmerich) 중령의 증언으로 미루어 볼 때, 제6사단과 제8사단 고문관들은 함께 행동했음이 분명하다.[52] 하지만 이들의 철수도 군사고문단 사령부의 명령에 의한 것은 아니었다.

한편 제6사단 선임고문관 맥페일(Thomas D. McPhail) 중령은 제1사단과 제8사단 고문관들의 초기 행동과는 조금 달랐다. 커밍스(Bruce Cumings)는 개전 전후 맥페일의 행적에 대해서 〈1965년 4월 15일자 리지웨이에게 보낸 서한〉을 이용해 다음과 같이 기술하고 있다.

> 맥페일은 자신이 이북으로 밀파한 남한 출신 첩보원으로부터 풍부한 정보를 입수했다. 그 정보는 북한이 38선 연변의 주민들을 소개시키고 38선 바로 북쪽의 '제한된 지역'에 위장한 탱크와 대포들을 숨겨놓고 있다는 것이었다. 이를 정보참모부에 경고하기 위해 맥페일은 6월 22일 목요일 춘천 인근 한국군 제6사단 지역에 있던 임지를 떠나 서울로 내려갔다. 미국의 정보참모부는 맥페일의 정보를 '대수롭지 않게 생각'했지만 제6사단은 그 정보에 따라 모든 외출 허가를 취소하고 '그 주말에 전 병력을 방어 위치에 배치했다.' 이와 같이 '준비태세'를 갖춤으로써

52 "Early History of the Korean War 1950 by Lieutenant Colonel Rollings S. Emmerich"(1953. 11. 20), RG 319, Entry No. 181, Office of the Chief of Military History BKGD-Military Adv. Korea: KMAG Peace & War, Box 2.

'초기의 공격은 격퇴되었다.'

이 자료에 따르면, 맥페일은 6월 22일 제6사단 지역의 북한군 동향을 보고하러 서울로 향했으며 6월 25일 오전에 춘천으로 돌아왔다.[53] 이에 대해서는 당시 제6사단장 김종오 대령도 "25일 아침까지 서울에 있던 맥페일이 춘천으로 돌아왔다."고 증언하였다.[54] 이를 통해 볼 때, 맥페일이 파악한 북한군 동향에 따라 한국군 제6사단은 장병들의 외출·외박을 제한하고 전 병력을 방어 위치에 배치하였던 것으로 볼 수 있다.

커밍스는 이러한 맥페일의 행동을 통해서 볼 때, 그가 군사고문단 정보장교인 동시에 극동군사령부 한국연락사무소(Korea Liaison Office : KLO)요원이었을 것으로 추정하였다. 하지만 맥페일은 정보 분야 장교일 가능성은 높지만 KLO요원은 아니었던 것으로 보인다. 애보트(Leonard Abott) 중령이 지휘하는 KLO는 극동군사령부가 1949년 6월 서울에 설립한 대북 공작기관으로 "군사고문단과 긴밀한 연락 관계"를 취하지만, 군사고문단과는 별개의 조직으로 운영되었기 때문이다.[55] KLO 소속의 미군 정보요원은 5명이었으며, 애보트 중령 이외에 현재 명단을 확인할 수가 없다. 하지만 맥페일은 고문단에 배속된 이후의 행적이 분명하게 드

---

53 Bruce Cumings, *The Origins of the Korean War volume II* : The Roaring of the Cataract 1947-1950, Princeton University Press, 1990, 582~583쪽.

54 「김종오 증언」(1965. 3. 4), 전사편찬위원회 증언록 HA01164.

55 군사고문단과 KLO의 관계에 대해서는 방선주, 「KLO문서해제」, 『KLO·TLO문서집(미국동군사령부 주한연락소)』 1, 한림대학교 아시아문화연구소, 2000, 2~11쪽; 정용욱, 「한국전쟁 시 미군 방첩대 조직 및 운용」 『군사사연구총서』 1, 국방부 군사편찬연구소, 2001, 41~42쪽; 조성훈, 「전쟁을 전후한 첩보부대의 조직과 활동」 『한국전쟁사의 새로운 연구』 2, 국방부 군사편찬연구소, 2002, 93~97쪽; 정병준, 앞의 책, 654쪽 참조.

러난다. 맥페일이 군사고문단에 배속된 것은 1950년 3월 7일경이었다. 그는 3월 10일 고문단 사령부에서 매월 실시하던 신임고문관 장교 교육에 참석했다. 이날 교육에는 총 15명의 신임 장교들이 참석했으며, 이들은 3월 7일을 전후하여 정식 부임한 장교들이었다. 이러한 신임 장교 교육은 1949년 7월 고문단이 창설된 이후부터 정기적으로 이루어진 월례행사였다. 교육은 고문단원만을 대상으로 하여 이루어졌으며, 교육 내용은 고문단장과 참모장 그리고 일반참모들이 고문단 운영에 관한 전반적인 사항을 간략하게 소개하는 것으로 이루어졌다.[56] 이를 통해 볼 때, 맥페일은 KLO요원이 아니었을 가능성이 높다.

비록 KLO요원은 아니었지만, 전쟁 발발 전후로 한 맥페일의 행동은 그가 정보 분야 장교일 가능성을 크게 한다. 6월 25일 춘천으로 복귀한 맥페일은 제8사단 선임고문관인 라슨 소령과도 긴밀한 연락 관계를 취하면서, 캐슬러의 증언처럼 제8사단 고문관들을 통제했다. 제8사단 선임고문관 라슨 소령은 정보장교로 1950년 7월 8일부터 고문단 사령부 정보참모부장직을 맡은 인물이었다.[57] 이들의 관계는 전쟁 발발 이전부터 매우 긴밀하였는데, 맥페일의 정보 판단에 따라 제8사단도 제6사단처럼 비상경계 조치를 계속 유지하였다.[58] 이러한 행동들을 고려해 보면, 맥

---

56 "Orientation Newly-Assigned Officers"(1950. 3. 6), RG 338, KMAG, Adjutant General, Decimal File, 1948-53, Box 7.

57 "Letter of Instruction"(1950. 7. 8), RG 338, KMAG, Adjutant General, Decimal File, 1948-53, Box 7.

58 "Thomas D. McPhail to Roy E. Appleman"(1954. 6. 28), RG 319, Entry No. 181, Office of the Chief of Military History BKGD-Military Adv. Korea : KMAG Peace & War, Box 2 ; 국방부 군사편찬연구소, 『6·25전쟁사: 북한의 전면남침과 초기 방어전투』, 2005, 565쪽.

페일이 정보 분야 장교였을 가능성에 보다 더 무게가 두어진다. 맥페일은 26일 저녁에 제8사단 고문관들을 원주로 집결시킨 후 그들과 함께 부산으로 철수했다.

북한군의 주공(主攻)이 지향된 한국군 제7사단의 경우 선임고문관 비렐로(Joseph W. Bilello) 중령에 관한 기록은 찾을 수가 없다. 당시 제7사단장이었던 유재흥 준장도 고문관들에 대해서는 "(25일 오전에) 무어 중위가 허겁지겁 달려와 2.36인치 로켓포를 쏘아도 전차가 파괴되지 않는다고 하였다."라는 아주 단편적인 내용만을 증언한다.[59] 소이어 또한 동두천-의정부 지역을 설명하면서 "6월 26일 오전 3명의 고문관이 서울에서 의정부를 향해 떠났는데, 이들의 북상 목적은 한국군 제2사단의 계획된 반격을 관찰하기 위한 것"이었다고 하여 제7사단 고문관들에 대해서는 언급하고 있지 않다.[60] 다만 당시 포천 지역을 담당하던 무어 중위가 언급되고, 제2사단 고문관들이 26일까지 의정부 지역에 남아 있던 것으로 보아 제7사단 고문관들도 최소한 26일 오전까지는 의정부 지역에 있었던 것으로 추정된다. 하지만 이들도 다른 38선 인접 사단들의 고문관들처럼 26일 저녁 무렵에는 전선에서 모두 철수했을 것으로 여겨진다.

이와 같이 전선부대의 고문관들은 6월 25~26일 일본으로의 철수를 위해 대부분 전선에서 이탈한 것으로 나타난다. 이러한 고문관들의 전선 이탈은 27일 오전에 군사고문단장 대리 라이트 대령이 승인한 고문단 철수계획과는 무관하게 이루어진 것이었다. 전투부대에서의 고문관

---

59 유재흥, 『격동의 세월』, 을유문화사, 1994, 121쪽; 「유재흥 증언」(1967. 10. 2), 전사편찬위원회 증언록 HA03894.

60 Robert K. Sawyer, 앞의 책, 116쪽.

철수는 '미국이 한국을 포기했다'라는 인식을 한국군 내에 급속하게 확산시켜 전투력 약화를 가속화시켰다. 이는 한편으로 고문단이 전쟁 전 북한군의 군사력 강화와 38선 전진 배치라는 전쟁 징후를 감지했음에도 불구하고, 군사고문단 내에서는 이것이 결코 전면 전쟁으로 이어지지는 않을 것이라는 '확고한 신념'이 만연되어 있었음을 반증하는 것이기도 했다.

3) 후방부대 파견 고문문관들의 동향

1950년 6월 25일 후방 지역에는 제2사단이 대전에, 제5사단이 광주에, 제3사단이 대구에 각각 주둔하고 있었다. 이들 사단은 2개 연대의 병력을 보유한 예비사단으로 예하부대들은 대부분 후방 지역 게릴라 토벌 작전을 위해 여러 곳에 분산되어 있었다. 육군본부에서는 이날 오전 8시에 제2, 제5사단 전 병력과 제3사단 제22연대 병력을 전선으로 이동시키는 명령을 내렸다.[61] 하지만 이들 후방사단의 실제 병력 이동은 이날 오후부터 시작되었으며, 26일까지도 완료되지 않을 정도로 원만하게 이루어지지 않았다.

대전의 제2사단은 서울 이동 명령이 내려진 지 6시간 후인 오후 2시

61 「육군본부 작전명령 제84호」(1950. 6. 25). 육군본부는 25일 오전 8시에 '작명 제84호'를 하달하였는데, 이에 따르면 제2사단은 안동에 1개 대대만을 남기고 전 병력을 서울로 출동하게 하였으며, 제5사단은 남원에 제15연대 1개 대대, 백운산에 제20연대 1개 대대만을 남기고 모두 서울로 이동하게 하였다. 그리고 제3사단은 제22연대를 서울로 차출하였다.

30분에 이르러서야 대전에 주둔하던 제5연대 제2대대와 사단본부 병력을 열차 편에 탑승시켜 서울로 향했다. 이들이 후방 지역 부대들 중 첫 번째로 전선을 향해 출발한 부대였다.

이와 관련해 당시 제2사단장이었던 이형근 대령은 '오전 10시경'에 긴급사태가 발생했다는 소식을 듣고 즉시 비상소집을 건 후 가용할 수 있는 병력과 더불어 서울로 향했다고 증언한다. 다음은 그가 자신의 회고록에 적고 있는 내용이다.

> 25일 아침 10시경 온양으로 출발하기 위해 준비를 서두르고 있는데 부관 김영찬 대위가 육본에서 긴급 전화가 왔다고 다급하게 뛰어왔다. 전화를 받아보니 김백일 참모부장의 숨막힐 듯한 목소리가 흘러나왔다. "제2사단은 시급히 의정부로 집결해 주십시오. 긴급사태가 났습니다." 순간적으로 나는 이렇게 뱉었다. "전면 공격 아닌가?" 김백일 대령은 유선도청(有線盜聽)을 우려했던 듯 주저주저하면서도 "그런 상황입니다."고 대답했다. …… 우선 가장 출동하기 쉬었던 제5연대 제2대대만을 인솔하고 오후 2시 30분 기차편으로 북상했다.[62]

그의 주장대로라면 제2사단은 육군본부로부터 출동 명령을 늦게 받았지만 최대한의 노력으로 병력을 소집해 서울로 향했다는 것이 된다. 이러한 주장이 사실이라면 육군본부가 오전 8시에 구두로 하달했다는 '작전명령 제84호'는 실재(實在)하지 않는 것이 되며, 개전 당일 육군본부

62 이형근, 『군번1번의 외길인생』, 중앙일보사, 1993, 50쪽.

의 대응에 대한 책임 회피를 위해 누군가가 사후에 조작했을 가능성을 남겨두게 된다. 또한 반대로 그의 주장이 사실과 다르다면, 개전 초기 육군본부의 명령에 신속하게 대응하지 못한 사단장으로서의 책임을 면하기 어렵게 되며, 또 개전 초기의 상황에 대한 그의 증언이 신뢰성을 갖기가 어렵게 된다. 이렇듯 그가 말하는 '오전 10시'는 단순히 시간적인 문제가 아니라 전쟁 초기 한국군의 전반적인 상황을 이해할 수 있는 바로미터가 되기도 한다.

이와 관련해 이형근 대령의 장인으로 당시 광주의 제5사단장이던 이응준 소장은 "25일 아침 8시경에 지급 전보 한 통이 광주에 있는 내 숙사(宿舍)로 날아들었는데, 공산군이 오늘 새벽 38선 전역에 걸쳐 남침을 개시했고, 제5사단은 12시까지 용산에 이동하라."는 명령을 받았다고 회고한다.[63] 또한 당시 제2사단 선임고문관인 갤러거(James S. Gallagher)[64] 중령도 "오전 8시에 한국군으로부터 북한군의 월경 사실을 들었으며, 그로부터 1시간 후인 오전 9시경에 고문단 사령부에서 보낸 메시지를 통해 이러한 사실을 확인했다."고 증언하였다.[65] 갤러거의 증언에 따르면, 제2사단 참모들과 군사고문관들은 이날 오전 8~9시경에 북한군의 38선 월경 사실을 알게 되었다는 것이다.

이를 통해 볼 때 육군본부가 오전 8시에 하달했다는 '작전명령 제

---

63 이응준, 『회고 90년』, 산운기념사업회, 1982, 278쪽.

64 갤러거는 1949년 6월 14일부터 1951년 10월 1일까지 군사고문단에서 활동했다. 그는 수도사단 선임고문관을 거쳐 전쟁 발발 당시 한국군 제2사단 선임고문관으로 복무 중이었다.

65 "James S. Gallagher to Robert K. Sawyer"(1953. 10. 5), RG 319, Entry No. 181, Office of the Chief of Military History BKGD-Military Adv. Korea : KMAG Peace & War, Box 2.

84호'는 실재했던 것으로 보이며, 제2사단장은 그러한 사실을 인지하지 못했거나 또는 자의적으로 묵살했을 가능성을 배제할 수가 없다. 어찌되었든 이는 지휘관으로서의 치명적인 실수임이 분명하다.

제2사단장과 선임고문관 갤러거 중령과의 관계는 매우 불편했던 것으로 보인다. 갤러거는 "제2사단장이 전술 장교가 아니었으며, 전술에 대해서 거의 알지 못했다. 그는 '정치적으로 임명된 자(political appointee)'였다."고 혹평하였다. 나아가 그는 "첫 번째 경계명령[66] 이 발효된 지 8시간이나 지난 후인 오후 2시 30분에야 첫 번째 기차를 출발시켰는데, 이를 두고 참 잘했다고 말할 수 있겠는가?"라고 지적하면서 제2사단장의 지휘에 문제가 있었음을 지적했다.[67]

이렇듯 제2사단은 사단장과 선임고문관 사이의 불편한 관계가 지속됨으로써 27일까지 고문관들이 사단과 연대에 머물러 있었음에도 불구하고 이렇다 할 역할을 수행하지 못했다.[68]

6월 27일 오전까지 한국군 후방부대의 전선 이동이 완료됨에 따라 후방 지역에는 제3사단 소속 고문관들만이 남게 되었다. 제3사단 선임고문관인 에머리치(Rollings S. Emmerich) 중령이 개전 소식을 들은 것은 25일 오전 11시 함안에서였다. 당시 제3사단장 유승렬 대령과 에머리치 선임고문관은 전날 진주에서 있었던 지리산 지역 게릴라 토벌작전 회의

66 갤러거가 말하는 '첫 번째 경계명령'은 오전 6시에 있었던 '장병 긴급소집 명령'인 '육군본부 작전명령 제83호'를 일컫는다.

67 "James S. Gallagher to Robert K. Sawyer"(1953. 10. 5), RG 319, Entry No. 181, Office of the Chief of Military History BKGD-Military Adv. Korea : KMAG Peace & War, Box 2.

68 위의 문서.

를 마치고 대구로 복귀하던 중이었다. 무전 시설을 제대로 갖추지 못한 제3사단장과 에머리치 선임고문관 일행은 제3사단사령부에서 함안경찰서로 전화를 함으로써 개전 사실을 알게 되었다.

개전 당일 제3사단 고문관들은 제23연대 고문관인 풋맨(Gerald Putman) 대위가 부산에, 제23연대 제3대대 고문관인 슬레터(Harold Slater) 대위가 마산에, 제23연대 제1대대 고문관인 모레이(John Morley) 대위가 포항에 있었으며, 제22연대 고문관인 브리튼(Clyde Britton) 소령이 대구에, 제22연대 제3대대 고문관인 윌리암스(William R. Williams) 중위가 청도에, 그리고 제3사단에 배속되어 있던 독립 제1대대와 영등포학원[69]의 고문관인 페그리에리(Mario Paglieri) 중위가 지리산 지역에서 활동하고 있었다.[70] 하지만 개전 당일 제22연대의 서울 차출로 인해 브리튼 소령, 윌리암스와 페그리에리 중위가 서울로 떠남에 따라 제3사단에는 에머리치 중령과 제23연대 고문관들만이 남게 되었다.

에머리치 중령은 자신이 작성한 '1950년 한국전쟁의 초기 역사(Ear-

---

69 독립 제1대대는 일명 '서울유격대'로 1948년 12월 서북청년단을 주축으로 하여 북한의 남파유격대를 소탕하기 위해 창설된 부대였으며, 영등포학원은 1949년 2월 29일 서북청년단원 367명을 기간으로 하여 유격전 임무 수행을 목적으로 창설된 부대였다. 영등포학원은 창설 당시 호림부대로 불렸으나 1949년 8월 13일 영등포학원으로 개칭되었다(국방부 전사편찬위원회, 『안강 · 포항전투』, 1986, 71쪽).

70 "Early History of the Korean War 1950 by Lieutenant Colonel Rollins S. Emerich"(1953. 11. 20), 1~3쪽, RG 319, Entry No. 181, Office of the Chief of Military History BKGD-Military Adv. Korea : KMAG Peace & War, Box 2(이하 '에머리치 문서'라 함). 이 문서는 에머리치가 1953년 11월부터 1954년 1월까지 총 5차례에 걸쳐 소이어(Robert K. Sawyer)에게 보낸 편지에 동봉된 초고로, 분량은 78쪽이다. 각각의 원고가 보내진 날짜는 1953년 11월 20일(1~13쪽), 12월 1일(14~26쪽), 12월 3일(27~41쪽), 12월 28일(42~58쪽), 1954년 1월 13일(59~78쪽)이며, 소이어가 이를 종합하여 묶은 것이다. 이 원고에는 1950년 6월 22일부터 8월 초까지 한국군 제3사단과 관련된 내용이 자세하게 소개되어 있다. 전쟁 초기 경상도 지역의 상황을 이해하는 데 매우 중요한 자료라고 할 수 있다.

ly History of the Korean War 1950)'라는 글에서 당시의 대구 분위기를 다음과 같이 기술했다.

> 25일 밤부터 대구는 불안과 흥분으로 가득했다. 북쪽에 대한 정보가 빈약했기 때문에 북한군이 얼마만큼 남하했는지 누구도 알지 못했다. 경찰을 통해 들어오는 대부분의 보고들은 막연하고 부정확한 것들이었으며, 시중에는 유언비어가 난무했다. 나는 대구의 치안 문제를 논의하기 위해 그날 밤 경상북도 도지사, 제3사단 참모진, 경상북도 경찰청장과 그의 고문관인 길로리(Kirby Guillory) 소령 그리고 대구의 주요 인사들과 수차례 회합을 가졌다. 이날 밤늦게 고문단 사령부로부터 미국인들을 일본으로 후송 조치하라는 지시가 있었다. 이에 따라 다음날 아침에 모두 대구에서 부산으로 후송하였다. …… 그리고 나와 제23연대 고문관들도 27일 오전 8시에 전달된 무초 대사의 부산 집결 메시지를 받고 12시에 대구를 떠났다.[71]

6월 27일 대구에서 부산으로 이동한 제3사단 선임고문관 에머리치는 극동군사령부와의 연락을 담당할 목적으로 6월 28일 임시군사고문단 사령부(Provisional Korean Military Advisory Group Headquarters)를 설치하였다. 임시군사고문단은 고문단 사령부의 명령에 의해 설치된 것은 아니었지만, 7월 1일 수원에 처치 준장이 지휘하는 극동군사령부 전방지휘소(ADCOM)가 설치될 때까지 실제로 극동군사령부의 정보연락사무소 역

71 "에머리치 문서"(1953. 11. 20), 4~5쪽.

할을 수행했다.

에머리치는 6월 28일 오전에 '일반명령 제1호'로 부산의 임시군사고문단 설치를 공표하였으며, 곧바로 '특별명령 제1호'를 발령해 주요 보직자들을 선임하였다. 이에 따라 길로리(Kirby Guillory) 소령이 부단장으로 임명되어 경상도 지역 경찰들과 부산시 공무원들에 대한 연락 업무를 담당하게 되었으며, 인사참모로 웰스(Gray Wells) 대위, 정보참모 겸 제23연대 고문관으로 풋맨(Gerald Putman) 대위, 작전참모로 모레이(John Morley) 대위, 군수참모 겸 제23연대 제3대대 고문관으로 슬레터(Harold Slater) 대위가 임명되었다. 또한 경찰고문관이었던 핀치(Charles Finch) 소령과 글래스(Walter Glass) 대위가 각각 수송장교와 헌병대장을 맡았으며, 경제협조처(ECA) 직원들도 임시군사고문단에 소속되었다. 경제협조처 직원인 노팅햄(Milton Nottingham)과 네쉬터(Albert Neschter)는 항만 운영을 책임지게 되었으며, 번스(James Burns)는 해군 연락장교의 지위를 부여받았다. 그리고 라이너(Thomas Reiner)는 에머리치와 한국군 제23연대장 김종원 대령을 자문하는 군수자문관(Logistical Advisor)으로 임명되었다. 또한 이날 오전 4시에 부산항을 떠날 예정이던 류케스(Letetsia Lykes) 호에 승선한 고문관들이 하선되어 임시군사고문단에 편성되었다.[72]

규모는 비교적 작았지만, 부산의 임시군사고문단은 이 시기 극동군사령부와 긴밀한 연락 관계를 취하면서 각종 정보를 제공하였다. 극동해군은 임시고문단과 접촉을 유지하면서 동해안 도로의 목표물에 대한 함포지원을 제공하였으며, 극동군사령부 정보참모부는 한반도 상황에 대

72 "에머리치 문서"(1953. 12. 1), 13~14쪽.

한 조그만 정보라도 얻기 위해 임시고문단과 계속해서 연락을 취했다. 임시고문단에서는 매일 두 차례에 걸쳐 확인 가능한 지역의 날씨 정보를 극동공군의 이타츠케(板付) 기지로 송신하였다.[73]

임시고문단 사령부는 6월 28일 한국군 제6사단과 제8사단 소속 고문관들이 부산에 도착함으로써 빠르게 확장되었다. 6월 29일 부산의 임시고문단 규모는 22명의 장교와 34명의 사병, ECA 직원 6명, 의사 2명 등 총 64명이었다. 임시고문단이 확장되자 이날 에머리치는 '특별명령 제2호'를 통해 임시고문단을 재편하였다. 우선 대전의 군사고문단 사령부로 상황보고를 하기 위해 제6사단 선임고문관 맥페일(Thomas McPhail) 중령을 비롯해 홀트(Robert Holt) 소령과 보나파르트(Martin Bonaparte) 대위를 대전으로 보냈으며, 대구의 제3사단과 대구지방경찰청을 지원하기 위해 슬레터(Harold Slater) 대위와 스모더스(Odell Smothers) 대위, 그리고 길로리 소령을 전직(前職)에 복귀시켜 대구로 보냈다.[74]

임시군사고문단은 6월 30일 당시 대전에 위치하던 군사고문단 사령부와 연락이 닿으면서 자연스럽게 제3사단 고문단 지부로 환원되었다. 비록 실질적인 활동 기간이 이틀에 불과했지만, 임시군사고문단은 고문단 사령부를 대신해 극동군사령부와의 지속적인 연락 관계를 유지하면서 한반도에 대한 정보를 제공하는 중요한 통로 역할을 했다.

'임시군사고문단'이라는 공식 명칭은 사라졌지만, 에머리치 중령이 지휘하는 한국군 제3사단 고문단 지부는 한국군 지원과 후방 지역 안정

73 "에머리치 문서"(1953. 12. 1), 15쪽.

74 "에머리치 문서"(1953. 12. 1), 16~17쪽.

화라는 고유 업무 이외에 주일 미군의 한반도 이전에 따른 지원 업무와 극동 미 해·공군의 작전지원이라는 추가 업무를 담당하게 되었다. 특히 7월 1일부터 미 지상군이 부산을 통해 들어오면서 제3사단 고문관들은 이들을 위한 철도 수송 체계를 마련하는 등 근무지원에 동원되었으며,[75] 극동공군의 항공기와 극동해군의 함포사격을 유도하는 전방항공통제관이나 함포사격통제관의 역할을 수행하기도 했다. 또 고문관들은 통역관을 대동하고 북한군 포로 심문을 담당하기도 했으며, 비행장 경비 감독도 그들의 몫이었다.[76]

2. 군사고문단의 전선 복귀와 고문단 확장

1) 고문단의 전선 복귀와 조직 재편

1950년 6월 27일 일본으로 철수한 약 400명의 고문관들이 한국으로 다시 돌아온 것은 7월 2일이었다. 이 날은 미국이 한국전에 미 지상군을 투입한 다음날이었다. 이보다 앞서 극동군사령부에서는 27일 처치 준장이 지휘하는 15명의 조사단을 수원으로 파견해 극동군사령부 전방지

---

75 미 지상군 1진이 부산에 도착한 것은 7월 1일 오후였다. 이들은 스미스 특수임무부대(부대장: Charles B. Smith 중령)로 잘 알려진 미 제24사단 제21연대 제1대대 병력이었다. 이날 수송기를 타고 오후 늦게 부산에 도착한 이들은 한국군 제3사단 선임고문관 에머리치 중령으로부터 전선 상황을 들은 후 고문단에서 제공한 2명의 통역관을 대동하고 열차 편으로 북상하였다.

76 이러한 사례에 대해서는 "에머리치 문서"(1953. 12. 3), 27~30쪽, 32~40쪽 참조.

휘소(ADCOM)를 설치하게 하였으며, 이들로 하여금 군사고문단과 한국군의 작전을 실질적으로 통제하게 하였다. 그리고 미국 정부에서는 6월 27일과 30일 각각 미 해·공군과 미 육군의 투입을 결정하였다.

일본으로 철수한 고문단원들의 한국 복귀는 한국 전선에 처음으로 투입될 예정이었던 미 제24사단 딘(William F. Dean) 사단장의 지시에 따른 것이었다. 당시 일본으로 철수한 군사고문관들은 일본 규슈(九州) 고쿠라(小倉)의 미 제24사단 주둔지에 머물고 있었다. 한국으로의 복귀 명령이 내려지자 고문관들은 7월 1일 오전 2시에 고쿠라 기지를 출발해 오전 6시에 후쿠오카(福岡) 항에 도착했다. 그리고 그곳에서 개전 이후 극동군사령부의 첫 탄약 수송선인 키슬리(Sergeant Keathley) 호에 승선해 오후 2시에 일본을 출발했다. 이들은 7월 2일 오전에 부산항에 입항한 후 고문단 사령부가 있는 대전으로 향했다.[77]

1949년 6월 30일 제5연대전투단의 철수 이후 약 1년 만에 미 전투부대가 복귀함에 따라 군사고문단의 지휘 관계도 새롭게 정립될 수밖에 없었다. 미 제24사단장 딘 소장은 7월 3일 한국에 도착하여 극동군사령관 맥아더의 지시에 따라 주한 미군의 지휘권을 장악하고 대전에 주한미군사령부(USAFIK)를 설치했다. 아울러 그는 7월 4일부로 고문단의 작전 지휘권도 맡게 되었다. 이로써 군사고문단은 주한미사절단(AMIK)의 일부로 주한미대사의 통제를 받던 것에서 벗어나 주한미군사령관의 작전 통제하에 놓이게 되었다. 이때 고문단 사령부 요원 중 일부가 미 제24사

77 "에머리치 문서"(1953. 12. 1), 24~25쪽.

표 3-2 육군 재편성 후 부대 편성(1950. 7. 5)

부대		지휘관	편성 부대	편입 부대
제1군단		김홍일 소장	수도·제1·2사단	
재편성 부대	수도사단	이준식 준장 김석원 준장(7월 7일부)	제1·8·18연대	제3·9연대
	제1사단	백선엽 대령	제11·12·13연대	제15·22연대
	제2사단	이한림 대령	제5·16·20연대	제25연대
기존 사단	제6사단	김종오 대령	제2·7·19연대	
	제8사단	이성가 대령	제10·21연대	
육본 직할	기갑연대	유흥수 대령	제1·2·3대대	
	제23연대	김종원 중령	제1·2·3대대	
	제17연대	김희준 중령	제1·2·3대대	

■ 출처 국방부 군사편찬연구소, 『6·25전쟁사: 한강선 방어와 초기 지연작전』 3권, 2006, 257쪽.

단의 일반참모 및 특별참모부로 소속이 전환되었다.[78]

미 제24사단장의 통제하에서 고문단 사령부가 실시한 첫 번째 조치는 전투부대 소속 고문관들의 원대 복귀였다. 각 사단별로 고문관 복귀 일자는 확인할 수 없으나 한국군 제8사단의 사례를 볼 때, 7월 4~5일경에 이루어진 것으로 보인다. 당시 한국군 제8사단장 이성가 대령은 "제천에 가서 이틀 있으니까 부대를 떠났던 고문관들이 돌아왔다."고 증언하

78 Robert K. Sawyer, 앞의 책, 135쪽.

였다.[79] 제8사단이 제천으로 철수한 것이 7월 2일이었으며,[80] 그로부터 '이틀 후'라고 말하는 것으로 보아 고문관들이 사단에 복귀한 것은 7월 4일경이었다. 한국군 제8사단이 대전의 고문단 사령부로부터 가장 먼 거리에 위치하고 있었다는 점을 고려하면 다른 사단도 이와 비슷한 시기에 고문관들의 복귀가 있었을 것으로 판단된다.

고문관들이 원소속의 한국군 사단으로 복귀할 무렵 한국군은 대폭적인 조직 개편이 이루어지고 있었다. 7월 5일 한국군은 전쟁 발발 전에 8개였던 사단을 5개로 줄이고, 이를 지휘하는 군단사령부를 설치하였다. 개전 초기부터 전투력을 비교적 온존하고 있던 중동부 전선의 제6사단과 제8사단을 제외하고 나머지 사단들은 모두 재편성되었다. 특히 제3, 제5, 제7사단이 해체되어 수도, 제1, 제2사단에 흡수되었다.[81]

한국군 사단의 조직 개편에 따라 군사고문단도 재편 작업에 착수했다. 라이트 고문단장 대리는 7월 8일 맥페일(Thomas D. McPhail) 중령을 제1군단 선임고문관에 임명하고, 각 사단 선임고문관과 연대고문관에 대한 전면적인 재조정을 실시했다. 〈표 3-3〉에서 보는 바와 같이, 한국군 수도사단과 제17연대를 제외하고 선임고문관 전원이 교체되었다. 또한 이 날 실시된 고문단 조직 재편에서는 북한군의 동향 파악을 위해 정보참모부가 강화되었던 것으로 보인다. 이러한 사실은 개전 당일 한국군 제8사단 선임고문관이었던 라슨(Larson) 소령이 군사고문단 정보참모부장으로 이동하고, 청주의 한국군 제1군단에 소속되었던 와시번(William R. Wash-

79 「이성가 증언」(1965. 3. 9), 전사편찬위원회 증언록 HA01502.

80 국방부 군사편찬연구소, 『6·25전쟁사: 한강선 방어와 초기 지연작전』 3권, 2006, 560쪽.

81 국방부 군사편찬연구소, 위의 책, 254~257쪽.

표 3-3 한국군 군단·사단 배속 선임고문관 (1950. 6. 25, 7. 8)

부대 명칭	1950년 6월 25일	1950년 7월 8일
제1군단	군단 존재하지 않음	맥페일(Thomas D. McPhail) 중령
수도사단	페리스(Franklin G. Paris) 중령	페리스(Franklin G. Paris) 중령
제1사단	로크웰(Lloyd H. Rockwell) 중령	도노반(Mike C. Donovan) 소령
제2사단	갤러거(James. S. Gallagher) 중령	밀러(LeRoy B. Miller) 중령
제3사단	에머리치(Rollins S. Emmerich) 중령	사단 해체
제5사단	밀러(LeRoy B. Miller) 중령	사단 해체
제6사단	맥페일(Thomas D. McPhail) 중령	로크웰(Lloyd H. Rockwell) 중령
제7사단	비렐로(Joseph W. Bilello) 중령	사단 해체
제8사단	라슨(Gerald E. Larsen) 소령	마호니(Mahoney) 중령
제17연대	스칼러키(Emil Skalicky) 소령	스칼러키(Emil Skalicky) 소령

■ 출처 "Colonel Wright to Lt. Col. McPhail, sub : Letter of Instruction"(1950. 7. 8), RG 338, KMAG, AG, Decimal File, 1948-53, Box 7.

burn) 소령과 에이스(Drexel M. Ace) 대위가 대전의 고문단 사령부 정보참모부로 자리를 옮긴 것에서 짐작할 수 있다.[82]

이러한 고문단 내부의 조직 재편과 더불어 고문단 사령부에서는 기존의 공식적인 임무를 종료하고 한국군의 재편성과 작전지원에 주력하는 것으로 임무를 전환하였다. 1950년 7월 8일 라이트 대령은 고문관들에게 다음과 같은 명령을 내려 고문단의 주요 임무가 한국군의 작전지원

82 "Colonel Wright to Lt. Col. McPhail, sub : Letter of Instruction"(1950. 7. 8), RG 338, KMAG, AG, Decimal File, 1948-53, Box 7.

임을 분명히 했다.

초기 작전 기간 동안에 군사고문단은 불확실한 상황으로 인해 필요할 경우에 한해서 고문단 순회팀들(roving teams)을 활용하였다. 이는 고문단이 제자리를 찾을 때까지의 임시방편이었다. 현재 고문관들의 배치는 본래의 운영방식대로 제자리를 찾았으며, 고문단 부관감실에서 맡고 있다. 아직까지 순회 활동을 하는 고문관들에게는 가능한 한 빨리 보직을 부여할 것이다. 한국군 부대들은 재편성과 재장비되고 공세작전 단계로 나가기 전에 어떠한 희생을 치르더라도 방어선을 형성, 유지하는 데 불굴의 의지를 발휘하도록 주입시키는 것이 절실한 상황이다. 그대들의 상대역(Counterpart)에게 이것을 강력하게 주지시키는 것이 그대들의 주된 임무이다. 사실상 그대들이 한국군 부대를 지휘(command)한다.[83]

라이트 고문단장 대리의 명령에 따라 고문단 인사참모인 버트 중령이 작성한 이 비망록은 6월 27일 고문단 철수 명령 이후 11일 만에 고문단 사령부에서 소속 고문관들에게 보낸 첫 번째 명령이었다. 이 문서에 따르면, 7월 8일경에 이르러 전쟁 전의 상태는 아니더라도 고문단이 어느 정도 안정을 되찾았음을 보여준다. 이는 7월 6일부터 고문단의 실제 병력이 파악되어 미 육군부에 보고되는 것에서도 확인된다. 7월 7일자 극동군사령부가 미 육군부에 보내는 '일일 정기보고서'에는 고문단의 총인원

83 "Memorandum from R. L. Butt Jr. to all KA Advisors, KMAG"(1950. 7. 8), RG 338, KMAG, AG, Decimal File, 1948-53, Box 7.

을 장교 176명, 사병 272명 등 총 448명으로 기록하고 있다.[84]

이 시기 군사고문단이 안정화를 추구할 수 있었던 것은 유엔에서 미군의 참전을 공식 승인한 것과도 무관하지 않다. 1950년 7월 1일 미 지상군을 파견한 미국은 소련과 중국의 개입 여부가 드러나지 않은 상황에서 독자적인 군사행동이 불러올 세계 여론의 악화를 우려하고, 또 이것이 소련에게 개입의 구실을 제공할 수도 있다고 판단했다. 이러한 문제들을 해결할 수 있는 방안으로 미국은 유엔을 통해 한국전 참전의 정당성과 세계 여론의 지지를 확보하고자 했다.

1950년 7월 5일 미 국무부는 유엔에 제출할 〈연합군 형성지침 결의안〉의 초안을 미 합참에 전달하고서 군사적인 측면에서의 논평을 요구했다. 결의안 초안은 한국전에 참전하는 모든 군대를 연합군사령부가 통제하고, 연합군사령관은 미국 정부가 지명하며, 연합군사령관이 유엔 안보리에 '정기보고서(periodic report)'를 제출하도록 하는 내용으로 이루어졌다.[85]

전쟁 발발 직후부터 연합지휘체계를 검토해 온 미 합참은 미 국무부의 초안 중 '정기보고서'의 제출이라는 항목을 "미국 정부가 필요하다고 판단될 경우에 보고서를 제출한다."라고 수정해야 하며, 유엔이 직접

---

84 "To DEPTAR From CINCFE"(1950. 7. 7), RG 330, Entry No. 208, Korea Teletype Conference July 1950. 극동군사령부가 미 육군부로 보내는 일일보고서에는 병력의 증감 현황을 자세하게 적고 있다. 고문단과 관련한 기록은 1950년 7월 7일~8월 26일까지 나타나며, 8월 27일부터는 미 제8군사령부 병력에 포함시켜 적고 있다. 1950년 7월 7일~8월 26일의 고문단 병력 현황은 〔부록 11〕 "1950년 7월 7일~8월 26일 군사고문단 병력" 참조.

85 James F. Schnabel & Robert J. Watson 저, 국방부 전사편찬위원회 역, 『미국합동참모본부사: 한국전쟁』(上), 1991, 109쪽.

유엔군을 지휘하는 형태가 되어서는 안 된다는 견해를 피력했다.[86] 이러한 미 합참의 견해는 유엔 안보리가 유엔군의 작전활동을 책임질 경우에 미국의 의도와는 상반된 결과를 초래할 수도 있다는 인식에 따른 것이었다. 따라서 미 합참은 유엔 안보리와 유엔군사령부 사이에는 어떠한 직접적인 접촉도 있어서는 안 되며, 반드시 미국 정부를 통해서만 유엔군의 활동 상황이 유엔 안보리에 전달되어야 한다고 제안했던 것이다.

미 국무부는 합참의 제안을 반영한 수정된 결의안을 작성해 트루먼 대통령의 승인을 받아 유엔 안보리에 보냈다. 7월 7일 유엔 안보리는 미국이 준비한 결의안을 수정 없이 통과시켰다.[87] 이에 따라 미국은 7월 8일 당시 극동군사령관으로 있던 맥아더를 유엔군사령관에 임명하고 극동군사령부 자체를 유엔군사령부로 전환시켰다.[88]

7월 8일을 기점으로 유엔군사령부가 실질적으로 운영되고 군사고문단도 정비 작업을 일단락 지었지만 전선의 상황은 미군과 한국군에 계속해서 불리하게 전개되었다. 이에 7월 11일 군사고문단은 대전에 있던 고문단 사령부 요원들 중 50퍼센트를 대구로 보냈으며, 7월 14일에는 대전의 고문단 사령부를 공식적으로 폐쇄하였다.[89]

---

86 이와 관련해 합참은 7월 3일 유엔 사무총장 리(Trigve Lie)가 제안한 '한국지원협조위원회를 통한 유엔군의 지휘 제안'을 강력하게 반대해야 한다고 덧붙였다(James F. Schnabel 저, 육군본부 군사연구실 역, 『유엔군 전사: 정책과 지도』 제3집, 1974, 143~144쪽).

87 "1950년 7월 7일 유엔 안전보장이사회 결의안"(1950. 7. 7), *FRUS 1950*, vol. Ⅶ, 329쪽.

88 "히커슨 유엔문제 국무차관보가 국무장관에게"(1950. 7. 8), *FRUS 1950*, vol. Ⅶ, 333~335쪽. 공식적으로 '유엔군사령부'가 설치된 것은 1950년 7월 25일이었지만, 맥아더가 유엔군사령관으로 임명된 후 곧바로 극동군사령부가 유엔군 지휘본부의 역할을 수행하였다.

89 Robert K. Sawyer, 앞의 책, 137쪽.

한편 유엔군사령관에 임명된 맥아더는 7월 13일 주일 미 제8군사령관 워커(Walton H. Walker)를 한국에 보내 주한 미 지상군의 작전지휘를 담당하게 하였다. 그리고 맥아더는 7월 14일 한국 정부로부터 한국군의 지휘권을 이양받아 미 제8군사령관에게 그 권한을 위임하였다. 당시 이승만 대통령은 맥아더 장군에게 공한을 보내 한국군의 지휘권을 이양하였는데, 이는 전쟁 기간 동안 유엔군사령부가 한국군의 지휘권을 보유하는 유일한 법적 근거가 되었다.[90]

한국군의 지휘권 이양 문제가 정식으로 거론된 것은 7월 7일 유엔 안보리의 유엔군 창설 결의 이후였으며, 한국 정부의 자발적 의사에 따른 조치였다는 것이 일반적으로 널리 알려져 있다.[91] 하지만 이와는 조금 다른 견해들도 제기된다. 당시 외무부장관 임병직은 극동군사령관 맥아더 장군이 한국 전선을 시찰하기 위해 수원비행장에 도착한 6월 29일 이 문제가 논의되었다고 하였다. 그는 "이승만 대통령과 맥아더 장군이 비행장 한 모퉁이에서 20여 분간 단독 밀담을 나누었는데, 이 자리에서 맥아더 장군은 한국군의 지휘권을 도쿄의 극동군사령부가 대행하는 데 양해해 줄 것을 요구했고, 이에 대해 이승만 대통령은 선뜻 승낙했다."고 회고한다.[92] 또한 지휘권 이양에 관한 문서 초고를 주한미대사가 작성했다는 견해도 있다. 전 주한미대사관 정무참사였던 핸더슨은 "지휘권 이

---

90 Mark W. Clark, *From the Danube to the Yalu*, 1954, 168~170쪽; 국방부 전사편찬위원회, 『국방조약집』 제1집, 629쪽.

91 Roy E. Appleman 저, 육군본부 역, 『낙동강에서 압록강까지』, 92쪽; 국방부 전사편찬위원회, 『한국전쟁』, 1987, 66~67쪽; 국방부 군사편찬연구소, 『6·25전쟁사: 금강-소백산맥선 지연작전』, 2008, 29~31쪽.

92 박실, 『한국외교비사』, 정호출판사, 1984, 193쪽.

양에 관한 편지는 명백히 모두 미국이 초고를 잡아 준 것"이라고 하였으며, 무초 대사도 "자신이 직접 미 제24사단 전방지휘소에 가서 문안을 타이핑하고 정리한 다음 그 사본을 이 대통령에게 전달했다."고 하였다.[93] 이를 정리하면, 한국군 지휘권의 이양 절차는 미국이 주도하였으며, 그 중간 역할을 무초 대사가 담당한 것으로 볼 수 있다.

한국군의 지휘권 이양은 당시 총참모장 정일권 소장이 지적했듯이 '유엔군과의 연합작전을 위한 불가피한 결정이었음'에는 이론의 여지가 없다. 하지만 그 내용을 살펴볼 때, '지휘권 이양'은 단순히 '작전권'을 이양하는 것 그 이상이었다. 이는 정일권 총장도 우려했던 부분이었다. 7월 9일 정일권 총장은 이승만 대통령과의 면담에서 대통령이 "정 장군은 어떤 점이 걱정되는가"라고 묻자, "지휘권이라고 하셨습니다만, 우리 국군의 자체 편제라든지 인사 문제는 절대로 보장되어야 할 것입니다."라고 하였다.[94]

맥아더 장군에게 보낸 공한에서 이승만 대통령은 "…… 현 작전상태가 계속되는 동안 일체의 지휘권을 이양하며, 이러한 지휘권은 귀하 자신 또는 귀하가 한국 내 또는 한국 근해에서 행사하도록 위임한 기타 사령관이 사용할 것"이라고 하였다.[95] 이 공한에서 표현하고 있는 '일체의 지휘권'을 우리는 일반적으로 '작전지휘권' 또는 '작전통제권'과 동일한 개념으로 파악한다. 그러나 '지휘권(Command Authority)'은 '작전지휘(Op-

---

93 임재동·최정미, 「미국의 전쟁전략과 전쟁정책」 『한국전쟁의 이해』, 역사비평사, 1990, 211쪽; 박실, 위의 책, 194쪽.

94 정일권, 『정일권회고록: 전쟁과 휴전』, 정호출판사, 1986, 193쪽.

95 국방부 전사편찬위원회, 『국방조약집』 제1집, 1981, 629쪽.

erational Command)' 또는 '작전통제(Operational Command)'와는 다소 차이가 있다. 작전지휘나 작전통제의 권한에는 군수 및 행정, 인사에 관한 권한이 포함되지 않는 반면에 지휘권에는 군수, 행정, 인사에 관한 권한까지도 포함하는 것이 일반적이다.[96] 지휘권은 이처럼 막강한 권한을 포함하고 있기 때문에 같은 나라의 군대 내에서 타 군종에 일부 병력을 지원하는 경우에도 지휘권을 부여하는 경우는 거의 없다. 그럼에도 한국 정부는 유엔군에 절대적으로 의존할 수밖에 없었던 절박한 상황에서 자의적이건 타의적이건 간에 어쩔 수 없이 그 권한을 이양할 수밖에 없었다.

한국군의 지휘권은 7월 17일 유엔군사령관의 명령에 따라 육군은 미8군사령관이, 해·공군은 미 극동 해·공군 구성군사령관이 각각 담당하게 되었다.[97] 이에 따라 한국군의 자문 역할을 담당하던 군사고문단도 자연스럽게 미8군사령관의 통제하에 놓이게 되었다. 이때 군사고문단은 미 육군부로부터 공식적으로 소속 전환을 명령받지 않았기 때문에 미8군의 예하부대는 아니었으며, 단지 임시방편으로 미8군사령관을 대신해 한국군의 작전·훈련·연락·감독 임무를 수행하게 되었다.[98]

---

96 '작전지휘'와 '작전통제'는 동의어이나 상호 교체해서 사용하지는 않는다. 작전지휘가 통합군 및 특수군 사령관에 의해서 행사되는 권한의 정도인 데 반하여, 작전통제는 타군 지휘관들(특히 합동군 지휘관)에 의해서 행사되는 권한의 정도를 나타낸다. 두 권한 모두 예하부대 지휘관들이 도움을 요청할 때를 제외하고는 행정, 군기, 내부 편성 및 부대훈련, 군수 등에 관한 사항은 포함되지 않는다(김광석, 『용병술어연구』, 병학사, 1998, 427~428쪽).

97 국방부 군사편찬연구소, 『6·25전쟁사: 금강-소백산맥 지연작전』 4권, 30쪽.

98 Alfred H. Hausrath, *The KMAG Advisor(U): Role and Problems of the Military Advisory in Developing an Indignous army for Combat Operations in Korea*, Operations Research Office, The John Hopkins University, 1957, 9쪽. 문서상으로 군사고문단은 1950년 8월 29일 극동군사령부에 예속되었으며, 1951년 1월 10일 공식적으로 미 제8군의 단위부대가 되었다. 하지만 1950년 7월 13일 미 제8군사령관이 모든 주한미육군의 작전지휘권을 위임받게 되면서 사실상 군사고문단도 미 제8군사

2) 한국군의 역할 확대와 고문단 확장

극동군사령부의 고문단 인식과 재편 논의

전쟁 발발 이전부터 한국 정부는 미국이 NSC 8/2에서 규정한 6만 5000명 규모의 한국군 상한선과는 무관하게 병력을 10만 명으로 늘리고, 정규군 이외에 대한청년단을 근간으로 한 약 20만 명의 청년방위대를 창설하였다. 이와 같이 미국의 지원과는 별도로 한국 정부의 독자적인 군사력 증강 노력은 전쟁이 발발한 이후에도 그대로 이어졌다.

1950년 7월 26일 정부는 대통령 긴급명령 제5호로써 군 작전상 필요한 군수 물자·시설 또는 인적자원을 징발(徵發) 또는 징용(徵用)함을 목적으로 하는 「징발에 관한 특별조치령」을 공포하고,[99] 학생과 청년들을 가두에서 대대적으로 모집하여 전선에 투입함으로써 군사력 증강을 위한 자구책을 마련해 나갔다. 그리고 국회도 7월 29일 한국군에 대한 무기 제공과 병력 증강을 요구하기 위해 '무기교섭사절단'을 극동군사령부에 파견할 것과 재일동포들로부터 무기 구입 자금을 모금하기 위해 '국회대표단'을 일본에 파견할 것을 결의했다.[100]

정부의 자체적인 한국군 전력 증강을 위한 노력에도 불구하고 이를 실현시키기 위해서는 미국으로부터의 군사원조가 반드시 필요했다. 따

령관의 통제하에 놓이게 되었다(Kenneth W. Myers, *United States Military Advisory Group to the Republic of Korea : KMAG's Wartime Experience 11 July 1951 to 27 July 1953*, Office of the Military history Officer H.Q. Us Army, Japan, 1958, 20쪽).

99 대한민국 국회사무처, 『국회사: 제헌·2대·3대 국회』, 1971, 374~375쪽.

100 위의 책, 387~388쪽.

라서 정부는 한국군의 증강과 무기 지원을 요청하기 위해서 미국과의 접촉을 끊임없이 시도했다. 9월 9일 주미대사 장면은 미 국무부 극동문제 담당 차관보 러스크를 방문해 청년방위대의 무장을 요구했다.[101]

그러나 이러한 한국 정부의 요구는 한국군에 대한 맥아더의 부정적인 시각에 따라 별다른 실효를 거두지 못했다. 7월 17일 맥아더는 극동군 사령부 참모들이 작성한 〈한국군 재무장과 지원에 관한 보고서〉에 근거하여 현재 5개 사단으로 구성된 한국군을 4개 사단으로 재편하고 이들에게만 병참지원을 제공할 것이라고 결정하였다.[102]

한국군에 대한 맥아더의 부정적인 시각과 병참지원의 제한(制限) 결정은 다음과 같은 세 가지 이유에서 비롯되었다고 할 수 있다. 첫 번째 이유로는 한국군을 절대적으로 신뢰하지 않았던 점을 들 수 있다. 당시 ADCOM 단장으로 있던 처치 준장의 다음과 같은 표현은 미군 지휘관들이 한국군을 어떻게 생각하고 있었는가를 잘 보여준다. 처치는 6월 28일 수원에서 미 대사관 1등 서기관 노블(Herald Noble)에게 "한국군이나 그 지휘관들의 능력을 전혀 알 수가 없고 믿을 수도 없으며, 한국군 전체보다도 차라리 뉴욕시의 경찰관 100명을 데려다 지휘하는 게 낫겠다."[103] 고 말할 정도로 한국군에 대해 격한 불만을 표시했다. 이는 1년 전 한국군 훈련 상황을 조사한 후 "1949년 6월의 한국군은 1775년(독립전쟁 시기)의 미 육군 수준과 흡사하다."[104] 고 술회한 맥도날드(Eugene O.

---

101 "국무부 한국담당관 에머슨의 회담 비망록"(1950. 9. 8), *FRUS 1950*, vol. Ⅶ, 709~711쪽.

102 Robert K. Sawyer, 앞의 책, 144~146쪽.

103 해롤드 노블 저, 박실 역, 『전화속의 대사관』, 한섬사, 1980, 95~96쪽.

104 맥도날드 중령의 발언에 대해서는 Robert K. Sawyer, 앞의 책, 69쪽 참조.

MacDonald) 중령의 발언에서 크게 벗어나지 않는 것이었다. 맥아더 자신도 첫 번째 전선 시찰 후 미 육군부에 보낸 전문에서 "한국군은 싸울 의지가 없고 리더십이 부족하며 종심방어와 보급체계도 갖추지 않았다."고 하여 한국군에 대한 불신을 우회적으로 표현했다.[105] 일선 부대 사단장들도 이와 유사한 인식을 보였다. 미 지상군 중 한국에 최초로 파견된 미 제24사단장은 한국에 도착해 가진 기자들과의 대화에서 자신은 군대의 배치나 작전 판단에 한국군을 결코 고려하지 않을 것이라고 말하기도 했다.[106]

두 번째 이유로는 대규모의 미군을 투입해 전쟁을 조기에 종결짓는다는 맥아더의 전쟁 계획을 들 수 있다. 맥아더는 6월 29일 전선을 시찰한 후, 대규모의 상륙작전을 실행해 전쟁의 주도권을 장악한 다음 38선을 넘어 한반도에서 완전한 승리를 거둔다는 작전계획을 가지고 있었다. 이러한 사실은 7월 7일 미 합참에까지 보고되었다.[107] 7월 23일로 예정된 상륙작전 계획은 북한군이 예상보다 빠르게 남진하고, 미군의 병력 증원이 원활하지 않아 실행되지는 못했다. 그러나 맥아더의 상륙작전 구상은 실행 일자만 연기되었을 뿐 기본적인 계획은 보다 구체화되고 있었다. 이러한 맥아더의 작전 계획에서는 전투력이 떨어지는 한국군에 대한 대규모의 지원보다는 미군의 증원과 이들에 대한 지원이 보다 더 우선시되었다.

세 번째 이유로는 일본 재무장과의 관련성을 들 수 있다. 당시 맥아

105 "To DEPTAR From CINCFE"(1950. 6. 30), RG 319, Entry No. 97, Army-Operations 1950-1951, General Decimal File, Box 33.

106 해롤드 노블 저, 박실 역, 앞의 책, 178~179쪽.

107 "맥아더 극동사령관이 합동참모본부에게"(1950. 7. 9), *FRUS 1950*, vol. Ⅶ, 336쪽.

더는 일본에 배치되어 있던 미군 4개 사단 전부를 한국전에 참전시키기로 계획하고 있었으며, 이들을 대체하기 위해서 4개 사단 7만 5000명 규모의 일본 경찰예비대 창설을 서둘러 추진하고 있었다.[108] 맥아더는 이들에 대한 무기 지원이 한국군을 무장시키는 것보다 더 중요하다고 생각했다. 일본의 방위 문제와 전쟁의 조기 종결을 중시했던 맥아더는 7월 31일 한국군 지원에 대한 자신의 부정적인 견해를 미 육군부에 전달했다.[109]

한국군의 역할에 대한 맥아더의 부정적인 시각으로 인해 군사고문단은 한때 해체될 위기에 직면하기도 했다. 비록 맥아더의 직접 명령이었다고 단정할 수는 없지만, 미8군사령관 워커는 군사고문단에 대한 실질적인 지휘권을 장악한 이후 고문단의 규모를 축소시켜 미8군사령부 민사참모부(G-5)로 전환시키고자 하였다.[110]

당시 맥아더 사령관 이외에도 극동군사령부의 지휘관과 참모들은 대부분 군사고문단의 역할에 대해 부정적인 견해를 가졌던 것으로 보인다. 노블의 회고에 따르면, 처치 준장은 "어떤 이유인지 군사고문단 요원들의 의견을 구하지도 않았으며, 라이트 대령도 무시해 버렸다."고 하였다.[111] 또한 그의 다음과 같은 회고는 당시 고문단들의 위상을 짐작하게 한다.

---

108 한국전쟁과 관련하여 일본의 경찰예비대 창설과 재군비 과정에 대해서는 藤原彰, 『일본군사사』, 시사일본어사, 1994, 312~342쪽 ; 양영조, 「한국전쟁과 일본의 역할」 『군사』 제27호, 1993, 220~260쪽 참조.

109 Robert K. Sawyer, 앞의 책, 144~145쪽.

110 Robert K. Sawyer, 위의 책, 156쪽.

111 해롤드 노블 저, 박실 역, 앞의 책, 95~96쪽.

7월 11일 대구의 군사고문단 영내에서는 콜리어 대령의 지휘 아래 8군이 완전히 장악을 하게 되었고 4시간의 여유를 주고 고문단 요원들은 즉각 집을 비워야 했다. 심지어 그들은 자신들의 모포를 포함한 일체의 집기도 가져가서는 안 된다는 명령을 받았다. 이 숙소들은 8군의 고급 참모들이 차지하게 되었다. 원칙적으로는 콜리어 대령이 옳았지만 사실은 그 가구의 대부분은 군사고문단원들의 사유재산이었다. 고문단원들은 이제 8군 고위장교들의 차지가 된 식당 근처에 얼씬도 못 하게 명령을 받았다. …… 이것은 명령이었기 때문에 복종은 했지만 모두가 쓴 입맛을 다셨다. 이 고문단 장교들이 안쓰러워 보였지만 내가 그들을 위해 도와줄 수 있는 일은 아무것도 없었다. 그들은 부여된 임무도 없었지만 어쨌든 이제는 8군의 지휘 아래 들어간 것이다. …… 그런데 어느 날 콜리어 대령이 곧 도착할 워커 장군과 참모들을 위해 내 숙소를 비워주기를 바랐다. 그는 대구에 있는 남부 장로교 선교사들의 빈 집을 사용하는게 어떻겠는가라고 제의했다. 그런대로 쓸 만한 집이 3채가 있다고 했다. 이 세 채는 막 쫓겨난 고문단원들이 사용하고 있지만 내가 말만 한다면 다 쫓아 내버리고 쓸 수 있게 해 주겠다고 말했다. 나는 우선 가보겠지만 내 생각으로는 이미 당할 만큼 당한 그 고문단원들을 더 이상 괴롭히지 않고 싶다고 말했다.[112]

여기서 말하는 콜리어 대령은 미 제8군사령부 작전참모차장으로 대구에 미8군사령부 기지를 설치하는 책임자였다. 이렇듯 군사고문단에

112 해롤드 노블 저, 박실 역, 위의 책, 161~162쪽.

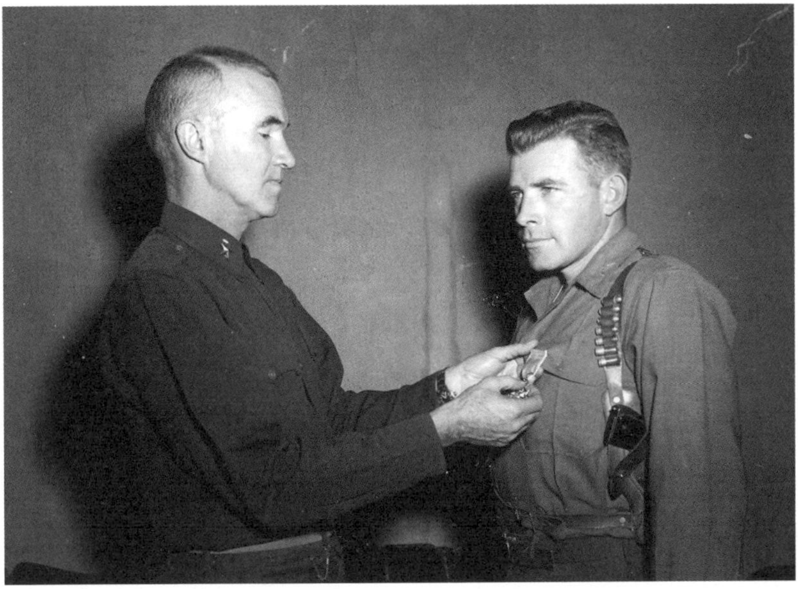

파렐 군사고문단장의 훈장 수여 모습(1951. 1. 18)

■ 출처 Office of the Chief Signal Officer, "8A/FEC-51-1088", RG 111, Signal Corps Photographs of American Military Activity, 1754-1954 [111-SC], Box 195, NARA.

대한 처치 준장과 콜리어 대령의 인식에서 볼 수 있듯이 대부분의 미8군 지휘관과 참모들은 고문단원들의 역할을 낮게 평가하고 있었다.

이러한 현상이 해소된 것은 로버츠 준장 이후 공석이었던 고문단장에 1950년 7월 25일 파렐(Francis W. Farrell) 준장이 제2대 군사고문단장으로 취임하면서였다. 본래 파렐은 본국에서 출발할 당시 미 제24사단의 포병사령관으로 부임할 계획이었다. 그러나 파렐이 본국을 출발한 7월 20일 대전전투에서 미 제24사단장 딘 소장이 갑작스럽게 행방불명됨에 따라 사단 포병사령관으로 배속되지 못하고 대기하다가 5일 후 고문단장으로 부임하게 되었다.

파렐의 고문단장 부임은 고문단이 축소 내지 해체될 위기에서 벗어나는 계기였다. 파렐은 부임 즉시 한국군의 작전 감독에 대한 중요성을 들어 미8군사령관을 설득해 고문단 해체 계획을 저지하였다.[113]

신임 고문단장에 부임한 파렐은 7월 28일 고문단 사령부 내의 참모부를 대폭 축소하는 대신 한국군 전투부대에 고문관의 수를 늘린다는 내용의 '고문단 재편 계획안'을 미8군사령관에게 제출해 승인을 받았다. 이를 토대로 고문단 사령부는 8월 16일 한국군 전투부대의 연대급까지 고문관을 파견한다는 전제하에 총 599명으로 구성된 새로운 인원배당표를 미8군사령부에 제출했다.[114]

한국군의 사단 증편과 고문단 확장

전쟁의 조기 종결과 일본의 방위 문제를 중시해 한국군 지원에 부정적이었던 맥아더는 8월 초 전황의 악화로 인해 그의 생각을 전환할 수밖에 없었다. 특히 미8군사령관 워커와 주한미대사 무초의 한국군 증강 필요성 제기는 맥아더의 생각을 바꾸는 데 결정적인 역할을 하였다. 여기에 맥아더가 구상 중이던 인천상륙작전의 실행을 위한 병력 소요 문제가 또 하나의 계기가 되었다.

주한미대사 무초는 8월 1일 NSC 8/2에서 규정한 한국군 지원 계획을 폐기하고 가능한 한 많은 수의 한국군을 신속하게 무장시켜야 한다

113 "Letter from Chief, KMAG to Des CofS, EUSAK, sub : Reduction of KMAG"(1950. 7. 25), RG 319, KMAG, AG 322.

114 Robert K. Sawyer, 앞의 책, 157~158쪽.

는 내용의 전문을 국무부에 보냈다.[115] 무초의 경우, 한국군의 증강이 곧 미군의 손실을 줄일 수 있는 최선의 방안이라는 점과 전황이 반전된 이후 제2전선에 대한 대비책의 일환으로 한국군의 증강이 필요하다는 점에서 이와 같이 주장하였다. 무초는 8월 7일 대통령 특사로 한국을 방문한 해리만(Averell Harriman)과의 회담에서도 한국군 증강의 필요성을 제기하였다.[116]

한국군의 증강을 강력하게 요구하는 무초의 제안에 대해 국무부는 8월 4일자 전문에서 NSC 8/2에서 규정한 미국의 한국군 지원안은 현실적으로 폐기된 상황이며, 맥아더가 한국군의 증강을 위해 노력할 것이라는 국방부로부터의 전언이 있었다고 전했다.[117]

한편 워커의 경우에는 보다 현실적인 부분에서 한국군의 증강을 주장하였다. 당시 한국에 파견된 미군의 병력으로는 남진하는 북한군을 막는다는 것이 역부족이었다. 1950년 8월 4일 미8군은 최후의 방어선으로 설정한 낙동강 방어선까지 후퇴하였다. 이때 유엔군은 왜관을 중심으로 서쪽에, 한국군은 동쪽에 각각 배치되었다.[118] 낙동강 방어선에서 미군의 사상자는 급증하게 되었고, 한국군 사상자의 수는 이보다 훨씬 커 방어선을 유지하는 것조차 어렵게 되었다. 이러한 전황의 급박함에도 불구하고 7월 1일부터 8월 15일까지 45일 동안에 미 본토에서의 병력 충원은

---

115 "주한미대사 무초가 국무장관에게"(1950. 8. 1), *FRUS 1950*, vol. Ⅶ, 511쪽.

116 "대통령 특사 해리만의 회담비망록"(1950. 8. 7), *FRUS 1950*, vol. Ⅶ, 527~528쪽.

117 "국무장관이 주한미대사에게"(1950. 8. 4), *FRUS 1950*, vol. Ⅶ, 526쪽.

118 8월 1일 워커는 미8군과 한국군에게 낙동강 방어선으로 철수할 것을 명령하였으며, 낙동강 이남으로 철수한 미8군과 한국군은 8월 4일 낙동강의 모든 교량을 파괴하고 진지를 구축하면서 방어전에 돌입하였다(국방부 군사편찬연구소, 『6·25전쟁사: 낙동강선 방어작전』 5권, 2008, 33~361쪽).

8000명에 불과하였다. 그리고 이들 병력마저도 일부가 일본에 주둔하는 미 예비사단과 극동군사령부에 배치됨으로써[119] 사실상 미군에 의한 병력 충원은 불가능한 것이었다. 따라서 워커는 이러한 병력 부족 현상을 한국군의 증강을 통해 해결하고자 했으며, 맥아더에게 한국군의 병력 증강과 무기 지원을 승인해 줄 것을 끊임없이 요구했던 것이다.

무초와 워커의 한국군 증강 요구는 8월 11일 맥아더가 워커에게 미 8군의 지원 가능한 범위 내에서 한국군을 증강시키라고 지시함으로써 일부 반영되었다. 그러나 이 시기에 맥아더가 자신의 결정을 번복한 보다 중요한 이유는 인천상륙작전과 관련해서 살펴볼 필요가 있다.

8월 8일 맥아더는 해리만과의 회담에서 인천상륙작전의 필요성을 역설하고 상륙작전에 필요한 미군 3개 보병사단의 증원을 요구하였다. 이 회담이 있은 직후 해리만은 워싱턴으로 돌아가 트루먼 대통령에게 맥아더의 의도를 전하였으며, 트루먼은 국방장관에게 이를 즉각 검토하여 추진할 것을 지시했다.[120] 이에 따라 맥아더가 계획하고 있던 인천상륙작전은 미국 정부로부터 공식적으로 승인을 받게 되었다.

그러나 미 육군부는 맥아더가 추가로 요구한 3개 사단이 완편되지 않은 상태로 지원될 것이며, 사정상 일부 병력은 9월 15일로 예정된 상륙작전의 시기보다 늦게 배치될 것이라고 전했다. 이러한 상황에서 맥아더는 상륙작전이 수행되기 전까지 한국 전선을 유지하고 작전에 필요한

---

119 Roy E. Appleman, 앞의 책, 174~176쪽.

120 "미 육군 행정참모차장 리지웨이 중장의 회담비망록"(1950. 8. 8), *FRUS 1950*, vol. Ⅶ, 540~542쪽.

병력 충원을 위해서 다음과 같은 방안을 채택하였다.[121] 즉 상륙작전에 필요한 병력은 8000명의 한국군과 주한미군 1개 해병사단으로 충원하고 낙동강 전선을 유지하기 위해 신속히 한국군을 증강시킨다는 것이었다.[122]

결국 이 시기에 맥아더가 한국군의 증강을 고려하게 된 것은 한국군에 대한 인식의 전환, 즉 한국군의 전투효율성에 대한 신뢰에 기초한 것이 아니라 한국군 증강이 부족한 병력 문제를 해결할 수 있는 유일한 방법이기 때문이었다. 따라서 이 시기에 한국군은 인원 면에서 급속한 팽창을 보였는데, 8월 동안 약 6만 명이 증가하였다.[123]

한국군의 증강은 필연적으로 군사고문단의 확장을 수반했다. 미8군 작전참모부는 한국군 증강에 따른 새로운 인원배당표 작성을 군사고문단에 일임하였다. 군사고문단에서는 미8군사령부에 의존했던 행정 기능을 복원해 고문단 사령부의 기능 강화를 추진하고, 한국군 전투부대의 대대급까지 고문관을 파견할 수 있는 총 835명의 고문단 인원배당표를

---

121 인천상륙작전은 인천의 만조(滿潮)와 관련이 있었기 때문에 시기상으로 9월 15일이 불가능할 경우, 10월 11일로 연기할 수밖에 없었다.

122 워커는 맥아더의 지시에 따라 8월 31일까지 총 8652명의 한국군을 인천상륙작전의 중심부대로 활약하게 될 주일 미 제7사단으로 보냈으며(Roy E. Appleman, 앞의 책, 222~223쪽), 맥아더의 한국군 확장 승인에 따라 추가로 5개 사단을 편성한다는 계획안을 극동군사령부에 제출하였다. 이 계획안에 따르면 9월 10일부터 매월 10일에 1개 사단씩을 창설한다는 것이었다(Robert K. Sawyer, 앞의 책, 146쪽). 그런데 이 계획은 실제로 앞당겨져 8월 20일에 7사단, 8월 27일에 11사단이 창설되었고, 11월 7일까지 나머지 3개 사단이 모두 창설되었다(육군본부 군사감실, 『부대약사』, 1955, 59~67, 79~87, 98~105, 113~118, 119~123쪽).

123 맥아더는 미8군의 지원 가능한 범위 내에서 한국군에 대한 지원을 결정했기 때문에 한국군에게는 최소한의 무기만이 제공되어 실질적인 전투력의 향상은 크게 이루어지지 않았다(James F. Schnabel, 『정책과 지도』, 222~223쪽). 한편 전쟁 기간 동안의 한국군 병력 현황에 대해서는 〔부록 12〕 "한국전쟁 기간 동안 한국군 병력 현황" 참조.

마련했다.

미8군사령관 워커는 9월 26일 고문단이 마련한 새로운 인원배당표를 승인했다. 하지만 유엔군사령관 맥아더는 군사고문단의 규모를 영구적으로 늘리는 것에 대해서는 반대했다. 미 육군부도 맥아더의 생각에 전적으로 동의했다. 다만 맥아더와 미 육군부는 워커 장군 소관의 가용자원을 가지고 군사고문단을 일시적으로 확장하는 것에 대해서는 반대하지 않았다.[124]

맥아더가 군사고문단의 규모를 영구적으로 확대하는 것에 반대한 이유는 전쟁의 조기 종결에 대한 확신이 있었기 때문으로 보인다. 이는 1950년 10월 15일, 종전 이후의 한국 문제를 논의했던 웨이크 섬(Wake Island) 회담에서 맥아더가 진술한 내용에 잘 나타나 있다. 이 회담에는 트루먼과 맥아더를 비롯해 한국 문제 담당관들이 참석했다.[125] 회담은 맥아더의 보고와 참가자들의 질문 형식으로 진행되었는데, 이 자리에서 맥아더는 중공군이 참전할 가능성은 거의 없으며 전쟁은 정리 단계에 들어갔다고 밝혔다. 따라서 자신은 1951년 초에 남북한 총선거를 실시할 예정이며, 선거가 끝나는 대로 500명의 군사고문단을 제외한 한반도 주둔 병력을 모두 철수시킬 계획이라고 하였다. 그리고 전후 한국의 방위 문제와 관련해서는 미 공군과 해군의 지원을 받으며 미군과 같은 장비로 무

124 Robert K. Sawyer, 앞의 책, 159~160쪽

125 태평양상에 위치한 웨이크 섬(Wake Island)에서 개최된 이 회담에는 트루먼 대통령, 맥아더, 레드포드(Radford) 미 태평양함대사령관, 무초 주한미대사, 페이스(Pace) 육군부장관, 제섭(Jessup) 무임소대사, 브래들리(Bradley) 합참의장, 러스크 국무차관보, 해리만, 육군부 차관실 점령 지역 차관보 햄블랜(Hamblen) 등이 참석했다. 이 회담에서는 주로 중공군의 참전 가능성과 한반도의 전후 문제를 논의하였다.

장한 10개 사단 25만 명이면, 한국의 치안은 물론 중국의 남하에 대해서도 강력한 억제력이 될 수 있을 것이라고 주장하였다.[126]

이와 같이 맥아더는 전쟁이 유엔군의 승리로 종결될 것이라는 전제 하에서 미군식 편제 방식으로 이루어진 10개 사단 25만 명 규모의 한국군을 건설하고,[127] 전쟁 발발 이전의 규모로 군사고문단을 구성해 한국에 남겨둔다는 것이었다.

맥아더와 미 육군부는 고문단의 영구 확장을 반대했지만, 현실은 이미 한국군 증강에 따른 고문단 확장으로 나타났다. 즉 전쟁이 완전히 종결되지 않는 이상 맥아더의 구상은 현실화될 수 없는 것이었다. 평시의 8개 한국군 사단을 자문하도록 구성된 군사고문단은 10개의 사단과 3개의 군단, 그리고 전시라는 특수한 상황에 적합할 수는 없었다. 이로 인해 미8군사령관 워커는 일시적이나마 고문단의 확장을 승인했고, 이에 따라 군사고문단은 8월 31일 435명에서 12월 31일 746명으로 계속해서 증가했다.[128]

---

126 "1950년 10월 15일 웨이크 섬 회의 내용"(1950. 10. 15), *FRUS 1950*, vol. Ⅶ, 948~960쪽.

127 맥아더가 제안한 10개 사단 25만 명 규모의 전후 한국군 건설안은 11월 4일 트루먼 대통령에 의해 승인되었다(Loy E. Appleman, 앞의 책, 414쪽). 당시 한국군은 9개 사단이 존재하였고, 1개 사단이 건설 중(11월 7일 창설됨)에 있었기 때문에 10개 사단은 이미 만들어져 있는 상태였다. 그러나 미군의 지원 없이는 사단별로 독자적인 작전 수행이 불가능한 상황이었다. 따라서 미국이 구상한 10개 사단은 사단별로 독자적인 작전수행을 할 수 있도록 무장과 근무지원부대를 갖추게 한다는 것이었다.

128 Strength figures extracted form Strength in Troop Program Sequence by Organization and Type of Personnel(CSCAP-13), entries for dates cited, Statistical and Accounting Branch, AGO, DA, Robert K. Sawyer, 앞의 책, 161쪽 재인용. 1950년 8월 31일~1951년 9월 30일까지의 군사고문단 현황에 대해서는 〔부록 13〕 "1950년 8월~1951년 9월 군사고문단 병력 현황" 참조.

3. 중공군의 개입과 군사고문단의 전시편성

1) 미국의 신전략 모색과 한국군 증강 구상

전쟁의 승리를 가정해 수립된 미국의 대한군사정책은 1950년 10월 중공군의 개입으로 인해 완전히 새롭게 재검토되었다. 유엔군은 10월 25일 중공군과의 첫 교전을 통해 중공군의 개입 사실을 알았지만, 그들의 조직적인 공격이 시작되기 전에 전쟁을 종결짓는다는 계획을 수립했다. 11월 24일 맥아더의 총공세 명령에 따라 유엔군은 압록강과 두만강을 향해 일명 '크리스마스 공세'를 개시했다. 이번 작전이 "전쟁의 최후 공세가 될 것이며, 10일 이내에 전쟁을 끝내고 크리스마스까지는 집으로 돌아갈 수 있을 것"이라는 유엔군사령관 맥아더의 호언장담은 미군 전사상 전례가 없는 대패배로 끝났다. 중공군에 대한 정보 판단의 실패로 인해 유엔군의 크리스마스 공세는 약 3만 6000명에 이르는 사상자를 내고 전면적인 철수라는 결과를 초래했다.[129] 이로써 '군사력에 의한 한반도의 통일·독립'이라는 유엔군 측의 전쟁 목적은 완전히 좌절되고 새로운 대안이 모색되어야 했다.

미국은 전쟁을 한반도에 제한하지 않는 확전과 한반도에서 미군을 철수시키는 문제를 놓고 선택의 기로에 서게 되었다. 확전과 철군, 그리고

---

129 1950년 11월 24일 실시된 유엔군의 크리스마스 공세와 11월 25일 시작된 중공군의 제2차 공세(11월 25일~12월 3일)에 대해서는 국방부 군사편찬연구소, 『6·25전쟁사: 중공군 참전과 유엔군의 철수』 제7권, 2010, 389~517쪽 참조. 중공군의 제2차 공세 시 한국군과 유엔군의 인명 피해는 한국군 1만 1530명(살상 5962명, 포로 5568명), 미군 2만 4269명(살상 2만 867명, 포로 3402명), 기타 237명(살상 116명, 포로 121명) 등 총 3만 6036명(살상 2만 6945명, 포로 9091명)이었다.

휴전으로 요약되는 문제에서 미 국무부와 국방부, 그리고 맥아더 간에는 의견이 엇갈렸다. 확전과 철군은 맥아더와 국방부·합참 간에, 그리고 철군과 휴전은 국방부와 국무부 간에 주로 이루어진 논쟁의 주제였다.

국방부는 군사전략적 측면에서 유연성을 갖고 대처하자는 입장이었다. 국방부는 전선의 안정화가 우선시되어야 하며 필요시에 전쟁을 군사전략상 불리한 한반도에 국한하지 말고 만주와 중국 본토에 대한 공격을 주장했다. 나아가 국방부는 만일 이러한 능력이 없다면 한반도에 주둔하는 유엔군을 일본으로 철수시킨 후 전열을 재정비해 보복하자고 하였다.[130] 이러한 국방부의 입장은 확전보다는 철군에 무게 중심을 두었다고 볼 수 있으며, 1950년 12월 29일 미 합참이 맥아더에게 '철군을 대비하라'고 지시한 것은 그러한 맥락에서 이루어진 조치였다고 할 수 있다.[131]

유엔군사령관 맥아더는 중국에 대해 강력한 보복 조치를 단행해야 한다는 입장이었다. 맥아더는 중국의 해안을 봉쇄하고 대규모의 함포사격과 공습을 통해 전쟁 수행의 물적 토대인 산업시설을 파괴해야 한다고 주장했다. 또한 그는 대만군을 한국전선에 참전시키고, 중국 본토 공격을 병행하게 할 것을 제안했다.[132] 맥아더는 중국에 대한 보복 조치를 실행하지 않고 철군한다면 일본과 아시아 국가들에게 '큰 역효과'를 초래

---

130 "제섭 무임소대사의 회담비망록"(1950. 12. 1), *FRUS 1950*, vol. Ⅶ, 1276~1281쪽; "제섭 무임소대사의 회담비망록"(1950. 12. 3), 같은 책, 1323~1334쪽; "러스크 국무부 극동문제 담당 차관보의 회담비망록"(1950. 12. 19), 같은 책, 1570~1573쪽.

131 미 군부의 철군론과 확전론의 등장 및 논쟁에 대해서는 양영조, 『한국전쟁과 동북아 국가 정책』, 선인, 2007, 354~360쪽 참조.

132 "극동군사령관이 육군부에"(1950. 12. 30), *FRUS 1950*, vol. Ⅶ, 1630~1633쪽.

해 실질적으로 아시아 지역에 미군의 증강을 불가피하게 하는 상황이 발생할 수도 있다고 판단하였다. 이와 더불어 그는 '아시아의 패배가 결국 유럽의 패배'로까지 이어질 수 있음을 환기시키면서 '낙동강 방어선'으로 철수를 강요받을 때에 철군을 해도 늦지 않는다고 주장했다.[133] 이러한 맥아더의 보복 조치 구상은 중국의 전쟁 수행 능력을 약화 내지 파괴시키는 것에 주된 목적이 있었으며, 한반도에서의 철수가 불가피할 경우 중공군에게 최대한의 출혈을 강요해야 한다는 것이었다.

국방부·합참과 맥아더 간의 '철군'과 '확전' 논쟁은 1951년 1월 20일을 전후해 일단락되었다. 1951년 1월 15일부터 유엔군은 위력수색작전을 거쳐 공세작전으로의 전환을 모색하였으며, 이때 한국을 방문 중이던 콜린스 육군총장과 반덴버그 공군총장이 이러한 전황을 확인하였다. 그들은 1월 19일 워싱턴으로 돌아가 다음날 대통령과 장관들에게 이 사실을 보고함으로써 철군 논란은 사라지게 되었다.[134]

나중에 밝혀진 사실이지만, 이 무렵 공산군 측은 추가적인 증원이 없이는 유엔군을 밀어붙일 여력이 없었다. 공산군 측의 전략은 서울까지 진출하여 정치·군사·심리적 이점을 확보하고 춘계공세를 준비하겠다는 것이었다. 당시 그들은 유엔군의 철수를 인천상륙과 같은 상륙작전으로 자신들을 포위하기 위한 유인전략으로 판단하고 더 이상의 진출을 유보하였던 것이다.[135] 물론 이러한 사실을 당시 유엔군 측은 간파하지 못했다.

---

133 국방부 전사편찬위원회, 『미합동참모본부사: 한국전쟁』, 1990, 315~317쪽.

134 국방부 전사편찬위원회, 위의 책, 338~341쪽.

135 양영조, 앞의 책, 364쪽.

국방부·합참과 맥아더 간에 철군과 확전 문제를 놓고 논쟁을 벌이는 사이에 국무부는 확전을 반대하면서 유엔을 통한 정치적 해결을 모색했다. 국무부는 대한군사정책의 기본 목표를 "첫째 공산주의 침략의 성공을 저지하고, 둘째 중·소와의 전면전을 피해 전쟁을 국지화하며, 셋째 유엔을 통해 한국 문제를 가능한 한 신속히 해결하고 미군을 전선에서 분리시키며, 넷째 주요 동맹국들 사이의 유대를 강화한다."는 것으로 설정하였다.[136] 즉 국무부가 계획한 대한군사정책은 중공군의 참전에 적극적으로 대처해야 한다는 점을 강조하면서도 전쟁을 확대하지 않고 휴전을 모색한다는 것이었다. 이는 철군도 확전도 현 단계에서는 바람직하지 않다는 것이었으며, 전선의 안정화를 통해 정치적으로 문제를 해결한다는 것이었다.

휴전·철군·확전론은 한국군 증강과도 밀접한 관련이 있었다. 국무부·국방부·맥아더의 군사 목표와 전망은 한국군에 대한 지원 계획에도 일정하게 영향을 미쳤다.

국무부는 최대한의 노력을 통해 한반도 내에 견고한 방어선을 형성하고 한국 정부와 한국군을 강화하면서 유엔을 통해 휴전을 모색해야 한다고 주장하였다. 그리고 더 나아가 휴전협정이 체결된다면, 한국에 대규모의 미군을 계속 주둔시킬 수 없기 때문에 한국의 방위를 위해 군사·경제원조를 제공하고 장기적인 계획을 수립해 적절한 훈련과 충원제도를 갖춘 최상의 한국군을 건설해야 한다는 입장이었다.[137]

---

136 "러스크 국무부 극동문제 담당 차관보가 국무장관을 위해 작성한 메모"(1950. 12. 1), *FRUS 1950*, vol. Ⅶ, 1281~1282쪽.

137 "러스크 국무부 극동문제 담당 차관보가 국무장관을 위해 작성한 메모"(1950. 12. 1), *FRUS*

국방부는 국무부와는 다른 견지에서 한국군에 대한 지원을 고려했다. 철수 후 보복 조치를 구상하고 있던 국방부는 한국 정부와 25만 명의 한국군을 미군과 함께 일본으로 철수시킨 후 중국에 대한 보복 조치를 준비한다는 계획을 수립했다. 그리고 제주도를 중심으로 남한 내의 도서 지역에서 게릴라 활동을 위해 추가로 20~30만 명을 무장시킬 수 있는 장비를 한국에 제공할 수도 있다는 입장이었다.[138]

유엔군사령관 맥아더는 국무부와 국방부의 한국군 증강 구상에 대해 적극적으로 반대했다. 이는 1950년 7월에 맥아더가 한국군에 대한 지원을 제한하려 했던 것과 같은 논리였다. 즉 확전을 목표로 하던 맥아더는 전투력이 떨어지는 한국군에 대한 지원보다는 미 본토의 주방위군 4개 사단을 투입하는 것과 일본 경찰예비대와 대만군에 대한 지원을 우선시했기 때문이었다.

한국군 증강에 부정적이던 맥아더의 견해는 국방부의 입장에도 영향을 미쳤다. 맥아더가 주장하던 대만군 사용 문제는 국무부와 국방부의 반대에 부딪혀 무산되었지만, 한국군 증강을 반대하는 맥아더의 주장은 20~30만 명의 한국군을 추가로 무장시키고자 했던 국방부의 입장을 전환시키는 계기가 되었다. 이에 따라 국방부는 한국군 증강이 전쟁과 동아시아의 상황 변화에 따라 추구되어야 할 문제라는 전제하에 한국군 장교들의 지휘 능력이 부족한 현재의 상황에서 한국군의 증강은 비현실

1950, vol. Ⅶ, 1281~1282쪽; "러스크 국무부 극동문제 담당 차관보의 비망록"(1951. 2. 11), *FRUS 1951*, vol. Ⅶ, 165~167쪽.

138 "제섭 무임소대사의 회담 비망록"(1951. 1. 12), *FRUS 1951*, vol. Ⅶ, 68~70쪽; "마샬 국방장관이 국무장관에게"(1951. 1. 19), 같은 책, 105~107쪽.

적이라는 입장을 고수하게 되었다.[139]

한국군 증강에 대한 국무부와 군부의 견해는 새로운 전쟁정책을 수립하는 과정에서 하나로 일치되었다. 즉 휴전을 대비해서 장기적인 계획하에 한국군을 증강시켜야 한다는 국무부의 주장과 현 상황에서의 한국군 증강은 필요하지 않다는 군부의 주장은 1951년 4월 11일 맥아더의 해임과 휴전을 적극적으로 모색한다는 미국의 새로운 정책인 〈아시아에서 미국의 목표, 정책, 행동방침(NSC 48/5)〉이 채택되는 과정에서 의견 일치를 보았다.[140]

한국군의 증강 문제와 관련해서 NSC 48/5에서는 "궁극적으로 유엔군 부담의 일부분을 책임질 수 있도록 가능한 한 신속하게 그리고 충분한 규모로 신뢰할 만한 한국군을 발전시킨다."고 규정하였다.[141] 이 정책문서는 휴전을 대비한 국무부의 주장이 크게 반영된 것이었지만, 군부의 한국군 자질에 대한 문제 제기도 반영한 것이라고 할 수 있다. 즉 국무부와 군부가 각각 제안한 '적절한 훈련과 충원제도를 갖추고', '한국군의

---

139 "마샬 국방장관이 국무장관에게"(1951. 1. 19), *FRUS 1951*, vol. Ⅶ, 105~107쪽.

140 미 국가안보회의에서는 1951년 4월 26일에 NSC 48/3을 처음으로 논의하여 1951년 5월 4일 NSC 48/4로 수정 보완하고, 1951년 5월 17일 NSC 48/5로 정책문서화하였다. 이 문서에서 규정한 대한정책의 내용은 다음과 같다. NSC 48/4에서는 ①적절한 휴전조항 아래 전투행위를 종식시킨다. ②38선 이남에 대한 공산군의 어떠한 요구도 거부한다. ③적어도 38도선을 확보한 상황에서 한국 정부를 재건한다. ④적절한 단계를 밟아 한국군 이외의 병력을 한국에서 철수시킨다. ⑤북한군의 재공격을 격퇴하기 위해 한국군의 충분한 증강을 허락한다고 규정하였으며(국방군사연구소, 『Documents of the National Security Council: 미국가안전보장회의 문서』 2, 1996, 144~157쪽), NSC 48/5에서는 NSC 48/4의 ②와 ③을 "어떠한 경우라도, 행정과 군사적 방위상 최대한 38도선 이북의 선에서 한국정부를 수립하며, 이러한 목적이 달성될 때까지 침략자에 대한 반격과 위협행위를 계속한다."는 것으로 수정하여 보다 적극적인 태도를 표명하였다(국방군사연구소, 같은 책, 158~201쪽).

141 국방군사연구소, 『Documents of the National Security Council: 미국가안전보장회의 문서』 2, 167쪽.

지휘 능력을 강화시킬 수 있는' 방안을 모색한 이후에 실질적인 병력 증강이 이루어져야 한다는 것이었다.

NSC 48/5에서 나타난 한국군 관련 내용은 다소 추상적이지만 향후 한국군의 건설 방향과 절차를 규정한 것이라는 점에서 그 의의를 찾을 수 있다. 이는 실질적인 무력 증강에 앞서 군사교육체계를 정비하고 교육훈련을 강화함으로써 한국군의 자질 향상과 지휘체계를 공고히 한다는 것을 의미하는 것이었다.

한편 한국군 증강은 한국 정부의 입장에서도 매우 민감하게 반응했던 문제였다. 특히 중공군의 개입과 유엔군의 전면 철수로 인해 미국의 한국 포기가 우려되면서 한국 정부는 추가 무장 요구를 보다 적극적으로 제기하였다.[142] 1951년 1월 4일 서울에서의 재철수가 불가피해지고 미국이 한국을 포기할지도 모른다는 사실이 공공연하게 퍼지자 1월 5일과 6일 이승만은 맥아더와 트루먼에게 각각 서한을 보내 50만 한국 청년의 무장을 요구했다.[143] 이와 더불어 이승만은 이들이 오키나와나 싸이판 등의 미군기지에서 약 4개월간 훈련을 받을 수 있기를 희망했다.[144]

사실 이 무렵 유엔군은 추가 지원을 획득하기가 어려운 상황이었고, 미국 역시 추가로 파견할 가용부대가 없어 전력 보강의 어려움에 직면해 있었다. 따라서 그 대안으로 한국군의 확장이 유엔군의 전력 증강을 위

---

142 개전 초기에 미국을 상대로 한 한국 정부의 군사력 증강 요구에 대해서는 졸고, 「한국전쟁기 한국군의 증강문제와 군사교육의 강화」『한국학논집』 제33집, 한양대학교 한국학연구소, 1999, 135~139쪽 참조.

143 로버트 T 올리버 저, 박일영 역, 『대한민국 건국의 비화 : 이승만과 한미관계』, 계명사, 1990, 421쪽; "마샬 국방장관이 국무장관에게"(1951. 1. 19), *FRUS 1951*, vol. Ⅶ, 105~107쪽.

144 로버트 T 올리버 저, 박일영 역, 위의 책, 464쪽.

한 최선의 방안임이 미 국무부에 의해 고려되기도 했다. 또한 한국 정부의 강력한 요청에 의해 미 국방부와 합참도 한국에 대한 추가 지원을 검토하였다. 미 합참의 합동전략기획위원회는 가용할 수 있는 재고 무기를 조사한 후 7만 5000~10만 명의 한국인을 특수부대로 조직해 병참선 경계와 게릴라 부대로 운영할 것을 제안했다.

그러나 극동군사령관 맥아더는 기존 부대의 임무수행 상태가 좋지 않았다는 점을 들어 새로운 부대의 창설이 바람직하지 않다고 반대 의견을 제시했다. 그리고 그는 군사적인 관점에서 대한청년단 및 병역의무 적령기의 장정들을 기존 부대의 보충요원으로 활용하는 것이 최선책이라고 간주하였다.[145]

한국 정부의 대한청년단 무장 요구는 무엇보다도 미국 대통령 트루먼이 적극적으로 반대하는 것이었다. 이와 관련해 트루먼은 자신의 회고록에서 "한국 정부는 각종 청년단체에 무기를 제공해 달라고 끈질기게 주장했지만, 나는 합참에 정치집단과 같은 조직을 무장하는 일에 찬성하지 않음을 밝혔다."고 하였다.[146]

결국 미 정책당국에서는 한국군의 증강에 대해서 정치·군사적인 측면들을 고려해 장기적인 전망에 따라 추진해야 할 문제로 결론을 내렸다. 이러한 결론하에서 미국은 38선 재설정에 대한 한국 정부의 반발로 한국군이 미군의 통제에서 이탈할 수도 있다는 우려에 따라 한국 정

---

145 국방군사연구소, 『한국전쟁』(중), 1996, 336~337쪽; "마샬 국방장관이 국무장관에"(1951. 1. 19), *FRUS 1951*, vol. Ⅶ, 105~107쪽.

146 Harry S. Truman, *Memoirs: Years of Trial and Hope*, Vol. Two, Doubledayu & Company. Inc., 1956, 454쪽; 로버트 T 올리버 저, 박일영 역, 앞의 책, 424쪽 재인용.

부의 군사력 증강에 대한 요구에 신중하게 대처하였다. 주요 방안으로 미국은 한국군 지휘관들의 지휘 능력 부족을 강조하는 것으로 집중되었다.[147] 이러한 미국의 의도는 1951년 3월 16일 주미한국공사 한표욱이 한국군 증강과 무장을 재차 요구하였을 때, 러스크의 다음과 같은 답변에서 보다 분명하게 드러난다.

> 미국 정부는 오랜 기간 동안 한국군의 증강 문제를 충분히 논의하였으며, 장래 한국군은 추가 장비와 훈련에 의해 강화될 것이다. 그러나 추가로 부대의 건설과 그에 대한 지원은 시간이 필요하며, 현재 가장 중요한 문제는 장교와 부사관들을 육성하는 것이다.[148]

이렇듯 미국은 한국군 지휘관들의 지휘 능력 부족을 문제 삼아 한국 정부의 요구 사항을 피해 나갔다.

한국 정부는 이러한 미국의 태도를 받아들이지 않고 보다 구체적으로 한국군 증강의 필요성을 역설하였다. 1951년 3월 23일 미국을 방문

---

147 한국군의 리더십 문제가 본격적으로 제기된 것은 1951년 1월 18일경이었다. 이때는 미 합참이 한국군 지원에 부정적이던 극동군사령관의 견해를 받아들여 국방장관에게 보고한 다음날이었다("미합참이 국방장관에게"(1951. 1. 17), *FRUS 1951*, vol. Ⅶ, 106~107쪽). 또한 이날 장면 주미한국대사는 한국 정부의 요구 사항을 가지고 러스크를 방문하였다. 이 자리에서 장면은 러스크로부터 "한국에 대해서는 우리가 할 수 있을 만큼의 모든 군사지원을 제공했으며, …… 그럼에도 우리 정부는 이 문제를 계속 논의 중에 있다. …… 인력자원의 활용에서 가장 중요한 것은 리더십인데, 한국은 이것이 부족하다."라는 답변을 들었다("한국 문제 담당관 에몬즈의 회담 비망록"(1951. 1. 17), *FRUS 1951*, vol. Ⅶ, 96쪽). 이러한 러스크의 답변에서 주목되는 것은 이전까지의 회담에서 별다른 언급이 없었던 한국군의 리더십 문제를 중요하게 다루고 있다는 점이다. 이는 미국 정부 내에서 한국 정부의 청년단 무장 요구에 대한 대응 방안이 마련되었음을 의미하는 것으로 해석할 수 있다.

148 "한국 문제 담당관 에몬즈의 회담 비망록"(1951. 3. 15), *FRUS 1951*, vol. Ⅶ, 231~232쪽.

중이던 외무부장관 임병직은 러스크와의 회담에서 38선 재돌파와 50만 명의 무장을 재차 강조했다. 이 회담에서 임병직은 한국의 가용 인력 100만 명 중 50만 명이 훈련을 받았으며, 이들에게 무기를 제공해 준다면 효과적인 예비병력이 될 수 있을 것이라고 밝혔다. 또한 그는 한국군의 증강이 적어도 일본의 재무장과 보조를 맞출 수 있도록 해달라고 요구했다.[149]

이와 더불어 한국 정부는 한국군 지휘관들의 지휘 능력 부족을 계속해서 문제로 삼는다면, 미군 장교가 한국군 부대를 직접 지휘하는 것도 용인(容認)할 것임을 분명히 했다. 이승만 대통령은 3월 18일 미 육군부장관 페이스, 미8군사령관 리지웨이(Matthew B. Ridgway), 주한미대사무초 등과의 회담에서 "한국군 장교들이 충분하게 훈련되지 못했다고 생각한다면 한국군 부대를 미군 장교들이 지휘하는 것을 받아들이겠다."고 하였다.[150]

미군이 한국군 부대를 직접 지휘하는 것까지도 용납하겠다는 한국 정부의 강경한 대응에 대해 미국은 그것을 부정할 수도 없었고, 그렇다고 38선 북진을 감행하려는 한국 정부에 동조할 수도 없는 상황에 처하게 되었다. 이러한 상황에서 국민방위군사건과 거창사건은 미국의 입장에서는 하나의 돌파구를 마련해 주는 계기였다. 두 사건의 실체가 드러나고 한국 사회에서 문제시되자, 미국은 이를 계기로 한국 정부에 한국군의 규율을 강화할 것을 강력하게 요구하였다. 이는 결과적으로 한국 정

149 "한국 문제 담당관 에몬즈의 회담 비망록"(1951. 3. 22), *FRUS 1951*, vol. Ⅶ, 261~263쪽.

150 Robert T. Oliver 저, 박일영 역, 앞의 책, 466~467쪽.

유엔군사령관 겸 미 극동군사령관(1951. 4. 11~1952. 5. 9) 리지웨이 장군

부의 청년단 무장 요구를 약화시키는 하나의 요인으로 작용했다. 5월 4일 이승만 대통령은 극동군 사령관 리지웨이, 미8군사령관 밴플리트(James A. Van Fleet), 주한미대사 무초 등과의 회담에서 한국군의 규율 강화를 위한 강력한 조치에 동의하고, 군사 문제를 한국군 총참모장에게 일임하는 것에 동의하였다.[151] 하지만 이때 이승만 대통령이 대한청년단에 대한 무장 요구를 완전히 포기했던 것은 아니었다.

5월 18일의 기자회견에서 이승만 대통령은 이전보다도 더 강도 높게 장비 지원을 요청했다. 이 회견에서 그는 이미 '잘 훈련된' 한국군에게 장비가 제공된다면 미군은 한국에서 철수할 수 있으며, 한국군이 미군의 역할을 대신할 수 있을 것이라는 내용의 성명을 발표했다.[152] 이러한 이승만 대통령의 성명이 5월 23일의 기자회견에서도 계속되자, 미 합참과 국방부는 한국 정부에 강력한 압력을 가할 것을 국무부에 요구했다. 국무부는 6월 1일 무초 대사에게 "미국 정부는 그러한 성명이 계속 발표되는 데 대해 지대한 관심을 가지고 있다."라는 점을 이승만에게 전하도록

151 "주한미대사가 국무장관에게"(1951. 5. 6), *FRUS 1951*, vol. Ⅶ, 419~420쪽.

152 James F. Schnabel 저, 육군본부 군사연구실 역, 1993, 『정책과 지도』, 470쪽.

했다.[153]

한국 정부와 이승만 대통령의 한국군 증강 요구는 미국의 강력한 대응과 5월 중순에 발생한 한국군 제3군단의 대패배로 인해 실현되지 못했다. 특히 중공군 5월 공세 때 한국군 제3군단의 붕괴는 한국 정부의 한국군 증강 노력에 치명적인 결과를 초래했다. 이에 대한 미국으로부터의 강력한 항의에 직면한 이승만 대통령은 주한미대사 무초를 통해 미국 언론들이 자신의 견해를 잘못 인용했으며, 한국군과 관련해서 미국 정부와는 어떠한 견해 차이도 존재하지 않는다는 것을 미국 정부가 이해해 주기 바란다는 입장을 표명하였다. 또한 한국군은 결코 유엔군사령관의 지휘에서 벗어나지 않을 것이라는 점도 피력하게 되었다.[154] 이로써 한국 정부의 한국군 증강 요구는 더 이상 진척되지 못했다.

미국은 트루먼 대통령의 친서 형식으로 6월 21일 다음과 같은 내용을 이승만 대통령에게 전달했다.

> 우리 정부는 …… 한국 청년들에 대한 무장과 훈련을 지원하기 위해 계속해서 노력할 것이다. 물론 한국군의 규모를 증강시키기 위한 계획은 …… 훈련된 유능한 지휘관의 능력 여하에 달려 있다. …… 따라서 나는 한국군의 증강에 앞서 신속하게 지휘관들의 능력을 향상시키는 것에 모든 노력이 집중되어야 한다고 믿는다.[155]

---

153 "국무장관이 주한미대사에게"(1951. 5. 31), *FRUS 1951*, vol. Ⅶ, 493~494쪽.

154 "주한미대사가 국무장관에게"(1951. 6. 5), *FRUS 1951*, vol. Ⅶ, 504쪽.

155 "트루먼 대통령이 이승만 대통령에게"(1951. 6. 5), *FRUS 1951*, vol. Ⅶ, 503쪽. 이 서한은 6월 21일 이승만에게 전달되었다.

결국 한국 정부의 대미 한국군 지원 요청은 미국 정부가 한국군 지휘 능력의 문제를 적극적으로 제기함으로써 실효를 거두지 못하였다. 이후 한국군의 증강은 미국이 의도한 바대로 병력 확장과 무장에 앞서 군사교육을 강화한다는 계획에 따라 진행될 수밖에 없었다. 그리고 이 계획에 따라 군사고문단의 편제·임무·활동도 이에 부합하여 조정되어 나갔다.

2) 군사고문단의 전시편제와 임무

전쟁 기간 동안 군사고문단의 조직 형태는 미군의 피라미드식 지휘참모 모형을 따랐으며, 규모는 한국군의 확장에 따라 수시로 변하였다. 군사고문단의 규모는 1950년 10월 말에 전쟁 전의 상태를 회복한 후 꾸준히 증가했다.

전쟁 기간 동안 미 육군부에서는 군사고문단의 병력을 두 차례에 걸쳐 수정하였다. 미 육군부는 1951년 3월 20일과 1952년 1월 17일 각각 새로운 군사고문단 인원배당표(T/D)를 승인하였다. 1951년 3월 20일 승인된 군사고문단 인원배당표에 나타나는 고문관의 수는 한국군 병력 25만 명을 기준으로 하여 장교 455명, 부사관 8명, 사병 550명 등 총 1013명이었다.[156] 그리고 1952년 1월 17일 승인된 고문관 수는 한국군 병력 38만 4000명을 기준으로 장교 578명, 사병 1237명 등 총 1815명이었다.[157]

---

156 Robert K. Sawer, 앞의 책, 165쪽.

157 Kenneth W. Myers, KMAG's Wartime Experience: 11 July 1951 to 27 July 1953, RG 338, Military Historians' Files, Box 12~13, 6~7쪽. 1013명으로 하는 인원배당표가 1951년 3월 20일 육

표 3-4 군사고문단 인원배당표(1951. 3. 20, 1952. 1. 17)

부서	1951. 3. 20			1952. 1. 17		
	장교	사병	합계	장교	사병	합계
고문단장실	1	0	1	2	0	2
교육훈련사령부	–	–	–	2	2	4
참모장실	11	9	20	15	15	30
G-1	3	2	5	6	5	11
G-2	6	8	14	4	8	12
G-3	9	12	21	14	28	42
G-4	7	3	10	13	12	25
특별참모부	1	2	3	1	3	4
사령본부	3	9	12	10	138	148
국립경찰	13	14	27	13	14	27
공보·정훈	1	2	3	1	4	5
수송	5	6	11	3	2	5
군의	2	2	4	6	7	13
KMAG 부관참모	3	24	27	5	25	30
후방근무부대	8	45	53	–	–	–
경리	2	1	3	2	1	3
부관참모	2	2	4	5	6	11
병기	24	34	58	4	2	6
병참	13	8	21	5	3	8
공병	38	39	77	7	13	20
감찰	1	1	2	2	2	4
포병	3	3	6	5	14	19
헌병	3	16	19	3	4	7
군목	1	0	1	2	2	4

부서	1951. 3. 20			1952. 1. 17		
	장교	사병	합계	장교	사병	합계
법무감	3	2	5	2	3	5
통신	14	26	40	11	7	18
KMAG 통신	2	159	161	5	314	319
군단	18	32	50	10	17	27
사단	230	60	290	150	130	280
기타 병과부대	–	–	–	125	184	309
육군훈련소	–	–	–	8	56	64
보병학교	6	4	10	21	16	37
포병학교	5	2	7	9	5	14
통신학교	2	7	9	5	11	16
군의학교	–	–	–	3	8	11
병참학교	–	–	–	3	3	6
병기학교	1	9	10	3	7	10
공병학교	4	3	7	7	8	15
신병훈련소	5	7	12	51	137	188
야전훈련소	–	–	–	13	5	18
지휘일반참모대학	–	–	–	10	8	18
육군사관학교	–	–	–	6	8	14
부사관학교	5	5	10	–	–	–
노무단				6	0	6
합계	455	558	1,013	578	1,237	1,815

■ 출처 FEC, "United States Military Advisory Group to Republic of Korea"(1951, 11, 25), RG 550, Records of Hq. U.S. Army, Pacific, Military Office, Classified Organizational History Files, 국립중앙도서관, 해외수집기록물, 표제 : United States Military Advisory Group to Republic of Korea ; Robert K. Sawyer, Military Advisors in Korea : KMAG in Peace and War, 165쪽.

군사고문단에서는 이러한 인원배당표가 급속히 확장되고 있는 한국군과 비교할 때 적합하지 않다고 판단했다. 실제로 1952년 1~8월 사이 한국군은 약 28퍼센트의 병력 증가를 보인 반면 군사고문단은 2퍼센트의 증가율을 보였다.[158] 이에 따라 군사고문단에서는 미8군사령관을 통해서 육군부에 고문단의 증강을 끊임없이 요구했다.

군사고문단에서는 1953년 1월 15일까지 총 19번에 걸쳐 새로운 인원배당표를 마련해 미8군사령관에게 제출했다. 군사고문단이 기안한 19번째 인원배당표에 나타난 군사고문단의 규모는 장교 957명, 부사관 3명, 사병 1885명 등 총 2845명이었다. 이와 더불어 군사고문단에서는 한국군이 20개 사단 63만 9194명으로 확장될 것을 가정해 약 4800명 정도의 새로운 인원배당표를 작성하기도 했다.[159]

군사고문단의 인원 확장 요구에 대해 미 육군부는 상호방위원조계획(MDAP)상의 법적 제한으로 인해 불가하다면서 승인을 거부했다. 다만 육군부는 극동군사령관과 미8군사령관의 재량에 따라 극동군과 미8군의 가용 인력 범위 내에서 임시로 고문관들을 충원해도 좋다고 권고했다. 극동군사령부는 군사고문단의 공식적인 정원 이외에 103명을 추가로

군부로부터 승인된 이후 군사고문단에서는 한국군 확장 계획에 따라 군사고문단의 규모도 확대되어야 한다는 견지에서 한국군 병력 38만 4000명을 기준으로 하는 새로운 인원배당표를 마련했다. 이 배당표는 1951년 9월 22일 극동군사령부를 통해 미 육군부에 보내졌으며, 1952년 1월 17일 미 육군부로부터 승인을 받았다. 미8군사령관은 1952년 1월 28일 미8군사령부 '일반명령 제56호'를 통해 새로운 인원배당표에 따라 군사고문단의 재편성을 지시하였다. 한편 이 무렵 한국군 주요 지휘관 및 선임고문관에 대해서는 〔부록 14〕"1951년 11월 25일 현재 한국군 주요 지휘관 및 선임고문관" 참조.

158 David Curtis Skaggs & Richard P. Weinert, *American Military Assistance to the Republic of Korea Army*, RG 319, CMH Manuscripts, KMAG in War and Peace, Box 1, Ⅲ-7쪽.

159 KMAG, "G-3 Staff Section Report", *Command Report, January 1953*, 4~5쪽.

고문단에 배치하였다.[160]

이렇듯 군사고문단에는 공식 인원배당표와는 관계없이 임시로 고문관들이 추가로 배치되어 한때 최대 병력이 2019명에 이르기도 했다. 하지만 임시방편으로 동원된 병력은 수시로 교체되었기 때문에 군사고문단의 고유 임무를 수행하기에 부적절하였다. 이에 따라 군사고문단에서는 정식 인가된 병력 충원을 끊임없이 요구했다.

군사고문단의 지속적인 요원 추가 요구에 따라 1953년 1월 26일 미8군과 극동군사령부는 군사고문단의 유효총인원(有效總人員) 조사에 착수했다. 2월 7일 인력조사팀이 조사를 완료한 후, 극동군사령부는 1931명의 군사고문단 정원안(定員案)과 함께 한국군 군단과 사단에 배치할 고문관의 수를 정해 미8군사령부에 하달했다.[161]

극동군사령부의 정원안 조정에 대해 군사고문단과 미8군사령부는 "군사고문단의 규모를 엄격히 강제하는 하에서는 고문단이 효과적으로 기능할 수 없다."고 반대 의사를 표명하였다. 군사고문단과 미8군사령부는 고문단의 규모가 최소한 2573명 이상이어야 한다고 주장했다. 그러나 군사고문단과 미8군사령부의 건의에도 불구하고 1953년 2월 23일 극

---

160 Kenneth W. Myers, 앞의 책, 7~11쪽. 예를 들어 미8군에서는 1952년 11월 10일까지 한국에 주둔 중이던 군단과 사단에서 장교 24명을 차출하여 군사고문단에 배치하였다. 또한 극동군사령관은 12월 3일 육군부에 "지금까지 극동군사령부 소속 병력 중 103명을 차출해 군사고문단의 증강에 활용했다."고 보고했다.

161 KMAG, "Narrative Summary", *Command Report, February 1953*, 10~11쪽, RG 407, Army-AG Command Reports, 1949-54, Non Organic Units, USMAG Korea AYUT 8202, Box 5810. 당시 극동군사령부가 제시한 한국군 군단과 사단에 배치될 고문관의 수는 군단에 장교 16명, 부사관 1명, 사병 59명이었으며, 사단에 장교 15명, 사병 20명 등이었다. 그러나 이것은 극동군사령부가 공식적으로 승인한 것이 아니라 표준안을 제시한 것이었다.

표 3-5 1951년 3월~1953년 4월 군사고문단의 실제 병력

연월일	장교	사병	합계
1951. 3. 31.	398	456	854
1951. 6. 30.	414	559	973
1951. 9. 30.	495	857	1,352
1951. 10. 31.	562	942	1,504
1951. 11. 30.	662	1,077	1,739
1951. 12. 31.	637	1,229	1,866
1952. 2. 29.	611(11)	1,296	1,907
1952. 3. 31.	584(14)	1,291	1,875
1952. 4. 30.	615(14)	1,350	1,965
1952. 5. 31.	606(12)	1,413	2,019
1952. 6. 30.	599(14)	1,374	1,973
1952. 7. 31.	601(12)	1,317	1,918
1952. 8. 31.	613(12)	1,294	1,907
1952. 9. 30.	605(9)	1,281	1,884
1952. 10. 31.	570(10)	1,300	1,870
1952. 11. 30.	627(13)	1,329	1,956
1952. 12. 31.	635(14)	1,276	1,911
1953. 1. 30.	645(13)	1,273	1,918
1953. 2. 28.	716(12)	1,117	1,833
1953. 3. 31.	746(10)	1,078	1,824
1953. 4. 30.	834(13)	1,008	1,842

■ 출처 KMAG, KMAG Historical Event Report, RG 319, KMAG War and Peace ; KMAG, "Staff Annex G-1", *Command Report, February 1952~April 1953*, RG 407, Army-AG Command Reports, 1949-54, Non Organic Units, USMAG Korea AYUT 8202, Boxes 5786~5814.

■ 비고 ( )안의 숫자는 부사관 수를 지칭함. 1952년 4월 이전의 부사관들은 장교에 포함시켰음. 부사관의 수는 대체로 10명 내외였음.

동군사령관은 장교 642명, 부사관 3명, 사병 1273명 등 총 1918명으로 하는 새로운 군사고문단 인원배당표를 승인·공포하였다.[162] 이에 따라 1953년 7월 27일까지 군사고문단의 인가 병력은 1918명으로 확정·유지되었다.

극동군사령부는 비록 군사고문단의 정식 인가 병력을 1918명으로 확정했지만, 한국군의 작전과 훈련을 위해 고문단의 규모가 확대되어야 한다는 점에 대해서는 공감하였다. 이러한 인식하에서 극동군사령부는 미8군사령부에 장교 64명과 사병 257명으로 구성된 보조고문단(supplementary advisory unit) 설립을 승인하였다. 미8군사령부는 1953년 6월 30일 부대 통상명칭 '제8039부대'로 '주한 미8군 특수목적부대(Eighth Army Special Purpose Unit, Korea)'를 창설했다. 미8군에 배속된 이 부대의 임무는 "미8군에 부여된 특수목적임무를 수행하고, 예하 및 배속된 부대의 작전통제를 유지하는 것에서 미8군사령관을 보좌하는 것"이었다. 실제로 이것은 군사고문단의 증강을 의미하는 것이었다.[163]

그동안 군사고문단의 소속도 변경되어 공식적으로 미8군의 단위부대가 되었다. 군사고문단의 소속 변경은 1950년 9월 14일 육군부가 비상사태하에서 군사고문단의 운영을 원활히 한다는 취지로 통제권을 해제하면서 이루어졌다. 그러나 9월 14일자 육군부의 군사고문단 소속 변경 명령은 형식적인 절차에 불과하였고, 이미 1950년 8월 29일 맥아더의 요

---

162 EUSAK, "Narrative", Command Report, February 1953, 51쪽; KMAG, "Narrative Summary", *Command Report, March 1953*, 1쪽, RG 407, Army-AG Command Reports, 1949-54, Non Organic Units, USMAG Korea AYUT 8202, Box 5811.

163 Kenneth W. Myers, 앞의 책, 13~14쪽. 이 부대는 1954회계연도에 장교 248명, 사병 167명으로 병력이 증가하였다.

라이안 군사고문단장(맨 오른쪽)

청에 의해서 극동군사령부에 예속되었다. 이후 군사고문단은 1951년 1월 10일 미8군사령부 '일반명령 제17호'에 의해 공식적으로 미8군의 단위부대가 되었다. 이때 군사고문단의 부대 통상명칭이 '제8668부대'에서 '제8202'부대로 전환되었다.[164]

한편 전쟁 기간 동안에 군사고문단이 수행할 임무에 대해서는 1951년 10월 26일 라이안(Cornelius J. Ryan)[165] 군사고문단장이 참모진

---

164 Kenneth W. Myers, 위의 책, 20쪽.

165 라이안은 제5대 군사고문단장이었다. 1951년 9월 고문단장에 취임한 라이안은 주한미군사고문단장으로서는 처음으로 소장급 장군이었다. 이에 따라 군사고문단은 참모장을 비롯해 3개의 직

과 선임고문관들에게 하달한 지시 사항에 잘 나타나 있다. 이 지시 사항에 따르면, 군사고문단의 임무는 첫째 상부의 정책에 따라 한국군을 조직·훈련시키고 작전에 필요한 조언을 제공하며, 둘째 야전부대의 지원을 위해 기술운영요원을 제공하며, 셋째 미8군사령관과 한국군 총참모장 간의 연락 업무를 담당하는 것이었다. 이와 같은 임무에 따라 각각의 고문관들은 '상대역제도(Counterpart System)'에 따라 자신의 한국군 상대역을 자문하고, 각종 정보를 수집하여 군사고문단 지휘계통을 통해 군사고문단장에게 전달하는 역할을 담당하였다.[166]

이러한 군사고문단의 임무 규정이 명문화된 것은 1953년에 들어서였다. 1953년 6월 3일 고문단 사령부에서는 고문관의 임무와 역할을 규정한 〈고문관의 처리 지침(Advisor's Procedure Guide)〉을 발간했다. 이 지침서는 다소 추상적인 내용으로 구성되어 있지만 군사고문단의 임무와 역할을 명문화했다는 점에서 의의가 있었다. 그것의 주요 내용은 다음과 같다.

> 한국군 총참모장의 선임고문관 역할을 담당하는 고문단장으로부터 한국군의 모든 제대(梯隊)에 배치된 미군 장교와 부사관은 군사작전에서 한국군 주요 지휘관의 고문관으로 활동한다. 고문관의 임무는 한국군 부대를 지휘하거나 또는 실제로 한국군의 참모 기능을 수행하는 것은 아니지만, 한국군의 계획·활동·결정 등에서 한국군 상대자들에게 조

위에 준장급 장군들이 배치되었다. 1948~71년 군사고문단장의 성명과 계급 재임기관은 〔부록 19〕 "1948~71년 주한미군사고문단(KMAG) 단장" 참조.

166 Kenneth W. Myers, 앞의 책, 5쪽.

언을 제공하는 것이다. 이것은 군사고문단원들의 인내, 끊임없는 노력, 전문적인 기술이 바탕이 되어야 하며, 이를 통해서 고문관들은 한국군으로부터 존경과 신뢰를 얻는다.[167]

이렇듯 군사고문단의 임무와 역할이 다소 추상적이었음에도 불구하고 고문관들은 자신들이 무엇을 해야 하는지를 명확히 인식하고 있었던 것으로 보인다. 당시 군사고문단원으로 근무했던 장교들은 자신들의 역할에 대해 다음과 같이 회고하였다.

> 군사고문단의 임무 중 가장 중요한 것은 자신의 한국군 상대자에게 자신의 군사 경험을 제공하고 훈련을 통해 습득하게 하는 것이었다. 또한 고문관들은 미국 정부가 한국군에게 제공한 군수품을 적재적소(適材適所)에 사용될 수 있도록 지도하는 것이었으며, 이와 더불어 자신이 한국군에서 경험했던 상황을 사실 그대로 자신의 상관에게 보고하는 것이었다.[168]

이러한 고문관의 임무와 역할을 종합하여 체계화한 것이 '주한미군사고문단원을 위한 10계명(Ten Commandments for KMAG Advisors, 이

---

167 Office of the Chief, KMAG, "Advisor's Procedure Guide"(1953. 6. 3), *Command Report, March 1953*, RG 407, Army-AG Command Reports, 1949-54, Non Organic Units, USMAG Korea AYUT 8202, Box 5812.

168 Alfred H. Hausrath, *The KMAG Advisor: Role and Problems of the Military Advisor in Developing an Indigenous Army for Combat Operations in Korea*, Operations Research Office, 1957, The Johns Hopkins University, 16쪽.

하 '군사고문단 10계명')'이었다. '군사고문단 10계명'은 1953년 5월 한국군 군단·사단의 선임고문관들이 모인 회의에서 제6대 고문단장인 로저스(Gordon. B. Rogers) 준장이 밝힌 내용을 토대로 하여 작성된 것이었다. '군사고문단 10계명'은 비록 전쟁 후반기에 작성된 것이지만 군사고문단이 기존에 수행했던 임무와 역할을 바탕으로 정리했다는 점에서 고문단의 임무와 역할을 살펴보는 데 매우 중요한 자료라고 할 수 있다.[169] 10계명의 내용은 다음과 같다.

① 한국군 부대에 배치된 고문관으로서 소견을 말하거나 충고할 때는 솔선수범한다. 물어봐 주기를 기다리지 말고 내가 먼저 부대장의 입장이 되어 고칠 점에 대해 언제든지 충고해 준다.

② 상대역에게 강력히 충고해 주지만 그의 부대를 지휘하는 것은 아니다.

③ 조언이 받아들여졌는지 지켜본다. 만약 받아들여지지 않았을 경우에는 해결과 조치를 위해 문제가 되는 부분을 상급 부대에 보고한다.

④ 확실한 조언과 검열을 통해 부대의 전투력을 향상시키고, 최대한 효율적으로 적을 물리칠 수 있도록 사령부 요원들과 협조하거나 그들을 통제하며, 사령부에 제공된 군수품과 장비의 효율적인 사용을 보장한다.

⑤ 사령부 예하부대들과 개별적인 접촉을 자주 가짐으로써 전술적 상

169 10계명의 원안은 1953년 6~7월 사이에 제출되었으며, 1953년 8월에 고문관들에게 배포되었다.

황에 대처하며, 부대에 동기를 부여하고 자신감을 심어준다. 그리고 부대지휘소에서는 최소한의 시간만을 갖는다.

⑥ 전투에서 나타난 결함의 실체와 교정을 강조하면서 예비부대의 훈련에 특별한 관심을 갖는다.

⑦ 한국군 지휘계통을 통해 시작된 보고일지라도 신속히 상급 고문관에게 그것에 대한 정보를 알린다.

⑧ 결함 사항들을 신속히 상급 고문관에게 보고하고 적절한 조치를 취한다.

⑨ 부대의 사기를 높이고 유지하기 위해 장병 개개인의 복지에 특별히 신경을 쓴다.

⑩ 자신이 속한 부대의 명령, 규율, 관리, 능률 등에 관해 책임을 진다.[170]

이와 같이 각각의 고문관은 미8군사령관의 대리인으로서 한국군의 작전을 지도하는 한편, 미8군사령관에게 한국군의 조직, 행정, 훈련, 장비, 충원 등에 관한 보고서와 건의 사항들을 제출하고, 이것이 승인될 경우 이를 집행하는 역할을 담당했다. 따라서 군사고문단의 기능은 정형화된 군무(軍務)에 국한되지 않고 광범위하였으며, 고문관들은 공식적으로 지휘관의 신분을 갖지는 않았지만 자신의 한국군 상대자와 함께 부대 운영의 전반을 책임졌다.

---

170 Alfred H. Hausrath, *The KMAG Advisor: Role and Problems of the Military Advisor in Developing an Indigenous Army for Combat Operations in Korea*, 15~16쪽.

제4장

전시 군사고문단의 활동과 전후 합동군사원조단으로의 전환

1. 군사고문단의 한국군 작전지도 및 군수지원

1) 한국군의 작전지도

전쟁 기간 동안 군사고문단은 한국군 전투부대의 경우 연대급까지 고문관을 배치하고, 포병·공병·통신 및 기타 특수부대에는 대대급까지 고문관을 배치했다. 고문단의 지휘체계는 미8군사령관 → 군사고문단장 → 각 사단 선임고문관으로 이어지는 지휘계통을 가지면서 고문단 직속 상관의 명령 이외에는 그 누구의 명령도 받지 않았다.[1]

작전지휘와 관련하여 군사고문단에 부여된 공식적인 임무는 미8군 사령관의 명령이 정확하게 이행될 수 있도록 한국군 지휘관을 보좌하는

1 K. W. Myers, *KMAG's Wartime Experience: 11 July 1951 to 27 July 1953*, RG 338, Military Historians' Files, Box 12~13, 22~23쪽.

것이었다. 군사고문단 작전참모부(G-3)는 미8군사령부-군사고문단-한국군의 지휘계통을 다음과 같이 규정하였다.

> 미8군이 한국군을 지휘하는 과정에서 군사고문단은 한국군에 대한 자문 역할을 담당한다. 한국군에 대한 모든 작전 명령은 미8군사령부에서 작성하며, 미8군 작전참모부(G-3)를 통해 대한민국 육군본부 작전참모부(G-3)에 하달된다. 한국군 G-3장교는 이 명령서를 한국군 총참모장과 군사고문단장에게 보내고, 한국군 총참모장은 한국어와 영어로 된 명령서를 예하부대에 하달한다. 예하부대에 소속된 고문관들은 자신의 직권을 이용해 자신들이 담당하는 한국군 지휘관들에게 미8군의 명령을 숙지하고 실행에 옮길 수 있도록 조언한다.[2]

그러나 이러한 지휘 관계에서 고문단은 '자문'만의 역할을 담당했던 것은 아니다. 한국군 전투부대에 배속된 고문관들은 실제로 부대를 지휘했던 경우도 많았다. "사실상 그대들이 한국군 부대를 지휘(command)한다."는 것을 명심하라고 강조한 1950년 7월 8일자 군사고문단장 대리 라이트 대령의 명령은 일선 부대 고문관들의 공통된 바람을 반영한 것이었다.[3] 이와 관련해 한국군 제3사단 선임고문관이었던 에머리치(Rollins S. Emmerich) 중령은 1950년 7월 8일의 상황을 증언하면서 "상황 조정을

---

2 KMAG, "Briefing for Incoming Off. Personnel", *Command Report, September 1952*, RG 407, Army-AG Command Reports, 1949-54, Non Organic Units, USMAG Korea AYUT 8202, Box 5801.

3 "Memorandum from R. L. Butt Jr. to all KA Advisors, KMAG"(1950. 7. 8), RG 338, KMAG, AG, Decimal File, 1948-53, Box 7.

그림 4-1 한국군 전투사단에 배속된 고문단 조직도

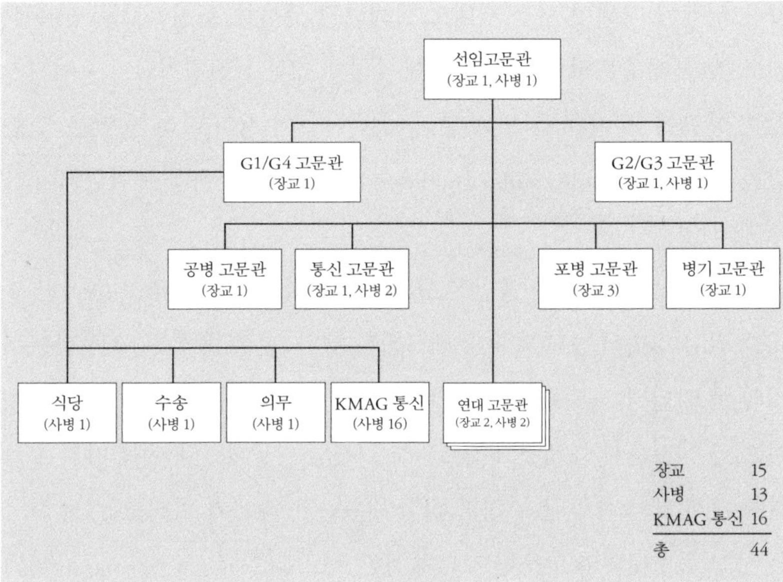

■ 출처 Hq. Eighth army, "Organization Chart KMAG Division Headquarters", *Information Brochure : United States Military Advisory Group and Republic of Korea Army*, 12 March 1953, RG 550, Records of HQ, U.S. Army, Pacific Military Historian's Office, Organizational History Files, KMAG to History of the Korean War, Box 44.

■ 참고 KMAG 통신은 군사고문단 사령부로부터 배속받은 인원임.

위해서는 미 고문관들이 한국군을 완전히 작전통제하는 것이 최상의 방책이라고 생각했다."고 하였다. 그는 "작전을 수행하는 데 필요한 지휘관들이 한국군에는 부족하기 때문에 이것이 필수적인 것처럼 보였다."고 덧붙였다.[4]

---

4 "Early History of the Korean War 1950 by Lieutenant Colonel Rollins S. Emerich"(1953. 12. 3), 33쪽, RG 319, Entry No. 181, Office of the Chief of Military History BKGD-Military Adv. Ko-

한국군의 작전지원과 관련해 전투부대 소속의 고문관들은 '자문'이라는 형식에 대해 현실을 제대로 이해하지 못하는 조치라고 불만을 갖기도 했다. 대부분의 고문관들은 한국군에 대한 작전지휘권이 주어지지 않는 상황에서 '자문'을 통해 한국군을 이끌어 가라고 하는 것은 '권한 없는 책임(responsibility without authority)'만을 자신들에게 부과한 것이라고 생각했다.[5]

이러한 고문관들의 불만은 규정에 어긋남에도 불구하고 한국군 부대를 직접 지휘하는 결과를 초래하기도 했다. 전투 시에 한국군 전투부대의 목표 달성 여부는 고문관의 능력을 평가하는 데 기초가 되었으며, 이는 향후 고문관 개개인의 진로와도 직결되는 문제였다. 이에 따라 고문관들 중에서는 한국군 부대를 직접 지휘하는 경우가 나타났는데, 한국군 사단 공병대대의 고문관으로 참전한 스프렝(George W. Spreng) 대위의 다음과 같은 증언이 이를 잘 말해주고 있다.

> 모든 주한미군사고문단 소속 고문관들은 '자문만 하라(to advise only)'는 결정에 의해서 활동을 제약받았으며, 이로 인해 지휘로부터 멀어졌다. 이것은 나에게 불가능한 것처럼 보였는데, 나는 한국인들과의 협의하에 실제로 임무를 수행할 때에 명령을 내렸다.[6]

rea: KMAG Peace & War, Box 2(이하 '에머리치 문서'라 함). 에머리치 문서에 대해서는 제3장 각주 70 참조.

5 David Curtis Skaggs & Richard P. Weinert, *American Military Assistance to the Republic of Korea Army*, RG 319, CMH Manuscripts, KMAG in War and Peace, Box 1, Ⅲ-22~23쪽.

6 John G. Westover, *Combat Support in Korea*, Center of Military History, United States Army, 1955, 220~221쪽.

고문관이 한국군을 직접 지휘한 사례는 1950년 7~8월 동해안 지역을 방어하던 한국군 제3사단의 경우에서도 확인된다. 이와 관련해 제3사단 선임고문관 에머리치 중령의 회고에 나타나는 주요 상황들을 정리하면 다음과 같다.

사례 1 1950년 7월 11일 새벽에 슬래터(Harold Slater) 대위[7]가 무전으로 나(한국군 제3사단 선임고문관 에머리치 중령)에게 현 전선에서 철수할 것인지 아니면 현 전선을 고수할 것인지를 즉시 알려달라고 요청했다. 나는 통역관과 한국군 제3사단 작전참모(G-3)를 데리고 지프차로 평해리(平海里)를 향해 출발했다. 내가 전선으로부터 약 40마일(약 60km) 남쪽에 위치한 포항에 도착했을 때, 제23연대 선임장교(executive officer) 서 소령이 연대장의 지시에 따라 모든 보급차량들을 포항으로 이동시키고 있는 중이었다. 나는 선임장교에게 차량을 되돌려 28마일 북쪽(영덕 바로 남쪽)으로 돌아가 그곳에 전방지휘소(CP)를 세우라고 말했다. 서 소령은 이 요구를 받아들이려 하지 않았다. 나는 통역관을 통해 동해 가도의 사수를 위해서 한국군은 후퇴할 수 없다는 점을 재차 강조했다. 그곳에서 나는 수많은 한국군 병사들이 도로와 산악 지역을 따라 포항으로 후퇴 중인 것을 목격했다. 나는 서 소령에게 다시 한 번 장병들의 후퇴를 멈추게 하라고 말했으며, 그는 즉시 필요한 조치를 취했다.[8]

7 당시 슬래터(Harold Slater)는 한국군 제23연대 제3대대 고문관이었다.

8 "에머리치 문서"(1953. 12. 3), 39~40쪽.

사례 2 전선에서의 한국군 부대들은 심각한 통제 결함을 갖고 있었다. 고문관들은 권총과 소총을 사용해 위협함으로써 한국 병사들을 제지해야만 했다. 영해의 18마일 서남쪽에서부터 영덕 남쪽 교외에 이르기까지 모든 전선을 안정시킬 조치가 즉시 실행되어야 했다. 이를 위해 나는 제3사단 작전참모 장 소령에게 고문관을 지원하기 위해 영어를 할 줄 아는 장병들을 가능한 한 많이 확보하라고 말했다. 이날 평해에서 대구로 복귀하는 중에 나는 한국군 제3사단장을 만나 그에게 포항에 머물고 있는 모든 한국군 장병들을 되돌려 북상시킬 것을 충고했다. 사단장은 즉시 헌병장교에게 포항에서 발견되는 장병들에게 발포하라는 명령을 하달했다. 이 조치는 매우 효과적이었음이 입증되었다.[9]

사례 3 7월 14일 오전에 한국군 제3사단 소속의 모든 고문관들과 제3사단장, 제3사단 참모들이 참석한 가운데 회의가 열렸다. 상황이 매우 악화되어 제23연대, 독립 제1대대, 독립 제2대대, 영등포 독립대대가 전 전선에 걸쳐 심각한 손실을 입고 있었다. 이 시점에서 영덕의 사단 전방지휘소(CP)를 강구로 이동하는 것이 바람직하다고 여겨졌다. 하지만 제3사단장 이준식 준장은 전방지휘소(CP)를 포항으로 이동시키고 영덕에 배치된 병력을 철수할 수 있게 해달라고 요구했다. (나는) 사단장에게 계획상 동해안을 반드시 지켜야 한다는 점 때문에 그것은 불가능하다고 말했다. 고문단은 사단의 전방지휘소가 후방으로 이동할 경우 전선이 붕괴될 것임을 알고 있었다. (나는) 한국군을 위해서 수많은 항공기

9 "에머리치 문서"(1953. 12. 3), 41쪽.

들이 근접항공지원을 증가하고 있으며, 매일 순양함 1척과 구축함 5척이 작전 중이라는 사실을 사단장에게 알렸다.[10]

사례 4　나는 안동 지역의 제25연대 제1대대에 윌리암스(Williams) 대위와 함께 있던 깅그리쉬(Gingrisch) 대위로부터 메시지를 받았다. 그의 메시지는 영주나 안동으로 철수할 수 있는지의 여부를 문의하는 것이었다. 그에 따르면, 현재 한국군 제8사단은 영주 북방 2마일 지점에서 지연전을 펼치고 있으며 사단 병력이 5300명으로 축소되었다는 것이었다. 나는 제25연대 제1대대의 선임고문관인 윌리암스 대위에게 영주로 철수해 그곳에서 명령을 기다리라고 지시했다. 당시 윌리암스 대위는 풍기와 단양 사이에 항공 폭격을 유도함으로써 적의 균형을 깨고 있었다.[11]

사례 5　7월 16일 오전에 제3사단장과 작전참모가 회의를 위해 영덕에 도착했다. 이날 오전 11시에 제23연대가 영덕에서 패배해 지금 남쪽으로 밀려 내려가고 있으며, 미 고문관이 가능한 방법을 총동원해 전선 사수를 하고 있는 중이라는 정보가 전해졌다. 미8군의 콜리어(William Collier) 대령이 상황 파악을 위해 나를 찾아 왔다. 나는 그에게 제23연대의 병력 중 약 75퍼센트가 남쪽으로 후퇴해 고문관들이 머리 위로 총을 쏴 위협하면서 그들을 모으려 하고 있다고 전했다.[12]

10　"에머리치 문서"(1953. 12. 28), 53쪽.

11　"에머리치 문서"(1953. 12. 28), 55쪽.

12　"에머리치 문서"(1953. 12. 28), 57~58쪽.

사례 1~5에서 언급한 '에머리치 문서'를 통해 볼 때, 한국군 제3사단의 경우 고문관들이 직접 한국군을 지휘했던 것으로 확인된다. 또한 이 문서에서 나타나는 제8사단의 일부 사례를 보았을 때, 제8사단의 경우에도 고문관들이 직접 한국군을 지휘했을 것으로 판단된다.

다음의 사례 6~7은 1951년에 한국군 제2사단 작전참모와 제8연대장을 지냈던 이병형 대령의 회고이다. 이 회고에 따르면, 당시 사단과 연대에 배치된 고문관들은 작전의 수립과 지시에서 주도적인 역할을 담당했고, 한국군이 오히려 보조적인 역할을 했음이 명백하게 드러난다.

사례 6　1951년 9월 중순 나는 제2사단 작전참모로 부임했다. 나는 작전참모 업무를 파악하면서 미 고문관과의 관계를 확립해야 하는 아주 까다로운 문제에 맞부딪치게 되었다. 사단은 금성천 방면으로 계속 진출하였고 금화, 화천 간의 6번 도로도 다시 개통을 보게 된 어느 날, 고문관실에 근무하는 통역장교 박 중위가 협조 공문을 가지고 나를 찾아왔다. 내용을 살펴보니 사단의 전투정찰계획서였다. 박 중위가 나에게 공문을 보여주며 협조란에 서명해 줄 것을 요청하기에 무엇에 쓸 것이냐고 물어보자, 그는 도리어 의아해 하며 내가 협조 서명을 해야 예하부대에 하달한다는 것이다. 나는 무슨 말인지를 이해하지 못해 왜 사단 작전계획을 고문관과 협조하지 않고 작전참모가 협조해야 하느냐고 따져 묻자 그전부터 그렇게 해 왔다고만 대답하는 것이었다. 나는 마음속으로 이 문제는 꼭 시정되어야겠구나 생각하고 그 작전계획서를 두고 가라고 한 뒤 박 중위를 돌려보냈다. 이것이 나와 미 고문관과의 사이에

일어난 갈등의 시작이었다.[13]

사례 7　고문관은 시간이 흐르면서 한국군을 점차 지배하고 군림하는 입장이 되어 갔다. 물론 작전지휘권이 아무런 조건 없이 너무도 쉽게 미군 측에 넘어갔다는 사실에도 원인이 있겠지만 당시 미군 고문관의 권한은 실로 막강했다. 미8군사령부의 지휘감독을 받는 미 군사고문관이 한국군 지휘체제 위에 군림하는 자세를 취하는 것은 어쩌면 당연히 묵인된 횡포였는지도 모른다.[14]

지금까지의 사례들을 통해서 볼 때, 한국군에 대한 군사고문단의 직접 지휘는 각 사단별로 상황에 따라 다소간의 차이는 있겠지만, 대대급에 배치된 고문관들이 철수하고 사단 배속 고문관 수가 15명으로 축소되는 1952년 1월 28일까지 한국군 전투사단들에서 일반적으로 나타났던 현상이라고 할 수 있다.[15]

한편 고문단에는 한국군 부대를 지휘할 공식 권한이 없었지만 자신이 소속된 한국군 부대와 지휘관을 통제할 수 있는 방편이 마련되어 있었다. 1953년 7월 초에 군사고문단장 로저스(Gordon B. Rogers) 소장이 고문단원들에게 공식적으로 밝힌 다음과 같은 방안은 한국군을 직접 지

13　이병형, 『연대장』, 병학사, 1997, 13~14쪽.

14　위의 책, 59쪽.

15　사단에 배속된 고문관들은 1951년 6월을 기점으로 해서 각 사단별로 점차 줄어들다가 1952년 1월 28일을 기해 라이안 고문단장의 명령에 따라 15명으로 축소되었다. 이는 전투사단의 고문관을 군사교육기관으로 전환하기 위해서였다(David Curtis Skaggs & Richard P. Weinert, 앞의 책, Ⅲ-6쪽).

휘하지 않고서도 한국군 지휘관과 부대를 통제할 수 있는 최선의 방안으로 활용되었다.

> 고문관은 자문 요청을 기다려서는 안 된다. 고문관들은 자신의 상대역에게 지휘관으로서 무엇을 해야 하는지를 끊임없이 충고해야만 한다. 그 문제가 중요함에도 불구하고 당신의 충고가 받아들여지지 않는다면 곧바로 상급 고문단 지휘관에게 해결해 줄 것을 요청하라. 이것도 성공하지 못한다면, 내가 직접 한국군 총참모장과 만나 해결할 것이다. 나는 고문관들에게서 그러한 권한이 있는지 몰랐기 때문에 그렇게 하지 않았다고 하는 변명의 소리를 듣고자 하지 않는다.[16]

이는 상대역제도에서 고문관의 역할과 절차에 대한 고문단장의 첫 번째 공식 발언이라는 점에서 의미가 있지만, 이미 고문단 내부에서는 전쟁 초기부터 보편화된 한국군 통제 방식이었다. 이러한 절차를 통해 한국군 사단장들 중에서 지휘권이 해제되거나 또는 면직 당하는 사례가 발생하기도 했다.

> 사례 1　1. 한국군 제3사단장 김석원 준장이 행한 부적절한 리더십을 바로잡기 위해 고문단 사령부가 신속하고 올바른 조치를 취하도록 제안하는 바이다. 2. 제안 사항과 관련해 개인이 목격한 다음과 같은 사실을 제출하는 바이다. a. (그는) 고문관의 조언이나 이해를 구하지 않고 주

16　Sr Advisers' Conf., 7 & 9 Jul 53, Kenneth W. Myers, 앞의 책, 25쪽 재인용.

요 사항들을 결정했다. b. 방어 지향적인 태도를 가지고 있으며, 공격성(Aggressiveness)이 부족하다는 것이 문서 서명자의 견해이다. c. 1950년 8월 28일 밤 10시에 사단장은 적이 8월 29일 오전 1시에 공격할 것이라는 조언을 받았다. 철저한 야포 사격의 집중과 해군 포격으로 적을 저지한다는 준비 계획을 마련했다. 이것은 29일 오전 1시 30분에 적의 공격 시에 수행되었다. 장군은 45분간 집중되는 포격의 이점을 살려 반격을 가하도록 조언을 받고 있었다. 그는 이것을 수행하지 않았다. 8월 29일 오전 5시에 또다시 15분간 야포와 해군의 포격이 적에게 가해졌다. 또다시 그는 공격할 것을 충고받았다. 그러나 그는 또 진격하지 않았다. d. 8월 29일 오전 5시 15분에 장군은 사단사령부의 이동을 내비쳤다. 그는 포항에 심각한 위협이 존재하지 않는다는 사실에 기인해 사단사령부를 빼낸다는 것을 말하지 않았다. 여하튼 그는 이동을 결정하였다. 이때 나는 고문단이 이곳에 계속해서 머물 것임을 알렸다. 그는 냉정을 잃었으며, 흥분과 당혹감을 보인 후에 머물기로 결정했다. e. 앞의 c와 d에 추가하여 고문단이 사단 기능을 유지하려고 애쓰고 있는 동안에 참모장은 병에 걸리고, 작전참모도 와병 중이며, 장군도 취침 중이었다. 3. 김석원 장군은 사단장으로서 갖추어야 할 충분한 전술 지식과 열정, 그리고 용기 등을 갖추지 않았다는 것이 문서 서명자의 견해이다.[17]

사례 2　1. 한국군의 공익을 위해 제3사단장인 이종찬 준장의 해임을 건의한다. 이종찬 준장은 1950년 9월 10일경 본 사단의 사령관으로 부

17 "Advisor 3rd Division, Rollins S. Emmerich to the Chief of KMAG, sub : Special Report on Officer"(1950. 8. 29), RG 338, KMAG, AG, Decimal File, 1948-53, Box 7.

임한 이후 만성질환(chronic illness)에 시달려 왔다. 2. 지난주에 이 장군은 호흡기 전염병으로 인해 숙소에서 나오지 못했으며, 제3사단 군의관이 그에게 서울로 가 신체검사와 엑스레이 검사를 받도록 건의했다. 3. 동계 전역이 다가오는 것에 비추어서 현재의 그의 몸 상태로는 본 사단을 지휘하는 것에 심각한 결점이 될 수도 있다고 생각한다. 4. 이 장군은 진지하고 양심적이며, 지적이고 충성스러운 한국군 장교이다. 하지만 그는 현재의 직책을 수행하기에는 공격성(Aggressiveness)과 체력(physical stamina)이 부족하다. 5. 문서 서명자는 이 장군이 그의 지식과 능력을 최대한 발휘할 수 있는 참모 또는 행정직에 있을 경우 한국군에게 대단한 가치가 있을 것으로 생각된다.[18]

위의 두 사례는 전혀 다른 상황이었지만, 사단 선임고문관이 한국군 사단장의 교체를 좌우할 수 있었다는 것을 보여준다. 김석원 사단장과 관련해서는 1950년 9월 1일자 파렐 고문단장이 에머리치 중령에게 보내는 전문에서 한국군 총참모장이 조치를 취할 것임을 확약했다고 전했다.[19] 이를 계기로 김석원 사단장은 직위에서 물러나게 되었다. 또한 이종찬 사단장도 에머리치 고문관의 건의에 따라 11월 12일부로 교체되었다.

이렇듯 고문관들은 한국군을 직접 지휘하거나 또는 지휘관들의 능력이 고문단의 기대에 부응하지 못할 경우 면직시키는 방식으로 한국군

---

18 "Advisor 3rd Division, Rollins S. Emmerich to the Chief of KMAG, sub : Relief of CG 3rd Div. ROK"(1950. 11. 2), RG 338, KMAG, AG, Decimal File, 1948-53, Box 7.

19 "F. W. Farrell to the Hq. Third Division, Office of the Advisor"(1950. 9. 1), RG 338, KMAG, AG, Decimal File, 1948-53, Box 7.

육군총참모장 정일권과 총참모장 고문관 하우스만(1951. 1)

지휘관들과 부대를 통제하였다.[20] 이 과정에서 고문단이 중요하게 고려했던 것은 미군의 지휘에 불만을 갖고 있던 구 일본군 출신 장교들의 배제였다. 이는 1950년 11월 13일 주한미대사 무초가 마샬 국방장관과 가진 회담에서 다음과 같이 언급한 내용에 잘 나타나 있다. 그는 이 회담에서 "군사고문단의 노력이 효과적이다. 지금까지의 훈련을 통해 한국군에는 개인이 아니라 정부에 충성하는 장교들이 많아졌다. 이는 구 일본군

20 Hq. EUSAK, *Special Problems in the Korean Conflict*, 1952, 9~11쪽.

에서 훈련받은 장교들을 해고한 결과이다."라고 밝혔다.[21] 무초 대사의 발언은 비록 1950년 11월의 것이기는 하지만, 미국 정부와 군사고문단이 한국군의 가장 큰 문제점을 무엇으로 상정하고 있었는지, 그리고 향후 그것의 해결 방안을 어떻게 설정할 것인지를 보여주는 일례였다고 할 수 있다.

한편 군사고문단은 한국군이 수행하는 정규작전에 대한 지도와 지원 이외에 제2전선에서의 비정규전에도 깊이 관여했다. 제2전선에 대한 문제는 인천상륙작전과 유엔군의 반격작전이 수행되기 전인 1950년 8월 초부터 주한미대사 무초에 의해서 제기되었다. 당시는 유엔군이 낙동강선까지 밀리고 있는 상황으로 전황이 결코 유엔군에게 유리한 것이 아니었음에도 불구하고, 무초는 8월 1일 미 국무장관에게 보낸 비망록에서 전황이 반전된 이후 제2전선에 대한 대비책의 일환으로 한국군의 증강이 필요하다고 역설하였다.[22]

전쟁 기간 중 최초로 비정규전이 수행된 것은 1950년 10월 중순경이었다. 유엔군의 인천상륙작전으로 퇴로가 차단된 북한군 패잔병들이 지방 게릴라들과 결합해 호남 지역과 경북 내륙 지역에서 유격전을 전개하자 군은 11월 말까지 대대적인 토벌작전을 전개하여 이들을 소탕했다. 그러나 1951년 1월 말 중공군의 신정공세 때 제천 남쪽으로 진출했던 북한군, 특히 안동으로 진출했던 북한군 제10사단의 패잔병들이 주변 산악 지역으로 도주하여 지방 게릴라들과 합류하면서부터 이들에 의한 후

---

21 "Interview between Secretary of Defense Marshall and Ambassador Muccio"(1950. 11. 13), RG 319, Entry No. 2, Decimal Files-Korea, Box 557.

22 "주한미대사 무초가 국무장관에게"(1950. 8. 1), *FRUS 1950*, vol. Ⅶ, 511쪽.

방 지역 교란 활동이 재연되기 시작했다.[23]

후방 지역에서 게릴라 활동이 심각해지자 1951년 2월 말에 미8군사령관은 후방 지역의 치안유지를 위해 각 군단과 사단에 후방경계에 대한 보안 조치를 강화하도록 지시하고, 미8군과 제2군수사령부로 하여금 관할 지역의 치안유지 책임을 담당하도록 했다. 이에 따라 각 군단마다 1개의 한국군 경비대대가 편성되어 군단 후방 지역의 경계 임무를 담당하였으며, 다른 경비대대들은 미8군 관할 구역의 시설과 보급로 경계 임무를 맡았다.[24]

이와 같은 후방 지역의 경계태세 강화와 더불어 1951년 4월부터 한국군은 본격적인 비정규전을 전개하였다. 이를 위해 1951년 4월 28일에는 태백산지구전투사령부가, 9월 16일에는 서남지구전투사령부가 각각 설치되었다. 그리고 11월 25일에는 후방 지역 군사시설 보호와 치안 질서 유지라는 목적을 가지고 특수임무부대의 성격을 지닌 백야전전투사령부(이하 '백야사')가 창설되었다. 당시 백야사는 수도사단, 제8사단, 서남지구전투사령부 및 전투경찰로 구성되었으며, 지리산 지역을 중심으로 활동하는 남한 내의 게릴라들을 완전히 섬멸한다는 목표를 가지고 있었다.[25]

작전명 '쥐잡기(Operation Rat Killer)'로 명명된 백야사의 비정규전은

---

23 국방군사연구소, 『한국전쟁』(중), 1996, 475쪽.

24 Kenneth W. Myers, 앞의 책, 362~363쪽.

25 태백산지구전투사령부 · 서남지구전투사령부 · 백야전전투사령부의 조직 및 활동에 대해서는 국방부전사편찬위원회, 『對非正規戰史』, 1988, 제3장 참조.

1951년 11월 중순 밴플리트[26] 미8군사령관이 직접 지시하였다. 당시 밴플리트는 미8군 참모장 애덤즈 소장, 미8군 G-3참모 머지트(Gilman C. Mudgett) 대령, 이종찬 육군총참모장, 백선엽 장군 등이 참석한 회의에서 미8군과 유엔군사령부의 전폭적인 지원을 전제로 지리산 일대의 게릴라 토벌을 직접 지시하였다.[27]

11월 25일 정식 발족한 백야사는 12월 2일부터 이듬해인 1952년 3월 14일까지 총 4차에 걸친 토벌작전을 전개하여 게릴라 사살 1만 1472명, 생포 1만 103명의 전과를 기록하였다.[28] 당시 토벌작전에는 백야사 창설 당시 배치된 60여 명의 군사고문관들이 참가했다. 고문관들은 작전연락, 통신, 공중연락 및 정찰, 심리전을 주로 담당했다. 선임고문관인 다즈(William Dodds) 중령은 밴플리트가 그리스 미 합동군사자문기획단(JUSMAPG) 단장을 지낼 당시 자문기획단원으로서 비정규전을 수행했던 경험을 가지고 있었다. 다즈의 경력을 고려해 밴플리트는 특별히 그를 백야사 선임고문관으로 파견했다. 이 게릴라 토벌작전에서 특기할 만한 것은 도쿄의 극동군사령부에서 920만 장에 달하는 투항 권유 전단을 제작해 살포하는 등 심리전이 적극적으로 전개되었다는 점인데, 이는 전적으로 군사고문단이 담당했다.[29]

---

26 밴플리트는 1948년에 그리스의 미 합동군사자문기획단(JUSMAPG) 단장을 역임하면서 그리스군의 전력 강화와 공산 게릴라들을 진압하는 데 공헌한 인물이었다(Billy C. Mossman, 백선진 역, 『밀물과 썰물』, 대륙연구소 출판부, 1995, 457쪽).

27 백선엽, 『군과 나』, 대륙연구소, 1989, 217~219쪽.

28 KMAG, "Narrative Summary", *Command Report, March 1952*, 5쪽, RG 407, Army-AG Command Reports, 1949-54, Non Organic Units, USMAG Korea AYUT 8202, Box 5786.

29 백선엽, 앞의 책, 221쪽.

'쥐잡기작전'의 성공으로 지리산 지역의 게릴라들은 대부분 소탕되었으며, 남한 지역에는 일부 게릴라들만이 남게 되었다. 이후 군사고문단은 '페릿작전(Operation Ferret)', '몽구스작전(Operation Mongoose)', '블러드하운드작전(Operation Bloodhound)' 등으로 명명된 비정규전에 깊이 관여했다.[30]

군사고문단에서는 남한 지역에서 게릴라 활동을 완전히 종식시키기 위해 다음과 같은 대책을 마련하기도 했다. 군사고문단에서 마련한 대책은 첫째 한국군 경비부대들의 훈련 강화, 둘째 비정규전에 한국군 부대를 추가로 배치하여 전투경찰이 담당하고 있는 역할을 대체, 셋째 비정규전에 참가하는 부대의 경우 대대급까지 고문관을 배치하는 것 등이었다.[31]

이렇듯 군사고문단은 한국군이 수행하는 정규작전에 대한 지도와 지원뿐 아니라 제2전선에서의 비정규전에도 깊이 관여했다. 한국군에 대한 정규작전지도가 전쟁의 발발로 인해 고문단에 부여된 추가적인 임무

---

30 '페릿작전(Operation Ferret)'은 1952년 3월 14일부터 7월 13일까지 서남지구전투사령부와 태백산지구전투사령부, 그리고 전투경찰이 전라도 지역의 게릴라들을 토벌하기 위해 벌인 작전이었다. 이 작전의 전과는 게릴라 사살 3593명, 생포 744명이었다. '몽구스작전(Operation Mongoose)'은 7월 13일부터 8월 5일까지 전개된 작전으로 게릴라 사살 364명, 생포 100명이었다. '블러드하운드작전(Operation BloodHound)'은 1952년 8월 6일부터 겨울까지 진행된 작전으로 잔존 게릴라들에게 끊임없는 압박을 가하는 것이 목적이었다. 블러드하운드작전에는 제50신병훈련대대와 7개의 경비대대, 그리고 약 8000명의 경찰 병력이 동원되었다(KMAG, "Narrative Summary", *Command Report, September 1952*, RG 407, Army-AG Command Reports, 1949-54, Non Organic Units, USMAG Korea AYUT 8202, Box 5800). 작전 결과 1953년 1월에 남한 지역에서의 게릴라 활동은 크게 위축되었다(Kenneth W. Myers, 앞의 책, 366~368쪽).

31 KMAG G-3, "Staff Section Report : Narrative", 4쪽, *Command Report, June 1953*, RG 407, Army-AG Command Reports, 1949-54, Non Organic Units, USMAG Korea AYUT 8202, Box 5815.

였다면, 비정규전은 전쟁 전부터 고문단이 심혈을 기울인 한국군에 대한 작전지원이었다. 그리스 내전에서 승리를 경험한 미8군사령관 밴플리트와 백야사 선임고문관 다즈의 비정규전 수행 방식은 그리스 내전에서의 경험을 한국에 그대로 적용한 것이었다.

2) 한국군 군수의 지원

한국군의 군수 관리와 운영에 대한 지원도 군사고문단의 기본 임무 중의 하나였다. 군사고문단은 한국군이 자체적으로 군수 관리와 운영을 담당할 수 있도록 군수 관련 전 분야에 걸쳐 자문하고 지도하는 역할을 담당했다.[32]

한국전쟁이 발발하기 전까지 한국군에는 군수 관리 및 운영에 대한 제반 규정이나 제도가 거의 마련되지 않았고, 취약한 국내 산업으로 인해 대부분의 군수품을 미국의 원조에 의존하였다. 또한 미국은 군사원조에 대한 효율성을 극대화한다는 명목으로 한국군의 군수품을 군사고문단의 엄격한 통제하에 두었다. 이에 따라 한국군은 독자적인 군수품 관리 및 보급 체계를 발전시키지 못한 채 전쟁을 맞이하게 되었다.[33]

한국전쟁이 발발하자 당시 한국군의 군수 업무를 담당하고 있던 군사고문단은 미 육군부에 한국군에 필요한 탄약을 신속히 보급해 줄 것

---

32 Kenneth W. Myers, 앞의 책, 252쪽.

33 국방군사연구소, 『한국전쟁지원사』, 1997, 191쪽.

을 요청하였다. 미 육군부로부터 한국군에 대한 충분한 무기와 장비를 공급하라는 명령을 받은 극동군사령관은 미8군사령관에게 이 임무를 부여하였다. 이로 인해 미8군은 한국전쟁 기간 동안 한국군에 대한 군수지원의 책임을 맡게 되었다.[34]

한국군의 군수지원 책임을 맡게 된 미8군사령관은 전쟁 이전부터 한국군에 직접 파견되어 군수 업무를 담당했던 군사고문단을 통해 한국군을 지원하였다. 미8군사령관의 직접 통제하에서 군사고문단은 미8군을 대리하여 한국군의 군수지원에 관한 정보와 자문, 연락, 협조의 책임을 맡았다. 군사고문단은 한국군이 자급자족할 수 있는 단계에 도달할 수 있도록 하기 위해 한국군 조달기관을 세심하게 감독하였으며, 공장들의 생산능력에 관한 데이터를 수집하기도 했다. 또한 자원의 활용 방법과 조절에 관해서도 자문하였다.[35]

1951년 7월, 군사고문단은 한국군에 대한 군수품의 조달 방법에 관한 지침을 마련하여 7월 3일 미8군사령관으로부터 승인을 받았다. 이 지침에 따르면, 첫째 한국의 생산능력과 기술력을 최대한 활용하여 국내에서 완제품을 조달, 둘째 외국에서 들여온 천연자원을 한국에서 가공하여 완제품으로 제공, 셋째 미국 정부가 외국에서 완제품을 확보하여 조달, 넷째 위의 경로로 확보할 수 없는 품목은 미국 본토에서 제공받는다는 것이었다.

한국군에 대한 군수지원의 책임을 진 미8군사령관은 한국군에 대

---

34 James F. Schnabel, *Policy and Direction : The First Year*, Center of Military History, United States Army, 1972, 66쪽.

35 Kenneth W. Myers, 앞의 책, 252쪽.

한 지원의 범위를 한국 정부가 스스로 조달할 수 없는 것에 국한하였으며, 궁극적으로 한국 정부가 신속하게 산업 재건을 이루어 미국의 원조를 최소한으로 줄이는 것에 목표를 두었다. 이에 따라 군사고문단은 자원을 최대한 활용하고 산업 발전을 위해 필요한 모든 조건들을 검토하는 데에서 한국군 주요 인사들이 정부의 다른 부서와 협조하도록 자문하는 역할을 담당하였다. 또한 국내에서 얻을 수 있는 것과 얻을 수 없는 것에 대한 소요 판단을 시기적절하게 할 수 있게끔 지원하고, 이를 종합적으로 검토한 후 미8군사령부에 보고서를 제출하는 것도 고문단의 몫이었다.

군사고문단은 미8군이 규정한 군수지원을 한국군이 받고 그것을 효율적으로 사용하도록 하기 위해 자문과 운영이라는 두 가지 임무를 동시에 맡았다. 당시 군사고문단은 한국군 지휘관들의 부정확한 보고 내용들로 인해 보급품이 적재적소에 전달되지 않는다고 규정하고 한국군에 대한 보급품과 장비의 조달, 할당, 분배의 업무에 직접 관여했다. 고문단은 보급품의 할당, 분배 과정을 세심하게 살피고, 물품 사본 기록들을 보관하여 보급품과 장비가 의도한 목적대로 사용되었는지를 지속적으로 감찰하였다.[36]

이러한 군사고문단의 지속적인 감찰하에서 한국군에 대한 보급품 지원은 다음과 같은 절차를 밟았다. 우선 한국군 기술병과 지휘관과 담당 고문관이 한국군에 필요한 보급품 소요량을 산정한 후 계획서를 만들어 군사고문단 군수참모부(G-4) 선임고문관에게 제출하고, 군사고

36 Kenneth W. Myers, 위의 책, 253~254쪽.

그림 4-2 한국군 지원을 위한 보급품과 장비의 출처

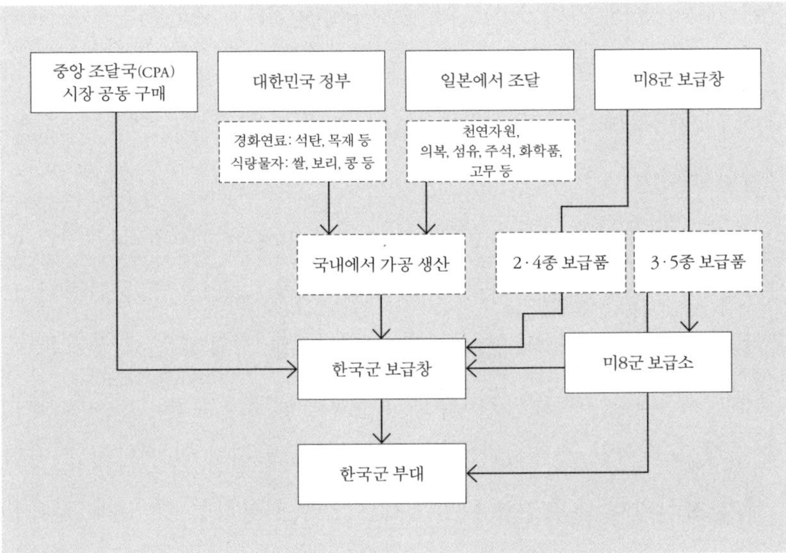

■ 출처 FEC, "United States Military Advisory Group to Republic of Korea, sub : Sources of Supplies and Equipment for Korea"(1951, 11, 25), RG 550, Records of Hq. U.S. Army, Pacific, Military Office, Classified Organizational History Files, 국립중앙도서관, 해외수집기록물, 표제: United States Military Advisory Group to Republic of Korea.

문단 G-4 선임고문관은 보고서의 타당성 여부를 검토한 후 미8군사령부에 제출하여 승인을 받았다. 이렇게 승인을 받은 계획서는 육군본부 G-4를 통해 한국군 보급기지창에 보내졌다. 한국군 보급기지창에서는 식량 등 1종 보급품을 제외한 통신, 병참, 병기, 공병 관련 품목과 무기, 탄약 등의 보급품을 미8군 보급기지에서 공급받았다. 보급품의 할당은 무기와 중장비 그리고 차량의 경우, 사단과 부대의 '재고현황보고서', '주간 군수현황보고서' 또는 '특별보고서' 등에 기초하여 군사고문단 G-4의 지도하에 한국군 G-4가 할당하였다.

한국군의 장비 현황과 보급품 청구 내용 보고서들은 각 부대에 파견된 고문관들에 의해서 반드시 '증명'되어야 했다. 고문관들은 보고서들의 타당성 여부를 결정하였으며, 모든 요청서와 보고서들은 보급기지나 상위 사령부에 전달되기 전에 반드시 고문관으로부터 동의 서명을 받아야만 했다.[37]

1951년 3월 1일 만들어진 〈고문단 편람(Advisor's Handbook)〉에는 군사고문단 G-4의 역할을 다음과 같이 규정하였다. 첫째, 고문단장과 고문단 내의 관련 부서들이 한국군의 군수 상황을 정확히 알 수 있도록 유지하는 것. 둘째, 미8군이 규정한 군수지원을 한국군이 확보하도록 하는 것. 셋째, 효율적인 군수지원을 위해 자신이 담당하고 있는 한국군 지휘관에게 자신의 군사 경험을 바탕으로 조언을 제공하는 것. 넷째, 필요한 보급품과 장비가 적재적소(適材適所)에 지원될 수 있도록 군수지원 방법과 운영 등을 계획·조정·감독하는 것. 다섯째, 군수 업무에 관해 고문단장을 보좌하는 것 등이었다.[38]

전쟁 기간 동안 군사고문단 G-4는 한국군의 군수 업무를 실제로 담당하는 책임 기관이었다. 이러한 상황은 한국군이 군수 업무에 관한 교육훈련을 제대로 받지 못했고 군수참모부의 핵심을 형성할 참모장교들이 부족했기 때문이었다. 이에 군사고문단에서는 장기적으로 한국군이 독자적으로 군수 업무를 담당할 수 있도록 하기 위해 한국군 G-4 내에 연구개발위원회를 설치하여 한국군과 관련한 연구개발계획의 입안을

---

37 Hq EUSAK, Command Report, Nov 52; G-4 EUSAK, Memorandum, 1 Feb 53.

38 Hq KMAG, "Advisor's Handbook", 1 Mar 51, Anx. 4.

추진하였다. 군사고문단은 이러한 연구개발계획을 "한국군에 대한 미국의 무거운 짐과 유엔에 대한 한국군의 의존성을 줄이기 위한 조치"라고 평가하였다.[39]

이와 같이 전쟁 기간 동안 군수 분야와 관련해 군사고문단은 한국군에 대한 자문 역할을 넘어 직접 운영자로 존재하였으며, 장래 한국군이 독자적으로 군수 업무를 담당할 수 있도록 하기 위해 장기 계획을 마련하고 이를 운영하는 역할을 담당했다.

2. 한국군의 교육훈련과 증강지원

1) 한국군의 교육훈련 지원

국내 장교 교육체계의 정비와 교육 강화

전쟁 발발 이후 1951년 중공군의 춘계공세까지 군사고문단의 주된 임무는 한국군의 전투작전을 지원하는 것이었다. 그러나 1951년 전선이 교착상태에 빠지고, 미국의 전쟁 전략이 '확전'과 '휴전'의 논란 끝에 '휴전' 쪽으로 기울어지면서 군사고문단의 주된 임무도 한국군의 전투작전 지원에서 교육 및 훈련에 대한 지원으로 전환되었다.

1951년 5월 2일 극동군사령관 리지웨이(Metthew B. Ridgway)는 미

39 G-4 KMAG, "Briefing of VIP's and Sr KMAG Offs", undated, Kenneth W. Myers, 앞의 책, 259쪽 재인용.

8군사령관 밴플리트에게 한국군에 적합한 교육훈련계획을 수립하라고 지시했다. 밴플리트는 미8군사령부 작전참모 머지트 대령이 준비한 교육훈련사령부 설치 건의안을 승인하고 극동군사령관과 협의해 한국군 교육훈련의 개선을 책임질 적임자로 참페니(Arthur S. Champeny)를 임명했다.

한국군의 교육훈련을 담당하게 된 참페니는 미군정기 때부터 한국과 매우 긴밀한 관계를 맺고 있던 특이한 경력의 소유자였다. 그는 미군정기에 제2대 국방부장을 지내면서 한국군의 모체인 국방경비대의 건설을 직접 담당했던 인물이었으며, 1948년에 한국을 떠났다가 1950년 7월 미 제25사단 제24연대장으로 다시 한국에 복귀했다.[40] 그는 1950년 9월에 큰 부상을 입고 일본으로 후송되었다가 다시 한국 전선에 복귀하여 미8군 민사지원사령관을 지냈으며, 1951년 1~5월까지 일본 경찰예비대의 훈련감독관과 극동군사령부 참모부서에서 근무하기도 했다.[41]

참페니는 1951년 5월 8일 한국에 들어와 미8군사령관과 파렐 군사고문단장을 방문하고 군사고문단장으로부터 한국군 교육훈련에 관한 전권을 위임받았다. 5월 11일 그는 본국으로 돌아가 약 2개월 동안 머물면서 미국의 군사학교들을 방문해 자료를 수집하고 육군부의 관계자들과 논의를 거쳐 한국군 교육훈련에 관한 개선책을 마련했다. 참페니가 마련한 개선안의 주요 내용은 한국군 장교들을 미 군사학교에 유학시킨

---

40 한국에 복귀할 당시 참페니는 미 제24사단장 딘 소장의 요청에 따라 부사단장으로 취임할 예정이었다. 그러나 1950년 7월, 그가 한국에 도착했을 때에는 이미 딘 소장이 대전전투에서 실종된 이후였다. 이에 따라 참페니는 함안의 미 제25사단 제24연대장으로 부임하게 되었다.

41 "Arthur S. Champeny to Sawyer"(1953. 11. 17), RG 319, Entry No. 181, Office of the Chief of Military History BKGD-Military Adv. Korea : KMAG Peace & War, Box 2.

다는 것과 국내의 군사학교에 고문관의 수를 늘려 교육을 강화한다는 것 등이었다.[42]

참페니의 한국군 교육제도 개선안은 극동군사령부의 검토와 보완을 거친 후 7월 22일 리지웨이 사령관 명의로 육군부에 정식 제출되었다. 극동군사령부가 제출한 계획안은 9개의 항목으로 구성되었는데, 특히 한국군 장교들의 자질을 향상시키는 방안에 중점이 두어졌다.

① 모든 교육훈련기관을 관장할 기구로 교육훈련사령부 설립을 계속해서 추진한다.
② 한국군의 리더십을 확립하기 위해 장교단에 원기 왕성한 활력을 불어 넣는다. 이 계획의 첫 번째 조치로써 장교후보생의 교육 기간을 18주에서 24주로 연장한다.
③ 한국군 전투병과의 교육훈련기관을 통합하고 미군식의 군용지(軍用地)를 확보한다.
④ 모든 보병사단에 대해 9주간의 회복훈련을 실시한다.
⑤ 한국군 장교들을 미 군사학교에서 교육시킨다.
⑥ 교육훈련기관에 고문관 수를 확대하는 것이 절실하다. 현재 고문단에서는 전투 및 근무지원 부대에 배속된 고문관의 수를 줄이는 대신 교육훈련기관의 교관 수를 늘리는 방안을 연구 중이다.
⑦ 무능하고 부패하고 비겁한 한국군 장교들과 정부 관리들에 대해 강력한 징계 조치를 취하도록 한국 정부에 지속적인 압력을 행사

42 Robert K. Sawyer, 앞의 책, 172~176쪽.

한다.

⑧ 한국군이 추가 장비를 사용할 수 있는 능력을 갖추었을 때 자동화기와 포 그리고 전차 등의 제공을 확대한다.

⑨ 한국군 10개 사단에 필요한 근무지원 부대를 증강한다.[43]

육군부는 8월 24일 극동군사령부가 제시한 한국군 개선안을 공식 승인하였다. 육군부의 승인이 있기 전에 극동군사령부는 미8군사령부에 실현 가능성이 높은 항목부터 신속하게 추진할 것을 지시했다. 이에 따라 교육훈련사령부가 1951년 8월 1일 부산에서 창설되어 육군본부 정보참모부 소속의 정보훈련소를 제외한 모든 군사교육기관을 감독·통제하였다.[44] 또한 훈련의 극대화를 위해 보병학교와 포병·통신훈련소가 전라도 광주로 통합되었으며, 1952년 1월 6일에는 1만 5000명 수용규모의 육군훈련소(일명 상무대)가 설립되었다.[45] 그리고 장교후보생들에 대한 교육 기간이 18주에서 24주로 연장되었다. 이에 따라 모든 장교후보생들은 보병학교에서 10주간의 기본교육과 각 병과학교에서 14주간의 병과교육을 마치고 장교로 임관하게 되었다.

이러한 한국군 교육훈련 체계의 정비작업을 실제로 담당한 것은 군

---

43 "Memorandum for the Chief of Staff, U.S. Army from Assistant Chief of Staff, G-3(Reuben E. Jenkins), Sub : To Determine What Can be Done Now to Make Better Use of Korean Manpower, from a Military Point of View"(1951. 11. 9), RG 319, Entry No. 97, Army-Operations 1950-1951, General Decimal files, Box 33. 극동군사령부의 한국군 개선안 원문은 이 문서에 첨부문서로 수록되어 있다.

44 교육훈련사령부의 초대 사령관은 이형근 소장이었으며, 사령부의 선임고문관은 참페니가 담당하였다.

45 국방부전사편찬위원회, 『한국전란2년지』, 1953, A56쪽.

그림 5-3 국내에서의 장교후보생 교육과정

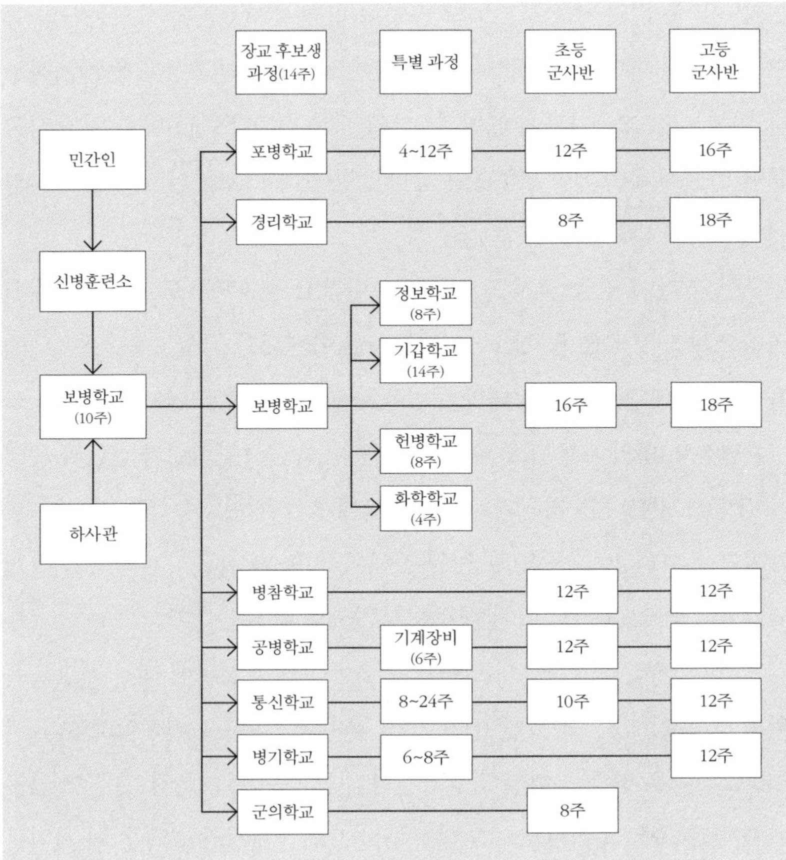

■ 출처 Kenneth W. Myers, *KMAG's Wartime Experience: 11 July 1951 to 27 July 1953*, 198쪽.

사고문단이었다. 교육훈련 체계의 정비와 군사교육을 강화할 목적으로 군사교육기관에 배치된 고문단의 규모도 확대되었다. 1951년 9월 22일 밴플리트는 군사교육을 담당하는 고문관의 수를 늘릴 목적으로 1951년 3월 20일자 군사고문단 인원배당표를 수정한 새로운 인원배당표를 미 육군부에 제출하였다. 802명이 늘어난 새로운 군사고문단 인원배당표가 1952년 1월 17일 육군부로부터 승인되자, 밴플리트는 군사고문단의 규모를 서둘러 확대시키고 군사교육기관에 약 400명의 고문관을 배치하였다. 이에 따라 교육기관에 배치된 고문관의 수는 1951년 3월 20일 군사고문단 인원배당표상의 교육훈련 담당 고문관과 비교해서 무려 6배 이상이 증가하게 되었다.

이와 같이 각종 군사학교가 재설립되고 장교후보생 교육이 6개월 과정으로 연장되는 등 장교 교육의 틀이 마련되자 군사고문단은 4년제 육군사관학교와 지휘참모대학 설립을 추진하였다. 1951년 9월 13일 군사고문단은 14명의 고문관을 배치시켜 4년제 육군사관학교의 설립과 운영을 담당하게 한다는 계획안을 밴플리트에게 제출하여 승인을 받았다. 이 계획안에 따라 1951년 10월 30일 진해에서 4년제 육군사관학교가 창설되었으며, 1952년 1월 2일 공식적으로 개교식을 가졌다.[46]

4년제 육군사관학교의 설립과 더불어 고급 장교들에 대한 재교육을 위해 군사고문단은 1951년 10월 28일 지휘참모대학을 재설립하였다. 지휘참모대학은 영관급 이상의 장교들에 대한 사단 전술운영 및 참모 업무에 대한 교육을 목적으로 하였다. 지휘참모대학에서의 교육은 미 지휘참모대학에서 시행하는 과정이 그대로 적용되었다. 참모대학의 제1기생은 50명의 지원자 중에서 30명이 선발되었으며, 이들은 12월 10일부터 6개월 과정의 교육을 받았다. 1952년 6월 7일 제1기생이 교육을 마치자 이들 중 10명을 선발하여 교관으로 활용했다. 휴전 당시 참모대학을 이수

---

46 "Senior Advisor, KMA, Harry E. McKinney to Chief, KMAG, sub : Submission of Command Report"(1952. 2. 21), 군사편찬연구소, 「주한미군사고문단(KMAG) 관련 자료」, HC01656.

한 장교의 수는 3기에 걸쳐 총 129명이었으며, 1953년 5월 12일 입교한 제4기생 58명이 교육 중에 있었다.[47]

아래의 〈표 4-1〉은 전쟁 기간 중 국내의 각종 군사학교에서 배출한 장교의 수를 나타낸 것이다.

표 4-1 국내 군사학교에서 배출한 장교 누계(1953년 7월)[48]

구분		장교 기본 과정	장교 고등 과정	특별 과정	장교 후보생 과정
전투병과	보병학교(광주)	4,139	676	–	10,542
	포병학교(광주)	187	88	755	2,868
	기갑학교(광주)	233	–	5	–
	공병학교(김해)	612	248	243	1,692
	소계	5,171	1,012	1,003	15,102
지휘참모대학(대구)			129		
기술병과	부관학교(대구)	595	–	–	–
	경리학교(대구)	–	–	316	655
	정보학교(대구)	782	–	583	–
	의무학교(마산)	1,085	–	867	–
	헌병학교(대구)	447	–	–	–

47 "USARMA Korea to DEPTAR"(1951. 10. 31), 정용욱 편, 『JOINT WEEKA』(영인본) 3권, 영진문화사, 1997, 408쪽; Kenneth W. Myers, 앞의 책, 205쪽; 육군본부 군사감실, 『6·25사변 후방전사』(인사편), 1956, 173~174쪽.

48 통계 및 학교 위치는 1953년 7월 현재의 기준이다.

구분		장교 기본 과정	장교 고등 과정	특별 과정	장교 후보생 과정
기술병과	병기학교(동래)	–	58	563	419
	병참학교(부산)	376	70	–	404
	통신학교(광주)	354	41	–	974
	수송학교(구포)	–	–	207	–
	소계	3,639	169	2,536	2,452
총계		8,810	1,310	3,539	17,554

■ 출처 Hausrath, *Problems in the Development of a Local National Army Based on Experience with the Republic of Korea Army*, 151쪽, David Curtis Skaggs & Richard P. Weinert, *American Military Assistance to the Republic of Korea Army 1951-1965*, RG319, CMH Manuscripts, KMAG in War and Peace, Box 1, Ⅲ-37쪽 재인용.

한국군 장교단의 도미 군사유학 실시

국내 군사학교에서의 장교 교육과 더불어 군사고문단은 한국군 장교들을 대상으로 하는 미 군사학교 유학을 추진했다. 1950년 11월 군사고문단은 1952회계연도에 미 군사학교의 교육을 이수할 한국군 장교의 인원을 결정해 줄 것을 미 육군부에 요구했다. 이러한 군사고문단의 요구는 전황의 악화로 잠시 보류되었다가 1951년 5월에 참페니가 미 육군부를 방문한 후 구체화되었다. 군사유학은 20주간의 특별 기본 과정으로 보병학교와 포병학교에 각각 150명과 100명씩의 장교들을 유학시켜 리더십을 갖춘 전문적인 핵심 장교단을 만든다는 것이 기본계획이었다.

미 육군부가 승인한 한국군 장교들의 군사유학 인원은 군사고문단의 추가 요구가 반영되어 전쟁 기간 동안에 계속해서 증가했으며, 보병학교와 포병학교 이외에 공병·군의·통신·병기·병참·기갑·헌병·수송·부관학교와 지휘참모대학 등에도 한국군 장교들이 파견되었다.[49]

도미 군사유학생은 3차에 걸친 시험과 체력검정 및 신원조회를 거쳐 선발되었다. 시험은 육군본부, 군사고문단, 미8군사령부에서 각각 실시했다.[50] 3차의 시험을 통과한 장교들은 사상 검증 차원에서 신원조회를 받았는데, 이는 미8군사령부 정보참모부(G-2)의 작전통제를 받던 한국군 CIC(방첩대)가 담당했다.[51] 한국군 CIC가 조사한 자료들은 미군 CIC로 전달되었으며, 미군 CIC는 정밀 검증을 통해 최종적으로 제외 대상자를 선정했다. 장교들의 최종 신원조회 결과는 군사고문단 정보참모부를 통해 미 육군부로 즉시 보고되었다.[52]

도미 군사유학생으로 선발된 장교들에 대한 신원조회는 매우 엄격하게 이루어졌다. 전쟁 발발 후 처음 실시된 제1진의 군사유학시험 통과자(25명의 통역관과 250명의 장교) 중 24명(8.7퍼센트)이 신원조회에서 불합격되었으며,[53] 1952년 3월 9일 완료된 제2진은 307명 중 47명(15퍼센트)

---

49 Kenneth W. Myers, 위의 책, 172~178쪽.

50 채명신, 『채명신 회고록: 사선을 넘고 넘어』, 매일경제신문사, 1994, 282~283쪽.

51 Hq. KMAG, "Narrative Summary", *Command Report*, March 1952, RG 407, Army-AG Command Reports, 1949-54, Non Organic Units, USMAG Korea AYUT 8202, Box 5788. 전쟁기 한국군 방첩부대의 현황에 대해서는 〔부록 17〕 "한국군 방첩대(CIC) 현황" 참조.

52 Hq. KMAG, "Replacement Training & School System, sub: Processing of Republic of Korea Students for United States Service Schools", *Command Report*, March 1952, RG 407, Army-AG Command Reports, 1949-54, Non Organic Units, USMAG Korea AYUT 8202, Box 5788.

53 제1차 도미 유학 장교단의 경우, 2명의 통역관과 22명의 장교가 한미장교심사위원회의 심사 과정에서 탈락했으며("USARMA Korea to DEPTAR"(1951. 9. 5), 『JOINT WEEKA』 3권, 370쪽), 방첩대(CIC)의 조사가 완료된 장교들에게는 보안증(Security Clearance)이 주어졌다(Hq. KMAG, "Narrative Summary", *Command Report*, March 1952, RG 407, Army-AG Command Reports, 1949-54, Non Organic Units,

이 불합격되었다.[54] 이를 통해 볼 때, 미국 군사유학 대상자들에 대한 사상 검증이 얼마나 철저하게 이루어졌는가를 가늠해 볼 수 있다.

이렇게 선발된 장교들은 약 보름간 대구의 제1보충대에서 미국 입국에 필요한 각종 서류 작성과 문화적 차이를 극복하기 위한 교육을 받았다.[55] 교육을 마친 장교단은 1951년 9월 11일부터 6개월 단위로 미 보병학교와 포병학교에 파견되었으며, 이와는 별도로 각 병과학교의 일정에 맞춰 소규모 단위의 장교단이 추가로 모집되어 미 병과학교에 보내졌다. 미 병과학교에서의 교육과정은 보병학교를 제외하고 대부분이 위관급 장교들을 대상으로 하는 초등군사반 과정이었으며, 교육 기간은 병과학교별로 11주에서 20주까지 다양했다.[56] 〈표 4-2〉는 제1진 군사유학생 교육이 진행 중이던 1951년 12월 6일 현재의 한국군 장교 현황이며, 〈표 4-3〉은 1952년 6월 30일까지의 교육 이수자와 1953회계연도(1952년 7월 1일~1953년 6월 30일) 상호안전보장국[57]이 승인한 교육 참가 예정자 수이다.

USMAG Korea AYUT 8202, Box 5788).

54 Hq. KMAG, "Command Report : Replacement Training & School System, sub : Processing of Republic of Korea Students for United States Service Schools", *Command Report*, March 1952, RG 407, Box 5788.

55 대구 보충대에서의 교육은 수세식 화장실 사용법, 식사 예절 등 미국 생활 방식에 대한 것으로 이루어졌다. 여기에는 전시에 굶주린 탓에 빵을 많이 먹는다든지, 설탕을 너무 많이 사용해 비웃음을 사지 않도록 하는 교육 등이 포함되어 있었다(박정인, 『박정인회고록: 풍운의 별』, 홍익출판사, 1990, 257쪽).

56 교육 기간은 보병·포병학교가 20주, 공병학교가 13주, 병참학교가 16주, 부관학교가 11주, 통신학교가 19주 등이었다("USARMA Korea to DEPTAR"(1951. 9. 12), 『JOINT WEEKA』 3권, 375쪽).

57 상호안전보장국은 1951년 10월 10일 '상호안전보장법'이 제정됨에 따라 경제협조처가 발전적으로 해체되고, 이를 모체로 하여 대통령실 내에 대외원조를 통합 운영하는 기관으로 설치되었다. 상호안전보장국은 1953년 8월 1일 대외운영처(FOA)로 개편되었다.

표 4-2 1951년 12월 6일 현재 미 군사학교 한국군 장교 현황

학교	요청 인원	승인 인원	교육 참석 장교수
지휘참모대학	2	2	2
보병학교	157	152	152
포병학교	105	105	101
기갑학교	15	15	8
공병학교	6	6	6
통신학교	11	11	4
병기학교	7	5	0
병참학교	2	3	3
부관학교	6	4	2
수송학교	1	1	1
군의학교	1	1	0
헌병학교	1	1	0
계	314	306	279

■ 출처 FEC, "United States Military Advisory Group to Republic of Korea, sub : Sources of Supplies and Equipment for Korea"(1951, 11, 25), RG 550, Records of Hq. U.S. Army, Pacific, Military Office, Classified Organizational History Files, 국립중앙도서관, 해외수집기록물, 표제 : United States Military Advisory Group to Republic of Korea.

표 4-3 1952회계연도 미 군사교육 이수자 및 1953회계연도 승인 인원

군사학교	1952회계연도 참가 인원	1953회계연도 승인 인원
보병학교	317*	201*
포병학교	214*	148*
공병학교	6	89*
군의학교	4	64
통신학교	11	12
병기학교	13	0
병참학교	4	12
기갑학교	14	14
헌병학교	2	8
경리학교	0	2
수송학교	1	2
부관학교	6	4
지휘참모대학	2	6
화학학교	0	10
공보	0	1
현지시찰	0	6
합 계	594	579

■ 출처 "Report on Far Eastern Trip, 26 January-19 February 1953 by George H. Olmsted, Director, Office of Military Assistance, sub : ROKA Officers at U.S. Army Service Schools", RG 330, Entry No. 18, Box 68.

■ 비고 * 는 통역관을 포함한 수치임.

여기서 주목할 만한 것은 도미 군사유학이 초등군사반 과정의 초급 장교 중심으로 이루어졌다는 점이다.[58] 이는 미국이 의도한 군사유학의 목적과 밀접한 관계가 있었다. 당시 미국은 한국군 장교들에게 미 군사학교의 교육제도를 단기간에 익히도록 하고 이것을 한국의 군사교육기관에 전파하고자 했다. 이러한 미국의 의도에 가장 적합한 대상자는 일본군대를 경험하지 않고, 해방 후 단기간이지만 미군식 교육을 받은 젊은 장교들이었다. 즉 일본식 사고방식을 가진 장교들에게 미국식 사고방식과 기술을 습득하게 하는 것은 많은 시간과 노력을 필요로 하는 것이었다. 따라서 미국은 단기간에 미 군사제도를 한국군에 이식하는 가장 효과적인 방법으로 초급장교들을 중심으로 하는 군사유학을 추진했던 것이다.[59]

미국 현지에서의 한국군 장교들은 언어 구사 능력에 따라 개인별로 차별화된 교육을 받았다. 1951년 미 보병학교에서는 한국군 장교들의 교육을 위해 영어와 한국어를 통한 반복 교육을 실시했다. 예를 들어 수업

---

58 일부 영관급 장교들이 포함되어 있었지만 그 인원은 많지 않았으며, 교육 기간 중에 이들은 임시로 대위 계급장을 달고 교육을 받았다(국방부 전사편찬위원회, 『한국전란2년지』, 1953, C 210쪽; 박정인, 『풍운의 별』, 홍익출판사, 1990, 256쪽).

59 1951년 7월 22일 리지웨이 극동군사령관이 육군부에 제출한 한국군 교육훈련 개선안을 보면, 도미 군사유학의 본래 목적이 초급장교들(Junior Officers)의 교육에 있었음을 알 수 있다("Memorandum for the Chief of Staff, U.S. Army from Assistant Chief of Staff, G-3(Reuben E. Jenkins), sub : To Determine What Can be Done Now to Make Better Use of Korean Manpower, from a Military Point of View"(1951. 11. 9), RG 319, Entry No. 97, Army-Operations 1950-1951, General Decimal files, Box 33). 초등군사반 과정과는 별도로 미 보병학교의 경우에는 1952년 9월 13일부터 중령급 이상의 한국군 장교들을 대상으로 하는 고등군사반 과정이 병행되었다. 전쟁 기간 동안에 고등군사반 과정을 이수한 한국군 장교는 총 9명이었으며, 이들은 통역관 없이 현지 미군 장교들과 함께 사단과 군단 전술운영 및 참모 업무에 관한 교육을 받았다(채명신, 앞의 책, 282~283쪽).

첫 시간에는 미군 교관이 영어만으로 교육을 실시하고, 두 번째 시간에는 한국군 통역장교가 미군 교관과 더불어 같은 과목을 반복하는 교육을 실시했다. 이러한 방식으로 제1단계 교육과정이 완료된 후 영어로 의사소통이 가능한 장교들은 영어로만 실시되는 심화 교육과정에 들어갔으며, 그렇지 못한 장교들은 계속해서 제1단계 교육과정 방식으로 교육을 받았다.[60]

한국군 장교들의 도미 군사유학은 미국 내에서 대단한 호평을 받았다. 1952년 3월에 미 보병학교와 포병학교는 "한국군 장교들의 행동과 학습태도, 그리고 능력이 매우 우수하다."는 교육 평가서를 제출했다.[61] 또한 미 육군부 군수참모부(G-4) 대외원조국장 러셀(Sam C. Russell)은 1954년 상원외교위원회에서 "본토에서의 훈련 프로그램이 쓸모가 없어져 대체되거나 또는 국제적인 환경 요인이 그러한 훈련을 더 이상 필요로 하지 않게 할 경우에도 훈련 프로그램의 결과는 오래도록 남을 것"이라고 증언하였다.[62] 이러한 러셀의 증언은 머지않아 군이 한국의 정치·경제·사회·문화를 주도하는 현실로 나타났다.

이러한 미국 내의 긍정적인 평가에 따라 한국군 장교들의 군사유학은 장기 계획으로 추진되었으며, 이를 위해 대통령실 상호안전보장국

---

60 David Curtis Skaggs & Richard P. Weinert, 앞의 책, Ⅳ-22~23쪽.

61 Hq. KMAG, "Command Report : Narrative Summary"(1952. 3), *Command Report*, March 1952, RG 407, Army-AG Command Reports, 1949-54, Non Organic Units, USMAG Korea AYUT 8202, Box 5788.

62 U.S. Cong., Senate, Comm. on Foreign Relations, *Mutual Security Act of 1954. Hearings before the Committee*…, 83d Cong, 2d Sess., Government Printing Office, 1954, 182쪽, David C. Skaggs & Richard P. Weinert, 앞의 책, Ⅳ-25쪽 재인용.

과 국방부 군사원조실에서는 추가 자금의 확보를 추진했다. 특히 국방부 군사원조실에서는 1952회계연도 상호방위원조계획 자금 중 Ⅲ그룹 국가에 배정된 자금을 전용할 수 있는 방안을 모색했다. 국방부 군사원조실장 대리 헤인스 3세(Peter C. Hains, 3rd)는 1952년 7월 30일 상호안전보장국에 보내는 비망록에서 한국군 장교들의 군사유학이 추가로 추진되어야 하며, 이를 위해 78만 5599달러의 추가 비용을 상호방위원조계획 Ⅲ그룹의 자금에서 전환시켜 줄 것을 요구했다.[63]

대통령실 상호안전보장국과 국방부 군사원조실에서 추가 자금 확보 방안을 구상하고 있는 가운데 미 육군부는 새로운 군사유학 계획안을 마련해 국방부 군사원조실에 제출했다. 이 계획안은 극동군사령관의 요구를 반영한 것이었다. 1952년 10월 7일 군사원조실장에게 보내는 비망록에서 육군부 군수참모부장 대리 스튜어트(G. C. Stewart) 준장은 "1953회계연도에 추가로 한국군 보병장교 150명과 포병장교 100명을 미 군사학교에서 훈련시키려 한다."고 밝히고, 그 근거로 "극동군사령관은 미국에서 훈련받은 장교들이 한국군에 지속적으로 활력을 제공한다고 생각하며, 한국군 유학생들의 성과보고서는 이러한 훈련이 중단 없이 지속되어야 함을 입증하고 있다."는 점을 제시했다. 이에 따라 미 육군부는 "이미 승인된 1953회계연도 한국군 장교들의 군사유학계획에 추가 계획을 제시하며, 이 계획의 성공을 위해 상호방위원조계획 Ⅲ그룹에 제공

63 "Memorandum for the Director for Mutual Security, Executive Office of the President from Peter C. Hanins, 3rd, Acting Director, Office of Military Assistance, sub : Army FY 1952 Training Program Amendments for Korea"(1952. 7. 30), RG 330, Entry No. 18, Box 68.

할 의료비에서 자금을 충당할 것"을 건의했다.[64]

국방부 군사원조실에서는 육군부의 건의안을 검토한 후 미국에서 한국군 장교들을 추가로 교육시킬 수 있으며, 그에 따르는 자금은 인도차이나 의료계획(Indochina Medical Program)에서 전환할 수 있다고 결론지었다.[65] 1952년 12월 9일 군사원조실장 옴스테드(George H. Olmsted) 소장은 이러한 내용을 담은 비망록을 상호안전보장국장에게 전달했다. 이 비망록에서 옴스테드는 다음과 같이 밝혔다.

> 첫째, 상호안전보장국장은 1953회계연도 한국군 장교들의 군사유학 자금으로 237만 3030달러를 승인했다. 둘째, 극동군사령부는 각종 보고서를 통해 미국에서 훈련받은 장교들이 한국군 장교단에 새로운 활력을 불어넣고 있다고 보고한다. 셋째, 미국에서 훈련받은 한국군 장교들의 교육성과보고서는 이러한 교육이 지속되어야 할 필요성을 제기하고 있다. 넷째, 따라서 국방부 군사원조실은 극동군사령관의 보고서들에 근거해 1953회계연도에 추가로 250명의 한국군 보병·포병장교들을 훈련시키는 것이 바람직하다고 생각한다. 다섯째, 이들 250명은 1953회계연도 상호방위원조계획에 의거해서 이미 승인된 592명의 인원에 추가하는 것이다. 이에 따라 1953회계연도 한국군 장교 피교육생

64 "Memorandum for the Director, Office of Military Assistance, Office of the Secretary of Defense from G. C. Stewart, Deputy AC/S, G-4 for Foreign Military Aid, sub: Attendance of ROK Army Officers at U.S. Army Service Schools"(1952. 10. 7), RG 330, Entry No. 18, Box 68.

65 "Memorandum for Record"(1952. 11. 3), RG 330, Entry No. 18, Box 68.

은 총 842명이 된다.[66] 여섯째, 135만 5590달러의 추가 교육비용은 인도차이나 의료계획에 사용할 자금 중에서 일부를 전환 사용한다. 이로써 1953회계연도 한국군 장교들의 군사유학 비용은 총 372만 8620달러가 될 것이며, 이러한 계획은 지체 없이 실행되어야 할 것이다.[67]

이렇듯 인도차이나에 제공할 상호방위원조계획 자금을 전환시키고, 한국군 장교 1인당 약 4400달러[68]라는 거금을 투자할 만큼 한국군 장교들의 군사유학은 미국의 입장에서 볼 때 애초에 기대했던 것보다도 훨씬 큰 성과였음을 알 수 있다.

국방부 군사원조실이 제기한 한국군 장교들의 추가 군사유학은 옴스테드 군사원조실장이 상호방위원조계획(MDAP)을 논의하기 위해 아시아를 방문한 이후에 확정된 것으로 보인다. 옴스테드는 1953년 1월 29~31일 도쿄의 극동군사령부를 방문하고 2월 1일 한국에 도착했다. 그는 2월 6일까지 6일간 한국에 머물면서 미8군사령부, 군사고문단, 한국병참관구(KCOMZ)사령부, 유엔한국민사처(UNCACK) 등에 관해서 전반

66 이 비망록에서는 1953회계연도 피교육생 승인 인원이 592명이라고 했으나, 1953회계연도 상호방위원조계획에 의거해 승인된 군사유학 피교육생은 실제로 579명이었다("Report on Far Eastern Trip, 26 January-19 February 1953 by George H. Olmsted, Director, Office of Military Assistance, sub : ROKA Officers at U.S. Army Service Schools"(Undated), RG 330, Entry No. 18, Box 68). 이에 따라 250명이 추가될 경우 1953회계연도 한국군 장교 피교육생의 총수는 842명이 아니라 829명이 된다.

67 "Memorandum for the Director for Mutual Security Executive Office of the president from George H. Olmsted, Director, office of Military Assistance, sub : Attendance of ROK Army Officers at U.S. Army Service Schools"(1952. 12. 9), RG 330, Entry No. 18, Box 68.

68 1952년의 미화 약 4400달러는 2014년의 달러 가치로 환산할 경우 약 3만 8695달러에 해당한다(http://www.dollartimes.com/calculators/inflation.htm, 검색일: 2014. 12. 17).

적인 현황 브리핑을 받았다. 이때까지만 해도 1953회계연도 군사유학생 승인 인원은 579명이었다.[69] 그런데 그의 한국 순방 이후인 1953년 3월 12일자 미8군사령부의 '군사고문단·한국군 정보 팸플릿(KMAG-ROKA Information Brochure)'과 1953년 3월달 군사고문단의 '지휘보고서'에는 250명의 추가 인원이 반영된 것으로 확인된다. 즉 1953년 2~3월경에 한국군 장교들을 위한 군사유학의 규모가 대폭적으로 확대되었음을 알 수 있다.

1953회계연도 군사유학생의 추가 인원 배당은 향후 20년간 연평균 1000명 정도의 한국군 장교들이 도미 군사유학을 할 수 있는 기준이 되었다는 점에서 의의가 컸다. 1954회계연도에 연간 군사유학생 수가 1000명을 넘어선 후 1973회계연도까지 총 2만 2144명의 장교들이 군사유학을 경험했다.[70]

한국의 군사교육기관에 대한 '전방위적인 파급 효과'를 얻을 것으로 기대하고 실시된 군사유학은 기대 이상의 성과를 거두었다. 당시 미국에서 초등군사반 과정을 이수하고 돌아온 장교들 중 약 50퍼센트가 국내 군사학교와 훈련기관에 배치되어 교관이나 감독관의 직책을 맡았다.[71] 이들은 자신들이 미국에서 배웠던 군사 교리와 제도를 한국군에 전파하는 가교 역할을 하였다. 이렇듯 대규모 한국군 장교단의 군사유학은 미

---

69 "Report on Far Eastern Trip, 26 January-19 February 1953 by George H. Olmsted, Director, Office of Military Assistance"(Undated), RG 330, Entry No. 18, Box 68.

70 1951~60년 한국군의 도미 군사유학 이수자와 1950~1973회계연도 각국의 도미 군사유학자 현황은 〔부록 15〕 "1951~60년 군인과 민간인 해외 유학 인원수"와 〔부록 16〕 "1951~1973회계연도 세계 각국의 도미 군사유학 인원" 참조.

71 『JOINT WEEKA』 4권, 62쪽.

표 4-4 1952~54회계연도 미 군사학교의 한국군 장교

군사학교	1952회계연도 참가 인원	1953회계연도 참가예정 인원	1954회계연도 요구 인원
보병학교	317*	351*	398*
포병학교	214*	248*	347*
공병학교	6	89*	108*
군의학교	4	64	8
위생병 양성 과정	0	0	22
통신학교	11	12	20
병기학교	13	0	12
병참학교	4	12	12
기갑학교	14	14	17
헌병학교	2	8	10
항공엔진 정비 과정	0	0	10
항공학교	0	0	5
정보학교	0	0	2
경리학교	0	2	4
수송학교	1	2	4
부관학교	6	4	6
지휘참모대학	2	6	15
화학학교	0	10	7
심리전학교	0	0	1
공보	0	1	5
현지시찰	0	6	6
합계	594	829	1,019

■ 출처 Hq. Eighth army, *Information Brochure : United States Military Advisory Group and Republic of Korea Army*, 12 March 1953, RG 550, Records of HQ, U.S. Army, Pacific Military Historian's Office, Organizational History Files, KMAG to History of the Korean War, Box 44.

■ 비고 * 는 통역관을 포함한 수치임.

국의 군사제도를 한국군에 이식하는 것에서 최소한의 시간과 비용으로 최대한의 효과를 거두는 중요한 통로였다고 할 수 있다.

사병의 충원제도 정비와 훈련 강화

장교들에 대한 교육체계 정비와 더불어 군사고문단은 사병 충원과 부대훈련에 관해서도 깊이 관여했다. 1951년 1월 22일 제주도 모슬포에 제1신병훈련소가 창설된 후,[72] 군사고문단은 신병훈련소의 운영뿐 아니라 신병 배출 인원의 조절에도 관여했다. 당시 신병 배출 인원의 조절 문제는 미8군사령부가 시급히 해결해야 할 중대한 문제였다. 1951년 1월 말에 한국군의 총병력은 미국 정부가 승인한 25만 명을 초과하였는데, 사상자에 비해 신병 배출률이 월등히 높았다.[73] 이에 따라 제주도의 제1신병훈련소에서는 전선의 추이와 미국의 한국군 증강 계획에 따라 훈련 기간이 연장되고 신병 배출인원도 조절되었다. 이러한 신병훈련소의 전반적인 운영계획은 전적으로 군사고문단에 의해 마련되었다. 당시 신병훈련소에 인가된 고문관은 1951년 9월 말 현재 188명이었다. 〈표 4-5〉는 전쟁 기간 동안에 제1신병훈련소의 훈련 기간 및 일일 입소자 수의 변화를 나타낸 것이다.

하지만 이 시기까지 신병훈련소는 기본적으로 전투병의 배출을 목적으로 하여 운영되었으며 특기병 교육과의 연계가 체계적으로 이루어

---

72 제1신병훈련소의 설립 과정에 대해서는 박동찬, 「한국전쟁기 한국군의 증강문제와 군사교육의 강화」, 『한국학논집』 제33집, 한양대학교, 1999, 142~144쪽 참조.

73 제주도에 제1훈련소가 설치되기 전까지 5개 지역(대구, 김해, 구포, 제주, 삼랑진)에 산재해 있던 훈련소의 총규모는 2만 7500명이었다(박일송, 「한국전쟁 시 육군의 교육 및 훈련체계: 1950. 6~1951. 8」 『學藝誌』 3집, 1993, 231쪽).

표 4-5 제1신병훈련소의 훈련 기간과 일일 입소자 수의 변화

시기	내용		
	일일 입소자	훈련 기간	비고
1951. 2. 13.	500명	4주	수용규모: 14,000명
1951. 4. 1.	250명	8주	수용규모: 14,000명
1951. 7. 1.	300명	12주	수용규모: 21,600명 * 입소 일자가 주당 7일에서 6일로 단축됨.
1951. 9. 24.	500명	12주	수용규모: 36,000명
1952. 1. 2.		16주	수용규모: 48,000명
1952. 8. 1.	600명	16주	수용규모: 57,000명 * 8주 이상의 훈련을 받은 훈련병만 한국군 규모에 산입
1952. 12. 15.	700명	16주	수용규모: 67,200명 * 훈련 기간 및 입소자 수가 고정됨.

■ 출처 Kenneth W. Myers, *United States Military Advisory Group to the Republic of Korea*, 144~153쪽.

지지는 못하고 있었다. 이는 장기적으로 한국군이 독자적인 작전 수행을 할 수 있기 위해서는 반드시 해결되어야 할 문제였다. 이러한 필요성에 따라 1951년 6월에 미8군사령관 밴플리트는 군사고문단장에게 특기병들에 대한 교육을 강화하도록 지시하였다.

1951년 7월 1일 군사고문단은 신병에 대한 훈련 기간을 12주로 연장하고 전투병과 특기병의 교육 주기를 명확히 구분하였다. 이에 따라 모든 신병들은 신병훈련소에서 8주간의 기본훈련 과정을 이수하고 6대1의 비

군사고문단에서 세운 제1신병훈련소 기념비(제주도 모슬포), 현재는 기념비석만이 용산 전쟁기념관 서쪽 야외공간에 놓여 있다.

율로 전투병과 특기병이 선발되어 추가 훈련을 받게 되었다. 즉 전투병으로 선발된 신병들은 훈련소에 그대로 남아서 추가로 소총수로서 필요한 4주간의 전술훈련을 받은 후 전투부대에 배치되었으며, 특기병으로 선발된 신병들은 병과학교에 보내져 학교별 훈련 주기에 따라 8~12주간의 교육을 받은 후 각 병과부대에 배치되었다.[74]

특기병들에 대한 교육을 강화시키고자 하는 계획은 제2신병훈련소가 설립되면서 보다 구체화되었다. 군사고문단은 1951년 9월 말에 새로운 훈련소의 설립을 계획하고 미8군사령부로부터 훈련소의 설립을 책임질 114명의 고문관을 승인받았다. 그리고 이들의 책임하에 11월 1일 논산에 제2신병훈련소가 창설되어 1952년 2월 1일부터 입소자들에 대한 훈련을 실시하였다. 제2훈련소의 설치는 내륙에 위치한 각종 병과학교들과의 연계를 원활하게 하기 위해서였다. 제2훈련소의 교육과정은 제1훈련소와 유사했으며, 훈련소의 수용규모는 초기에 제1신병훈련소의 1/3이었다가 1952년 12월에는 1/2로

74 훈련 기간은 1952년 1월 2일 16주로 연장되었다.

확대되었다.[75] 이에 따라 1952년 12월 말에는 제1·2신병훈련소의 총수용규모가 9만 5600명이 되었으며, 군사고문단의 특기병 확대 지시에 따라 전투병과 특기병의 선발 비율이 3대1로 되었다.[76]

한편 신병들에 대한 훈련 강화와 더불어 각 부대에 배속된 사병들에 대한 재교육을 위해서 1951년 8월 4일 야전훈련사령부가 창설되었다. 이 사령부의 창설은 1951년 7월 말에 밴플리트가 한국군 부대들의 전투능력과 사기를 앙양한다는 목적하에 야전훈련사령부를 설치하도록 지시함에 따라 이루어진 것이었다. 이에 따라 당시 미9군단 부사령관인 크로스(Thomas J. Croos) 준장이 야전훈련사령부 사령관에 임명되었으며, 미8군 예하 각 군단에 1개씩 총 4개의 야전훈련소가 설치되었다.[77] 야전훈련소의 역할은 전선에 배치된 사단을 1개씩 순번제로 돌아가며 9주 동안 재교육을 실시하는 것이었다. 교육은 사병 개개인에 대한 기본훈련과 대대급까지의 전술훈련이 중심이었으며, 재교육 기간 동안에 각 사단은 전투 중 손실된 인원과 장비가 보충되어 완편된 사단의 모습을 갖추게 되었다. 야전훈련사령부는 1952년 6월까지 한국군 10개 사단 중 9개 사단에 대한 1차 재훈련을 실시하였다. 한국군 사단들에 대한 1차 재훈련이 완료되자 밴플리트는 야전훈련사령부를 폐지하고 한국군 제1군단 지역에 있던 제2야전훈련소를 제외한 나머지 3개 야전훈련소의 책임을 각 군

---

75 제2신병훈련소의 수용규모는 1952년 3월 31일 1만 4400명이었다가 1952년 12월 15일 3만 8400명으로 확장되었다(Kenneth W. Myers, 앞의 책, 144~147쪽).

76 위의 책, 152~153쪽.

77 야전훈련소는 1951년 8월 4일 미1군단이 있는 경기도 부평에 제1야전훈련소가 설치된 이후 9월 13일 한국군 1군단 지역인 강원도 양양에 제2야전훈련소, 9월 20일 미9군단 지역의 강원도 사창리에 제4야전훈련소, 9월 25일 미10군단 지역의 강원도 양구에 제3야전훈련소가 각각 설치되었다.

단 사령관에게 위임하는 한편, 제2야전훈련소를 부대훈련소로 개칭하여 군사고문단이 직접 통제하게 하였다.[78]

이러한 한국군의 교육훈련과 관련한 체계 정비는 한국군의 자질 향상과 지휘체계의 공고화라는 두 가지 목적을 염두에 두고 이루어졌다. 이를 달성하기 위해서 군사고문단이 중심이 된 교육 및 훈련체계의 정비 작업은 미국이 그것을 중요하게 사고하고 있었던 만큼 단기간에 큰 성과를 거두었으며, 이는 한국군의 미국화를 보다 촉진시키는 결과로 이어졌다.

2) 한국군의 증강지원

한국군의 작전·교육·군수지원 이외에 군사고문단은 1951년 말부터 한국군 증강 계획을 수립하는 기획 업무도 병행하게 되었다. 한국군의 증강은 무기와 장비 지원을 전적으로 미국이 담당했기 때문에 미국 정부의 정책 결정과 직결되는 문제였다. 미국 정부는 전쟁 전 한국군 6만 5000명에 대한 지원 상한선을 1950년 11월 초에 대통령의 승인을 거쳐 10개 사단 25만 명 선으로 확대하였지만 그 이상의 증강에는 반대하였다. 이 규모는 피폐한 한국 경제 상황을 고려해 미국이 지원할 수 있는 최대 수치라는 것이 미국 정부의 기본적인 입장이었다. 특히 극동군사령관 맥아더와 그의 후임자인 리지웨이는 이러한 상한선을 강력히 주장했던

78 Kenneth W. Myers, 앞의 책, 140~142쪽.

인물들이었다. 그들은 한국군이 10개 사단 이상으로 증강할 경우 한국군에 대한 모든 지원과 책임을 미국 정부가 부담해야 한다고 파악했던 것이다.[79]

1951년 말까지 미국 정부는 한국군의 지원 상한선을 25만 명으로 규정하고 이를 고수했다. 그동안 한국 정부는 50만 청년단원의 무장과 10개 사단의 추가 증편을 지속적으로 요구했다. 하지만 한국 정부의 요구는 1951년 4~5월 중공군의 춘계공세에서 나타난 한국군의 붕괴로 인해 더 이상 진척되지 못했다. 특히 5월 중순에 강원도 현리 부근에서 중공군의 포위 공격을 받고 국군 제3군단이 붕괴한 사건은 한국 정부의 한국군 증강 노력에 결정적인 타격으로 와닿았다. 이 패배를 계기로 한국군에 대한 미군의 군수지원이 중단되었고, 이로 인해서 한국군의 병참 수급에 차질이 빚어졌다. 또한 국방장관과 육군총참모장이 경질되는 등 극단적인 파장이 뒤따랐다.[80] 이 사건 이후 극동군사령관을 비롯해 미군 지휘관들 사이에서는 '단순히 수적인 증가만으로 진정한 군을 만드는 것이 아니며, 엄밀한 의미에서 한국군은 군(Army)이 아니다.'라는 인식이 확산되었다. 이러한 인식하에 극동군사령관은 "미국 정부가 한국군 장교들과 정부 관리들의 무능함, 부도덕함, 비겁함 등을 바로잡도록 한국 정부를 계속해서 압박해야 한다."고까지 하였다.[81]

---

79 나종남, 「한국전쟁 중 한국 육군의 재편성과 증강, 1951-53」『군사』 제63호, 국방부 군사편찬연구소, 2007, 250쪽.

80 "Statement by President Syngman Rhee"(1951. 3. 24), Ridgway Papers, Box 20, 나종남, 위의 논문, 221쪽 재인용.

81 David C. Skaggs and Richard P. Weinert, *American Military Assistance to the Republic of Korea Army, 1951-1965*, RG 319, CMH Manuscripts, KMAG in War and Peace, Box. 1, Ⅱ-3쪽.

하지만 한국군을 현상 유지하고자 하는 미국의 정책은 계속되는 미군의 손실을 대체하고 휴전협상을 반대하는 한국 정부를 무마하기 위해 한국군 증강을 재검토하는 방향으로 선회하였다. 1951년 7월부터 시작된 휴전회담으로 인해서 전쟁에 대한 미국인들의 관심이 줄어들고 전쟁에 대한 염증과 걱정의 목소리가 증가하고 있던 상황에서 미군의 전투손실 증가는 트루먼 행정부에게 큰 정치적인 부담을 안겨주었다. 또한 무력통일을 강력하게 주장하던 한국 정부의 반응도 미국 정부로서는 간과할 수 없는 중요한 현안이었다. 이러한 두 가지 문제를 동시에 해결할 수 있는 방안으로 미국은 한국군의 증강 문제를 고려하기 시작했다.

1951년 11월 9일 국가안보회의는 새로운 정책문서인 〈한국에서의 미국의 행동 노선(NSC 118)〉을 회람하였으며, 다음날인 10일에는 포스터(William C. Foster) 국방차관이 미 합참에 한국군 증강문제를 재검토하라고 지시했다. NSC 48/5를 대체하는 새로운 전쟁정책인 NSC 118은 12월 7일 NSC 118/1로 수정된 후 1951년 12월 20일 NSC 118/2로 정책문서화되었다.[82]

NSC 118시리즈의 최종 결정 문서인 NSC 118/2는 1953년 4월 2일 NSC 147(한국에서의 가능한 행동 노선 분석)이 결정될 때까지 미국의 대한반도정책의 기조가 되었다. NSC 118/2는 휴전회담 지연 또는 결렬 시 취할 미국의 행동으로 "첫째, 유엔군사령관이 동원할 수 있는 능력에 맞추어 군사작전을 강화한다. 둘째, 압록강 유역의 댐과 발전소에 폭격을 가하고 한반도 내에서의 작전에 대한 제약을 없앤다. 단, 한·소 국경 12마

---

82 NSC 118시리즈 원문은 국방군사연구소, 『미국가안전보장회의 문서: 한국전쟁 자료총서』 2, 1996, 80~202쪽에 수록되어 있다.

일 이내의 지역은 제외한다. 셋째, 중공군의 미 지상군 위협 시 중공군의 기지를 폭격하고 중국을 외교적으로 고립시키기 위하여 여타 국가의 동의를 얻어 정치적·경제적 압력을 강화한다. 넷째, 중국과 한국 내 반공유격대를 최대한 지원하고 공산군의 물자 수송을 차단·파괴하는 작전을 감행한다."는 것을 제시하였다. 이는 휴전회담이 지연되거나 또는 결렬될 경우에 확전까지도 가능하다는 의미를 내포하고 있는 정책이었지만, 실제로 그 가능성은 희박하였다.[83]

휴전회담의 전개 상황에 따른 미국의 정책을 구체적으로 제시한 NSC 118/2에서는 한국군 문제와 관련해 증강의 필요성을 고려한 두 가지 방안을 제시하였다. 첫째는 휴전이 성립될 경우 한국군의 조직, 훈련, 장비 등을 최대한으로 강화하여 그들이 점진적으로 한국의 방위와 안보를 책임질 수 있게 한다는 것이었다. 둘째는 휴전이 이루어지든 또는 그렇지 않든 간에 미국은 궁극적으로 한국군이 한국의 방위를 책임지게 한다는 견지에서 가능한 한 신속히 그리고 충분한 규모로 신뢰할 만한 한국군을 발전시키고 장비시킨다는 것이었다.[84] 첫 번째 내용이 휴전 후 한국군의 지위와 역할을 규정한 것이라면, 두 번째 내용은 '전쟁의 한국인화'를 고려한 것이라고 할 수 있다. 두 가지 방안은 모두 다 한국군의 증강이 현실적으로 필요하다는 것을 밝히고 있다.

그러나 미 합참과 극동군사령관 리지웨이는 한국군 증강에 대해서

---

83 NSC 118/2를 채택한 이후 미국이 보인 행동은 북한 지역에 대한 폭격을 강화하는 것 이외에 NSC 48/5에서 언급한 제한전 원칙을 크게 벗어나지 않았다. 이와 관련해서는 채용기, 「한국전쟁의 종전 과정」『한국전쟁의 새로운 접근』, 나남, 1990, 422~424쪽 참조.

84 "한국에서의 미국의 행동 노선(NSC 118/2)" (1951. 12. 20), 국방군사연구소, 『미국가안전보장회의 문서: 한국전쟁 자료총서』 2, 179~202쪽.

부정적이었다. 1952년 1월 23일 미 합참은 1951년 11월 10일자 국방차관의 지시 사항에 대한 회신문에서 한국 경제가 증강된 군대를 지탱할 수 없으며 미국도 필요한 병참지원을 제공하기가 어렵다는 견해를 피력했다.[85]

특히 극동군사령관 리지웨이는 한국군 증강에 대해 극력 반대하였다. 그는 한국군의 증강보다는 일본 경찰예비대, 대만군, 동남아시아 국가들의 군대에 대한 지원이 우선시되어야 한다고 생각했다.[86] 그러나 무엇보다도 그가 한국군의 증강에 부정적이었던 것은 한국 정부에 대한 불신이 컸기 때문이었다. 1952년 3월 27일 육군부에 보낸 전문에서 그는 "전쟁이 발발하기 전에 미국은 한국군 6만 5000명에 대한 지원을 제공했지만, 한국은 이를 9만 5000명의 군을 육성하는 데 사용하였다."고 지적하면서, 현재 "한국 공군참모총장이 1955년까지 항공기 300대를 획득하기 위해 국방비 총액의 1/3을 배정받고자 한다."는 점을 강조하였다. 그는 이와 같은 상황들을 고려할 때, 미국의 한국군 증강지원이 직접적인 군사지원이든 간접적인 재정지원이든 간에 "한국이 미국의 결정과 의도를 피해갈 수 있는 대체 방법을 갖추게 함으로써 미국의 목표에 좌절을 가져오게 할 수도 있다."고 전했다.[87]

한편 미8군사령관 밴플리트는 극동군사령관의 입장과는 반대였다.

---

85 James F. Schnabel & Robert J. Watson 저, 국방부 전사편찬위원회 역, 『미합동참모본부사: 한국전쟁』(하), 1991, 219~221쪽.

86 David C. Skaggs and Richard P. Weinert, 앞의 책, Ⅱ-2.

87 James F. Schnabel & Robert J. Watson 저, 국방부 전사편찬위원회 역, 『미합동참모본부사: 한국전쟁』(하), 1991, 222쪽.

1952년 3월에 한국을 방문 중이던 해군부장관 킴볼(Dan Kimball)과의 회담에서 밴플리트는 한국군 10개 사단의 추가 증강을 선호한다고 말했다. 또한 그는 기자회견에서 한국군의 지도력이 빠르게 발전하고 있으며, 현재 한국군은 최상의 전투력을 보유한 군으로 발전 중이라고 하였다.[88]

미8군사령관(1951. 4. 14~1953. 2. 10)
밴플리트 장군

미8군사령관 밴플리트는 이미 1951년 11월부터 독자적으로 한국군 증강 계획을 구상하고 있었으며, 계획안 작성의 책임을 군사고문단에 일임한 상태였다. 밴플리트는 군사고문단에 3개 군단, 10개 보병사단, 18개 105밀리미터 포병대대, 4개 155밀리미터 포병대대, 6개 포병단사령부, 3개 전차대대, 13개 경비대대, 10개 독립보병연대로 구성된 한국군 부대기준표[89]를 작성하도록 지시했다. 이것은 한국군이 25만 2000명에서 38만 3000명으로 증강되는 것을 의미하는 것이었다.[90]

---

88 이미숙, 「6·25전쟁기 미국의 한국군 증강정책과 그 특징」『군사』제67호, 2008, 212쪽; *US News and World Report*,(1952. 3. 28), 24~26쪽; James F. Schnabel & Robert J. Watson 저, 국방부 전사편찬위원회 역, 위의 책, 547쪽 재인용.

89 부대기준표(troop basis)는 특정임무를 수행하는 데 소요되는 부대와 개인을 편성장비, 인원, 배치 종류별로 표시한 표를 말한다(군사영어편찬위원회, 『군사영어사전』, 병학사, 1978, 900쪽).

90 Kenneth W. Myers, *KMAG's Wartime Experiences*, 43~44쪽. 38만 3000명은 전투 병력 19만

한국군 증강의 계획 수립을 담당하게 된 군사고문단은 1952년 3월 중순까지 한국군 부대기준표를 작성해 3월 16일 미8군사령부에 제출했다. 군사고문단이 계획한 한국군 증강안은 총병력 36만 2946명에 3개 군단, 10개 보병사단, 10개 사단포병사령부, 30개 105밀리미터 포병대대, 10개 155밀리미터 포병대대, 3개 전차대대, 13개 경비대대 등으로 구성되었다.[91] 군사고문단의 한국군 증강안은 미8군사령관이 제안한 병력 수보다 2만 54명이 축소된 것이었지만, 화력을 강화하기 위해 포병의 대폭적인 증강을 요구한 것이 특징이었다. 군사고문단의 계획안은 미8군사령관의 승인을 얻어 즉시 극동군사령부로 전달되었다.

극동군사령관 리지웨이는 한반도 현지에서 작전을 책임지고 있던 미8군사령관의 강력한 요청에 따라 군사고문단의 한국군 증강 계획안을 사실상 인정할 수밖에 없었다. 밴플리트는 미국이 한국군 증강을 위해 더 많은 지원을 제공할 수 있으며, 그렇게 해서 증강된 한국군은 미군의 대체 병력이 될 수 있기 때문에 오히려 미국의 입장에서 보면 비용 절감의 효과를 낼 수 있다는 논리로 극동군사령관을 설득했다.[92] 결국 리지웨이는 1952년 3월 20일 군사고문단의 한국군 증강 계획안을 승인하고,

---

명(49퍼센트)과 지원 병력 19만 3000명(51퍼센트)으로 구성되었으며, 지원 병력 중 7만 1810명은 학교와 훈련기관에 할당될 병력이었다.

91 KMAG, G-3, "KGHQ FEC to CG EUSAK, sub : Wartime ROK Army"(1952. 3. 20), *Command Report*, March 1953, RG 407, Army-AG Command Reports, 1949-54, Non Organic Units, USMAG Korea AYUT 8202, Box 5789.

92 Paul F. Braim 저, 육군본부 역, 『위대한 장군 밴플리트』, 433~434쪽 ; David C. Skaggs and Richard P. Weinert, 앞의 책, Ⅱ-3~4쪽.

5월 1일 육군부에 이를 보내 승인을 요청했다.[93]

그동안 한국군의 실제 병력은 1951년 10월에 27만 361명에 이르러 미국의 지원 범위를 넘어섰으며, 계속해서 사상자 비율보다 신병훈련소의 배출 인원이 훨씬 빠르게 증가하고 있었다.[94] 이에 따라 미국은 한국군 모병 비율의 축소 또는 지원 규모의 확대 중 하나를 선택해야 하는 상황에 직면하였다. 이에 더하여 미국 내에서는 미군의 사상자 비율을 줄이라는 트루먼 정권을 향한 정치적인 압박이 가중되고 있었다.

이러한 상황에서 1952년 5월 리지웨이의 후임으로 클라크(Mark W. Clark) 장군이 극동군사령관에 부임하면서 한국군 증강 문제는 획기적인 전환점을 맞게 되었다.[95] 클라크는 자신의 자서전에서 극동군사령관에 임명된 후 워싱턴에서 받은 첫 번째 브리핑 때 한국군을 최대한 증강시키기로 결심했다고 하였다.[96]

극동군사령관 부임 초기에 클라크는 한국군의 실제 병력에 맞는 지원과 더불어 2개 사단을 추가해야 한다고 육군부와 미 합참에 제안하였다. 6월 19일 육군부에 보낸 전문에서 클라크는 "군단 작전 지역에서 경찰을 대신한 헌병 활동 및 경계 업무의 증가, 포로수용소에서 미군과 유엔군의 병력 부족 현상을 해소하기 위한 대체 병력으로서의 한국군 활용 증가, 후방 지역의 게릴라 토벌작전에서 한국군의 활동 증가" 등으로

---

93 UNC/FEC, "Hq FEC to COFSA, sub : Posthostilities ROK Army"(1952. 5. 1), *Command Report*, May 1952, 42~43쪽, 군사편찬연구소 MF 1173.

94 전쟁 기간 중 한국군 병력 추이에 대해서는 〔부록 12〕 "전쟁 기간 동안 한국군 병력 현황" 참조.

95 Walter G., Hermes, *Truce Tent and Fighting Front*, Center of Military History, United States Army, 1966, 207~214쪽, 340~341쪽.

96 Mark. W. Clark 저, 김형섭 역, 『다뉴브강에서 압록강까지』, 국제문화출판공사, 1981, 281쪽.

인해 지금까지 미국의 지원 범위를 넘어선 한국군의 초과 병력이 발생했다고 전하였다. 이는 클라크가 한국군의 초과 병력이 발생할 수밖에 없었던 상황의 불가피성을 역설한 것이었다. 이러한 인식하에서 그는 6월 23일 합참에 12개 사단 총 41만 5046명의 한국군 증강안을 건의하였다. 이 건의에서 클라크는 한국군의 증강이 미군 사상자를 줄이고 미8군의 작전에 상당한 융통성을 제공할 것이라고 밝혔다.[97] 한국군 12개 사단 증강 계획이 제시된 이후 군사고문단은 추가적인 2개 사단의 편제와 훈련에 관한 일반계획을 마련해 8월 22일 미8군사령부에 제출했다.[98]

극동군사령관의 한국군 증강 구상은 미 국무부도 이미 동의하고 있던 사항이었다. 국무장관 애치슨은 4월 30일 트루먼 대통령에게 보내는 비망록에서 "휴전협정의 지지를 대가로 한국 정부가 요구하는 상호방위조약은 미국의 국익에 도움이 되지 않지만, 한국군 증강은 NSC 118/2와 전적으로 일치하는 만큼 한국군이 자신들의 방위와 극동 지역의 안보 유지에 큰 역할을 할 수 있도록 수용해야 한다."고 주장하였다.[99] 미 국무부는 한국군의 증강 범위에 대해서는 구체적으로 밝히지 않았지만, 휴전을 대비해 한국군의 증강이 필요하다는 데에는 기본적으로 동의하고 있었다.

클라크의 한국군 증강안은 예산 문제 등으로 인해 난항을 겪다가

---

97 "CINCFE to DA"(1952. 6. 19), UNC/FEC Command Report, June 1952, 50~52쪽, 군사편찬연구소 MF 1174.

98 KMAG, "Narrative Summary", *Command Report*, October 1952, 1쪽, RG 407, Army-AG Command Reports, 1949-54, Non Organic Units, USMAG Korea AYUT 8202, Box 5802.

99 "대통령에게 보내는 국무장관의 비망록"(1952. 4. 30), *FRUS 1952-1954*, 185~186쪽.

1952년 9월 말에 이르러 합참으로부터 승인을 받았다. 이때 한국군의 증강이 결정된 가장 중요한 요인은 공산군의 추계공세로 고지쟁탈전이 격화되면서 병력 부족의 현상이 발생했기 때문이었다.[100] 미 합참은 한국군 증강이 방어선을 강화하고 미8군의 작전에 필요한 예비 병력을 제공할 수 있다는 판단하에 클라크의 건의를 받아들였다.

12개 사단 증강안을 미 합참이 승인한 후 10월 10일 육군부는 한국군 증강 계획을 본격적으로 검토하기 시작했다. 육군부는 극동군사령부에 미군의 병력 감축과 사상자 비율의 축소를 위해 필요한 한국군 증강 수준을 파악하라고 지시했다. 여기에는 1953회계연도 말까지 극동군사령부 소속 병력 중 5만 명을 축소하고 한국전선에 투입된 미군 2개 사단을 철수시킨다는 것이 포함되었으며, 1954회계연도 말까지 전 전선을 한국군에 이양하기 위해 필요한 한국군의 적정 규모를 파악해 보고하라는 지시가 포함되었다.[101]

한국군의 추가 증강 계획 수립은 극동군사령관의 명령에 따라 군사고문단이 담당하였다. 군사고문단은 한국군 참모진들과 수차례의 회의를 갖고 최종적으로 59만 명 규모의 완전 편성된 20개 사단 계획을 완성하였다. 이 계획에 따르면, 한국군은 군단사령부 3개, 보병사단 10개, 105밀리미터 포병대대 20개, 전차대대 3개, 전쟁포로 경비대대 6개, 경계대대 3개, 그리고 다양한 지원부대들이 추가되는 것이었다. 이러한 증강을 실행하기 위해 군사고문단은 몇 가지 전제조건을 달았다. 군사고문단

100 이 시기 고지쟁탈전에 대해서는 국방군사연구소, 『한국전쟁』(하), 1997, 367~423쪽 참조.

101 David C. Skaggs and Richard P. Weinert, 앞의 책, Ⅱ-10.

이 제시한 전제조건은 "첫째, 기존의 부대에서 병력 소요가 발생하지 않고 모병 비율이 일일 평균 1100명으로 증가해야 한다. 둘째, 미국이 충분한 병참지원을 제공해야 하며, 각종 군사학교들의 배출 인원을 늘려야 한다. 셋째, 군사고문단의 규모를 확대해야 한다."는 것이었다.[102]

군사고문단이 작성한 20개 사단 증강 계획은 10월 24일 극동군사령부에 전달되었다. 극동군사령부에서는 군사고문단의 계획안보다 4만 9194명이 늘어난 63만 9194명의 한국군 증강안을 마련해 10월 28일 육군부에 제출하였다.[103] 이로써 군사고문단이 계획한 한국군 20개 사단 계획안은 극동군사령부의 공식 입장이 되었으며, 최종적인 결정은 미국 내 정책당국자들의 몫으로 돌려졌다.

극동군사령부에서 확정한 20개 사단 증강 계획은 '예산'과 '투자 가치'라는 두 가지 문제로 인해 미국 내에서는 반대 입장이 우세하였다. 특히 트루먼 행정부 내의 유럽우선론자들의 반대가 컸다. 그들은 미국의 군사예산이 부족하고 적자가 누적된 상황에서 한국군의 증강은 유럽을 포함한 기타 지역에 사용될 예산의 전환을 불가피하게 만들 것이라는 점에서 반대했다. 실제로 미 합참이 판단한 소요 비용은 첫 해에 20억 달러였으며, 이로 인해 한국군 총유지비용은 30억 달러에 이를 것으로 예상되었다.[104] 예산상의 문제와 더불어 한국군에 대한 투자가 미국의 국익

---

102 KMAG, "Chief, KMAG to CG, EUSAK"(1952. 10. 14, 10. 21), *Command Report*, October 1952, RG 407, Army-AG Command Reports, 1949-54, Non Organic Units, USMAG Korea AYUT 8202, Box 5802.

103 David C. Skaggs and Richard P. Weinert, 앞의 책, Ⅱ-11~12.

104 David C. Skaggs and Richard P. Weinert, 위의 책, Ⅱ-18.

에 어느 정도의 가치가 있을 것인가라는 문제도 한국군 증강의 걸림돌이었다.[105]

하지만 미국 내의 정치적 상황은 한국군 증강의 당위성을 강조하는 방향으로 점차 기울어졌다. 대선을 앞둔 시점인 1952년 10월 29일 공화당 대통령 후보인 아이젠하워(Dwight D. Eisenhower)는 아시아는 아시아인의 손에 맡겨야 한다는 공식적인 입장을 표명하였다.[106] 그의 주장에 따르면, 미국은 아시아에 직접 개입해 싸우지 말고 한국인들을 포함한 현지인들이 공산군과 싸울 수 있도록 적극 지원해야 한다는 것이었다.

미국 공화당의 공세에 직면한 트루먼 행정부는 한국군 증강 문제에 대해 수개월간의 계산된 정책적 결정이라기보다는 정략적 차원에서의 결정을 내릴 수밖에 없었다. 10월 31일 트루먼은 12개 사단과 6개 독립연대로 구성된 총규모 46만 3000명의 한국군 증강안을 승인하였다. 이는 20개 사단 증강안에는 미치지 못했지만, 극동군사령관이 1952년 5월 1일 제출한 12개 사단 증강안의 승인이었다. 국방장관은 합참에 적절한 실행 조치를 취하라고 지시하였으며, 합참은 즉각 극동군사령관에게 이 결정을 통보했다. 이로써 한국군은 10개 사단 체제에서 벗어나 본격적인 증강의 길로 나아가게 되었다.[107]

미국 신임 대통령 아이젠하워는 취임 이후에 군사예산의 감소와 가

105 나종남, 앞의 논문, 252~253쪽.

106 James A. Van Fleet, "25 Divisions for the Cost of One", *Reader's Digest*, LXIV, Feb. 1954, 1~10쪽.

107 JCS 1776/328(1952. 10. 27), JCS 1776/332(1952. 10. 31), James F. Schnabel & Robert J. Watson 저, 국방부 전사편찬위원회 역, 앞의 책, 267쪽 재인용.

용 예산의 부족 등을 이유로 한국군 증강에 대해 소극적인 자세를 보이기도 했다. 이러한 아이젠하워의 태도는 아이젠하워 행정부가 표방한 '뉴룩정책'을 추진하는 과정에서 한국군을 20개 사단으로 증강할 경우 나토와 동남아시아에서 진행하고 있던 군사정책을 중단하거나 지연해야 했기 때문이었다. 또한 한국 정부의 경제 능력이 호전되지 않은 상황에서 한국군을 무리하게 증강하는 경우 결과적으로 미국 정부의 부담을 가중시키게 될 것이라는 전망에 기초한 것이었다.[108]

하지만 예산 가용 문제보다도 전쟁의 종결과 미군의 조기 철수를 원하던 국내외의 압력은 아이젠하워의 태도를 변화시켰다. 그는 1953년 2월 3일 한국군 14개 사단 46만 명에 대한 군수지원을 승인하였으며, 휴전 논의가 막바지에 도달한 5월 14일 한국군을 20개 사단, 65만 5000명 규모로 증강시킨다는 최종안에 서명했다.[109] 이러한 최종 결정에는 미군의 조기 철수와 더불어 휴전의 성사를 둘러싸고 갈등을 빚던 한국 정부를 설득하기 위한 선택이라는 점도 크게 작용했다.[110] 또한 여기에는 휴전 이후를 대비한 군사전략적 차원에서의 접근도 포함하고 있었다. 5월 12일 극동군사령관은 육군부에 보낸 전문에서 "휴전협상이 중요한 단계에 들어선 지금 공산주의자들은 한국군의 증강이 더 이상 이루어지지 않아야 하며, 심지어 한국군의 축소를 요구하고 있다."고 전하였다. 극동군사령관은 이러한 상황에서 "한국군 20개 사단 증강안의 즉각적인 승

---

108 나종남, 앞의 논문, 259쪽.

109 kenneth W. Myers, *KMAG's Wartime Experiences*, 69쪽, 77쪽.

110 휴전회담을 둘러싼 한·미 간의 갈등에 대해서는 김보영, 『한국전쟁 휴전회담 연구』, 한양대 사학과 박사학위 논문, 2008, 233~248쪽 참조.

인이 필요하며, 적어도 종전 때까지 문서상이라도 20개 사단을 가져야 한다."고 하였다. 나아가 그는 "공산주의자들이 한국군의 축소를 요구한다면 현존하는 부대들보다는 문서상의 부대들을 포기할 수 있는데, 그것은 이승만 대통령에 의해 강력하게 저지될 수 있을 것"이라고 결론지었다.[111]

군사고문단이 계획하고 아이젠하워가 최종적으로 승인한 한국군 20개 사단 증강은 다음과 같은 의미를 갖는다고 할 수 있다. 첫째는 미국이 한국 정부에 대해 정치적 신뢰를 의심함에도 불구하고 장기간 군사원조의 의무를 지겠다는 결정이었다. 그것은 한반도의 '평화적' 통일이라는 유엔의 목표 실현이 현실적으로 불가능함을 의미하는 것이었으며, 또 유엔을 통한 다국적 지원을 중단하고 미국이 독자적으로 한국의 전후 복구를 책임지겠다는 의사 표명이기도 했다. 둘째는 이 결정에 의해서 한국은 유엔이 아닌 미국에 전적으로 의존하고 책임을 다할 수밖에 없는 구조 속에 포함되었다는 것이다. 셋째, 병영국가를 지탱하기 위해 한국경제의 지속적인 붕괴가 유발될 수도 있으며, 국가의 규모에 비해 거대한 군사력의 유지가 군사주도형 사회로의 급속한 전환을 초래할 수도 있었다. 다시 말해 한국의 정치·경제·사회·문화·기술·사상 등이 군을 매개로 새롭게 재편될 수 있는 가능성이 높아졌다는 것이었다.

111 UNC/FEC, "CINCFE to DA"(1953. 5. 12), *Command Report*, May 1953, 65쪽, 군사편찬연구소, MF 1174.

3. 주한미합동군사원조단(JUSMAG-K)의 창설

1) 임시주한미합동군사원조단(PROVMMAG-K)의 설치

1953년 7월 27일 휴전은 군사고문단의 조직과 활동에서 즉각적인 영향을 미치지는 않았다. 휴전 후 몇 개월 동안 한반도에서는 군사작전이 재개될 수도 있는 상황이었기 때문에 군사고문단은 1954년 1월까지 전시 편제를 그대로 유지한 채 한국군 20개 사단 증강 계획의 완료를 주된 임무로 하여 활동했다.

휴전 이후 군사고문단에서의 첫 번째 변화는 1954년 1월에 있었으며, 이때 조직상의 변화로 각 지역에 파견된 고문단이 분야별·지역별로 통합되었다. 휴전 직후인 1953년 10월에 남한 전역에는 1~94명으로 구성된 252개의 고문단 파견대가 존재했는데, 이들 파견대들이 1954년 1월에 A, B, C 등 문자로 표시된 12개의 파견대와 1, 2, 3 등 숫자로 표시된 28개의 파견대로 기구통합을 이루었다. 여기서 문자로 표시된 파견대가 숫자로 표시된 파견대보다 규모가 크고 상위부대에 해당하였으며, 시간이 지남에 따라 점차 문자로 표시된 파견대가 숫자로 표시된 파견대를 흡수해 나갔다. 이에 따라 1957년에 군사고문단의 조직은 〈그림 4-4〉와 같이 고문단 사령부와 12개의 파견대(A·B·C·D·E·F·G·H·K·L·M·R)로 구성되기에 이르렀다.[112]

군사고문단 파견대의 조직 통합과 더불어 고문단의 병력도 단계적

---

112 David Curtis Skaggs & Richard P. Weinert, *American Military Assistance to the Republic of Korea Army*, Ⅵ-18~26쪽, RG 319, CMH Manuscripts, KMAG in War and Peace, Box 1.

그림 4-4 1957년 군사고문단 조직도

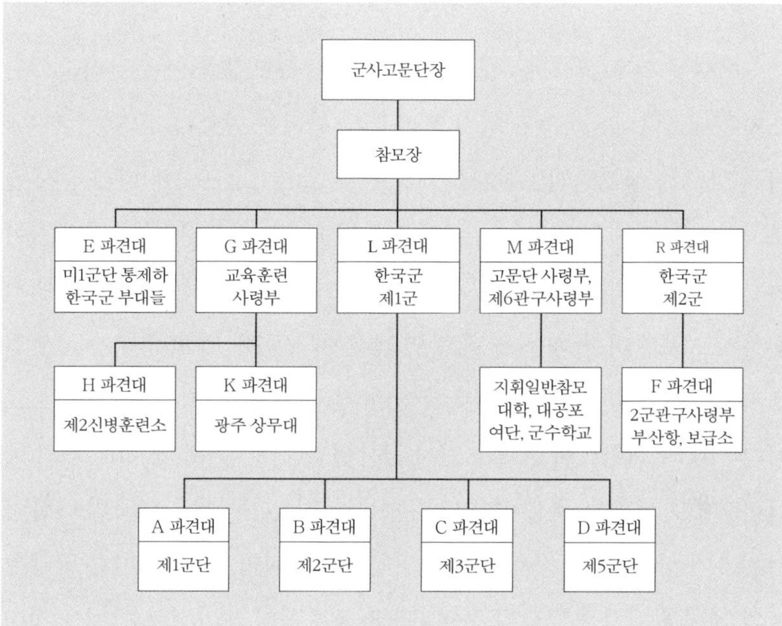

■ 출처 "Assignment of KMAG Detachments in 1957"(Undated), RG 319, CMH Manuscripts, KMAG in War and Peace, Box 2 ; Department of the Army, *U.S. Army Handbook for Korea*, November 1964, 15쪽, RG 319, CMH Manuscripts, KMAG in War and Peace, Box 2.

으로 축소되었다. 1954년 3월에 군사고문단은 1955년 7월까지 미8군 소속의 보조고문단인 '제8039부대'의 해체를 포함한 최소한의 정원 축소 계획을 제출했다. 하지만 미 육군부는 군사고문단의 병력을 500명으로 축소시킬 계획임을 분명히 했다. 당시 미 육군부는 가능한 한 신속히 주한미군사원조자문단(Military Assistance Advisory Group, Korea : MAAG-K)을 설립해 군사고문단을 그 기구에 흡수 통합시키고자 하였다. 이와 같은 미 육군부의 계획에 따라 군사고문단은 1954년부터 인가 병력이 계속

해서 축소되어 1969년 6월에 이르러 621명(장교 256명, 사병 365명)이 되었다.[113]

이렇듯 전후 군사고문단의 조직 재편과 규모 축소는 주한미군사원조자문단(MAAG-K)의 설립과 불가분의 관계에 있었다. 1954년 4월에 미 육군부는 상호안전보장계획(Mutual Security Program)에 따라 군사원조자문단의 설립을 위한 세부계획을 준비하기 시작했다. 이 계획에는 신설될 군사원조자문단의 조직과 권한을 포함해 군사고문단과의 관계 정립까지도 포괄하는 내용을 담고 있었다. 이 무렵에 미 육군부가 군사원조자문단의 설립을 적극적으로 추진한 것은 1955년 7월 1일을 기점으로 하여 미국의 대한군사원조가 전시 군사원조에서 대외운영처(FOA)의 예산집행으로 전환될 예정이었기 때문이었다.[114] 이는 향후 미국의 대한군사원조가 상호안전보장계획에 따라 진행될 것이며, 또 그에 따른 군사원조의 계획과 집행을 담당할 운영기관의 필요성이 높아졌다는 것을 의미하는 것이었다.

미 육군부의 계획은 현존하는 군사고문단을 기반으로 하여 군사원조자문단을 설립한다는 것이었다. 이러한 계획은 그리스·터키·이란 등에서 미 육군단(U.S. Army Group)이 군사원조자문단으로 전환되었던 전례와 동일한 것이었다. 또한 조직 형태도 미국의 군사원조가 집행되는 국가들에서 보편적으로 나타나는 유형을 추구했다. 즉 군사원조자문단 예

113 1953~69년 군사고문단의 인가 병력 현황은 〔부록 18〕 "1953~69년 주한미군사고문단(KMAG) 인가 병력 현황" 참조.

114 "Maj. Gen. James M. Gavin, AC/S G-3, DA to CINCFE, sub : Recommended Korean Military Advisory Group Structure for the Republic of Korea Army Twenty Division Program"(1954. 4. 20), RG 319, CMH Manuscripts, KMAG in War and Peace, Box 2.

그림 4-5 미 육군부가 구상한 MAAG-K 조직도

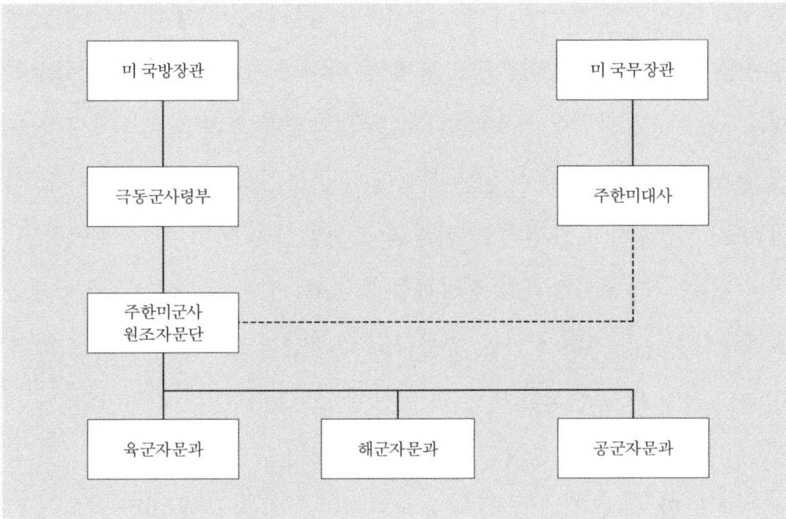

■ 출처 "Maj. Gen. James M. Gavin, AC/S G-3, DA to CINCFE, sub : Recommended Korean Military Advisory Group Structure for the Republic of Korea Army Twenty Division Program"(1954. 4. 20), RG 319, CMH Manuscripts, KMAG in War and Peace, Box 2.

■ 참고 ① 주한미군사원조자문단장은 육군자문과장을 겸함
② 해군·공군 자문과장은 주한미군사원조단 부단장직을 겸함
③ ——— 은 직접통제, ········· 은 상호안전보장계획 정책 지시

하에 실무 기구로 육군단·해군단·공군단을 구성하는 형태였다. 미 육군부가 구상한 주한미군사원조자문단(MAAG-K, 이하 'MAAG-K')의 조직도는 〈그림 4-5〉와 같았다.

그런데 한국에 적용할 미 육군부의 MAAG-K 설립 계획에는 일반적인 군사원조자문단과 비교할 때, 지휘체계에서 중요한 차이점이 존재했다. 위의 그림에서 보는 바와 같이 MAAG-K는 주한미대사가 아닌 극동군사령부의 직접 통제를 받도록 계획되었다. 미 육군부의 MAAG-K

구상은 일반적인 군사원조자문단 운영 방식과는 다른 한국만의 독특한 형태를 지향한 것이었다. 이러한 미 육군부의 계획에 대해 극동군사령관은 누구보다도 더 적극적으로 찬성 의사를 표시했다. 극동군사령관 헐(John E. Hull) 장군은 1954년 11월 27일 육군부에 보낸 전문에서 "신설될 MAAG-K는 유엔군사령부 예하에서 군사원조와 한국군에 대한 직접지원을 기획하고 관리하는 전권을 부여받아야 한다."고 강조했다.[115] 이와 같은 극동군사령관의 주장에는 MAAG-K를 통해 한국군에 대한 유엔군사령관의 지휘 권한을 행사하고자 하는 의도를 포함하고 있었다. 1954년 11월 17일 한국과 미국 정부 간에 조인된 〈한미합의의사록〉의 제2조 "유엔군사령부가 한국의 방위를 책임지는 동안 한국군을 작전지휘 권하에 둔다."는 규정에 따라 극동군사령관은 한국군에 대한 지휘 권한을 계속해서 보유하게 되었다.[116] 1953년 10월부터 주한미군의 완전 철수를 계획하고 있던 극동군사령관은 철군을 계획대로 완료할 경우를 대비해 한국군에 대한 지휘 권한을 계속해서 보유할 수 있는 최선의 방안으로 MAAG-K를 조직하고자 했던 것이다.[117]

---

115 David Curtis Skaggs & Richard P. Weinert, 앞의 글, Ⅶ-7쪽.

116 국방부 전사편찬위원회, 『국방조약집』, 1981, 164쪽. 〈한미합의의사록〉의 공식 명칭은 〈한국에 대한 군사 및 경제원조에 관한 대한민국과 미합중국의 합의의사록〉이다. 합의의사록은 본문과 부록 A, B로 구성되어 있으며, 부록 A가 경제적 조치에 관한 내용이며, 부록 B가 군사적 조치에 관한 내용이다. 합의의사록 본문과 부록 A는 『국방조약집』에 전문이 수록되어 있으며, 부록 B는 RG 319, CMH Manuscripts, KMAG in War and Peace, Box 2에서 전문을 확인할 수 있다.

117 미 정책당국자들 사이에서는 한국전 참전부대의 '완전 철수'와 '2개 사단 잔류' 문제를 놓고 1953년 10월부터 1955년 5월 말까지 열띤 논쟁이 전개되었다. '완전 철군'은 극동군사령부의 입장이었으며, '2개 사단 잔류'는 미 합참과 국무부의 입장이었다. 철군 논쟁은 1954년 4월 1일 미 합참이 한반도의 군사전략적 중요성을 들어 미군 2개 사단을 잔류시켜야 한다는 보고서를 작성하고 국무부가 이에 동조함으로써 사실상 주한미군의 주둔이 기정사실화되었다. 하지만 1955년 5월 말 아

하지만 MAAG-K를 극동군사령관이 직접 통제하는 것은 군사원조 자문단을 미국 대사가 통제하도록 규정한 상호안전보장법에 저촉되는 것이었다.[118] 즉 상호안전보장법을 개정하지 않고서는 극동군사령관의 직접 통제를 받는 MAAG-K는 존재할 수가 없었다.

이러한 법률상의 규정을 피하기 위해 육군부와 극동군사령부는 MAAG-K를 정식으로 창설하기에 앞서 임시주한미합동군사고문단(Provisional Joint Military Advisory Group, Korea, 이하 'PROVMAG-K')을 설치하기로 했다. 이에 따라 1955년 1월 20일 PROVMAG-K가 극동군사령부 예하의 독립사령부로 서울에 설치되었다. 초대 단장은 미8군 전방사령부(서울) 부사령관인 페렌바우(Claude B. Ferenbaugh) 중장이 맡았다.[119]

PROVMAG-K에게 주어진 공식적인 임무는 MAAG-K가 정식으로 창설될 때까지 대한군사원조의 이행에 필요한 모든 기능을 수행하는 것이었다. 여기에는 MAAG-K의 세부적인 편성 계획 작성, 상호방위원조계획에 의거한 대한군사원조계획의 운영 절차 수립, 한국의 연간 국방비 검토, 한국의 국방장관 자문, 새로운 상호방위원조 협정의 초안 작성 등이 포함되었다. 그리고 조직구성은 PROVMAG-K 단장 아래에 육·해·공군 고문단장이 부장직을 맡고, 그 중 육군을 대표하는 KMAG

이젠하워 대통령의 최종 승인이 있을 때까지 극동군사령부는 '완전 철군' 주장을 굽히지 않았다. 철군 문제에 대한 미국 내의 논의 과정에 대해서는 이철순, 『이승만 정권기 미국의 대한정책 연구(1948-1960)』, 서울대학교 정치학과 박사학위논문, 2000, 253~266쪽 참조.

118 David Curtis Skaggs & Richard P. Weinert, 앞의 글, Ⅶ-5~6쪽.

119 HQ FEC, "General Order No.2"(1955. 1. 11), RG319, CMH Manuscripts, KMAG in War and Peace, Box6.

단장이 선임부장직을 맡는 것으로 계획되었다.[120]

그러나 PROVMAG-K는 임시방편으로 만들어졌던 만큼 임무와 권한이 불분명하고, 또 한국의 정치 상황과 한국군의 지휘체계 문제 등 외적인 요인이 작용해 활동의 성격이 변하였다. 특히 이승만 대통령의 무력 북진통일 주장과 그로 인한 한국군 지휘체계의 이완 가능성은 PROVMAG-K를 중심으로 기존의 육·해·공군 군사고문단을 통합해 MAAG-K를 편성 완료한다는 계획에 중요한 장애 요소가 되었다. 극동군사령부에서는 한국군 지휘체계의 이완 가능성을 제거하기 위한 최선의 방책으로 전쟁을 거치면서 더욱 공고화된 유엔군사령관 통제하의 KMAG와 한국군 관계를 그대로 유지하고자 했다.[121] 이는 지휘체계상 KMAG가 PROVMAG-K와는 별개로 존재하게 됨을 의미하는 것이었다.

결국 PROVMAG-K는 육·해·공군 군사고문단의 통합 운영

---

120 HQ FEC, "Mission Directive to Chief, Joint Military Advisory Group, K(Provisional)"(1955. 1. 11), RG319, CMH Manuscripts, KMAG in War and Peace, Box 6. 한국 해·공군에 군사고문단이 정식으로 설치된 것은 각각 1952년 2월과 1951년 7월이었다. 해군 고문단은 해군·해병대고문단(KAMCAG)으로, 공군 고문단은 제6146공군고문단(6146AAG)으로 명명되었다(백종봉, 『미국의 대한군원정책 변화에 관한 연구』, 중앙대학교 박사학위논문, 1981. 23쪽; 공군본부, 『미 공군 제6146부대 부대사 1집』, 2010, 3쪽).

121 1953~55년 이승만 대통령의 무력 북진통일 주장은 경제·군사원조의 확대와 정치적 위기 상황의 해소라는 목적하에서 이루어졌다. 하지만 이 과정에서 이승만 대통령이 한국군 단독의 무력 북진을 여러 차례 언급함에 따라 미국은 한국군에 대한 지휘체계의 이완 가능성을 우려하고, 이에 대한 조치로서 군사고문단을 통해 한국군의 지휘체계를 확고히 하고자 했다. 이 시기 이승만 대통령의 무력 북진통일 주장에 대해서는 홍석률, 『1953~61년 통일논의의 전개와 성격』, 서울대학교 국사학과 박사학위논문, 1997, 12~39쪽 참조. 한국군에 대한 지휘 권한과 군사고문단의 역할에 대한 미8군의 연구검토 보고서는 "Transfer of Control of ROK Army Forces to the ROK Government"(1955. 4. 19); "Transfer of Control of ROK Army Forces to the ROK Government"(1955. 5. 11), RG 319, CMH Manuscripts, KMAG in War and Peace, Box 7 참조.

과 군사원조의 책임 기관으로서 전환한다는 애초의 계획과는 달리 군사원조와 관련한 업무에만 치중하는 기구로 전락하게 되었다. PROVMAG-K는 설립된 지 약 4개월 후인 1955년 5월 18일 임시주한미합동군사원조자문단(Provisional Joint Military Assistance Advisory Group, Korea, 이하 'PROVMAAG-K')으로 개칭되었다. 미 육군부는 1955년 6월 22일 육군 30명, 해군 7명, 해병대 3명, 공군 10명 등 총 50명 규모의 PROVMAAG-K 인원배당표를 승인하였다.[122] PROVMAAG-K 단원들은 육·해·공군 군사고문단에서 충원될 예정이었지만, 각군 군사고문단에서는 인적자원의 한계를 들어 제한적인 인원만을 제공했다.[123]

2) KMAG와 임시주한미합동군사원조자문단(PROVMAAG-K)의 통합

임시주한미합동군사원조자문단(PROVMAAG-K)은 해외운영처의 원조가 시행될 예정이었던 1955년 7월 1일까지 MAAG-K로의 전환을 목표로 활동했지만, 이는 실현되지 않았다. 당시 미8군사령관 테일러 장군도 지적했듯이, 법률상의 문제, 상호안전보장법에 근거한 상호방위원

---

122 승인된 병력은 육군이 대령 2명, 중령 6명, 소령 1명, 부사관 1명, 사병 10명, 군무원 10명이었으며, 해군이 대령 1명, 중령 2명, 사병 4명이었다. 그리고 해병대가 중령 2명, 소령 1명이었으며, 공군이 대령 1명, 중령 3명, 소령 1명, 사병 5명이었다("DA to CINCFE"(1955. 6. 22), RG 319, CMH Manuscripts, KMAG in War and Peace, Box 2).

123 PROVMAAG-K의 인원 충원 방식에 대해 미8군사령관은 각군 군사고문단이 아닌 극동군사령부에서 병력을 파견해야 한다고 제안했지만, 육군부는 PROVMAAG-K가 임시기구라는 점을 들어 이를 반대했다("CINCFE to DA"(1955. 5. 11), "DA to CINCFE"(1955. 6. 22), RG 319, CMH Manuscripts, KMAG in War and Peace, Box 2).

조 협정의 부재, 미군 전투부대의 잔류 가능성, 한국군에 대한 현 지휘 관계의 유지 필요성 등이 복합적으로 얽혀 있었기 때문이었다.[124]

이에 따라 PROVMAAG-K의 활동은 각군 군사고문단의 자문과 협력기관으로서의 역할에만 국한되었다. 이는 MAAG-K 단장이라면 일반적으로 가질 수 있었던 각군 군사고문단에 대한 지휘 권한을 PROVMAAG-K 단장은 가지지 못했기 때문이었다. 이러한 상황은 한국군의 작전통제권이 유엔군사령관으로부터 해제되거나 또는 새로운 형태의 지휘체계가 마련되지 않는 이상 변할 수 없는 것이었다. 다시 말해 유엔군사령관이 한국군 작전통제권을 한국 정부에 돌려주거나 또는 주한미대사가 직접 그 기구를 통제할 경우에만 군사원조자문단(MAAG)의 기능은 정상적으로 발휘될 수 있는 것이었다.[125] 하지만 1955년 7월 21일자 육군부에 보낸 극동군사령관 렘니처 장군의 다음과 같은 전문 내용은 정상적인 MAAG-K의 편성이 지연될 수밖에 없음을 분명히 하고 있다.

> 한국군의 지휘 감독을 계속하도록 요구되는 조직 구조하에서 만약 전통적인(conventional) 군사원조자문단(MAAG)이 설립된다면, 한국군의 자문·훈련·무장에 대한 책임은 분리될 수밖에 없다. 현재 한국군의 병참 능력 부족, 주한미군의 전개, 한반도를 둘러싼 지속적인 적대행위의 존속 등과 같은 상황은 한국군에 대한 작전통제가 이루어지는 현재의

---

124 "CINCFE to DA"(1955. 5. 11), RG 319, CMH Manuscripts, KMAG in War and Peace, Box 2.

125 David Curtis Skaggs & Richard P. Weinert, 앞의 글, Ⅶ-18쪽.

지휘 구조를 근본적으로 수정하는 것이 결코 바람직하지 않은 결과를 초래할 수 있다.[126]

극동군사령관 렘니처의 견해는 한국에서의 군사 상황이 안정될 때까지 정상적인 군사원조자문단은 설립될 수 없다는 것이었다. 이에 대해 미 육군부와 국방부는 각각 상반된 의견을 제시했다. 육군부는 한국군에 대한 작전통제권이 계속해서 유지되는 한 정상적인 군사원조자문단(MAAG)이 설립될 수 없다는 극동군사령관의 입장을 전적으로 지지했다. 반면에 상호방위원조계획을 담당하던 국방장관실은 PROVMAAG-K를 통한 상호방위원조계획의 운영이 불법이기 때문에 보편적인 MAAG-K를 설립해야 한다고 주장했다.[127]

극동군사령관 렘니처와 미 육군부가 정상적인 군사원조자문단의 설립이 불가능하다고 강력히 주장한 배경에는 '미8군사령부의 서울 이전'이라는 극동군의 재배치 계획과 밀접하게 연관되어 있었다. 한국전쟁 기간 중 유엔군과 한국군의 지상군을 지휘하던 미8군사령부는 1954년 11월 20일 일본으로 이동해 미 극동육군사령부와 통합했다. 이로 인해 미8군사령관은 미 극동육군사령관을 겸하면서, 한국, 일본, 오키나와에 주둔하는 미 육군에 대한 지휘권을 갖게 되었다. 그리고 한국에는 미8군

126 "CINCFE to DA"(1955. 7. 21), FEC 091 Korea, David Curtis Skaggs & Richard P. Weinert, 위의 글, Ⅶ-22쪽 재인용.

127 FEC/UNC, Command Report, Oct-Dec 1955, 29~30쪽, David Curtis Skaggs & Richard P. Weinert, 위의 글, Ⅶ-23쪽 재인용. 당시 미국은 상호안전보장법에 의거하여 수원국의 원조 관련 업무를 주재국 대사가 총괄하도록 하였으며, 군사원조자문단(MAAG)에 대한 행정 통제 권한도 주재국 대사가 갖도록 하고 있었다.

사령관을 대신해 부사령관이 지휘하는 미8군 전방사령부가 설치되었다. 이때 일본으로 철수한 미8군사령부가 1955년 7월 26일 한국으로 다시 이동하였다. 이에 따라 서울의 미8군 전방사령부는 미 극동육군사령부 겸 미8군사령부로 개칭되고 일본의 자마 캠프는 후방사령부로 개편되었다.

미8군사령부의 서울 이동은 극동군사령부 아래에 있는 미 육군의 주력부대가 한국에 주둔하고 있다는 군사 정세를 반영한 조치였지만, 한편으로는 미군이 한국군에 대한 감독을 강화하려는 의미를 갖기도 했다. 당시 UP통신은 극동육군사령부 겸 미8군사령부의 서울 이동에 대해 다음과 같이 보도했다.[128]

> 미 극동육군사령부의 서울 이동은 한국 육군에 대한 미군의 보다 강력한 지도를 뜻하는 것이다. 20개 전투사단과 10개 예비사단을 보유하고 있는 한국 육군은 미국이 지도하기에 곤란을 느낄 만큼 너무 비대하다. 이번 이동은 또 한국의 위신을 높이는 동시에 북한 공산주의자들에게는 하나의 경고가 될 것이다.

극동육군사령부 겸 미8군사령부의 서울 이전은 주한미군사원조자문단(MAAG-K)의 설립이 사실상 불가능해졌음을 의미하는 것이었다. 왜냐하면 MAAG-K가 정식으로 창설될 경우에 극동군사령관의 한국군 작전통제는 MAAG-K와 미8군사령부의 이중 구조하에서 이루어

---

128 서울신문사, 『주한미군 30년』, 행림출판사, 1979, 314~315쪽.

그림 4-6 미 극동군-한국군 지휘체계(1955년 8월 26일)

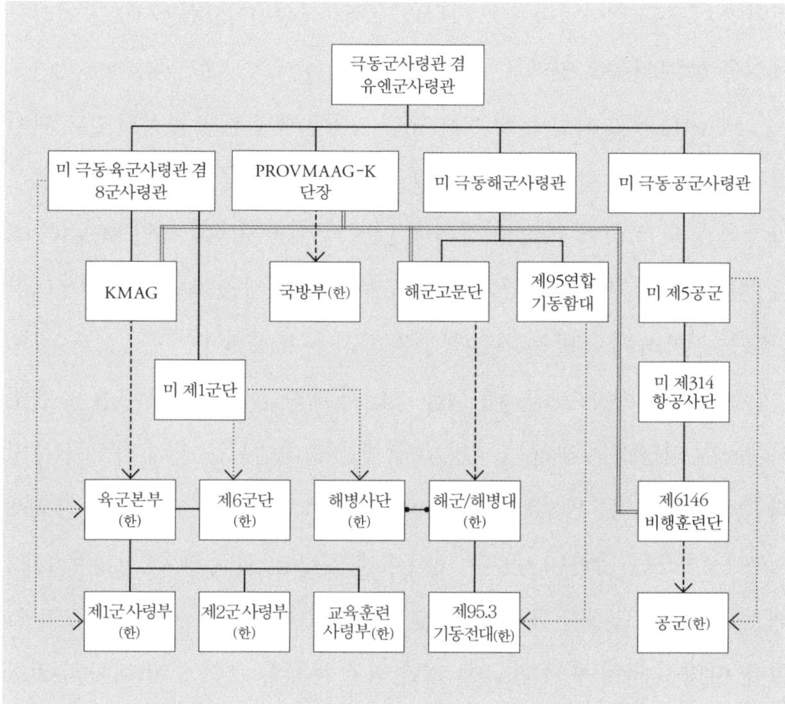

■ 출처 "Present Organization under PROVMAAG-K"(1955. 8. 26), RG 319, CMH Manuscripts, KMAG in War and Peace, Box 7.

■ 참고 —— 지휘, ------> 자문, ══ 조언과 조정(PROVMAAG-K), ·········> 작전통제

져야 하며, 그럴 경우에 미8군사령부의 역할은 자연히 축소될 수도 있었기 때문이었다. 다시 말해 한국군을 실질적으로 자문·관리·감독하는 육·해·공군 군사고문단이 MAAG-K에 소속될 경우, 극동군의 구성군 사령관, 즉 극동 육·해·공군사령관들은 한국군의 작전통제 구조에서 외곽에 위치할 수도 있다는 것이었다. 하지만 미8군사령부의 서울 이전이 주한미군과 한국군의 작전통제를 강화하기 위한 조치였다는 점을 고려

할 때, 각군 고문단은 MAAG-K가 아닌 구성군사령관들이 직접 통제할 것임이 예견된 것이었다. 1955년 8월 26일 작성된 〈그림 4-6〉은 이러한 사실을 잘 보여주고 있다.

MAAG의 조직화 문제는 1956년 2월에 국방부가 공식적으로 연기 결정을 함으로써 일단락되었다. 1956년 2월 10일 국방부는 최종적으로 합참의 동의를 얻어 한국의 상황이 안정될 때까지 보편적인 MAAG-K를 설립하지 않기로 결정했다. 미 국무부도 이 문제를 계속해서 검토해야 한다는 전제하에 국방부 의견에 동의 의사를 표명했다.[129]

하지만 국무부는 공식문서를 통해서 대한군사·경제원조를 유엔군사령관이 담당하게 하자는 국방부의 제안에 대해서는 반대 의사를 분명히 했다. 국무부는 1954년도 상호안전보장법의 규정에 따라 대한원조계획에 관한 모든 권한이 주한미대사에게 있지만, 한국의 현 상황을 고려해 유엔군사령관에게 그 권한을 일시 위임했을 뿐이라는 인식을 갖고 있었다. 따라서 국무부는 한국에 대한 원조 문제와 관련해 미 대사의 권한을 포기하거나 또는 유엔군사령관의 권한을 인정하는 어떠한 문서에도 동의할 수 없다는 입장이었다. 결국 유엔군사령관은 공식적인 행정명령 없이 미국의 대한군사·경제원조를 총괄하는 책임자가 되었다. 그 결과 한국에 대한 원조를 누가 통제할 것인가라는 문제는 향후 국무부와 국방부 간에 끊임없는 논쟁의 대상이 되었다.[130]

---

129 EC/UNC, Command Report, Jan-Mar 1956, 39~40쪽.

130 David Curtis Skaggs & Richard P. Weinert, 위의 글, Ⅶ-24~25쪽. 제1공화국 시기 동안에는 유엔군사령관이 한국 정부에 제공되었던 경제·군사원조에 대한 지배권을 확실하게 보유하고 있었다.

이렇듯 PROVMAAG-K가 MAAG-K로 전환하지 못함에 따라 한국에서는 각군 고문단들이 계속해서 구성군사령관들의 작전통제하에 남게 되었다. 세계에서 유래가 없었던 이러한 '기형적인' 구조는 1957년 7월 1일 일본에 있던 유엔군사령부가 한국으로 이전하면서 보다 더 확실하게 자리를 잡게 되었다. 일본의 주일미군 감축 요구로 미군 주력의 하와이 이동이 불가피해지자, 1956년 10월에 미 합참은 극동군사령부를 해체하고 극동군사령부의 기능을 하와이에 있는 태평양사령부로 이관한다는 계획을 완성했다. 이 계획에 따르면, 극동군사령부가 해체되는 동시에 도쿄의 유엔군사령부를 서울로 이동시키고 서울의 미 극동육군사령부를 해체하여 주한미군사령부로 전환시킨다는 것이었다. 이 계획에 따라 1957년 7월 1일 유엔군사령부가 서울로 이동하고 주한미군사령부가 새롭게 창설되었다.[131]

유엔군사령관 겸 초대 주한미군사령관으로 취임한 데커(George H. Decker) 장군은 1957년 9월 26일 PROVMAAG-K 단장의 권한을 다음과 같이 규정했다. 이에 따르면, PROVMAAG-K 단장은 주한미군사령관의 특별보좌관 자격으로 대한군사원조의 기획과 이행 계획을 수립하는 담당자가 되며, KMAG을 비롯한 해·공군 고문단의 활동을 조정하는 조정자로서의 기능을 수행하도록 되어 있었다. 하지만 PROVMAAG-K 단장이 육·해·공군 고문단장들을 직접 지휘하는 것이 아니었기 때문에 PROVMAAG-K와 각군 고문단의 관계는 지휘체계

---

131 "Memo for Chief of Staff, sub: United States Army, Pacific, Operation Order No.1, Reorganization"(1957. 6. 21), RG 319, CMH Manuscripts, KMAG in War and Peace, Box 6; 서울신문사, 앞의 책, 315~316쪽.

상 협조 관계에 있었다.[132]

1957년을 기점으로 PROVMAAG-K와 각군 고문단의 조직과 위상이 어느 정도 체계화되면서 양자 간의 활동 성격도 분명하게 되었다. PROVMAAG-K는 각군 고문단의 요구 사항들을 반영해 군사원조의 기획과 집행 계획을 수립하는 군사원조만을 전적으로 담당하는 기관으로 활동하게 되었다. 반면에 각군 고문단은 각군에 배정된 군사원조의 집행을 담당하고 구성군사령관의 명령에 따라 한국군의 작전통제, 교육훈련, 군수지원 등의 임무를 수행하게 되었다.

주한미군사고문단(KMAG)의 경우에는 군사원조와 관련한 기획 기능의 상당 부분을 임시주한미합동군사원조자문단(PROVMAAG-K)에 이관하고, 육군에 배당된 군사원조를 집행하는 역할만을 수행했다. 하지만 유엔군사령관의 명령에 따른 한국군의 조직화, 교육훈련, 군수지원 등은 여전히 KMAG의 중요한 임무로 남게 되었다.

육군고문단의 성격을 띤 KMAG은 한국 육군의 군과 군단급 사령부의 설립에서부터 여행 통제 협조, 안전 책임, 야간통행 금지, 규율 확립, 부대의 정기 시찰 등의 행정 감독에 이르기까지 실로 광범위한 활동을 전개하였다. 또한 휴전협정의 이행 여부를 감독하기 위해 구성된 유엔합동시찰단(UN Joint Observer Teams)의 선임장교 배속과 병참지원도 KMAG이 담당해야 할 중요한 임무 중의 하나였다.[133]

---

132 David Curtis Skaggs & Richard P. Weinert, 앞의 글, Ⅶ-37~38쪽. 이는 PROVMAAG-K 단장과 KMAG단장이 대등한 관계에 위치하게 되었음을 의미하는 것이기도 하다. 이는 〔부록 19〕 "1948~71년 주한미군사고문단(KMAG) 단장"과 〔부록 20〕 "1955~71년 임시 미합동군사원조자문단(PROVMAAG-K) 단장"에서 나타나는 계급상의 비교를 통해서도 확인이 가능하다.

133 David Curtis Skaggs & Richard P. Weinert, 위의 글, Ⅵ-3쪽.

그림 4-7 주한미군사령부와 주한미합동군사원조단(JUSMAG-K) 지휘계통

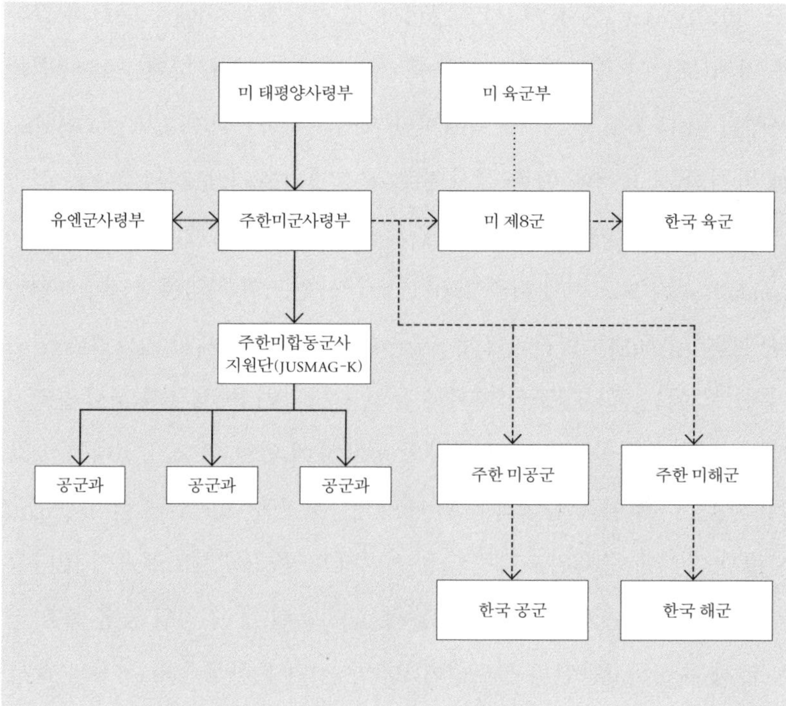

■ 출처 Hq USFK/EUSA, "1979 Annual Historical Report", 6쪽.

■ 참고 ⟶ 지휘, - - - -> 작전통제, ········ 작전통제권 없는 지휘(육군부와 미8군과의 관계),
⟷ 지원과 협조(유엔군사령부와 주한미군사령부 관계)

1955년 PROVMAAG-K의 설립 이후 유엔군사령관의 지휘통제 아래에서 이중적으로 운영되던 고문단 기구들은 1971년 4월 1일에 가서야 주한미합동군사원조단(Joint United States Military Assistance Group-Korea: JUSMAG-K)으로 통합되었다. 이때 PROVMAAG-K가 JUSMAG-K로 바뀌고, KMAG이 JUSMAG-K의 육군과로 전환되었으며, 해군·해병대 고문단(KAMCAG)과 제6146공군고문단(6146AAG)이 각각 해군과와 공

군과로 편성되었다.[134]

PROVMAAG-K가 JUSMAG-K로 전환하는 데에는 다음과 같은 두 가지 조건이 충족되었기 때문에 가능한 것이었다. 첫째는 1957년에 구성된 미 대통령 민간자문위원회인 페어레스위원회(Fairless Committee)가 작성한 보고서에 따라 군사원조와 경제원조가 분리되었다는 점이며,[135] 이와 더불어 페어레스위원회를 뒤이은 드레이퍼위원회(Draper Committee)의 보고서에 따라 1961년에 군사원조의 지역통제권이 태평양사령관이나 유럽사령관과 같은 전구(戰區)사령관에게 위임되었다는 점이다.[136] 이는 군사원조의 기획과 운영을 담당하는 각국의 군사원조자문단(MAAG)이 반드시 미국 대사의 통제하에 있을 필요가 없다는 것을 의미했다. 다시 말해 한국과 같이 태평양사령관을 대행하는 현지 주둔군 사령관 아래에 군사원조자문단을 설치해도 법률상으로 문제가 없다는 것이었다. 둘째는 한국군의 작전통제, 교육훈련, 군수지원 등을 주요 임무로 하는 군사고문단의 필요성이 1950~60년대 한국군의 '성장과 발전'에 비례하여 축소되었다는 점이다. 이는 주한미군사령부를 중심으로 하여 이른바 '한미 연합군' 체제가 일정한 궤도에 올라섰음을 의미하는 것이기도 했다.[137]

---

134 The Staff Historian's Office, Eighth U.S. Army, "Chronology, 1 January~30 June 1971", 11쪽, http://www.nautilus.org/projects/foia/foiachrons/army_chro_1971.pdf(검색일: 2010. 10. 2).

135 강만길, 『한국 자본주의의 역사』, 역사비평사, 2000, 295쪽.

136 David Curtis Skaggs & Richard P. Weinert, 앞의 글, Ⅶ-2~3쪽.

137 주한미군사령부에서는 PROVMAAG-K의 JUSMAG-K로의 전환에 대해 "지휘체계의 단일화 필요성"과 "한국군의 성장을 반영한 조치"에서 이루어진 것이라고 평가했다(Hq USFK/EUSA, "1979 Annual Historical Report", 10쪽, http://www.nautilus.org/projects/foia/foiachrons/asr_seventynine.pdf(검

이로써 23년간 한국군의 교육훈련·군수·작전·편성 등 모든 분야에서 자문하고 감독해 왔던 주한미군사고문단(KMAG)은 1971년 4월 1일 주한미합동군사원조단(JUSMAG-K)이 설립되면서 '한국군 건설의 기획자'로서의 역할과 활동을 공식적으로 종료하였다.

색일: 2010. 10. 2), The Staff Historian's Office, Eighth U.S. Army, "Chronology, 1 January~30 June 1971", 11쪽). 주한미합동군사원조단(Joint U.S. Military Assistance Group-Korea)은 1992년에 주한미합동군사업무단(Joint U.S. Military Affairs Group-Korea)으로 바뀌었다(조성식, 「특별인터뷰: '한미군사교류의 별동대' 케빈 매든 주한미합동군사업무단장」『신동아』 8월호, 2008, 227쪽).

맺음말

주한미군사고문단(KMAG)은 1948년 8월 15일 임시군사고문단(PMAG)으로 시작해 1971년 4월 1일 주한미합동군사원조단(JUSMAG-K)으로 통합될 때까지 약 23년간 한국에 존재하면서 한국군의 형성과 증강에 막대한 영향력을 행사했다.

주한미군사고문단은 한국군의 편성, 작전, 교육훈련, 군수 업무 등 한국군과 관련된 모든 분야를 자신의 활동 영역으로 삼았으며, '상대역제도(Counterpart System)'를 통해 자신들의 계획과 결정 사항들을 한국군에 관철시켰다. 군사고문단의 활동은 미국의 대한군사정책과 한국 내의 정세 변화에 따라 그 범위와 중점을 달리하며 전개되었고, 그에 상응하게 지휘 관계 및 규모도 변화를 거듭해 왔다.

임시군사고문단으로 출발해 1949년 7월 1일 정식으로 창설된 주한미군사고문단은 제2차 세계대전이 끝난 후 미국이 세계에서 네 번째로 창설한 '해외 군사자문기구'였다. 종전 직후에 미국은 명실상부한 초강대국으로 부상하면서 시장 중심의 자유주의 세계경제질서 확립과 소련 팽창정책의 봉쇄를 대외정책의 양대 목표로 삼았다. 이러한 목표를 달성하기 위해 미국은 경제·군사원조와 양자·다자 간 군사동맹 등을 통해 자국의 세력을 확보하고자 했다. 이에 따라 미국은 자본주의 국가들의 군사력 강화와 그 군사력을 유지하기 위한 경제적 토대를 마련하기 위해 지원을 아끼지 않았다. 여기서 지원 대상과 결정은 소련에 대한 봉쇄정책과 긴밀하게 연관되어 있었다. 지원 대상국의 우선순위는 공산주의의 위협에 얼마나 노출되어 있느냐에 따라 결정되었고, 그 위협의 정도에 따라 원조가 분배되었다. 특히 1947년 트루먼 독트린을 계기로 미국은 유럽 이외의 지역에 군사원조를 제공하기 시작했으며, 수원국의 군대를 육성하고 원조의 원활한 집행을 위해 군사고문단(U.S. Military Advisory Group)을 파견했다. 이에 따라 그리스·터키·이란에는 미 육군단(U.S. Army Group)이 파견되었으며, 한국에는 1948년 8월 15일에 임시군사고문단이 설치되었다.

이렇듯 각국의 군사고문단은 미국의 세계 정책 또는 전략을 실현하는 과정에서 만들어진 기구였으며 미국의 대외군사정책을 현지에서 관철시키는 핵심 기구 중의 하나로서 기능했다. 특히 1949년 미국이 상호방위원조법을 신설하고, 이 법에 근거해 상호방위원조계획(Mutual Defense Assistance Program)을 전 세계적으로 확대 적용하면서 각국의 군사고문단은 상호방위원조계획의 현지 실무기관의 역할을 병행하게 되었다. 미국은 상호방위원조계획을 통해 국가별 또는 지역별 군사동맹 체제를 형성·강화하고자 했으며, 이를 보다 확고히 하기 위해 국가별 또는 지역별로 새로운 군사원조 관련 통합기구를 만들었다. 그 결과 개별 국가에는 군사고문단을 모체로 하여 군사원조자문단(MAAG)이 창설되었으며, 지역별로는 유럽의 경우에서처럼 합동미군사고문단(Joint U.S. Military

Advisory Group)이 설립되어 나토 소속 국가들의 군사원조자문단(MAAG)을 통제하기도 했다.

군사원조자문단은 각국마다 명칭과 설립 시기가 조금씩 달랐지만, 군사고문단을 모체로 하여 만들어졌다는 점에서 공통점을 지녔다. 또 각국의 군사원조자문단은 미국의 상호방위원조계획(MDAP)을 현지에서 구현하는 기관이었다는 점에서 공통된 활동 성격을 갖고 있었다. 각국의 군사고문단과 그 후신인 군사원조자문단은 주재국(駐在國)의 군사력 강화를 주요 활동 목표로 삼았지만, 보다 중요한 그들의 활동목표는 상호방위원조계획(MDAP)의 궁극적인 목표였던 군사적 측면에서의 지역 통합을 실현하는 것이었다. 그리스·터키·이란은 지중해·중동 지역에서의 시험 무대였으며, 한국은 아시아에서의 또 하나의 실험 사례였다고 할 수 있다.

지중해·중동 지역에서 군사고문단이 군사원조자문단으로 전환된 것처럼 한국에서도 주한미군사고문단(KMAG)이 주한미합동군사원조단(JUSMAG-K)으로 전환되어, 유사한 조직 변화 과정을 거쳤다. 하지만 이러한 조직 변화 과정의 유사성에도 불구하고 한국의 특수한 상황, 즉 남북 분단과 한국전쟁, 미군 전투부대의 존속 등은 지중해·중동 지역의 군사원조자문단과는 또 다른 주한미군사고문단만의 독특한 조직 체계와 활동 영역을 만들어 가는 요인으로 작용했다. 이를 구체적으로 살펴보면 다음과 같다.

주한미군사고문단의 창설은 주한미군의 철수 문제와 직접 관련이 있었다. 미국은 주한미군의 철수를 진행하면서 한국에 대한 안전 보장을 위해 국방경비대를 강화하고 경제·군사원조를 제공하기로 결정했다. 이러한 미국의 철군 방침에 대해 한국 정부는 처음에는 철군에 반대했지만 철군이 기정사실화되자 미국으로부터 확고한 방위 공약과 더 많은 군사 원조를 얻기 위해 노력했다. 국방경비대의 강화와 군사고문단의 설치는 그것의 결과물이었다.

미국은 주한미군의 철수에 앞서 241명으로 구성된 임시군사고문단(PMAG)을 설립했다. 임시군사고문단은 주한미군사고문단을 정식으로 창설하기 위한 준비기구였다. 1949년 6월 29일 제5연대전투단이 철군을 완료함에 따라 주한미군은 군사고문단만을 남겨둔 채 6월 30일 공식적으로 해체되었다.

주한미군이 철수를 완료함에 따라 1949년 7월 1일 부대 통상명칭 '제8668부대'로 주한미군사고문단(KMAG)이 정식으로 창설되었다. 군사고문단은 주한미대사관, 경제협조처, 합동행정위원회와 더불어 주한미사절단(AMIK)의 일부로 편성되었으며, 미 대사의 통제를 받았다.

한국전쟁 이전에 군사고문단은 한국군의 교육훈련 지도와 비정규전 지원에 중점을 두고 활동하였다. 한국군에 대한 군사고문단의 교육훈련 지도는 크게 한국군 각 사단에 대한 체계적인 훈련계획의 수립과 시행, 각종 군사학교의 설치를 통한 지도, 그리고 장교들의 해외 군사유학 등을 통해 이루어졌다. 이는 부대의 전술훈련 강화와 지휘관 양성교육으로 요약될 수 있었다. 군사고문단이 마련한 훈련계획은 38선 충돌사건과 비정규전 상황의 빈번한 발생으로 인해 제대로 실행되지 못했으며, 실행되더라도 훈련성과가 기대치에 미치지 못했다. 그럼에도 군사고문단이 주관한 군사훈련은 한국군에 대한 최초의 체계적인 미군식의 훈련이었다는 점에서 의의가 있었다. 또한 군사고문단은 한국군 장교들을 대상으로 도미 군사유학과 해외 주둔 미군기지의 시찰을 적극적으로 주선하였다. 이를 통해 군사고문단은 미국에 우호적인 장교단을 양성하고 단기간에 미국의 군사제도를 한국군에 전파시키고자 하였다.

한국군의 교육훈련을 지도하는 것과 더불어 군사고문단은 작전지원과 관련해 비정규전 지원과 한국군 방어계획 수립에 직·간접적으로 영향을 미쳤다. 비정규전과 관련한 군사고문단의 활동은 매우 공세적인 성격을 띠고 있었다. 1949~50년 겨울, 남한 전역에서 실시된 한국군의 동계토벌작전에 군사고문단은 작전계획의 수립에서부터 부대운용에 이르기까지 모든 분야에 걸쳐 한국군을 지원했다. 이 작전의 결과에 대해 군사고문단은 '대단히 성공적'이었다고 자평할 정도로 만족스러워 했다. 이처럼 비정규전에서의 적극적인 개입과는 달리 38선 충돌에 대해 군사고문단은 방어적인 입장을 취했다. 이 시기 38선 충돌에 대한 군사고문단의 방어적인 입장은 미국 정부의 공식적인 견해이기도 했다. 미국은 한국 정부의 북진 주장에 대해 여러 통로를 통해 이를 반대하였으며, 또 38선 충돌과 같은 민감한 군사 문제에 대해서는 군사고문단을 통해 한국군을 적절하게 제어하고자 했다. 남·북한 간의 군사적 충돌에 대한 군사고문단의 방어적인 입장은 작전계획의 수립에도 그대로 반영되었다. 1950년 3월 25일자 '육군본부 작전명령 제38호'는 군사고문단에서 기초한 것으로 그 내용은 북한군에 의한 '전면전'을 가정한 계획이라기보다는 서울-38도선 사이에서 발생할지도 모르는 '국지도발'에 대한 방어계획이었다. 군사고문단은 북한군의 군사력 강화와 38선 전진 배치라는 전쟁 징후를 감지했음에도 불구하고, 전면전의 가능성에 대해서는 의문시하였다. 이는 당시 미국 내에서 만연하던 '소련은 미국과의 전쟁을 원하지 않으며, 소련의 괴뢰인 북한이 독자적으로 행동할 수는 없을 것'이라는 논리가 군사고문단 내에서도 만연하여 있었음을 보여주는 것이었다.

한편 1949년 미국의 상호방위원조법이 발효되면서 군사고문단은 한국군의 조직화와 훈련이라는 군사고문단 고유의 임무뿐 아니라 상호방위원조계획의 운영과 관련하여 주한미대사를 보좌하는 역할까지 담당하게 되었다. 이는 군사고문단이 상충되는 두 가지 기능을 수행해야 함을 의미하는 것이었으며, 또 한국군의 조직화와 훈련이라는 군사고문단 본연의 활동이 축소되는 것을 의미하기도 했다. 상호방위원조계획과 관련해 군사고문단은 한국에 대한 추가 군사원조의 세부 항목들을 작성하고 이를 확보하기 위해 노력했다.

군사고문단이 제기한 추가 군사원조 문제는 상호방위원조계획(MDAP)하에서 미국의 대한군사정책 변화와 밀접한 상관성을 갖고 있었다. 1949년 4월 북대서양조약기구가 창설될 즈음에 미국에서는 경제·이념적 측면을 중시하는 봉쇄론을 대신하여 군사적 봉쇄 내지는 적극적 탈환(roll-back)을 주장하는 논리가 대두하였다. 이러한 논리에 기초해서 미국은 일본의 재무장과 부흥을 도모해 일본을 동북아시아의 중심으로 삼겠다는 의지를 분명히 했다. 그리고 일본 부흥의 성패를 한국과 연관지어 사고하면서 '미국이 한국을 돕게 되면 이는 일본을 돕는 것'이라는 논리가 미 정책당국자들 사이에서 힘을 얻어 나갔다. 이러한 미국의 새로운 동아시아 정책은 제2차 세계대전 종전 후 미국이 최초로 '집단적 방위체제'의 구축을 목표로 하여 추진한 상호방위원조계획(MDAP)에 한국이 포함되고, 아시아 국가로는 처음으로 한국에 군사고문단이 설치·운영되는 결과로 나타났다. 이것은 이 시기에 미국의 전반적인 정책 기조가 한반도를 결코 '포기'하지 않겠다는 것을 의미하는 것이기도 했다. 즉 미 합참이 제기한 한반도에 대한 군사전략적 저평가 주장이 미국의 정책이나 전략에 그대로 반영된 것은 아니었다는 것이다. 이는 1950년 6월을 전후해 미국이 추가적인 대한군사원조를 일본의 방위와 연결시켜 적극적으로 추진했던 것에서 분명하게 드러난다.

1950년 6월을 전후해 미국은 한국에 대한 추가 군사원조를 사실상 확정했다. 이것이 가능했던 것은 새로운 상호방위원조법의 제정이나 NSC 8/2의 개정 없이도 한국에 대한 추가적인 군사원조를 제공할 수 있는 통로가 확인되었기 때문이었다. 그것은 상호방위원조법 제408조 (C)항에 포함된 '대통령의 승인하에 5퍼센트 범위 내에서 그룹별 자금전환 사용'을 허용한 규정이었다. 이에 따라 한국은 상호방위원조법 Ⅱ그룹에 속한 그리스·터키 지역의 비계획 자금을 전환할 수 있게 되었다. 한국에 대한 추가적인 군사원조를 위한 미국 내의 논의 과정을 통해서 볼 때, 미국의 대한군사전략 목표는 1950년 6월을 전후해 국내의 치안유지라는 목표에서 북한군에 대항하는 목표로 전환되어 가고 있었음을 확인할 수 있다. 하지만 그러한 움직임은 전쟁이라는 새로운 국면에 접어들면서 가시화되지는 못했다.

한국전쟁이 발발하자 전면전의 가능성을 도외시했던 군사고문단은 개전 2~3일 내에 조직이 급속하게 와해되었다. 전선부대에 파견된 고문관들은 6월 25~26일 일본으로 철수하기 위해 모두 전선에서 이탈한 것으로 확인된다. 이러한 고문관들의 전선 이탈은 27일 오전에 군사고문단장 대리 라이트 대령이 승인한 고문단 철수계획과는 무관하게 이루어진 것이었다. 전투부대에서의 고문관 철수는 '미국이 한국을 포기했다'라는 인식을 한국군 내에 급속하게 확산시켜 전투력의 약화를 가속화시켰다. 고문단의 전선 복귀는 1950년 7월 4일경에 이루어졌다. 이때 고문단 사령부에서는 고문단의 조직 재편과 더불어 기존의 공식적인 임무를 종료하고 한국군의 재편성과 작전지도에 주력하는 것으로 임무를 전환하였다. 1950년 7월 8일 라이트 대령은 고문관들에게 한국군을 직접 지휘하는 것도 고려할 것을 지시했다. 이에 따라 군사고문단은 1951년 중엽 휴전회담이 이루어지고 전선이 교착상태에 이를 때까지 한국군의 작전지도에 중점을 두고 활동하였다.

전쟁 기간 동안 군사고문단의 규모는 한국군의 확장에 따라 수시로 변하였다. 군사고문단의 규모는 1950년 10월말에 전쟁 전의 상태를 회복한 후 꾸준히 증가했다. 군사고문단에는 공식 인원배당표와는 관계없이 임시로 고문관들이 추가로 배치되어 한때 최대 병력이 2019명에 이르기도 했다. 군사고문단은 한국군 전투부대의 경우 연대급까지 고문관을 배치하고, 포병·공병·통신 및 기타 특수부대에는 대대급까지 고문관을 배치했다. 작전지휘와 관련하여 군사고문단에 부여된 공식적인 임무는 미8군사령관의 명령이 정확하게 이행될 수 있도록 한국군 지휘관을 보좌하는 것이었다. 그러나 고문단은 '자문'만의 역할을 담당했던 것은 아니다. 한국군 전투부대에 배속된 고문관들은 실제로 부대를 지휘했던 경우도 많았다. 한국군에 대한 군사고문단의 직접 지휘는 각 사단별로 상황에 따라 다소간의 차이가 있었지만, 대대급에 배치된 고문관들이 철수하고 사단 배속 고문관 수가 15명으로 축소되는 1952년 1월 말까지 한국군 전투사단들에서 일반적으로 나타났던 현상이었다. 이와 더불어 고문단에는 공식적으로 한국군 부대를 지휘할 공식 권한이 없었지만, 소속부대와 지휘관을 통제할 수 있는 방편이 마련되어 있었다. 그것은 한국군 지휘관에 대한 해임 건의였다.

군사고문단은 한국군이 수행하는 정규작전에 대한 지도 이외에 제2전선에서의 비정규전에도 깊이 관여했다. '쥐잡기작전', '페릿작전', '몽구스작전', '블러드하운드작전' 등은 군사고문단이 계획하고 실행에 옮긴 대표적인 비정규전이었다. 그리스 내전에서 승리를 경험한 미8군사령관 밴플리트와 백야사 선임고문관 다즈의 비정규전 수행 방식은 그리스 내전에서의 경험을 한국에 그대로 적용한 것이었다.

1951년 전선이 교착상태에 빠지고, 미국의 전쟁 전략이 '확전'과 '휴전'의 논란 끝에 '휴전' 쪽으로 기울어지면서 군사고문단의 주된 임무도 한국군에 대한 전투작전지도에서 교육훈련에 대한 지원으로 전환되었다. 군사고문단은 교육훈련체계의 정비와 교육훈련 강화를 목표로 하여 군사교육기관에 파견할 고문관의 규모를 크게 확대하였다. 특히 군사고문단에서는 한국군 장교들의 도미 군사유학을 적극적으로 추진하였다. 전쟁이라는 특수한 상황에서도 매년 1000명씩의 한국군 장교들이 군사유학을 경험했다. 이러한 도미 군사유학은 미국이 인도차이나에 제공할 상호방위원조 자금을 전환하여 사용할 정도로 매우 중요하게 고려한 사항이었다. 미국의 입장에서 보았을 때, 한국군 장교단의 대규모 군사유학은 미국의 군사제도와 교리를 한국군에 이식하는 것에서 최소한의 시간과 비용으로 최대한의 효과를 거둘 수 있는 중요한 통로였다. 군사고문단이 중심이 되어 실시한 한국군 교육훈련체계의 정비 작업은 미국이 그것을 중요하게 사고하고 있었던 만큼 단기간에 큰 성과를 거두었으며, 이는 한국군의 미국화를 촉진시키는 결과로 이어졌다.

한국군의 교육·작전지원 이외에 군사고문단은 1951년 말부터 한국군 증강 계획을 수립하는 기획 업무도 병행하게 되었다. 군사고문단은 12개 사단, 14개 사단, 20개 사단의 증편 계획을 입안하였다. 이러한 계획이 현실화되기까지는 한국의 정치 상황과 미국의 정책 변화 등이 맞물려 전개되었지만, 결국 최종적으로 20개 사단 증강안이 확정되었다. 군사고문단이 계획하고 아이젠하워가 최종적으로 승인한 한국군 20개 사단 증강은 다음과 같은 의미를 지녔다. 첫째는 미국이 한국 정부에 대해 정치적 신뢰를 의심함에도 불구하고 장기간 군사원조의 의무를 지겠다는 결정이었다. 그것은 한반도의 '평화적' 통일이라는 유엔의 목표 실현이 현실적으로 불가능함을 의미하는 것이었으며, 또 유엔을 통한 다국적 지원을 중단하고 미국이 독자적으로 한국의 전후 복구를 책임지겠다는 의사 표명이기도 했다. 둘째는 이 결정에 의해서 한국은 유엔이 아닌 미국에 전적으로 의존하고 책임을 다할 수밖에 없는 구조 속에 포함되었다는 것이다. 셋째는 병영국가를 지탱하기 위해 한국 경제의 지속적인 붕괴가 유발될 수도 있으며, 국가의 규모에 비해 거대한 군사력의 유지가 군사주도형의 사회로 급속한 전환을 초래할 수도 있었다. 다시 말해 한국의 정치·경제·사회·문화·기술·사상 등이 군을 매개로 새롭게 재편될 수 있는 가능성이 높아졌다는 것이었다.

휴전 이후에 군사고문단은 군사원조자문단으로의 전환을 시도했다. 군사원조자문단으로의 전환 시도는 1955년 7월 1일을 기점으로 하여 미국의 대한군사원조가 전시 군사원조에서 상호안전보장계획에 따라 진행될 예정이었기 때문이었다. 이에 따라 군사원조의 계획과 집행을 전담할 운영기관의 설립 필요성이 높아졌다. 이를 위해 미 육군부는 현존하는 군사고문단을 군사원조자문단으로 전환시킨다는 계획을 수립했다. 이 계획은 그리스·터키·이란 등에서 미 육군단(U.S. Army Group)이 군사원조자문단으로 전환되었던 전례와 동일한 것이었다. 하지만 여기에는 한 가지 중요한 차이점이 있었다. 그것은 주한미대사가 아닌 군이 계속해서 군사원조자문단의 통제권을 갖게 한다는 것이었다. 이는 일반적인 군사원조자문단 운영 방식과는 다른 한국만의 독특한 형태였다. 신설될 주한미군사원조자문단(MAAG-K)을 극동군사령관이 직접 통제하겠다는 것은 군사원조자문단을 미국 대사가 통제하도록 규정한 상호안전보장법에 저촉되는 것이었다. 이러한 법률상의 규정을 피하기 위해 육군부와 극동군사령부는 MAAG-K를 정식으로 창설하기에 앞서 임시주한미합동군사원조자문단(PROVMAAG-K)을 설립하였다.

PROVMAAG-K의 활동은 각군 군사고문단에 자문과 협조를 제공하는 것에 국한되었다. 이는 군사원조자문단장이라면 일반적으로 가질 수 있었던 각군 군사고문단에 대한 지휘 권한을 PROVMAAG-K 단장은 가지지 못했기 때문이었다. 이러한 상황은 한국군의 작전통제권이 유엔군사령관으로부터 해제되거나 또는 새로운 형태의 지휘체계가 마련되지 않는 이상 변할 수 없는 것이었다. 이에 따라 한국에서는 각군 고문단들이 계속해서 구성군사령관들의 작전통제하에 남게 되는 세계에서 유래가 없는 '기형적인' 구조가 만들어졌다. 1971년 4월 1일 창설된 주한미합동군사원조단(JUSMAG-K)은 이러한 구조적 모순을 해결했다는 데 의의가 있었다. PROVMAAG-K가 JUSMAG-K로 전환하는 데에는 다음과 같은 두 가지 조건이 충족되었기 때문에 가능한 것이었다. 첫째는 1957년에 구성된 페어레스위원회의 보고서에 따라 군사원조와 경제원조가 분리되었다는 점이며, 드레이퍼위원회의 보고서에 따라 1961년에 군사원조의 지역통제권이 전구사령관에게 위임되었다는 점이다. 이는 군사원조의 기획과 운영을 담당하는 각국의 군사원조자문단(MAAG)이 반드시 미국 대사의 통제하에 있을 필요가 없다는 것을 의미했다. 둘째는 한국군의 작전통제·교육훈련·군수지원 등을 주요 임무로 하는 군사고문단의 기능이 1950~60년대 한국군의 '성장과 발전'에 비례하여 축소되었다는 점이다. 이는 주한미군사령부를 중심으로 하여 이른바 '한미 연합군' 체제가 일정한 궤도에 올라섰음을 의미하는 것이었다.

결론적으로 주한미군사고문단의 역사적 의미를 고찰해 보면, 주한미군사고문단은 냉전의 형성 및 전개 과정에서 한국군의 지위와 역할에 대한 미국 정부의 정책 구상을 현지에서 구현시키는 '집행기구'의 역할을 담당했으며, 역으로 한국 정부와 한국 군부의 의견 및 동향을 수렴해 이를 본국에 전달하는 '전달자'의 역할을 담당하기도 했다는 점을 강조하지 않을 수 없다. 고문단의 활동 결과는 한국군의 급속한 '미국화(Americanization)'로 발현되었으며, 군사문화의 전파 과정을 통해 한국 사회에도 직·간접적인 영향을 미쳤다고 할 수 있다.

후기

우리말에는 여러 요인에 의해 새로운 의미가 더해지면서 본래의 뜻과는 전혀 다른 의미로 사용되는 단어들이 있는데, '고문관'이라는 단어가 그중 하나이다. 고문관이란 본디 '자문(諮問)에 응하여 의견을 말하는 직책을 맡은 관리'를 뜻하지만, 언제부터인가 이것이 '군대에서 어수룩한 사람을 놀리는 말'로 사용되었다. 나아가 군대에서 통용되던 용어가 사회에서도 같은 뜻으로 쓰이게 되면서 오늘날 표준국어대사전에는 두 가지 의미가 같이 실리기에 이르렀다. 어찌 보면 현재 우리 사회에서 고문관이라는 용어가 본래의 뜻보다 후자의 의미로 인식되는 경우가 더 많다고도 할 수 있다.

어리숙하고 조직에 잘 적응하지 못하는 사람을 일컫는 고문관이라는 용어는 이 책의 주제인 주한미군사고문단과 밀접한 관련이 있다. 그 용어가 언제부터 사용되었는지는 분명하지 않지만 한국군에 파견된 미군 고문관들이 한국어를 못하고 우리나라의 실정에 익숙하지 않아 어수룩하게 행동한 데에서 비롯되었다는 것이 정설이다. 언어의 장벽과 문화적 차이로 인한 이질감, 감독과 피감독의 관계에서 발생하는 갈등과 그로 인한 거부감 등이 고문관이라는 용어를 만들어 낸 것이라고 볼 수 있다.

고문관이 지금은 이렇게 '문제 있는 사람'과 같은 인상을 주지만, 사실 이들에게는 '한국군 건설의 기획자'라는 또 다른 얼굴이 있었음을 우리는 간과하는 경향이 있다. 그들은 한국군에 대한 자문활동과 한국에 제공되는 군사원조의 계획 수립 및 원활한 집행을 감독하는 것을 주요 임무로 하였다. 한국군의 편성, 작전, 교육훈련, 군수 업무 등 한국군과 관련된 모든 분야가 그들의 활동 영역이었으며, 본국의 대한군사정책과 한국 내의 정세 변화에 따라 활동의 범위와 중점을 달리하면서 임무를 수행했다. 그들은 '상대역제도(Counterpart System)'라는 독특한 운영 방식을 통해 자신들의 계획과 결정 사항들을 한국군 지휘관들에게 관철시키기도 했다.

군사고문단과 관련해 '고문관'이 우리의 신조어였다면, '김치런즈(Kimchi runs)'는 고문단이 만들어 낸 신조어였다. '김치런즈'란 보급 식량과 연료를 밀반출하는 행위를 일컫는 말이었다. 그들의 눈에 비친 한국군은 부정부패가 만연한 집단이었으며, 어느 한 고문관이 지적했듯이 미국 독립전쟁 시기의 미군과 비슷한 수준의 군대였다. "한국군은 체면을 깎이지 않으려고 잘못을 숨기며, 심지어 잘못된 정보를 제공하는 경우가 비일비재하다."는 고문단 보고서의 내용에서 그들이 한국군을 어떻게 바라보고 있었는지를 가늠해 볼 수 있다. 그들은 이러한 한국군의 문제점들을 바꿔나가는 것이 자신들의 중요 임무라고 여겼다.

이렇듯 군사고문단과 한국인들 사이에는 서로를 바라보는 시선에서 온도차가 존재했다. 그러한 온도차가 어떻게 만들어졌는가를 살펴보고자 한 것이 이 책을 펴내게 된 동기 중의 하나이다. 어리석고 굼뜬 모습을 빗대어 한국인들이 만들어 낸 '고문관'의 이미지로는 군사고문단 활동의 전체 모습과 성격을 제대로 설명할 수 없다는 것이 필자의 생각이다.

영문의 머리글자를 따서 케이맥(KMAG)이라 불리기도 하는 주한미군사고문단은 주한미군의 한반도 철수에 따른 보완책으로 만들어진 기구였다. 하지만 그것의 창설 배경에는 한반도에만 국한된 문제가 아닌 세계를 대상으로 하는 미국의 군사정책이 반영되어 있음을 주목할 필요가 있다. 주한미군사고문단은 그리스·터키·이란에 이어 4번째로 설립된 고문단이었다. 그리스·터키·이란·한국은 미국이 공산주의 세력과 첨예하게 대립하던 지역이었다. 이러한 의미에서 군사고문단의 설치는 유럽 중심의 냉전(Cold War)이 중동과 아시아로 확대되고 있음을 보여주는 하나의 중요한 사례라고 할 수 있다.

서유럽에서부터 군사고문단이 설치된 그리스·터키·이란·한국을 연결하면 이것은 미국의 대소봉쇄선(對蘇封鎖線)이 된다. 이 선을 경계로 하여 미국은 1949년에 제정된 상호방위원조법에 따라 군사원조를 제공하고 상호방위원조계획(MDAP)을 가동시켰다. 상호방위원조계획의 목적은 '군사적 지역 통합'의 실현이었으며, 주재국(駐在國) 현지에서 이것을 실현하기 위한 토대를 구축하는 것이 군사고문단의 역할이었다.

각국에 설치된 군사고문단은 국가별·지역별 상황에 따라 2~7년 정도 존속하다가 군사원조자문단으로 성격을 전환했지만, 한국의 경우만은 예외였다. 군사고문단이 주재국 군대의 형성과 운용을 주요 임무로 하였다면, 군사원조자문단은 주로 군사원조를 관장하는 군사행정기구의 역할을 수행했다. 한국에서 군사고문단의 성격 전환이 예외로 존재했던 것은 분단과 한국전쟁, 그리고 미군 전투부대의 존속과 같은 한국의 특수한 상황에 따른 것이었다. 이러한 한국의 특수한 상황은 한국군의 위상과 역할에도 크게 영향을 미쳤다. 그 과정에서 군사원조를 매개로 한국군의 조직화와 운용을 책임졌던 군사고문단의 역할은 증대될 수밖에 없었으며, 군사원조자문단으로의 전환도 다른 국가와는 달리 그 시기가 늦어졌다.

1965년 미 육군참모총장 존슨(Harold K. Johnson)이 "지난 20년간 미국은 한국군을 세계 4위의 군대로 건설하는 데 크게 기여했다."고 밝혔듯이, 미국의 입장에서 한국은 대외군사원조의 가장 성공적인 사례였다. 그 중심에는 한국군 창설 단계에서부터 늘 함께한 주한미군사고문단의 지대한 역할이 있었다. 한국에서의 성공을 바탕으로 미국은 이후 세계 전역에서 군사적 하드웨어의 분배를 감독하고, 우방국 군대를 자문하기 위해 수천 명의 미 군사고문관들을 투입했다. 그중 대표적인 사례가 베트남이었다. 베트남전쟁을 전후로 하여 미국 내에서 주한미군사고문단에 관한 연구가 집중되었다는 점도 이러한 사실을 뒷받침한다.

우리가 어수룩하고 굼뜬 사람으로 희화화한 '고문관들'은 '동아시아 냉전'의 형성과 전개 과정에서 한국군의 지위와 역할에 대한 미국 정부의 정책 구상을 현지에서 구현시키는 '집행자'였으며, 역으로 한국 정부와 한국 군부의 의견 및 동향을 수렴해 이를 본국에 전달하는 '전달자'들이었다.

이 책은 2011년 필자의 박사학위논문 『주한미군사고문단(KMAG)의 조직과 활동(1948~1953년)』을 토대로 새로운 자료와 내용을 보충하여 완성했다. 애초에는 필자 스스로가 항상 부족하다고 느꼈던 박사학위논문의 내용을 완벽하게 마무리하고자 하였다. 그러나 필자의 게으름 탓으로 산적한 자료들을 모두 다 섭렵하지 못했다는 자책이 앞선다. 그러면서도 한편으로는 마치 무거운 짐을 벗어던진 것 같은 홀가분한 기분도 든다. 아마도 못다 한 아쉬운 점들은 앞으로 보충해 갈 것이라는 각오로 위안을 얻으려는 마음에서일 것이다.

필자가 이 책을 세상에 내놓을 수 있게 된 것은 많은 분들의 도움이 있었기 때문이다. 우선 필자의 좁은 시각을 넓혀주시고 학위논문의 세세한 내용까지 세심하게 지도해 주신 박찬승 선생님께 진심으로 감사를 드린다. 그리고 논문 심사 과정에서 많은 조언을 해 주신 이완범 선생님, 이석규 선생님, 양영조 선생님, 정병준 선생님께도 깊이 감사드린다. 또한 많은 가르침을 주셨고 포기하지 않고 끝까지 논문을 쓸 수 있게끔 항상 격려해 주신 이완재 선생님, 학문하는 사람의 모습이 어때야 하는지를 몸소 보여주시고 깨우쳐 주셨던 故 정창렬 선생님, 실천적 역사학이 무엇인지를 항상 일깨워 주셨던 박현서 선생님께 지면으로나마 깊은 감사의 마음을 전한다. 이 밖에도 감사드려야 할 분들이 너무나도 많지만, 지면 관계상 일일이 거명할 수 없음이 죄송할 따름이다. 너그러운 이해를 바랄 뿐이다.

아내와 가족들은 항상 필자에게 가장 소중한 존재이다. 학자로서의 삶을 이해해 주는 아내와 어느덧 늠름한 어린이로 자란 아들, 일찍 돌아가신 아버님을 대신하여 학문에만 매진할 수 있도록 지원을 아끼지 않으셨던 어머님께 깊이 감사드리며, 항상 따뜻한 격려의 말씀을 해주셨던 빙부모님께도 고마운 마음을 전한다. 끝으로 이 책이 나올 수 있도록 배려해 주신 한양대학교 출판부 관계자 분들께 감사드린다.

2016년 봄 성안마을 연구실에서

박동찬

참고문헌

Ⅰ. 자료

1. 국문

(1) 신문

《경향신문》《동아일보》《로동신문》《민주신보》《부산일보》《서울신문》《연합신문》《조선일보》《조선중앙일보》《해방일보》

(2) 연감 · 일지 · 사전

군사영어편찬위원회 편, 『군사영어사전』, 병학사, 1976.
김광석 편저, 『군사용어해설사전 : 용병술어연구』, 병학사, 1993.
동아일보사, 『동아일보색인(1945~1955)』 제8권, 1981.
육군본부, 『군사용어사전』, 2006.
합동참모본부, 『합동 · 연합작전 군사용어사전』, 2004.
해방이십년편찬회 편, 『해방20년 : 자료편』, 세문사, 1965.

(3) 정부간행자료

공군본부, 『미 공군 제6146부대 부대사』1집, 2010.

교육총본부, 『교총사』제1집, 1955.

국방관계법령집 발행본부, 『국방관계법령 및 예규집』, 보성사, 1950.

국방군사연구소, 『한국전쟁 피해통계집』, 1996.

______, 『한국전쟁』상 · 중 · 하, 1995~1997.

국방부 군사편찬연구소, 『6 · 25전쟁사』전11권, 2003~2013.

______, 『건군사』, 2002.

______, 『소련군사고문단장 라주바예프의 6 · 25전쟁 보고서』전3권, 2001.

______, 『중국군의 한국전쟁사』전3권, 2002~2006.

국방부 전사편찬위원회, 『국방부사』제2집, 1954.

______, 『국방사 : 1945. 8~1950. 6』, 1984.

______, 『국방사 : 1950. 6~1961. 5』, 1987.

______, 『국방조약집』제1집, 1981.

______, 『안강 · 포항전투』, 1986.

______, 『한국전란 1년지~5년지』, 1951~1955.

______, 『한국전쟁사』전11권, 1967~1979.

국방부, 『국방백서 : 1967』, 1966.

국사편찬위원회, 『실록 대한민국사 자료집 : 한국경제정책자료(번역 · 통계편)』8, 2013.

______, 『자료대한민국사』1~7권, 1968~1974.

______, 『자료대한민국사』8~29권, 1998~2008.

______, 『한국전쟁 : 문서와 자료, 1950~53년』, 2006.

국회사무처, 『국회사 : 제헌국회, 2대국회, 3대국회』, 1971.

병무청, 『병무행정사』(上), 1985.

육군본부 군사감실, 『6 · 25사변 후방전사』전2권, 1955.

______, 『부대약사』, 1955.

육군본부 군사연구실, 『창군전사』, 1980.

육군본부 작전참모부, 『육군발전사』(상), 1970.

육군본부 정보참모국, 『공비연역』, 1971.

육군본부, 『6 · 25사변 후방전사』(군수편), 1955.

______, 『6 · 25전쟁 후방전사』(인사편), 1956.

______, 『교총사』제2집, 1960.
______, 『미국군사교육제도』, 1979.
______, 『병과별 부대역사』, 1959.
______, 『한국전쟁사료』(62), 1988.

(4) 정부비간행자료

『장교임관순대장』, 국방부 군사편찬연구소 소장 자료.
『장교자력표』, 국방부 군사편찬연구소 소장 자료.
『참전자 증언록』, 국방부 군사편찬연구소 소장 자료.
육군본부 군사연구실, 『육군역사일지 : 1945-1950』

(5) 전기·증언·회고록

강성재, 『참 군인 이종찬 장군』, 동아일보사, 1984.
강영훈, 『나라를 사랑한 벽창우』, 동아일보사, 2008.
계인주, 『맥아더 장군과 계인주 대령』, 다인미디어, 1999.
고정훈, 『비록 군』, 동방서원, 1967.
공국진, 『한 노병의 애환』, 원민출판사, 2001.
국사편찬위원회, 『한국군 초기 역사를 듣다 : 군사영어학교 출신 예비역 장성의 구술』, 2012.
김석원, 『노병의 한』, 육법사, 1977.
김영선, 『백마고지의 광영』, 팔복원, 1997.
김인철, 『삼팔선에서 휴전선까지』, 보문당, 1992.
김정렬, 『항공의 경종』, 도서출판 대희, 2010.
리영희, 『대화』, 한길사, 2005.
리지웨이, 매튜, 김재관 역, 『한국전쟁』, 정우사, 1981.
박정인, 『풍운의 별』, 홍익출판사, 1990.
백선엽, 『군과 나』, 대륙연구소, 1989.
______, 『조국이 없으면 나도 없다』, 월간 아미, 2010.
Braim Paul F., 육군교육사령부 자료지원처 번역, 『위대한 장군 밴플리트』, 육군본부, 2001.

유재홍, 『격동의 세월』, 을유문화사, 1994.
유현종, 『백마고지 : 김종오 장군 일대기』, 을지출판공사, 1985.
윤응렬, 『상처투성이의 영광』, 도서출판 황금알, 2010.
이범석, 「건군의 산고와 발육」 『사상계』6월호, 1968.
이병형, 『연대장』, 병학사, 1997.
이응준, 『회고 90년 : 1890-1981』, 선운기념사업회, 1982.
이치업, 『번개장군』, 원민출판사, 2001.
이한림, 『세기의 격랑』, 팔복원, 1994.
이형근, 『군번 1번의 외길인생』, 중앙일보사, 1993.
임부택, 『낙동강에서 초산까지』, 그루터기, 1996.
임학수, 「실록 군사영어학교」 『신동아』6월호, 1982.
장도영, 『장도영 회고록 : 망향』, 숲속의 꿈, 2001.
장창국, 『육사졸업생』, 중앙일보사, 1984.
정일권, 『6·25비록 : 전쟁과 휴전』, 동아일보사, 1986.
조갑제, 「격변기 한국정치 막후 비화 : 주한미군 정보통 하우스맨 증언」 『월간조선』7월호, 1990.
조성식, 「특별인터뷰 : '한미군사교류의 별동대' 케빈 매든 주한미합동군사업무단장」 『신동아』 8월호, 2008.
채명신, 『사선을 넘고 넘어』, 매일경제신문사, 1994.
크라크, 마크 저, 김형섭 역, 『다뉴브강에서 압록강까지』, 국제문화출판공사, 1981.
하우스만·정일화 공저, 『한국 대통령을 움직인 미군대위』, 한국문원, 1995.
한신, 『신념의 삶속에서』, 명성출판사, 1994.

2. 외국문

(1) 미간행자료

가. 미국립문서기록관리청(NARA) 소장 문서

RG 59, General Records of the Department of State(국무부 일반문서)
RG 59, Records of Office of Public Affairs, Subject Files, Lot 52-19, Box 17, 26, 48, 52.

RG 319, Records of the U.S. Army(육군 참모부 문서)

RG 319, Army Staff Plans & Operations Division, Decimal File, 1949-1950, Box 549, 587, 633.

RG 319, Army-Operations, 1950-1951, Bulky General Decimal File, Box 225, 226.

RG 319, Army-Operations, 1950-1951, General Decimal File, Box 33, 34, 34A, 35, 35A, 36, 36A, 38, 38A.

RG 319, Army-Operations, 1952, General Decimal File, Box 17~20.

RG 319, Army-Operations, 1953, Bulky General Decimal File, Box 292.

RG 319, Assistant Chief of Staff, G-3, Operations Decimal File, 1949-1950, Box 162, 163.

RG 319, Assistant Chief of Staff, G-3, Operations Records Section, March 1950-51, 091 Korea, Box 121~124, 126~127, 130.

RG 319, Office of the Chief of Military History, BKGD-Military Adv. Korea : KMAG Peace & War, 1951-1965, Box 1~8.

RG 319, Office of the Chief of Staff, Top Secret Correspondence, 1948-52, Box 3~15.

RG 330, Records of the Office of the Secretary Defense(국방장관실 문서)

RG 330, Assistant Secretary of Defense(international Security Affairs), Office of Military Assistance, "FACC" & "MAP" Documents, 1949-1950, Entry 23A, Box 99~108.

RG 330, Confidential through Top Secret Subject Correspondence Files, 1947-53, Box 20.

RG 330, General Decimal Files, 1949-53, Box 68~69.

RG 330, Messages and Teletypes, June 1950-November 1951, Korea Teletype Conference, 1950, Box 403~404, 418~419.

RG 334, Records of the Interservice Agencies(군간 기구 문서)

RG 334, Joint American Military Aid to Turkey, Adjutant General Section, Central Files Unit Decimal File, 1947-50, Box 4~5.

RG 334, Joint United States Military Aid Groups, Greece, United States Army Section Group, Adjutant General Section, Central Files Unit Historical File, 1947-50, Box 146.

RG 338, Records of Army Operational, Tactical, and Support Organizations(작전 · 전술 · 지원 조직 문서)

RG 338, KMAG, Adjutant General, Decimal File, 1948-53, Box 1~61.

RG 338, Military Historians' Files, Box 12~13.

RG 338, PMAG1948-49/KMAG1948-53, Box 18.

RG 407, Records of the Adjutant General's Office(부관감실 문서)

RG 407, Army-AG Command Reports, 1949-54, Non Organic Units, USMAG Korea AYUT

8202, Box 5786~5814.

RG 550, Records of HQ, U.S. Army, Pacific(미 육군 태평양사령부 문서)

RG 550, Military Historian's Office, Organizational History Files, KMAG to History of the Korean War, Box 44.

RG 550, Pacific, Military Office, Classified Organizational History Files, Box 51~107.

RG 554, Records of General Headquarters, Far East Command, Supreme Commander Allied Powers, and United Nations Command(극동군사령부, 연합군최고사령부, 유엔군사령부 문서)

RG 554, U.S. Military Advisory Group to the Republic of Korea, Adjutant General Section, Decimal File, 1948-53, Box 1~61.

RG 554, U.S. Military Advisory Group to the Republic of Korea, Adjutant General Section, General Administrative Correspondence, 1951-54, Box 1~10.

나. 미 행정부 간행자료

U.S. Department of State, *Foreign Relations of the United States*, 1948, vol. Ⅵ

______, *Foreign Relations of the United States*, 1949, vol. Ⅶ

______, *Foreign Relations of the United States*, 1950, vol. Ⅶ

______, *Foreign Relations of the United States*, 1951, vol. Ⅶ

______, *Foreign Relations of the United States*, 1952-54, vol. ⅩⅤ

Department of State, *Public Papers of the Presidents of the United States : Harry S. Truman, 1947*, Washington : Government Printing Office, 1963.

Division of Historical Policy Research Office of Public Affairs, Department of State, *United States Policy Regarding Korea : December 1945-June 1950*, Harry S. Truman Library.

다. 국내 영인자료

국방군사연구소, 『한국전쟁 자료총서 : 미 국가안전보장회의 문서(Documents of the National Security Council)』1~2, 1996.

국사편찬위원회, 『미국의 대한원조관계문서』1~2, 1996.

______, 『한국현대사자료총서 : 주한미군사고문단 문서』46, 1999.

정용욱 편, 『JOINT WEEKA』2~3권, 영진문화사, 1997.

중앙일보사 현대사연구소 편, 『미군CIC 정보보고서』전4권, 중앙일보사, 1996.

한림대학교 아시아문화연구소, 『KLO·TLO 문서집 : 미극동군사령부 주한연락사무소, 1950.

1~1951. 2』1~3권, 2000.
______, 『미국극동군사령부 G-2 일일정보요약(Far East Command, U.S. Army G-2 Daily Intelligence Summary』1~20권, 1999~2007.
______, 『미군사고문단 정보일지(HQ,, USMAGIK G-2 Periodic Report)』1~2, 1989.
『Records of Joint Chiefs of Staff : 미합동참모본부사』17, 아름출판사, 1996.

라. 기타

Historical Division, Joint Secretariat Joint Chiefs of Staff, Selected Aspects of U.S. Military Assistance, 13 December 1961, Undated, http://www.dod.gov/pubs/ foi/reading_room/541.pdf
The Staff Historian's Office, Eighth U.S. Army, "Chronology, 1 January~30 June 1971", http://www.nautilus.org/projects/foia/foiachrons/army_chro_1971.pdf
Hq USFK/EUSA, "1979 Annual Historical Report", http://www.nautilus.org/projects/foia / foiachrons/asr_seventynine.pdf

II. 연구성과

1. 단행본

(1) 국문

강만길, 『한국 자본주의의 역사』, 역사비평사, 2000.
______, 『한국현대사』, 창작과 비평사, 1984.
강성철, 『주한미군』, 일송정, 1988,
강정구, 『분단과 전쟁의 한국현대사』, 역사비평사, 1996.
강창성, 『일본/한국 군벌통치』, 해동문화사, 1991.
개디스, 존 루이스, 박건영 옮김,『새로 쓰는 냉전의 역사』, 사회평론, 2002.
______, 정철·강규형 옮김,『냉전의 역사』, 에코리브르, 2010.
구대열, 『한국국제관계사연구』1·2, 역사비평사, 1995.
권용립, 『미국대외정책사』, 민음사, 1997.

기어, 앤드류, 홍동선 역, 『피의 낙동강, 얼어붙은 장진호 : 한국전쟁과 미 해병대』, 정우사, 1981.
김계동, 『한반도의 분단과 전쟁 : 민족분열과 국제개입·갈등』, 서울대학교출판부, 2000.
김광운, 『북한정치사연구 I』, 선인, 2003.
김국태, 『해방3년과 미국 I : 미국의 대한정책, 1945~1948』, 돌베개, 1984.
김기진, 『미국 기밀문서의 최초 증언, 한국전쟁과 집단학살』, 푸른역사, 2005.
김남식, 『남로당 연구』, 돌베개, 1984.
김동춘, 『전쟁과 사회』, 돌베개, 2000.
김영호, 『한국전쟁의 기원과 전개과정』, 성신여자대학교출판부, 2006.
김운태, 『해방30년사』제2권, 성문각, 1976.
김일영·조성렬 편, 『주한미군 : 역사, 쟁점, 전망』, 한울아카데미, 2003.
김점곤, 『한국전쟁과 남로당전략』, 박영사, 1973.
김정배, 『미국과 냉전의 기원 : 공존과 지배의 전략』, 혜안, 2001.
김정위, 『중동사』, 대한교과서주식회사, 1987.
김주환 편, 『미국의 세계전략과 한국전쟁』, 청사, 1989.
김진웅, 『냉전의 역사, 1945~1991』, 비봉출판사, 1998.
김철범, 『진실과 증언 : 40년 만에 밝혀진 한국전쟁의 진상』, 을유문화사, 1990.
______, 『한국전쟁과 미국』, 평민사, 1995.
김철범·제임스 매트레이 편, 『한국과 냉전』, 평민사, 1991.
김학준, 『한국전쟁 : 원인·과정·휴전·영향』, 박영사, 1989.
남정옥, 『한미군사관계사 1871~2002』, 국방부 군사편찬연구소, 2002.
동아일보특별취재반 편, 『(철저해부)주한미군』, 동아일보사, 1990.
라종일, 『끝나지 않은 전쟁 : 한반도와 강대국 정치(1950-1954)』, 전예원, 1994.
렉키, 로버트, 윤억섭 역, 『충돌 : 한국전쟁 이야기(1950-1953)』, 삼우사, 2000.
루이스, 버나드, 이희수 옮김, 『중동의 역사』, 까치글방, 1998.
매트레이, 제임스 I., 구대열 역, 『한반도의 분단과 미국』, 을유문화사, 1989.
맥도널드, 도널드, 한국연사연구회 옮김, 『한미관계 20연사(1945~1965년)』, 한울, 2001.
메릴, 존, 이종찬·김충남 역, 『새롭게 밝혀 낸 한국전쟁의 기원과 진실』, 두산동아, 2004.
미 해외참전용사협회 엮음, 박동찬·이주영 옮김, 『한국전쟁』1, 눈빛출판사, 2010.
박동찬, 『통계로 본 6·25전쟁』, 국방부 군사편찬연구소, 2014.
박두복 편저, 『한국전쟁과 중국』, 백산서당, 2001.
박명림, 『역사와 지식과 사회 : 한국전쟁 이해와 한국사회』, 나남, 2011.

______, 『한국 1950 : 전쟁과 평화』, 나남출판사, 2002.
______, 『한국전쟁의 발발과 기원』1·2권, 나남출판사, 1996.
박찬승, 『마을로 간 한국전쟁』, 돌베개, 2010.
박찬표, 『한국의 국가형성과 민주주의』, 고려대학교출판부, 1997.
박태균, 『우방과 동맹, 한미관계의 두 신화』, 창작과 비평사, 2006.
______, 『한국전쟁』, 책과 함께, 2005.
백종천·온만금·김영호 공저, 『한국의 군대와 사회』, 나남, 1994.
베른트, 스퇴버, 최승완 옮김, 『냉전이란 무인가』, 역사비평사, 2008.
볼코고노프, 드미트리, 한국전략문제연구소 역, 『스탈린』, 세경사, 1993.
______, 『한국현대민족운동연구』Ⅱ, 역사비평사, 1996.
서동구 역, 『한반도의 긴장과 미국-25년 전과 오늘』, 대한공론사, 1977.
서울신문사, 『주한미군 30년』, 행림출판사, 1979.
서울신문특별취재팀, 『한국외교비록』, 서울신문사, 1984.
서중석, 『한국현대민족운동연구』Ⅰ, 역사비평사, 1991.
세르게이 곤차로프 외, 성균관대학교 현대사연구반 옮김, 『흔들리는 동맹』, 일조각, 2011.
小此木政夫 저, 현대사연구실 역, 『한국전쟁-미국의 개입과정』, 청계연구소, 1986.
손호철 편, 『한국전쟁과 남북한 사회의 구조적 변화』, 경남대 극동문제연구소, 1991.
쉬나블, 제임스 F., 『정책과 지도』, 육군본부, 1974.
스톡, 윌리엄 저, 서은경 역, 『한국전쟁과 미국 외교정책』, 나남출판사, 2005.
안진, 『미군정기 억압기구 연구』, 새길, 1996.
안용현, 『한국전쟁의 허와 실』, 고려원, 1987.
애플만, 로이 E., 『낙동강에서 압록강까지』, 육군본부, 1963.
양영조, 『남북한 군사정책과 한국전쟁 1945-1950』, 한국학술정보, 2007.
______, 『한국전쟁과 동북아 국가정책』, 선인, 2007.
양희원, 『군대문화의 뿌리』, 을지서적, 1988.
에스프레이, R. B. 지음, 편집부 옮김, 『세계 게릴라 전사』③, 일월총서, 1989.
올리버, 로버트 T, 『대한민국 건국의 비화』, 계명사, 1990.
와다하루끼 저, 서동만 역, 『한국전쟁』, 창작과 비평사, 1999.
윌로우비, 찰스 A., 진봉천 역, 『맥아더 장군의 한국전비사』, 시사통신사, 1957.
유영익·이채진 편, 『한국과 6·25전쟁』, 연세대학교출판부, 2002.
육군사관학교 30년사편찬위원회, 『대한민국 육군사관학교 30년사』, 육군사관학교, 1977.
이동희, 『오! 화랑대』, 대학문화사, 1982.

이삼성,『세계와 미국』, 한길사, 2000.
______,『현대미국외교와 국제정치』, 한길사, 1993.
이상호,『맥아더와 한국전쟁』, 푸른역사, 2012.
이완범,『삼팔선 획정의 진실』, 지식산업사, 2001.
______,『한국전쟁-국제전적 조망』, 백산서당, 2000.
이원순,『인간 이승만』 신태양사, 1988.
이현진,『미국의 대한경제원조정책 1948~1960』, 혜안, 2009.
일본육전사연구보급회 편, 이원복 역,『한국전쟁』전10권, 명성출판사, 1991.
전쟁기념사업회,『한국전쟁사』1~5, 행림출판사, 1992.
정병준,『우남 이승만 연구』, 역사비평사, 2005.
______,『한국전쟁』, 돌베개, 2006.
정용욱,『미군정 자료연구』, 선인, 2002.
______,『해방전후 미국의 대한정책』, 서울대학교출판부, 2002.
조선일보사,『전환기의 내막』, 1982.
조성훈,『한미군사관계의 형성과 발전』, 국방부 군사편찬연구소, 2008.
______,『한국전쟁과 포로』, 선인, 2010.
중동문제연구소 편,『제3세계와 중동 정치 · 경제』, 박영사, 1984.
중앙일보사 편,『민족의 증언』전8권, 중앙일보사, 1983.
차상철,『해방전후 미국의 한반도 정책』, 지식산업사, 1992.
최문형,『한국을 둘러싼 제국주의 열강의 각축』, 지식산업사, 2001.
최상용,『미군정과 한국민족주의』, 나남출판사, 1988.
최승완 외,『세계화시대의 서양현대사』, 아카넷, 2009.
최태웅 · 진봉천 엮음,『알려지지 않은 한국동란 비사』, 청자문화사, 1970.
캐럴, 제임스 지음, 전일휘 · 추미란 옮김,『전쟁의 집 : 펜타곤과 미국 패권의 비극』, 동녘, 2009.
커밍스, 부르스, 김동노 옮김,『브루스 커밍스의 한국현대사』, 창장과 비평사, 2001.
______, 김자동 역,『한국전쟁의 기원』, 일월서각, 1986.
______, 박의경 역,『한국전쟁과 한미관계』, 청사, 1987.
콩드, 데이비드 W., 최지연 옮김,『한국전쟁 또 하나의 시각』1 · 2, 과학과 사상, 1988.
톰슨, 존M 지음, 김남섭 옮김,『20세기 러시아현대사』, 사회평론, 2004.
트로피멩코,『미국의 군사교리』, 일송정, 1989.
하영선 편,『한국전쟁의 새로운 접근-전통주의와 수정주의를 넘어서』, 나남출판사, 1990.
______,『한반도의 전쟁과 평화』, 청계연구소, 1989.

한국방송공사, 『다큐멘타리 한국전쟁』상 · 하, KBS문화사업단, 1991.
한국사회학회 편, 『한국전쟁과 한국사회변동』, 풀빛, 1993.
한국역사연구회 현대사분과 편, 『역사학의 시선으로 읽는 한국전쟁 : 사실로부터 총체적 인식으로』, 휴머니스트, 2010.
한국전쟁연구회, 『탈냉전시대 한국전쟁의 재조명』, 백산서당, 2000.
한국전쟁학회 편, 『한국현대사의 재조명』, 명인문화사, 2007.
한국정신문화연구원 편, 『내가 겪은 건국과 갈등』, 선인, 2004.
______, 『내가 겪은 해방과 분단』, 선인, 2001.
한국정치연구회 정치사분과, 『한국전쟁의 이해』, 역사비평사, 1990.
한국정치외교사학회 편, 『한국전쟁과 휴전체제』, 집문당, 1998.
한용원, 『창군』, 박영사, 1984.
______, 『한국의 군부정치』, 대왕사, 1993.
한표욱, 『이승만과 한미외교』, 중앙일보사, 1996.
핸더슨, 그레고리, 박행웅 · 이종삼 옮김, 『소용돌이의 한국정치』, 한울아카데미, 2000.
헌팅턴, 사무엘 P., 『군과 국가』, 탐구당, 1990.
험즈, 월터 G., 『휴전천막과 싸우는 전선』, 육군본부, 1968.
헤롤드, 노블, 박실 역, 『비록 이승만 박사와 미국대사관』, 정호출판사, 1983.
홍두승, 『한국군대의 사회학』, 나남출판사, 1993.
후지와라 아키라, 엄수현 역, 『일본군사사』, 시사일본어사, 1992.
휘팅, 알렌 S., 국방부전사편찬위원회(역), 『중공군 압록강을 건너다』, 전사편찬위원회, 1989.

(2) 영문

Appleman, Roy E., *South to the Naktong, North to the Yalu*, Washington : Center of Military History, United States Army, 1961.
Birtle, Andrew J., U.S. *Counterinsurgency and Contingency Operations Doctrine 1942-1976*, Washington : Center of Military History United States Army, 2006.
Blum, William, *Killing Hope : U.S. Military and CIA Interventions Since World War II*, Monroe : Common Courage Press, 1995.
Condit, Kenneth W. *The Joint Chiefs of Staff and National Policy 1947-1949 : History of the Joint Chiefs of Staff*, Office of Joint History, Office of the Chairman of the Joint Chiefs of Staff,

Washington DC, 1996.

Collins, J. Lawton, *War in Peacetime : The History and Lessons of the Korean War*, Boston : Houghton Mifflin, 1969.

Cumings, Bruce, ed. *Child of Conflict : The Korean-American Relationship, 1943-1953*, Seattle : University of Washington Press, 1983.

Cumings, Bruce, *The Origins of The Korean War, vol. I : Liberation and the Emergence of Separate Regimes, 1945~47*, Princeton : Princeton University Press, 1981.

______, *The Origins of The Korean War, vol.II: The Roaring of The Cataract, 1947~50*, Princeton : Princeton University Press, 1990.

Etzold, Thomas H. and Gaddis, John L. *CONTAINMENT : DOCUMENTS ON AMERICAN POLOCY AND STRATEGY 1945-1950*, New York : Columbia University Press, 1978

Gaddis, John L., *Strategies of Containment : A Critical Appraisal of Postwar American National Security Policy*, New York : Oxford University Press, 1982.

______, *The Long Peace : Inquiries into the History of the Cold War*, New York : Oxford University Press, 1987.

Gardner, Bell, William, *Commanding Generals and Chiefs of Staff, 1775-2005*, Center of Military History United States Army, 2005.

Hausrath Alfred H., *The KMAG Advisor : Role and Problems of the Military Advisor in Developing an Indigenous Army for Combat Operations in Korea*, Operations Research Office, The Johns Hopkins University, 1957.

Hermes, Walter G., *Truce Tent and Fighting Front*, Washington : Center of Military History, United States Army, 1966.

Huston, James A., *Outposts and Allies : U.S. Army Logistics in the Cold War*, 1945-1953, London & Toronto : Associated University Press, 1988.

Jones, Howard, *A New Kind of War : America's Global Strategy and the Truman Doctrine in Greece*, New York : Oxford University Press, 1997.

Kolko, Joyce & Kolko, Gabriel, *The Limits of Power : The World and United States Foreign Policy, 1945-1954*, NY : Happer and Row, 1972.

McGlothlen, Ronald, *Controlling the Waves : Dean Acheson and U.S. Foreign Policy in Asia*, Norton & Company, 1993.

Michael, K. Sheehan, *Iran : The Impact of United States Interests and Policies, 1941-1954*, New York : Theo. Gaus' Sons, Inc., 1968.

Mossman, Billy C., *Ebb and Flow : November 1950-July 1951*, Washington : Center of Military History, United States Army, 1990.

Myers, Kenneth W., *U.S. Military Advisory Group to the ROK : KMAG's Wartime Experiences, 11 July 1951 to 27 July 1953*, (Undated), RG 338, Military Historians Files, Box 12-13, NARA.

Pach, Jr., Chester J., *Arming the Free World : The Origins of the United States Military Assistance Program, 1945-1950*, The University of North Carolina Press, Chapel Hill and London, 1991.

Pogue, Forrest, *George C. Marshall : Statesman, 1945-1949*, New York : Viking, 1987.

Sawyer, Robert K., *Military Advisor in Korea : KMAG in Peace and War*, Office of the Chief of Military Department of the Army, 1962.

Schnabel, James F. and Watson, Robert J., *THE HISTORY OF THE JOINT CHIEFS OF STAFF : The Joint Chiefs of Staff and National Policy : THE KOREAN WAR Part1,2*, Historical Division Joint Secretariat Joint Chiefs of Staff, 1978.

Schnabel, James F., *Policy and Direction : The First Year*, Washington : Center of Military History, United States Army, 1972

Skaggs, David Curtis & Weinert, Richard P., *American Military Assistance to the Republic of Korea Army 1951-1965*, undated, RG 319, CMH Manuscripts, KMAG in War and Peace, Box 1, NARA.

Stueck, William W. Jr., *The Korean War : An International History*, Princeton, NJ : Princeton University Press, 1995.

Vandenberg, jr., Arthur H., *The Private Papers of Senator Vandenberg*, Boston : Houghton Mifflin, 1952.

Westover, John G., *Combat Support in Korea, Center of Military History*, United States Army, 1955.

Sheehan, Michael K., *Iran : The Impact of United States Interests and Policies, 1941-1954*, New York : Theo. Gaus' Sons, Inc., 1968.

2. 논문

(1) 국문

강문봉,『전시 한국군 주요지휘관의 통솔에 관한 연구』, 연세대학교 행정학과 박사학위논문, 1983.

김계동,「미국의 대한반도 군사정책변화(1948-1950)-철수 · 불개입정책에서 한국전 참전으로의 결정과정-」『군사』20, 국방부 전사편찬위원회, 1990.

김광수,「인천상륙작전은 기습이 아니었는가」『전사』제2호, 국방군사연구소, 1999.

______,「하우스만 대위와 한국군의 창설」『군사』제40호, 국방부 군사편찬연구소, 2004.

김기석,「미국 내 한국관계 자료연구」『국사관논총』제73집, 국사편찬위원회, 1997.

김남균,「미국의 일본 재무장 정책」『한국전쟁사의 새로운 연구』, 국방부 군사편찬연구소, 2001.

김득중,『여순사건과 이승만 반공체제 구축』, 성균관대학교 사학과 박사학위논문, 2004.

김명섭,「냉전연구의 현황과 전망」『국가전략』제3권 2호, 세종연구소, 1997.

______,「동아시아 냉전질서의 탄생」『동아시아의 지역질서』,.창비, 2005.

______,「한국전쟁 직전의 애치슨 선언에 대한 재해석 : 서유럽에서 동아시아로 확장되는 미국의 전략적 관심」『군사』제41호, 국방부 군사편찬연구소, 2001.

______,「한국전쟁이 냉전체제의 구성에 미친 영향」『국제정치논총』제43집 1호, 2003.

김민식,「1950년대 한국군의 미국 군사유학 시행과 군사교육 체제의 재편」, 고려대학교 한국사학과 석사학위논문, 2015.

김보영,『한국전쟁 휴전회담 연구』, 한양대 사학과 박사학위논문, 2008.

김세균,「한국전쟁과 미국의 외교 · 군사정책」『이영희선생화갑기념문집』, 두레, 1989.

김세진,「한국 군부의 성장과정과 5 · 16」『1960년대』, 거름, 1983.

김영만,「미군정기 조선경비대 창설과정 연구-군사영어학교를 중심으로-」, 고려대 사학과 석사학위논문, 1985.

김영식,「한국전쟁이 한반도 문제에 미친 영향 : 냉전체제의 형성과 남북한 관계」『군사』20, 국방부 전사편찬위원회, 1990.

김영호,「동북아시아 냉전의 기원에 관한 연구」『군사』제67호, 국방부 군사편찬연구소, 2008.

______,「한국전쟁 직전 미국 합참의 비상전쟁계획과 미국의 한반도 전략에 대한 비판적 고찰」『사회과학논총』제14집, 성신여자대학교 사회과학연구소, 2001.

김정배,「냉전의 신화들-스탈린의 연설, 케난의 긴 전문, 처칠의 연설-」『부대사학』제23집, 부산대학교사학회, 1999.

______, 「딘 애치슨과 미국의 아시아 방파정책」『해외한국학 평론』2, 일조각, 2001.

나종남, 「한국전쟁 중 한국 육군의 재편성과 증강, 1951~1953」『군사』제63호, 2007.

나종일, 「1952년의 정치파동-행정부 · 의회 · 군부 · 외국의 상호작용」『한국정치학회보』 제22집 2호, 1988.

노영기, 「5 · 16쿠데타 주체세력 분석」『1960년대 한국의 근대화와 지식인』, 선인, 2004.

______, 『1945~50년 한국군의 형성과 성격』, 성균관대 사학과 박사학위논문, 2008.

도진순, 「1950년 1월 애치슨의 프레스클럽 연설과 하나의 전쟁논리」『한국사연구』제119집, 한국사연구회, 2003.

______, 「한국전쟁의 기본개념으로서 제한전의 성립과 분화」『역사학의 시선으로 읽는 한국전쟁』, 휴머니스트 출판그룹, 2010.

도진순 · 노영기, 「군부엘리트의 등장과 지배양식의 변화」『1960년대 한국의 근대화와 지식인』, 선인, 2004.

박동찬, 「한국전쟁기 한국군의 증강 문제와 군사교육의 강화」『한국학논집』제33집, 한양대학교 한국학연구소, 1999.

박명림, 「서론 : 해방 · 분단 · 한국전쟁의 총체적 인식」『해방전후사의 인식』6, 한길사, 1989.

______, 「한국전쟁 연구의 경향과 전망의 해석」『한국사론』제27집, 국사편찬위원회, 1997.

박일송, 「한국전쟁시 육군의 교육 및 훈련체계 : 1950 .6~1951. 8」『학예지』3집, 육군사관학교, 1993.

박종평, 「미국과 소련의 對中東政策」『제3세계와 중동 정치 · 경제』, 박영사, 1984.

방선주, 「KLO문서해제」『KLO · TLO문서집(미극동군사령부 주한연락소)』1, 한림대학교 아시아문화연구소, 2000.

______, 「미국 국립공문서관 국무부서류개요」『국사관논총』제79집, 국사편찬위원회, 1998.

______, 「미국 제24군 G-2 군사실 자료 해제」『아시아문화』제3호, 한림대학교 아시아문화연구소, 1987.

______, 「한국전쟁시 미국의 대한군사원조-정책 · 규모 · 영향을 중심으로」 고려대학교 정책과학대학원 석사학위논문, 1992.

백종봉, 『미국의 대한군원정책 변화에 관한 연구』, 중앙대학교 박사학위논문, 1981.

빅스, 허버트 P., 「지역통합전략-미국의 아시아정책에서의 한국과 일본-」『1960년대』, 거름, 1984.

서이종, 「이승만 정권의 권력구조 형성과 관료 · 경찰 · 군부의 역할」『한국현대사를 어떻게 볼 것인가 1945-1960』, 열음사, 1987.

서주석, 「한국전쟁과 국내정치 : 파행화의 과정과 원인」『국방논집』14, 1991.
______, 『한국의 국가체제 형성 과정-제1공화국 국가기구와 한국전쟁의 영향-』, 서울대학교 외교학과 박사학위논문, 1996.
심헌용, 「주북한 소련군사고문단 연구」『동북아연구』29권 2호, 조선대학교 사회과학연구원, 2014.
송광성, 「그리스와 미국의 전쟁 : 냉전정책의 선언」『정책과학연구』제10집, 단국대학교 정책과학연구소, 2000.
신욱희, 「미국 동아시아 정책의 역사적 고찰 : 식민주의, 냉전, 탈냉전」『미국학』제22집, 서울대학교 미국학연구소, 1999.
안진, 「미군정기 국가기구의 형성과 성격」『해방전후사의 인식』3, 한길사, 1987.
안정애, 『주한미군사고문단에 관한 연구』, 인하대학교 정치외교학과 박사학위논문, 1996.
양병기, 「한국의 건군과 군부 연구(1945-1960)」『국사관논총』제58집, 1994.
양영조, 「한국전쟁과 일본의 역할」『군사』27호, 국방군사연구소, 1993.
______, 「38선 충돌과 이승만 정권, 1949~50」, 『역사와 현실』27호, 1998.
______, 「해방직후 냉전이 38도선의 군사적 충돌에 미친 영향」『군사』제35호, 국방부 군사편찬연구소, 2005.
양정심, 「제주4·3과 그리스 내전 비교 연구 : 미국의 역할을 중심으로」『이화사학연구』제37집, 이화사학연구소, 2008.
온창일, 「6·25전쟁과 한국군의 팽창」『한국과 6·25전쟁』, 연세대학교 출판부, 2002.
유지아, 「전후 미국의 한국과 일본에 대한 국방경비대(경찰예비대)의 창설 과정」『사림』27, 수선사학회, 2007.
윤덕영, 「해방직후 신문자료 현황」『역사와 현실』제16호, 역사비평사, 1994.
윤시원, 「제1공화국 초기 국방정책 연구 : 한국군의 증강과 대미 군사외교를 중심으로」, 성균관대학교 사학과 석사학위논문, 2009.
______, 「한국의 육군 학군단(ROTC)제도 도입 : 도입과정의 한국적 변용을 중심으로」『역사와 현실』86호, 2012.
이강수, 「해방직후 국군준비대의 결성과 그 성격」『군사』제32호, 국방군사연구소, 1996.
이미숙, 「6·25전쟁기 미국의 한국군 증강정책과 그 특징」『군사』제67호, 국방부 군사편찬연구소, 2008.
이붕우, 「한국전쟁시 카투사제도의 성립과 운용」『군사』30호, 국방군사연구소, 1995.
이상호, 「한국전쟁기 38선 북진과 냉전의 고착화」『정신문화연구』제28권 제4호(통권 101호), 한국학중앙연구원, 2005.

이완범, 「트루먼과 동북아 냉전」『미국사연구』제21집, 한국미국사학회, 2005.

______, 「한국전쟁 발발원인에 대한 유기적 해석」『국제정치논총』제39집 1호, 한국국제정치학회, 1999.

이원덕, 「한국전쟁 직전의 주한미군 철수」『한국전쟁의 새로운 접근』, 나남, 1990.

이철순, 『이승만 정권기 미국의 대한정책 연구(1948-1960)』, 서울대학교 정치학과 박사학위논문, 2000.

이현진, 「1950년대 미국의 상호방위원조의 한국 적용과정 : 미국의 한국보고서 내용을 중심으로」『이화사학연구』제43집, 이화여자대학교 이화사학연구소, 2011.

임대식, 「1950년대 미국의 교육원조와 친미 엘리트의 형성」『1950년대 남북한의 선택과 굴절』, 역사비평사, 1998.

임종명, 「조선국군준비대와 건군운동(1945.9~1946.1)」『한국사학보』제2호, 고려사학회, 1997.

정병준, 「미국 내 한국현대사 관련자료의 현황과 이용법-미 국립문서기록관리청을 중심으로」『역사와 현실』제14호, 역사비평사, 1994.

______, 「해제」『미군 CIC정보 보고서』, 중앙일보 현대사연구소, 1996.

______, 「해제」『한국관련해외사료소장목록집 : 미국편』1, 국사편찬위원회, 1995.

정용욱, 「1947년의 철군논의와 미국의 남한 점령정책」『역사와 현실』제9호, 한국역사연구회, 1994.

______, 「한국전쟁시 미군 방첩대 조직 및 운용」『군사사연구총서』1, 국방부 군사편찬연구소, 2001.

조성훈, 「전쟁을 전후한 첩보부대의 조직과 활동」『한국전쟁사의 새로운 연구』2, 국방부 군사편찬연구소, 2002.

조이현, 「1948~1949년 주한미군의 철수와 주한미군사고문단(KMAG)의 활동」『한국사론』35, 서울대학교 인문대학 국사학과, 1996.

차상철, 「미국의 극동정책과 아시아에서의 냉전의 기원」『북미주학연구』, 충남대학교 북미주연구소, 2002.

채용기, 「한국전쟁의 종전 과정」『한국전쟁의 새로운 접근』, 나남, 1990.

하영선, 「한·미 군사관계의 역사적 재검토」『역사비평』겨울호, 역사비평사, 1995.

한모니까, 『한국전쟁 전후 '수복지구'의 체제 변동 과정 : 강원도 인제군을 중심으로』, 카톨릭대학교 국사학과, 박사학위논문, 2009.

한배호, 「미국의 대한정책」『미국과 동북아』, 서울대 미국학연구소,1982.

한용원, 「군부의 제도적 성장과 정치적 행동주의」『한국현대정치론』, 나남, 1990.

허장,「초기군사제도와 군부의 구조형성」『한국현대사1 : 1945-1950』, 열음사, 1988.
허호준,『냉전체제 형성기의 국가건설과 민간인 학살 : 제주4·3사건과 그리스내전의 비교를 중심으로』, 제주대학교 정치외교학과 박사학위논문, 2010.
홍두승,「민군관계의 변화와 전망」『계간 사상』가을호, 1990.
홍석률,「한국전쟁 직후 미국의 이승만 제거계획」『역사비평』겨울호, 역사비평사, 1994.
______,『1953-1961 통일논의의 전개와 성격』, 서울대학교 국사학과 박사학위논문, 1997.

(2) 영문

Connery, Robert H. & David, Paul T., "The Mutual Defense Assistance Program", The American Political Science Review, XLV, American Political Science Review, June, 1951
Okley, Robert B., Michael Casey, Jr., "The Country Team : restructuring America's first line of engagement", Strategic Forum, Sept., 2007
Ricks, homas M. "U.S. Military Missions to Iran, 1943-1978 : The Political Economy of Military Assistance", Iranian Studies, XII, Nos. 3-4, Summer-Autumn, 1979
Ricks, Thomas M., "U.S. Military Missions to Iran, 1943-1978 : The Political Economy of Military Assistance", Iranian Studies, XII, Nos. 3-4, Summer-Autum, 1979
Scott, Stanley L., "The Military Aid Program", American Academy of Political and Social Science, Vol. 278, Nov., 1951
Yilmaz, Hakan, "American Perspectives on Turkey : An Evaluation of the Declassified U.S. Documents between 1946-1960", New Perspectives on Turkey, No.25, Fall 2001.

찾아보기

ㄱ

ㅁ

ㅅ

ㅇ

부록

1 • 약어 일람(List of Abbreviation)

구분	약어	정식 명칭
A	ADCOM	Advance Command (전방지휘소)
	AMAG	American Mission for Aid to Greece (그리스 미 원조사절단)
	AMAT	American Mission for Aid to Turkey (터키 미 원조사절단)
	AMIK	American Mission in Korea (주한미사절단)
	ARMISH	U.S. Army Mission, Shah (이란 왕립 미 육군사절단)
	ASCOM	Army Service Command (육군 근무사령부)
C	CIC	Counter Intelligence Corps (방첩대 또는 특무대)
	CPX	Command Post Exercise (지휘소연습)

구분	약어	정식 명칭
D	DPG	Defense Production Group (국방생산그룹)
E	ECA	Economic Cooperation Administration (경제협조처)
	ECC	European Coordinating Committee (유럽조정위원회)
F	FACC	Foreign Assistance Correlation Committee (대외원조관계위원회(FMACC의 전신))
	FASC	Foreign Assistance Steering Committee (대외원조운영위원회(FMASC의 전신))
	FAC	Foreign Aid Committee (대외원조위원회)
	FEG	Financial & Economic Group (재정·경제그룹)
	FMACC	Foreign Military Assistance Coordinating Committee (대외군사원조조정위원회)
	FMASC	Foreign Military Assistance Steering Committee (대외군사원조운영위원회)
	FOA	Foreign Operations Administration (대외운영처)
G	GENMISH	Gendarmerie Mission, Shah (이란 미 헌병대사절단)
I	ISAC	International Security Affairs Committee (국제안보문제위원회)
J	JAAC	Joint American Assistance Committee (미 합동원조위원회)
	JAMAG	Joint American Military Advisory Group (합동미군사고문단(유럽))
	JAMMAT	Joint American Military Mission for Aid to Turkey (터키 미 합동군사원조사절단)

구분	약어	정식 명칭
	JAS	Joint Administrative Services (합동행정위원회)
	JCS	Joint Chiefs of Staff (합동참모본부)
	JIC	Joint Intelligence Committee (합동정보위원회)
	JLPC	Joint Logistics Plans Committee (합동군수기획위원회)
	JSPC	Joint Strategic Plans Committee (합동전략기획위원회)
	JSPC	Joint Strategic Plans Committee (합참 전략계획위원회)
	JSSC	Joint Strategic Survey Committee (미 합참전략조사위원회)
	JUSMAG-K	Joint United States Military Assistance Group-Korea (주한 미 합동군사원조단)
	JUSMAGPHIL	Joint U.S. Military Advisory Group to the Republic of the Philippines (필리핀 미 합동군사고문단)
	JUSMAPG	Joint U.S. Military Advisory and Planning Group in Greece (그리스 미 합동군사자문기획단)
	JWPC	Joint War Plans Committee (합참 전쟁계획위원회)
K	KLO	Korean Liaison Office (극동군사령부 한국연락사무소)
	KMAG	U.S. Military Advisory Group to the Republic of Korea (주한미군사고문단)
M	MAAC	Mutual Assistance Advisory Committee (상호원조자문위원회)
	MAAG-K	Military Assistance Advisory Group, Korea (주한미군사원조자문단)

구분	약어	정식 명칭
	MAAG	Military Assistance Advisory Group (군사원조자문단)
	MDAA	Mutual Defense Assistance Act (상호방위원조법)
	MDAP	Mutual Defense Assistance Program (상호방위원조계획)
	MLR	Main Line Resistance (주저항선 또는 주진지선)
	MOS	Military Occupational Specialty (군사특기)
	MSA	Mutual Security Act (상호안전보장법)
	MSP	Mutual Security Program (상호안전보장계획)
	MTP	Mobilization Training Program (동원훈련계획)
N	NATO	North Atlantic Treaty Organization (북대서양조약기구)
	NSA	National Security Act (국가안전보장법)
	NSC	National Security Council (국가안전보장회의)
O	OCS	Officer Candidate School (장교후보생학교)
P	P&O	Division of Planning and Operations (미 육군부 기획작전처)
	PIC	Public Information Committee (공보위원회)
	PMAG	Provisional Military Advisory Group (임시군사고문단)

구분	약어	정식 명칭
	PMG	Politico-Military Group (정치군사그룹)
	PROVMAAG-K	Provisional Joint Military Assistance Advisory Group, Korea (임시주한미합동군사원조자문단)
	PROVMAG-K	Provisional Joint Military Advisory Group, Korea (임시주한미합동군사고문단)
R	RA	Regular Army (정규군)
	RC	Reserve Corps (예비역)
	ROTC	Reserve Officers Training Corps (예비역장교교육대)
S	SANACC	State-Army-Navy-Air Force Coordinating Committee (4부(국무 · 육군 · 해군 · 공군부) 조정위원회)
	SPA	Surplus Property Act (잉여자금법)
	SSN	Specification Serial Number (특기번호)
	SWNCC	State-War-Navy Coordinating Committee (3부(部) 조정위원회)
T	T/D	Table of Distribution (인원배당표)
	TUSAG	The United States Army Group (터키 미 육군단)
U	USAFIK	United States of Army Forces in Korea (주한미군)
	USAGG	United States Army Group, Greece (그리스 미 육군단)

2 • 주한미군사고문단 관련 주요 연표

1948.	8. 15.	임시군사고문단(PMAG) 설립, 고문관 241명
1949.	6. 30.	주한미군(USAFIK) 공식 해체
	7. 1.	주한미군사고문단(KMAG) 창설, 정식 인가병력 479명
	7. 14.	주한 미국인 철수작전인 크럴러 계획 작성
	10. 6.	미국, 상호방위원조법 제정, 상호방위원조계획(MDAP) 실행
	12. 14.	상호방위원조계획(MDAP) 조사반 한국 도착
	12. 17.	한국 정부, MDAP 조사반과 논의한 계획을 승인
1950.	1. 7.	군사고문단장, 주한미대사에 추가 군사원조요구 건의안을 보냄
	1. 25.	주한미대사관, 전투기를 포함한 980만 달러의 추가 군원계획 요구
	1. 26.	MDAP협정과 KMAG협정 체결
	3. 15.	대한군사원조계획, 국방부가 국무부에 제출
	3. 20.	주한미군사고문단 협정, 한국에서 비준
	3. 29.	한국에 대한 군사원조계획, 국무부에서 승인
	4. 24.	군사원조를 제공할 자금이 미 국무부에서 미 국방부에 할당

1950.	5. 15.	미 국무부, 1950년 1월 25일에 주한미대사가 요구한 980만 달러의 추가 군사원조액 중 일부로 한국 육군과 해안경비대에 추가 품목을 제공하는 것을 승인
	5. 25.	미 합참, 1950년 5월 15일에 승인된 육군과 해안경비대에 대한 추가 품목을 계획하도록 지시
	6. 15.	로버츠 군사고문단장 이한
	6. 25.	한국전쟁 발발
	6. 26.	라이트 군사고문단 참모장 일본에서 한국으로 복귀 주한미대사 주한미사절단 철수 지시 전선부대 파견 군사고문관 전선에서 전원 철수
	6. 27.	주한미군사고문단 및 주한미사절단 서울에서 완전 철수 약 400명의 고문관 일본으로 철수
	6. 28.	미 극동군 전방지휘소 수원에 설치
	7. 1.	미 지상군 선발대 한국 도착
	7. 2.	일본으로 철수했던 고문관들 한국으로 복귀
	7. 4.	군사고문단 한국군 사단으로 복귀 시작
	7. 7.	유엔 안보리, 유엔군 창설 결의
	7. 8.	군사고문단 재편, 평시 임무를 잠정 중단하고 한국군 작전지도로 임무 전환
	7. 14.	한국군 작전지휘권 이양
	7. 17.	군사고문단 작전통제권 공식적으로 미8군사령관에게 위임
	7. 25.	제2대 군사고문단장으로 파렐 준장 부임
	9. 15.	인천상륙작전
	10. 15.	웨이크 섬 회담에서 전후 군사고문단의 지위와 역할 논의
	10. 25.	중공군 참전

1951.	1. 10.	군사고문단, 미8군사령부 일반명령 제17호에 의거, 미8군 단위부대가 됨
	3. 20.	미 육군부, 1013명의 군사고문단 병력 승인
	5. 2.	극동군사령관 리지웨이 미8군사령관에게 한국군 훈련계획 수립 지시
	7. 22.	극동군사령관, 참페니가 작성한 한국군 훈련계획 육군부에 정식 제출
	9. 11.	한국전쟁 발발 이후 최초로 도미 군사유학생 파견
	9. 22.	미 육군부, 1815명의 군사고문단 병력 승인
	12. 2.	쥐잡기작전(비정규전) 개시
1952.	1. 6.	광주에 육군훈련소 창설
	3. 14.	페럿작전(비정규전) 개시
	7. 13.	몽구스작전(비정규전) 개시
1953.	5. 14.	아이젠하워 미 대통령, 한국군 20개 사단 승인
	6. 3.	〈군사고문단 처리 지침서〉 발간
	6. 30.	미8군, 보조고문단으로 제8039부대 창설
1954.	11. 17.	한미합의의사록 체결
	11. 20.	미8군사령부 일본으로 이동, 한국에는 미8군 전방지휘소 잔류
1955.	1. 20.	임시주한미합동군사고문단(PROVMAG-K) 설치
	6. 22.	PROVMAG-K, 주한미합동군사원조자문단(PROVMAAG-K)으로 개칭
	7. 26.	도쿄의 미8군사령부 서울로 이동
1957.	7. 1.	도쿄의 유엔군사령부 한국으로 이동
1971.	4. 1.	주한미합동군사원조단(JUSMAG-K) 창설
		주한미군사고문단(KMAG), JUSMAK-K에 통합

UNITED STATES

MUTUAL DEFENSE ASSISTANCE ACT OF 1949

Approved October 6, 1949

AN ACT

TO PROMOTE THE FOREIGN POLICY AND PROVIDE FOR THE DEFENSE AND GENERAL WELFARE OF THE UNITED STATES BY FURNISHING MILITARY ASSISTANCE TO FOREIGN NATIONS

Be it enacted by the Senate and House of Representatives of the United States of America in Congress assembled, That this Act may be cited as the "Mutual Defense Assistance Act of 1949."

FINDINGS AND DECLARATION OF POLICY

The Congress of the United States reaffirms the policy of the United States to achieve international peace and security through the United Nations so that armed force shall not be used except in the common interest. The Congress hereby finds that the efforts of the United States and other countries to promote peace and security in furtherance of the purposes of the Charter of the United Nations require additional measures of support based upon the principle of continuous and effective self-help and mutual aid. These measures include the furnishing of military assistance essential to enable the United States and other nations dedicated to the purposes and principles of the United Nations Charter to participate effectively in arrangements for individual and collective self-defense in support of those purposes and principles. In furnishing such military assistance, it remains the policy of the United States to continue to exert maximum efforts to obtain agreements to provide the United Nations with armed forces as contemplated in the Charter and agreements to achieve universal control of weapons of mass destruction and universal regulation and reduction of armaments, including armed forces, under adequate safeguards to protect complying nations against violation and evasion.

The Congress hereby expresses itself as favoring the creation by the free countries and the free peoples of the Far East of a joint organization, consistent with the Charter of the United Nations, to establish a program of self-help and mutual coöperation designed to develop their economic and social well-being, to safeguard basic rights and liberties and to protect their security and independence.

The Congress recognizes that economic recovery is essential to international peace and security and must be given clear priority. The Congress also recognizes that the increased confidence of free peoples in their ability to resist direct or indirect aggression and to maintain internal security will advance such recovery and support political stability

TITLE I

NORTH ATLANTIC TREATY COUNTRIES

SEC. 101. In view of the coming into force of the North Atlantic Treaty and the establishment thereunder of the Council and the Defense Committee which will recommend measures for the common defense of the North Atlantic area, and in view of the fact that the task of the Council and the Defense Committee can be facilitated by immediate steps to increase the integrated defensive armed strength of the parties to the treaty, the President is hereby authorized to furnish military assistance in the form of equipment, materials, and services to such nations as are parties to the treaty and have heretofore requested such assistance. Any such assistance furnished under this title shall be subject to agreements, further referred to in section 402, designed to assure that the assistance will be used to promote an integrated defense of the North Atlantic area and to facilitate the development of defense plans by the Council and the Defense Committee under article 9 of the North Atlantic Treaty and to realize unified direction and effort; and after the agreement by the Government of the United States with defense plans as recommended by the Council and the Defense Committee, military assistance hereunder shall be furnished only in accordance therewith.

SEC. 102. There are hereby authorized to be appropriated to the President for the period through June 30, 1950, out of any moneys in the Treasury not otherwise appropriated, for carrying out the provisions and accomplishing the policies and purposes of this title, not to exceed $500,000,000, of which not to exceed $100,000,000 shall be immediately available upon appropriation, and not to exceed $400,000,000 shall become available when the President of the United States approves recommendations for an integrated defense of the North Atlantic area which may be made by the Council and the Defense Committee to be established under the North Atlantic Treaty. The recommendations which the President may approve shall be limited, so far as expenditures, by the United States are concerned, entirely to the amount herein authorized to be appropriated and the amount authorized hereinafter as contract authority.

SEC. 103. In addition to the amount authorized to be appropriated under section 102, the President shall have authority, within the limits of specific contract authority which may be hereafter granted to him in an appropriation Act, to enter into contracts for carrying out the provisions and accomplishing the policies and purposes of this title in amounts not exceeding in the aggregate $500,000,000 during the period ending June 30, 1950, and there are hereby authorized to be appropriated for expenditure after June 30, 1950, such sums as may be necessary to pay obligations incurred under such contract authorization. No contract authority which may be granted pursuant to the provisions of this section shall be exercised by the President until such time as he has approved recommendations for an integrated defense of the North Atlantic area which may be made by the Council and the Defense Committee to be established under the North Atlantic Treaty.

SEC. 104. None of the funds made available for carrying out the provisions of this Act or the Act of May 22, 1947, as amended, shall be utilized (a) to construct or aid in the construction of any factory or other manufacturing establishment outside of the United States or to provide equipment or machinery (other than machine tools) for any such factory or other manufacturing establishment, (b) to defray the cost of maintaining any such factory or other manufacturing establishment, (c) directly or indirectly to compensate any nation or any governmental agency or person therein for any diminution in the export trade of such nation resulting from the carrying out of any program of increased military production or to make any payment, in the form of a bonus, subsidy, indemnity, guaranty, or otherwise, to any owner of any such factory or other manufacturing establishment as an inducement to such owner to undertake or increase production of arms, ammunition, implements of war, or other military supplies, or (d) for the compensation of any person for personal services rendered in or for any such factory or other manufacturing establishment, other than personal services of a technical nature rendered by officers and employees of the United States for the purpose of establishing or maintaining production by such factories or other manufacturing establishments to effectuate the purposes of this Act and in conformity with desired standards and specifications.

TITLE II

GREECE AND TURKEY

SEC. 201. In addition to the amounts heretofore authorized to be appropriated, there are hereby authorized to be appropriated, out of any moneys in the Treasury not otherwise appropriated, not to exceed $211,370,000 to carry out the provisions of the Act of May 22, 1947, as amended, for the period through June 30, 1950.

TITLE III

OTHER ASSISTANCE

SEC. 301. The President, whenever the furnishing of such assistance will further the purposes and policies of this Act, is authorized to furnish military assistance as provided in this Act to Iran, the Republic of Korea, and the Republic of the Philippines.

SEC. 302. There are hereby authorized to be appropriated to the President for the period through June 30, 1950, out of any moneys in the Treasury not otherwise appropriated, for carrying out the provisions and accomplishing the purposes of section 301, not to exceed $27,640,000.

SEC. 303. In consideration of the concern of the United States in the present situation in China, there is hereby authorized to be appropriated to the President, out of any moneys in the Treasury not otherwise appropriated, the sum of $75,000,000 in addition to funds otherwise provided as an emergency fund for the President, which may be expended to accomplish in that general area the policies and purposes declared in this Act. Certification by the President of the amounts expended out of funds authorized hereunder, and that it is inadvisable to specify the nature of such expenditures, shall be deemed a sufficient voucher for the amounts expended.

TITLE IV

GENERAL PROVISIONS

SEC. 401. Military assistance may be furnished under this Act, without payment to the United States except as provided in the agreements concluded pursuant to section 402, by the provision of any service, or by the procurement from any source and the transfer to eligible nations of equipment, materials, and services: *Provided,* That no equipment or materials may be transferred out of military stocks if the Secretary of Defense, after consultation with the Joint Chiefs of Staff, determines that such transfer would be detrimental to the national security of the United States or is needed by the reserve components of the armed forces to meet their training requirements.

SEC. 402. The President shall, prior to the furnishing of assistance to any eligible nation, conclude agreements with such nation, or group of such nations, which agreements, in addition to such other provisions as the President deems necessary to effectuate the policies and purposes of this Act and to safeguard the interests of the United States, shall make appropriate provision for—

(a) The use of any assistance furnished under this Act in furtherance of the policies and purposes of this Act;

(b) restriction against transfer of title to or possession of any equipment and materials, information or services furnished under this Act without the consent of the President;

(c) the security of any article, service, or information furnished under this Act;

(d) furnishing equipment and materials, services, or other assistance, consistent with the Charter of the United Nations, to the United States or to and among other eligible nations to further the policies and purposes of this Act.

SEC. 403. (a) Any funds available for carrying out the policies and purposes of this Act, including any advances to the United States by any nation for the procurement of equipment and materials or services, may be allocated by the President for any of the purposes of this Act to any agency, and such funds shall be available for obligation and expenditure for the purpose of this Act in accordance with authority granted hereunder or under the authority governing the activities of the agency to which such funds are allocated.

(b) Reimbursement shall be made by or to any agency from funds available for the purpose of this Act for any equipment and materials, services or other assistance furnished or authorized to be furnished under authority of this Act from, by, or through any agency. Such reimbursement shall include expenses arising from or incident to operations under this Act and shall be made by or to such agency in an amount equal to the value of such equipment and materials, services (other than salaries of members of the armed forces of the United States) or other assistance and such expenses. The amount of any such reimbursement shall be credited as reimbursable receipts to current applicable appropriations, funds, or accounts of such agency and shall be available for, and under the authority applicable to, the purposes for which such appropriations, funds, or accounts are authorized to be used, including the procurement of equipment and materials or services, required by such agency, in the same general category as those furnished by it or authorized to be procured by it and expenses arising from and incident to such procurement.

(c) The term "value," as used in subsection (b) of this section, means—

(1) with respect to any excess equipment or materials furnished under this Act, the gross cost of repairing, rehabilitating, or modifying such equipment or materials prior to being so furnished;

(2) with respect to any non-excess equipment or materials furnished under this Act which are taken from the mobilization reserve (other than equipment or materials referred to in paragraph (3) of this subsection), the actual or the projected (computed as accurately as practicable) cost of procuring for the mobilization reserve an equal quantity of such equipment or materials or an equivalent quantity of equipment and materials of the same general type but deemed to be more desirable for inclusion in the mobilization reserve than the equipment or materials furnished;

(3) with respect to any non-excess equipment or materials furnished under this Act which are taken from the mobilization reserve but with respect to which the Secretary of Defense has certified that it is not necessary fully to replace such equipment or materials in the mobilization reserve, the gross cost to the United States of such equipment and materials or its replacement cost, whichever the Secretary of Defense may specify; and

(4) with respect to any equipment or materials furnished under this Act which are procured for the purpose of being so furnished, the gross cost to the United States of such equipment and materials.

In determining the gross cost incurred by any agency in repairing, rehabilitating, or modifying any excess equipment furnished under this Act, all parts, accessories, or other materials used in the course of such repair, rehabilitation, or modification shall be priced in accordance with the current standard pricing policies of such agency. For the purpose of this subsection, the gross cost of any equipment or materials taken from the mobilization reserve means either the actual gross cost to the United States of that particular equipment or materials or the estimated gross cost to the United States of that particular equipment or materials obtained by multiplying the number of units of such particular equipment or materials by the average gross cost of each unit of that equipment and materials owned by the furnishing agency.

(d) Not to exceed $450,000,000 worth of excess equipment and materials may be furnished under this Act or may hereafter be furnished under the Act of May 22, 1947, as amended. For the purposes of this subsection, the worth of any excess equipment or materials means either the actual gross cost to the United States of that particular equipment or materials or the estimated gross cost to the United States of that particular equipment or materials obtained by multiplying the number of units of such particular equipment or materials by the average gross cost of each unit of that equipment or materials owned by the furnishing agency.

SEC. 404. The President may exercise any power or authority conferred on him by this Act through such agency or officer of the United States as he shall direct, except such powers or authority conferred on him in section 405 and in clause (2) of subsection (b) of section 407.

SEC. 405. The President shall terminate all or part of any assistance authorized by this Act under any of the following circumstances:

(a) If requested by any nation to which assistance is being rendered;

(b) If the President determines that the furnishing of assistance to any nation is no longer consistent with the national interest or security of the United States or the policies and purposes of this Act; or

(c) If the President determines that provision of assistance would contravene any decision of the Security Council of the United Nations, or if the President otherwise determines that provision of assistance to any nation would be inconsistent with the obligation of the United States under the Charter of the United Nations to refrain from giving assistance to any nation against which the United Nations is taking preventive or enforcement action or in respect of which the General Assembly finds the continuance of such assistance is undesirable.

(d) Assistance to any nation under this Act may, unless sooner terminated by the President, be terminated by concurrent resolution by the two Houses of the Congress: *Provided,* That funds made available under this Act shall remain available for twelve months from the date of such termination for the necessary expenses of liquidating contracts, obligations, and operations under this Act.

SEC. 406. (a) Any agency may employ such additional civilian personnel without regard to section 14 (a) of the Federal Employees Pay Act of 1946 (60 Stat. 219), as amended, as the President deems necessary to carry out the policies and purposes of this Act.

(b) Notwithstanding the provisions of Revised Statutes 1222 (U. S. C., title 10, sec. 576), personnel of the armed forces may be assigned or detailed to noncombatant duty, including duty with any agency or nation, for the purpose of enabling the President to furnish assistance under this Act.

(c) Technical experts and engineering consultants, not to exceed fifteen persons at any one time, as authorized by section 15 of the Act of August 2, 1946 (U. S. C., title 5, sec. 55a), required for the purposes of this Act, may, if the President deems it advantageous for the purposes of this Act and if in his opinion the existing facilities of the agency concerned are inadequate, be employed by any agency performing functions under this Act, and individuals so employed may be compensated at rates not in excess of $50 per diem.

(d) Service of any individual employed as a technical expert or engineering consultant under subsection (c) of this section shall not be considered as service or employment bringing such individual within the provisions of sections 281, 283, and 284 of United States Code, title 18, of section 190 of the Revised Statutes (U. S. C., title 5, sec. 99), or of any other Federal law imposing restrictions, requirements, or penalties in relation to the employment of persons, the performance of services, or the payment or receipt of compensation in connection with any claim, proceeding, or matter involving the United States, except insofar as such provisions of law may prohibit any such individual from receiving compensation in respect of any particular matter in which such individual was directly involved in the performance of such service.

(e) For the purpose of carrying out the provisions of this Act, there may be employed not to exceed three persons at a rate of compensation not to exceed $15,000 and one person at a rate of compensation not to exceed $16,000. Any person so employed shall be appointed by the President, by and with the advice and consent of the Senate.

SEC. 407. (a) Nothing in this Act shall alter, amend, revoke, repeal, or otherwise affect the provisions of the Atomic Energy Act of 1946 (60 Stat. 755).

(b) The President may perform any of the functions authorized under section 401 of this Act without regard to (1) the provisions of title 10,

United States Code, section 1262 (a), and title 34, United States Code, section 546 (e); and (2) such provisions as he may specify of the joint resolution of November 4, 1939 (54 Stat. 4), as amended.

SEC. 408. (a) Notwithstanding any other provision of law, the Reconstruction Finance Corporation is authorized and directed, until such time as appropriations shall be made under the authority of this Act and the Act of May 22, 1947, as amended, to make advances not to exceed in the aggregate $125,000,000 to carry out the provisions of this Act and the Act of May 22, 1947, as amended, in such manner, at such time, and in such amounts as the President shall determine, and no interest shall be charged on advances made by the Treasury to the Reconstruction Finance Corporation for this purpose. The Reconstruction Finance Corporation shall be repaid without interest for advances made by it hereunder from funds made available for the purposes of this Act and the Act of May 22, 1947, as amended.

(b) Funds made available for carrying out the provisions of title I shall be available for the expenses of administering the provisions of this Act and of the Act of May 22, 1947, as amended. Whenever possible the expenses of administration of this Act shall be paid for in the currency of the nation where the expense is incurred, as provided in subsection (d).

(c) Whenever he determines that such action is essential for the effective carrying out of the purposes of this Act, the President may from time to time utilize not to exceed in the aggregate 5 per centum of the amounts made available for the purposes of any title of this Act for the purposes of any other title. Whenever the President makes any such determination, he shall forthwith notify the Committee on Foreign Relations of the Senate, the Committees on Armed Services of the Senate and of the House of Representatives, and the Committee on Foreign Affairs of the House of Representatives.

(d) Upon approval by the President, any currency of any nation received by the United States for its own use in connection with the furnishing of assistance under this Act may be used for expenditures for essential administrative expenses of the United States in any such nation incident to operations under this Act and the amount, if any, remaining after the payment of such administrative expenses shall be used only for purposes specified by Act of Congress.

(e) The President may, from time to time, in the interest of achieving standardization of military equipment and in order to provide procurement assistance without cost to the United States, transfer, or enter into contracts for the procurement for transfer of, equipment, materials or services to nations designated in title I, II, or III of this Act, or to a nation which has joined with the United States in a collective defense and regional arrangement: *Provided,* That, prior to any such transfer or the execution of any such contracts, any such nation shall have made available to the United States the full cost, actual or estimated, of such equipment, materials, or services, and shall have agreed to make available forthwith upon request any additional sums that may become due under such contracts.

(f) Any equipment or materials procured to carry out the purposes of title I of this Act shall be retained by, or transferred to, and for the use of, such department or agency of the United States as the President may determine in lieu of being disposed of to a nation which is a party to the North Atlantic Treaty whenever in the judgment of the President of the United States such disposal to a foreign nation will not promote the self-help, mutual aid, and collective capacity to resist armed attack contemplated by the treaty or whenever such retention is called for by concurrent resolution by the two Houses of the Congress.

SEC. 409. That at least 50 per centum of the gross tonnage of any equipment, materials, or commodities made available under the provisions of this Act, and transported on ocean vessels (computed separately for dry bulk carriers and dry cargo liners) shall be transported on United States flag commercial vessels at market rates for United States flag commercial vessels in such manner as will insure a fair and reasonable participation of United States flag commercial vessels in cargoes by geographic areas.

SEC. 410. The President, from time to time, but not less frequently than once every six months, while operations continue under this Act, shall transmit to the Congress reports of expenditures and activities authorized under this Act, except information the disclosure of which he deems incompatible with the security of the United States. Reports provided for under this section shall be transmitted to the Secretary of the Senate or the Clerk of the House of Representatives, as the case may be, if the Senate or the House of Representatives, as the case may be, is not in session.

SEC. 411. For the purpose of this Act—

(a) The terms "equipment" and "materials" shall mean any arms, ammunition or implements of war, or any other type of material, article, raw material, facility, tool, machine, supply, or item that would further the purposes of this Act, or any component or part thereof, used or required for use in connection therewith, or required in or for the manufacture, production, processing, storage, transportation, repair, or rehabilitation of any equipment or materials, but shall not include merchant vessels.

(b) The term "mobilization reserve," as used with respect to any equipment or materials, means the quantity of such equipment or materials determined by the Secretary of Defense under regulations prescribed by the President to be required to support mobilization of the armed forces of the United States in the event of war or national emergency until such time as adequate additional quantities of such equipment or materials can be procured.

(c) The term "excess," as used with respect to any equipment or materials, means the quantity of such equipment or materials owned by the United States which is in excess of the mobilization reserve of such equipment or materials.

(d) The term "services" shall include any service, repair, training of personnel, or technical or other assistance or information necessary to effectuate the purposes of this Act.

(e) The term "agency" shall mean any department, agency, establishment, or wholly owned corporation of the Government of the United States.

(f) The term "armed forces of the United States" shall include any component of the Army of the United States, of the United States Navy, of the United States Marine Corps, of the Air Force of the United States, of the United States Coast Guard, and the reserve components thereof.

(g) The term "nation" shall mean a foreign government eligible to receive assistance under this Act.

SEC. 412. Whoever offers or gives to anyone who is now or in the past two years has been an employee or officer of the United States any commission, payment, or gift, in connection with the procurement of equipment, materials, or services under this Act, and whoever, being or having been an employee or officer of the United States in the past two years, solicits, accepts, or offers to accept any such commission, payment, or gift, shall upon conviction thereof be subject to a fine of not to exceed $10,000 or imprisonment for not to exceed three years, or both.

SEC. 413. If any provision of this Act or the application of any provision to any circumstances or persons shall be held invalid, the validity of the remainder of the Act and applicability of such provision to other circumstances or persons shall not be affected thereby.

Approved October 6, 1949.

4 • 대한민국 대통령과 주한미군사령관 간에 체결된 과도기에 시행될 잠정적 군사안전에 관한 행정협정

1948년 8월 24일 서울에서 서명
1948년 8월 24일 발효

〈전문〉

대한민국 대통령과 주한미군사령관은 1948년 8월 9일과 1948년 8월 11일부로 각자 미군의 한국 철병과 한국 점령 종결을 목적으로 하여 주한미군사령관으로부터 대한민국 정부에 정권 이양을 잠정적으로 질서 있게 행하는 데 관한 각서를 교환하였으므로,

대한민국 대통령과 주한미군사령관은 점진적이며 질서 있는 정권이양과 주한미군 사령관하에 있는 군대 철퇴에 관한 조치를 용이하게 하기 위하여 협의할 대표를 임명하였으므로,

대한민국 대통령과 주한미군사령관의 대표들이 회담한 결과 미군 철퇴가 완료될 때까지 한국의 안전을 유지하며 현존하는 대한

민국 국방군의 조직, 훈련 및 장비를 계속함이 대한민국 정부와 주한미군사령관 간의 공통의 이익이라는 것이 표현되었으므로,

대한민국 대통령과 주한미군사령관의 대표들의 협의에서 표현된 공통의 군사 및 안전의 요구를 달성할 합의의 기반을 성립시킴이 요망되므로,

대한민국 헌법 제61조에는 대통령은 국군을 통수하며, 국군의 조직과 편성은 법률로서 정한다고 규정되어 있으므로,

대한민국의 행정수반 및 군사통수자의 양 자격으로서의 대한민국 대통령과 주한미군사령관은 한국으로부터의 미군 철수가 완료될 때까지 유효할 하기(下記)의 군사 및 안전보장에 관한 조치에 대하여 합의한다.

〈제1조〉

주한미군사령관은 본국정부의 지시에 따라서 또한 자신의 직권 내에서 현존하는 대한민국 국방군을 계속하여 조직, 훈련 및 무장할 것을 동의한다. 단 동(同)사령관의 이에 대한 책임은 예하부대의 한국 철퇴와 동시에 종료한다.

〈제2조〉

주한미군사령관은 공동안전에 부합된다고 간주할 때에 점진적으로 가급적 속히 전 경찰, 해안경비대 및 현존하는 국방경비대로서 된 대한민국 국방군의 지휘책임을 대한민국 정부에게 이양하기를 동의하며, 대한민국 대통령은 동(同)국방군 지휘책임을 인수하기로 동의한다.

또한 1947년 11월 14일 국제연합총회에 의하여 통과된 결의 112(Ⅱ)호 제4절(C)항 동(同)항의 결정은 다음과 같다. "(C) 가급적 조속히 그리고 가능한 한 90일 이내에 그들의 군대를 한국으로부터 완전히 철수하기 위하여 점령군과 약정한다."에 의하여 예기된 바 미군 철수의 완료 시까지, 주한미군사령관은 공동안전을 위하여 또는 대한민국 국방군의 조직, 훈련 및 장비를 용이케 하기 위하여 필요하다고 인정하는 대한민국 국방군(국방경비대, 해안경비대 및 비상지역에 주둔하는 국립경찰파견대를 포함함)에 대한 전면적인 작전상의 통제를 행사하는 권한을 보유할 것으로 합의한다. 본조의 규정은 한국 국방군 행정이나 대한민국 정부의 적을 배제하기 위한 인사전형(人事詮衡)이나 현존 또는 거래(去來)의 부대인원의 충당을 위한 모병이나 또는 대한민국 헌법 제61조의 규정에 의거한 법률에 따라서 규정될 수 있는 한국 국방군의 증강에 관한 대한민국 정부의 주권을 침해하지 않는다.

〈제3조〉

대한민국 대통령의 주한미군사령관에게 발송한 1948년 8월 9일부 각서의 규정에 의하여, 대한민국 대통령은 주한미군사령관이 그가 대한민국 정부에의 권한의 이양과 국제연합총회의 한국에 관한 결의에 의거한 한국으로부터의 미국점령군의 철수를 완수하기 위하여 필요하다고 인정하는 중요 지역과 시설(항구, 진지, 철도, 병참선, 비행장, 기타)에 대하여 통제권을 보유할 것을 동의한다. 주한미군사령관은 가급적 속히 이상에 언급한 미군의 사용 지역과 시설의 목록을 대한민국 정부를 위하여 작성하며 그에 대한 모든 변경을 동(同) 정부에 항상 통지할 것을 동의한다. 또한 주한미군사령관은 그의 지휘하에 있는 부양자(扶養者)를 포함한 군대 및 민간인원에 대하여 배타적 관할권을 보유하고 그들의 개인으로서의 행위는 대한민국의 관계 법률과 일치하여야 하는 것으로 합의한다. 또한 주한미군사령관의 관할하에 있는 상기(上記) 개인으로서 대한민국 정부의 법 시행기관에 의하여 체포된 자는 주한미군사령관의 보호(保護)와 지배(支配)에 즉시 회부(廻附)하고 또한 주한미군사령관의 관할하에 있지 않는 개인으로서 그의 관할하의 인원 및 재산의 안전에 대한 유해한 행위로 인하여 체포된 자는 대한민국 정부의 보호와 지배에 즉시 회부할 것으로 합의한다.

〈제4조〉

대한민국 대통령과 주한미군사령관은 이 잠정 협정에 표시된 제원칙에 의거한 대한민국 정부의 한국 국방군에 대한 책임의 점진적 및 질서 있는 이양의 완수에 관한 세목(細目)은 대한민국 정부와 주한미군의 적당한 관리(官吏) 간에서 결정할 것이며 또한 대한민국 정부에 한국 국방군 책임의 이양은 가급적 조속한 단시일 내에 착수할 것을 동의한다.

〈제5조〉

본 협정은 1948년 8월 24일 서울에서 한국어와 영어로 2통 작성하여 대한민국 정부와 미합중국 정부에 등록한다. 한국어 본문 및 영어 본문은 효력이 유(有) 상위(相違)가 있는 때에는 영어 본문에 의한다.

1948년 8월 26일

대한민국 대통령 이승만

주한미군사령관 중장 John R. Hodge

■ 출처 국방부 전사편찬위원회, 1981, 『국방조약집』 제1집, 34~39쪽.

5 • 군사고문단 개정 인원배당표(1949. 10. 19. 작성)의 계급별 분포

구분	준장	대령	중령	소령	대위	중위	장교 계	간호사	부사관	사병
고문단장실	1	1	2	3	6	5	18		3	68
국방부			3				3			
육군참모총장실		1					1			
인사(G-1)			1				1			
정보(G-2)			1	1	2		4			2
작전교육(G-3)			1	2	3		6			9
군수(G-4)			1	2			3			
재정			1		1		2		1	6
감찰			1		1		2			1
법무			1				2			2
고급부관			1	1			2			
휼병					1	1	2			3
헌병					1		1			14
정훈					1		1			4
의무			1		1	1	3	1		5
병기			1	1	5		7		3	20
통신			1	1	4	2	8			36
공병			1	1	10		12			17
병참			1		6		7			8
수색부대				1	1		2			
항공기지파견대				1			1			2
육군사관학교			1	2	2		5			1
육군사단(6개)*			6	18	54		78			84
국립경찰		1	3	6			10			1
총계	1	3	28	40	100	9	181	1	7	283

■ 출처　Robert K. Sawyer, 앞의 책, 50쪽.

■ 비고　* 표시된 한국군 6개 사단은 제1·2·3·5·6·7사단이었다.

6 • 군사고문단 예비역 장교 명단(1950년 2월 현재)

성명	군번	계급	병과
John E. Baird	0188461	대령	헌병
Rollins S. Emmerich	0342278	중령	보병
James s. Gallagher	0174034	대령	보병
Ralph W. Hansen	0300198	대령	보병
Albert L. Hettrich	0356455	대령	병기
John F. King	0474073	대령	통신
LeRoy B. Miller	0289004	대령	보병
Franklin G. Paris	0327280	중령	보병
Lloyd H. Rockwell	0324566	대령	보병
Peter W. Scott	0291958	대령	보병
James M. Tubb	0371106	대령	보병
Willie D. Veal	0246815	중령	헌병
Ralph R. White	0301094	대령	포병
Herbert J. Witte	0258996	중령	의무
Percival C. Wooters	0304428	대령	병기

성명	군번	계급	병과
John E. Bartlett	0402391	중령	정보
Joseph W. Bilello	0291368	중령	포병
Clyde V. Britton	01287298	소령	보병
Robert P. Brust	0391121	소령	보병
Henry H. Church	0486468	소령	헌병
Richard I. Crawford	01104107	중령	경리
Mike C. Donovan	0287624	중령	보병
Jess E. Evans	0365336	중령	보병
Burton M. Everett	0334054	중령	보병
Robert F. Frey	0375479	소령	포병
Joseph J. Cregg, Jr.	0409980	중령	보병
Kirby. Guillory	0488432	소령	헌병
John J. Hicks	0381966	중령	병참
Bernard J. Hussey	0450279	중령	보병
Paul A. Kunkle	0284585	소령	특별참모
Julius W. Mann	0453180	중령	부관
Otto C. Person	0174270	중령	공병
William F. Runge	0306294	중령	보병
William R. Shurley	0418527	중령	병기
Lloyd J. Swink	01170217	소령	포병
Perley A. Washburn	0151946	중령	보병
Wilson E. White	0450921	중령	보병
Drexel M. Ace	01309172	대위	보병
Walter E. Andrews	0388990	소령	보병
livin H. Baker	01010422	대위	보병
Henry. Badnarz	01555345	대위	병기
Casper V. Beimfohr	0349416	대위	통신

성명	군번	계급	병과
Frenk V. Burgess	0501341	대위	보병
Oharles V. Burton	01318128	대위	부관
William R. Callahan	0407650	대위	보병
David F. Campbell	01100902	대위	공병
Vincent A. Caringola	01288007	소령	보병
Walter F. Colbert	01285196	소령	보병
Robert C. Conklin	01109212	소령	공병
James. Constantine	01011550	소령	병기
Willis C. Cordar	01111558	대위	공병
Arthur D. Core	01573826	소령	병기
Kenneth R. Cornell	0346795	중위	보병
William E. Coatelio	01101391	소령	공병
Raymond E. Daltry	01318388	대위	보병
Joseph R. Darrigo	01325278	대위	보병
William E. Felty	01014575	소령	기갑
James F. Fennell	0480888	대위	보병
Joseph H. Foerch, Jr.	01637429	소령	통신
Bobbie B. Ford	0403524	대위	보병
Shirley W. Harris	0473720	대위	보병
James H. Hausman	0372397	소령	보병
Paul G. Hedstrom	0290732	소령	보병
Robert J. Henglein	01294664	대위	보병
Richard C. Jackson	01305433	대위	보병
Lee W. Kelly	01291832	대위	보병
Raymond L. Keplinger Jr.	0555892	대위	보병
Paul O. Kronheim	01636172	소령	통신
Bernard J. Kuszewski	01290089	대위	보병

성명	군번	계급	병과
Frank C. Lindahl	01584528	소령	병참
William Livingston	01175492	소령	병참
Elmer M. Lowry	01285451	대위	보병
Frank W. Luchowski	01305079	대위	보병
James T. E. Mulloy	01577516	대위	병참
Robert U. Mawby	01634115	대위	통신
George H. McFarland	01165651	소령	포병
Lester C. McGoldrick	01578835	소령	병참
Walter L. Messick	01398971	소령	보병
John Michie, Jr.	01293813	대위	보병
John W. Morley	0441704	대위	보병
John J. Nelson	01577621	소령	병참
Thomas V. O'Keefe	0403929	소령	기갑
Francis A. Olig	01826217	대위	보병
Alfred E. Olson, Jr.	01296570	소령	보병
Harvey G. Parshall	01308857	대위	보병
Otha E. Payne	01295078	대위	보병
Duncan C. Perking	01306139	대위	보병
Robert K. Potter, Jr	01303182	대위	보병
Cerald D. Putman	01285641	대위	보병
Julius E. Schoeller	01042425	소령	CAC
William H. Secor	01795982	대위	헌병
Russell H. Salf	01303782	소령	보병
Francis J. Sherry	01573579	중위	병기
James G. Sherwood	0550119	소령	군종
Edward L. Sievers	01795000	대위	보병
Harold K. Slater	0412904	소령	보병

성명	군번	계급	병과
Edward J. Stewart	0422612	대위	보병
James H. W. Treadwell	0377467	대위	포병
Gerald M. Woolcock	0422750	소령	보병
John L. Adams	0810183	중위	부관
John W. Airsman	0535501	대위	포병
Donald E. Allen	01020170	중위	CAV
Everett G. Andraws	0530568	대위	포병
Arnold H. E. Arenz	01330617	중위	보병
John L. Beraurdie	01321990	대위	보병
Frank G. Brown, Jr	02019132	중위	보병
Roy C. Brown	01120000	중위	화학
Clyde M. Combs	01560411	중위	병기
William R. Douglass	01549698	대위	병기
Howard Erwin	01648447	대위	통신
William E. Greer	01825530	대위	보병
Arthur G. Griffith	01341778	소위	보병
William A. Hackenbrach	02016187	중위	병기
Kevin G. Hughes	01645684	중위	통신
Robert J. Kercher	01330331	대위	보병
Gorden D. Mohr	01018664	중위	보병
Harley F. Mooney, Jr	01341181	중위	보병
Mario C. Paglieri	01330852	중위	보병
Ernest J. Skroch	02049725	중위	병참
James A. Smith	01342127	소위	병기
Norman E. Stoneberg	01540869	중위	화학
Frederick C. Schwarze	0832254	중위	ME
Hugh G. Urquhart	0914414	대위	화학

성명	군번	계급	병과
Harlis T. Wilder	01319460	대위	보병
Francis J. Winslow	01540891	소위	통신
Viola B. McConnell	N755914	대위	간호
Alfred E. Olson, Jr	01296570	대위	보병
Russell M. self	01303782	소령	보병
John C. Fairchild	0347067	중령	
Anthony E. Lukowski	0226856	중령	
Robert E. Myers	0349098	중령	
Carroll Fitzgerald	01291972	소령	
Thomas H. Campbell	0469341	대위	
Daniel MacDonald	01558304	대위	
Lloyd D. Seely	01000183	대위	
Richard H. Walker	0389441	대위	
Walter L. Baker Jr.	01540948	중위	
Robert F. Jackson	01690937	중위	
Edward J. Murto	01540934	중위	
James D. Holland	0473478	소령	

■ 출처　“M. J. Bartosik to the Adjutant General, Department of the Army, sub : Roster of Officers”(1950. 2. 23), RG 338, KMAG, Adjutant General, Decimal File, 1948-53, Box 7.

■ 참고　군번에서 제일 앞의 0은 숫자 ‘0’을 의미하는 것이 아니라 Officer(장교) ‘O’를 의미하며, N은 Nurse(간호장교)를 의미한다. 정규군장교의 군번은 ‘O’ 다음에 다섯자리 숫자를 예비역 장교들에게는 ‘O’ 다음에 6~7개 숫자를 부여했다.

7 • 1949년 12월 31일 현재 한국군 훈련 상황

사단 구분	연대/대대 구분		기초 훈련	분대 전술	소대 전술	중대 전술	대대 전술	전투 효율성
제1사단	11연대	1대대	5월	7월	11월	11월	10%	40%
		2대대	5월	7월	11월	11월	10%	65%
		3대대	7월	10월	12월	50%		55%
	12연대	1대대	6월	8월	9월	9월	15%	65%
		2대대	6월	8월	9월	9월	10%	50%
		3대대	6월	8월	9월	9월	10%	65%
	13연대	1대대	5월	7월	9월	9월	10%	40%
		2대대	5월	7월	8월	9월	10%	45%
		3대대	5월	7월	8월	12월	10%	50%
제2사단	5연대	1대대	6월	7월	20%			20%
		2대대	6월	7월	10%			15%
		3대대	6월	7월	25%			20%
	16연대	1대대	6월	9월	11월			50%
		2대대	6월	9월	11월			50%
		3대대	6월	9월	11월			50%

<table>
<tr><th>사단 구분</th><th colspan="2">연대/대대 구분</th><th>기초 훈련</th><th>분대 전술</th><th>소대 전술</th><th>중대 전술</th><th>대대 전술</th><th>전투 효율성</th></tr>
<tr><td rowspan="9">제3사단</td><td rowspan="3">25연대</td><td>1대대</td><td>7월</td><td>8월</td><td>9월</td><td>12월</td><td></td><td>70%</td></tr>
<tr><td>2대대</td><td>7월</td><td>8월</td><td>9월</td><td>12월</td><td></td><td>65%</td></tr>
<tr><td>3대대</td><td>7월</td><td>8월</td><td>9월</td><td>12월</td><td></td><td>65%</td></tr>
<tr><td rowspan="3">22연대</td><td>1대대</td><td>8월</td><td>9월</td><td>11월</td><td>25%</td><td></td><td>40%</td></tr>
<tr><td>2대대</td><td>8월</td><td>8월</td><td>9월</td><td>25%</td><td></td><td>50%</td></tr>
<tr><td>3대대</td><td>7월</td><td>8월</td><td>8월</td><td>25%</td><td></td><td>60%</td></tr>
<tr><td rowspan="3">23연대</td><td>1대대</td><td>9월</td><td>11월</td><td>25%</td><td></td><td></td><td>25%</td></tr>
<tr><td>2대대</td><td>9월</td><td>11월</td><td>25%</td><td></td><td></td><td>35%</td></tr>
<tr><td>3대대</td><td>9월</td><td>11월</td><td>25%</td><td></td><td></td><td>25%</td></tr>
<tr><td rowspan="9">제5사단</td><td rowspan="3">3연대</td><td>1대대</td><td>5월</td><td>6월</td><td>7월</td><td></td><td></td><td>30%</td></tr>
<tr><td>2대대</td><td>5월</td><td>6월</td><td>7월</td><td></td><td></td><td>20%</td></tr>
<tr><td>3대대</td><td>5월</td><td>6월</td><td>6월</td><td></td><td></td><td>30%</td></tr>
<tr><td rowspan="3">15연대</td><td>1대대</td><td>4월</td><td>6월</td><td>6월</td><td>20%</td><td></td><td>20%</td></tr>
<tr><td>2대대</td><td>4월</td><td>6월</td><td>6월</td><td>10%</td><td></td><td>15%</td></tr>
<tr><td>3대대</td><td>4월</td><td>6월</td><td>6월</td><td>25%</td><td></td><td>20%</td></tr>
<tr><td rowspan="3">20연대</td><td>1대대</td><td>6월</td><td>6월</td><td></td><td></td><td></td><td>30%</td></tr>
<tr><td>2대대</td><td>6월</td><td>8월</td><td></td><td></td><td></td><td>40%</td></tr>
<tr><td>3대대</td><td>8월</td><td>9월</td><td></td><td></td><td></td><td>15%</td></tr>
<tr><td rowspan="7">제6사단</td><td rowspan="3">7연대</td><td>1대대</td><td>100%</td><td>100%</td><td>100%</td><td>50%</td><td></td><td>50%</td></tr>
<tr><td>2대대</td><td>100%</td><td>100%</td><td>100%</td><td>30%</td><td></td><td>50%</td></tr>
<tr><td>3대대</td><td>100%</td><td>100%</td><td>100%</td><td>30%</td><td></td><td>50%</td></tr>
<tr><td rowspan="4">8연대</td><td>1대대</td><td>100%</td><td>100%</td><td>100%</td><td>100%</td><td>10%</td><td>70%</td></tr>
<tr><td>2대대</td><td>100%</td><td>100%</td><td>100%</td><td>100%</td><td>5%</td><td>65%</td></tr>
<tr><td>3대대</td><td>100%</td><td>100%</td><td>100%</td><td>65%</td><td></td><td>55%</td></tr>
<tr><td>제2독립대대</td><td>6월</td><td>8월</td><td>50%</td><td>10%</td><td></td><td>40%</td></tr>
<tr><td rowspan="3">제7사단</td><td rowspan="3">1연대</td><td>1대대</td><td>3월</td><td>5월</td><td>8월</td><td>33%</td><td></td><td>60%</td></tr>
<tr><td>2대대</td><td>3월</td><td>6월</td><td>8월</td><td>11월</td><td>10%</td><td>45%</td></tr>
<tr><td>3대대</td><td>3월</td><td>6월</td><td>9월</td><td>25%</td><td></td><td>65%</td></tr>
</table>

사단 구분	연대/대대 구분		기초 훈련	분대 전술	소대 전술	중대 전술	대대 전술	전투 효율성
	9연대	1대대	6월	8월	9월	9월	10%	38%
		2대대	6월	8월	9월	9월	10%	59%
		3대대	6월	8월	9월	9월	10%	40%
	19연대	1대대	6월	8월	10월	40%		40%
		2대대	4월	6월	9월	25%		40%
		3대대	7월	8월	9월			30%
제8사단	10연대	1대대	6월	8월	8월	11월	50%	60%
		2대대	6월	8월	8월	11월	50%	60%
		3대대	6월	8월	8월	11월	50%	40%
	21연대	1대대	5월	7월	9월	9월		30%
		2대대	5월	7월	9월	9월		20%
		3대대	6월	7월	9월	9월	40%	30%
수도사단	2연대	1대대	2월	3월	5월	6월		60%
		2대대	2월	3월	5월	6월		40%
		3대대	9월	90%				10%
	17연대	1대대	2월	3월	5월	9월	10%	60%
		2대대	2월	3월	5월	10월	5%	60%
		3대대	2월	3월	9월	25%		55%
	18연대	1대대	2월	4월	5월	7월		50%
		2대대	2월	4월	5월	7월		40%
		3대대	2월	4월	5월	7월		20%
육군본부	기갑연대	장갑대	6월	8월	10월	85%		60%
		기마대	6월	8월	10월	70%		40%
		수색대	9월	11월	25%			25%

■ 출처 Office of the Chief, KMAG, "Status of Training, K.A.", *Semi-Annual Report : 1949. 7. 1~12. 31.* Annex No.9, RG 554, Entry No. A-1 1355, Box 29.

8 • 1950년 6월 15일 현재 한국군 훈련 상황

사단 구분	연대/대대 구분		중대 훈련	대대 훈련	대대 CPX	8일기 동훈련	연대 CPX	대전차 훈련	전투 효율성
제1사단	11연대	연대					2월		
		1대대	완료	80%	2월	3월		3월	35%
		2대대	완료	75%	2월	3월		3월	40%
		3대대	완료	90%	2월	3월		3월	55%
	12연대	연대					2월		
		1대대	완료	80%	2월				55%
		2대대	완료	80%	2월				55%
		3대대	완료	40%					55%
	13연대	연대					2월		
		1대대	완료	70%	2월				55%
		2대대	완료	70%	2월				60%
		3대대	완료	80%	2월	5월			70%
제2사단	5연대	1대대	–		2월				50%
		2대대	–		1월				50%
		3대대	완료						–
	16연대	1대대	–						50%
		2대대	–						50%

사단 구분	연대/대대 구분		중대 훈련	대대 훈련	대대 CPX	8일기 동훈련	연대 CPX	대전차 훈련	전투 효율성
		3대대	–						65%
제3사단	22연대	1대대	50%						40%
		2대대	완료						50%
		3대대	완료						60%
	23연대	1대대	50%		5월				35%
		2대대	50%						35%
		3대대	–						35%
제5사단	15연대	1대대	80%	40%					40%
		2대대	70%	30%					30%
		3대대	60%	30%					40%
	20연대	1대대	–						30%
		2대대	–						40%
		3대대	–						25%
제6사단	7연대	1대대	60%						50%
		2대대	완료	15%					50%
		3대대	40%						50%
	8연대	1대대	완료	80%					50%
		2대대	완료						40%
		3대대	완료	80%					55%
	19연대	1대대	40%						50%
		2대대	25%						45%
		3대대	–						35%
7사단	1연대	연대					2월		
		1대대	완료	완료	2월	5월		5월	60%
		2대대	완료	완료	2월	3월		5월	60%
		3대대	완료	완료	2월	4월		5월	60%
	9연대	연대					2월		
		1대대	완료	완료	2월	4월			55%
		2대대	완료	완료	2월	3월			65%
		3대대	완료	완료	2월	2월			65%
	25연대	1대대	완료						60%

사단 구분	연대/대대 구분		중대 훈련	대대 훈련	대대 CPX	8일기 동훈련	연대 CPX	대전차 훈련	전투 효율성
		2대대	완료						60%
		3대대	완료						60%
제8사단	10연대	1대대	완료	90%					50%
		2대대	완료	90%					50%
		3대대	완료	90%					45%
	21연대	1대대	완료	40%					40%
		2대대	완료	80%					35%
		3대대	완료	완료		5월			40%
수도사단	2연대	1대대	완료	완료		3월			50%
		2대대	완료	완료		3월			50%
		3대대	완료	완료		3월			50%
	3연대	1대대	완료	완료					35%
		2대대	완료	완료					25%
		3대대	완료	완료					35%
	18연대	1대대	완료	완료					65%
		2대대	완료	완료					65%
		3대대	완료	완료					65%
육군본부	17연대	1대대	완료	30%					70%
		2대대	완료	30%					65%
		3대대	완료	30%					70%
	기갑연대	장갑대	완료	60%					65%
		기마대	완료	50%					55%
		수색대	완료	10%					40%

■ 출처 Office of the Chief, KMAG, "Status of Training, K.A.", *Semi-Annual Report : 1950. 1. 1~6. 30.* Annex No.V, RG 554, Entry No.1355, Box 29.

9 • 1949년 8월 20일 한국정부가 요구한 무기 소요 목록

구분	10만 정규군			30만 예비군		
	필수량	현보유	과부족	필수량	현보유	과부족
105밀리미터 곡사포(M-2형)	12	0	-12	4	0	-4
105밀리미터 곡사포(M-3형)	192	85	-107	64	0	-64
81밀리미터 박격포(M-1형)	684	275	-409	228	0	-228
60밀리미터 박격포(M-2형)	962	373	-589	321	0	-321
57밀리미터 대전차포	204	117	-87	68	0	-68
37밀리미터 대전차포	72	21	-51	24	0	-24
50구경 중기관총(공랭)	400	443	+43*	135	43	-92
45구경 권총	6,080	4,199	-1,881	2,027	0	-2,027
45구경 기관단총	752	692	-60	274	0	-274
30구경 경기관총(공랭)	618	352	-266	206	0	-206
30구경 경기관총(수랭)	792	291	-501	264	0	-264
M1 소총	52,320	40,050	-12,270	17,440	0	-17,440
카빈 소총	33,183	14,736	-18,447	11,061	0	-11,061
30구경 자동소총	2,333	1,091	-1,242	779	0	-779
M1 소총 대검	52,320	27,415	-24,905	17,440	0	-17,440
카빈 소총 대검	33,183	14,736	-18447	11,061	0	-11,061
쌍안경	1,500	913	-587	500	0	-500
2.36인치 로켓발사기	3,264	1,961	-1,303	1,088	0	-1,088

■ 출처 "Memorandum for Major General R. E. Duff, P&O Division, Department of the Army"(1949. 10. 7), RG 319, Entry No. 154, ACofS (G-3) Operations Decimal File, 1949-1950, Box 162.

■ 참고 * 표시의 50구경 중기관총 43정은 예비군에 전달될 예정

10 • 대한민국 정부와 미합중국 정부 간의 주한 미국군사고문단 설치에 관한 협정

1950년 1월 26일 서울에서 서명
1949년 7월 1일 소급 발효

서문

미국 정부에 대한 대한민국 정부의 요청에 의하여 미국 대통령은 다음에 규정한 조항하에 미국 군사고문단(이하 단이라 칭함) 설치를 인가한다.

제1조 단의 목적은 육군, 해안경비대 및 국립경찰을 포함한 대한민국 국방 조직 및 훈련에 있어서 대한민국 정부에 조언 및 원조하며 또한 국방군이 미국의 군사원조를 유효하게 이용하도록 보장함으로써 대한민국의 국방군을 한국의 경제력 범위 내에서 발전시키는 데 있다. 해 단은 양국 정부가 합의하는 미국 정부군인 및 민간인원으로써 구성한다. 단 해 단의 국방성 인원수는 양 정부의 상호

합의가 없는 한 장교 및 병원(兵員) 도합 500명을 초과하지 못한다. 한국 국방군 장교 및 병원의 선택은 대한민국 정부가 차를 행한다.

제2조 본 협정은 하기한 경우에는 하시라도 종결한다.

1. 일방의 정부에서 타방 정부에 사전 6개월 전에 서면으로 통고할 때

2. 일방의 정부에서 해 단의 철회가 동 정부의 공익상 필요하다고 인정하고 타방 정부에게 차 철회를 통고하여 해 단이 철회될 때 그러나 이때에는 본조 1항 규정을 준수함을 불요한다. 단 철회로써 본 협정을 종결할 시에는 동 단이 직무를 종료하고 실제적으로 한국을 출발함에 합리적으로 필요한 3개월 이내의 기간 중에도 한국 정부는 본 협정하에서 발생하는 동 정부의 책임을 면치 못한다.

제3조 해 단의 직무는 군사 및 기타 이에 관련한 사항에 대하여 본 협정 제1조에 표시된 목적을 달성하는 데 필요한 조인과 원조를 대한민국 정부에게 공여하는 데 있다. 해 단은 일국 정부가 합의하는 한국 국방군 부대에 대하여 조언과 원조를 공여한다.

제4조 해 단과 소속원은 주한 미 대사관 및 해 단 계급의 동 관원에게 부여한 제 특권과 면제를 향유하는 목적을 위하여 동 대사관의 일부로 인정된다.

제5조 해국 단원은 결과적으로 대한민국 정부에 대하여 책임을 부하게 되는 의무를 인수할 수 없으며 또는 인수케 할 수도 없다.

제6조 해단의 전 단원은 현실로 직무에 종사하여야 하며 미국 정부로부터 일정한 보수와 수당을 정기적으로 받는 동시에 이에 부가하여 앙등한 생산비를 보상하기 위한 특별수당을 받는다. 이 특별수당을 위한 여사한 보상은 한국 정부가 한국 통화로서 지불한다. 특별수당은 한국 정부가 미국 정부 간에 합의하는 기준에 의하여 결정될 것이며 이를 정기적으로 수정하여 해단 각 단원이 단의 직무를 띠고 한국에 거주하는 전기간에 한하여 적용된다.

제7조 대한민국 정부는 해단의 공용으로 또는 동 가족의 사용으로 수입되는 물질, 비품, 공급품 및 기타 물품에 관하여 관세를 면제한다. 이러한 물자, 비품, 공급품 및 그 밖에 물품은 한국국산세, 소비세 및 기타 세관세, 부과금 또는 한국에서 미국으로 재반출시의 수출세 등을 부과하지 않는다.

제8조 ㉮ 대한민국 정부는 해단, 단원 및 그 가족을 유지하는데 필요한 현지 공급품(식료품 제외) 비품 및 역무 등을 위하여 주한미대사관의 지정된 대표에게 임시로 충분한 한국통화를 공급한다. 동 통화 중에는 해단 및 그 가족의 주거와 해단의 공용을 위한 건물 및 사무소의 수리 및 유지에 필요한 통화 및 본 협정 제8조㉯와 제

9조에 규정된 한국인 고용비 및 교통비를 포함하나 이에만 한정되는 것은 아니다.

㉯ 대한민국 정부는 해단원이 대한민국 내에서 해단의 사무를 위한 여행을 함으로써 소용하는 비용을 한국통화로 지불한다.

㉰ 대한민국 정부는 해단 또는 미국 정부에게 경비를 부담시키지 않고 해단원과 동 가족에게 적당한 주거와 해단이 공무수행에 사용할 적당한 건물 및 사무소를 제공한다. 이러한 주거, 건물 및 사무소의 유지에 필요한 공용시설과 연료를 미국 정부에게 경비를 부담시키지 않고 해단의 사용을 위하여 공급한다.

모든 주거와 사무소는 가능한 한 미군 군사처에서 동양의 주거 또는 사무소에 대하여 규정한 표준에 부합하도록 한다. 대한민국 정부는 대한민국 국방장관이 여사한 비용발생에 대한 사전동의가 없이는 건물의 신축비용에 대하여 지불할 책임을 지지 않을 것을 양해된다.

제9조 해단에 소요되는 한국인 고용비는 대한민국 정부가 이를 부담한다. 동 비용에는 대한민국대표 및 주한미국대사관대표에 의하여 때때로 결정되는 보수율에 의하여 현지 고용된 통역, 서기, 노동자 및 사고용인을 제외한 기타 직원에 대한 보수와 해단 및 단원에 의하여 소요되는 한국 내에서의 공급품 및 비품의 운송비가 포함된다.

제10조 대한민국 정부는 미국 의무원과 동 의무시설이 없는 곳에서는 해단원과 그 가족에 대하여 적당한 의료를 제공한다. 대한민국 정부는 요청이 있을 때에는 해단원 또는 그 가족 중 위중한 환자를 한국 내의 미국의료시설이 있는 지방으로 이송한다.

제11조 대한민국 정부 및 해단원 간의 정책에 관한 모든 연락은 주한미국대사관을 통하여 이를 행한다. 해단은 동 사단이 승인하는 단순히 군사적인 성질을 가진 사항에 관하여 대한민국 정부 공무원과 직접 교섭할 수 있다.

제12조 대한민국 정부 및 미국 정부의 또는 양 정부 간의 분류된 군사사정의 교환 또는 발표는 그 정보를 제공하는 정부에서 제정한 군사방첩분류규정에 따라서 동 정보를 보전하여 동 정보를 접수한 정부는 그 제공정부의 특정한 승낙이 없는 한 제삼국정부 혹은 수취권한이 없는 자에게 이를 재발표할 수 없다는 상호양해하에서만 행할 수 있다.

제13조 본 규정은 UN헌장 제102조 규정에 의하여 UN사무국에 등록케 한다.

제14조 본 규정은 서명과 동시에 효력을 발생하며 그 효력은 1949년 7월 1일에 소급하는 것으로 이해된다. 또한 본규정은 비준

을 위하여 대한민국국회에 제출될 것으로 양해된다.

본 규정은 1950년 1월 26일 한국 서울에서 한국어와 영어로 2통을 작성하였다. 한국어 본문은 동일한 효력을 유하나 상이가 유할 시에는 영어본문에 의한다. 이상의 증거로서 양국정부의 목적을 위하여 정식대표자가 본 규정에 조인하였다.

미국대표　존·J·무치오

대한민국대표　신성모·김도연

11 • 1950년 7월 7일~8월 26일 군사고문단 병력

월일	인원(명)	월일	인원(명)	월일	인원(명)	월일	인원(명)
7. 7	448	7. 20	473	8. 2	453	8. 15	452
8	450	21	459	3	456	16	452
9	438	22	457	4	455	17	454
10	436	23	453	5	452	18	454
11	434	24	452	6	452	19	454
12	432	25	455	7	452	20	454
13	430	26	455	8	452	21	456
14	471	27	455	9	452	22	457
15	472	28	455	10	452	23	445
16	473	29	454	11	452	24	445
17	473	30	454	12	452	25	443
18	473	31	454	13	452	26	443
19	473	8. 1	454	14	452		

■ 출처 "To DEPTAR From CINCFE"(1950. 7. 7~8. 26), RG 330, Entry No. 208, Korea Teletype Conference July 1950; "To DEPTAR From CINCFE"(1950. 8. 1~26), RG 330, Entry No. 208, Korea Teletype Conference August 1950, 군사편찬연구소 MF 1153.

12 • 전쟁 기간 동안 한국군 병력 현황(1950년 7월~1953년 7월)

기간	병력수	기간	병력수	기간	병력수	기간	병력수
50. 7	96,112	5	254,809	3	320,825	53. 1	472,600
8	115,147	6	260,548	4	332,114	2	495,201
9	173,339	7	263,602	5	351,840	3	519,197
10	189,404	8	256,447	6	365,504	4	519,197
11	200,851	9	262,057	7	387,452	5	533,109
12	242,192	10	270,361	8	380,621	6	547,311
51. 1	254,930	11	279,098	9	390,164	7	568,994
2	253,945	12	284,332	10	404,994		
3	259,471	52. 1	296,091	11	425,595		
4	256,854	2	306,818	12	449,193		

■ 출처　HQ, United States Army Forces, Far East and Eighth United States Army(Rear), "Logistics in the Korean Operations", Vol. 1, Chapter III, pp. 7~11, 군사편찬연구소 소장자료 HD00303.

13 • 1950년 8월~1951년 9월 군사고문단 병력 현황

일자	장교	부사관	사병	전체
1950년 8월 31일	175	4	256	435
1950년 9월 30일	199	3	245	447
1950년 10월 31일	274	3	232	509
1950년 11월 30일	337	3	292	632
1950년 12월 31일	356	4	386	746
1951년 1월 31일	356	3	385	744
1951년 2월 28일	401	3	400	804
1951년 3월 31일	407	3	454	864
1951년 4월 30일	427	3	493	923
1951년 5월 31일	416	5	563	984
1951년 6월 30일	411	5	504	920
1951년 7월 31일	397	5	540	942
1951년 8월 31일	408	15	632	1055
1951년 9월 30일	454	14	840	1308

■ 출처 From Strength in Troop Program Sequence by Organization and Type of Personnel(CSCAP-13) Statistical and Accounting Branch, Adjutant General's Office, Department of the Army. Robert K. Sawyer, 앞의 책, 161쪽 재인용.

14 • 1951년 11월 25일 현재 한국군 주요 지휘관 및 선임고문관

한국군		군사고문단	
직책	성명 / 계급	직책	성명 / 계급
총참모장	이종찬 소장	고문단장	C. E. Ryan 준장
참모차장	유재흥 소장	참모장	Richard W. Mayo 대령
행정참모부장	양국진 준장	부참모장	George A. Rigley 중령
작전참모부장	이준식 준장		
포병사령관	김계원 준장	포병 선임고문관	Harry P. Smith 중령
인사참모	김종오 준장	G-1 선임고문관	F. A. Rutherford 중령
정보참모	김종평 준장	G-2 선임고문관	G. B. Enders 중령
작전참모	이용문 준장	G-3 선임고문관	Thomas B. Ross Jr. 중령
군수참모	김형일 준장	G-4 선임고문관	Arthur M. Murray 중령
제1군단장	백선엽 소장	제1군단 선임고문관	Ralph D. Maxfield 대령
수도사단장	송요찬 준장	수도사단 선임고문관	Conrad Hildebrant 중령
제1사단장	박임항 준장	제1사단 선임고문관	Frank E. Ball 중령
제2사단장	함병선 준장	제2사단 선임고문관	S. H. Sievers 중령
제3사단장	백남권 준장	제3사단 선임고문관	C. J. Stewart 중령
제5사단장	민기식 준장	제5사단 선임고문관	J. H. Stell 중령
제6사단장	장도영 준장	제6사단 선임고문관	Paul B. Schwieker 중령
제7사단장	이성가 준장	제7사단 선임고문관	Lehman H. Johnson 중령
제8사단장	최영희 준장	제8사단 선임고문관	Melvin C. O'Donnal 중령
제9사단장	박병권 준장	제9사단 선임고문관	S. H. Barlow 중령
제11사단장	오덕준 준장	제11사단 선임고문관	John P. Reames 중령

■ 출처 FEC, "United States Military Advisory Group to Republic of Korea"(1951. 11. 25), RG 550, Records of Hq. U.S. Army, Pacific, Military Office, Classified Organizational History Files.

15 • 1951~60년 군인과 민간인 해외 유학 인원수

연도	군인	민간인	군인/민간인(퍼센트)
1951	317		100
1952	814	426	66
1953	1,038	632	62
1954	1,193	1,129	51
1955	1,751	1,079	62
1956	1,080	520	68
1957	1,402	435	96
1958	1,076	389	73
1959	1,357	419	76
1960	1,569	394	80
계	11,595	5,423	68

■ 출처 조성훈, 『한미군사관계의 형성과 발전』, 국방부 군사편찬연구소, 2008, 161쪽.

■ 비고 군인 유학생 수는 장교와 사병을 포함한 수치이다.

16 • 1951~73회계연도 세계 각국의 도미 군사유학 인원

국가명	인원(명)	국가명	인원(명)
아프가니스탄	332	엘살바도르	212
아르헨티나	2,654	에티오피아	3,143
오스트리아	405	프랑스	12,600
벨기에	3,768	독일	1,190
볼리비아	441	가나	152
브라질	7,001	그리스	11,980
버마(미얀마)	775	과테말라	676
칠레	2,678	기니	4
대만	20,086	아이티	444
콜롬비아	2,402	온두라스	270
코스타리카	33	인도	504
쿠바	307	인도차이나	408
덴마크	3,836	인도네시아	3,648
도미니카공화국	699	이란	9,018
에콰도르	1,561	이라크	372

국가명	인원(명)	국가명	인원(명)
이탈리아	8,144	페루	3,133
일본	9,642	필리핀	9,200
요르단	791	포르투갈	2,208
크메르공화국	435	사우디아라비아	1,122
한국	22,144	세네갈	18
라오스	1,830	스페인	7,899
레바논	268	스리랑카	39
리베리아	517	수단	119
리비아	429	시리아	23
룩셈부르크	63	태국	9,538
말레이시아	341	튀니지	346
말리	69	터키	15,932
멕시코	432	영국	3,719
모로코	918	오트볼타	26
네팔	34	우루과이	1,075
네덜란드	4,744	베네수엘라	1,552
니카라과	718	베트남	23,675
나이지리라	462	예멘	5
노르웨이	4,042	유고슬라비아	625
파키스탄	3,830	자이레	310
파나마	53		
파라과이	349	**총인원**	232,418

■ 출처 Office of the Assistant Secretary of Defense, *Foreign Military Sales and Military Assistance Facts*, 1974, 11쪽. Ernest W. Lefever, "The Military Assistance Training Program", *Annals of the American Academy of Political and Social Science*, vol.424, Mar., 1976, 87쪽 재인용.

■ 비고 국가명은 1974년 당시의 국가명을 나타낸다. 오트볼타는 1984년에 '부르키나파소'로, 버마는 1989년에 '미얀마'로 각각 국가명을 변경하였다.

17 • 한국군 방첩부대(CIC) 현황(1953년 1월 31일 현재)

부대명	주둔지	부대명	주둔지
방첩대사령부	대구	502방첩대	진주
101방첩대	제1군단	503방첩대	대구
102방첩대	제2군단	505방첩대	광주
103방첩대	안동	506방첩대	서울
105방첩대	서울	507방첩대	대전
106방첩대	남원	508방첩대	제주
107방첩대	광주	509방첩대	원주
201방첩대	제1사단	510방첩대	전주
202방첩대	제2사단	511방첩대	강릉
203방첩대	제3사단	512방첩대	전주
205방첩대	제5사단	608방첩대	군산
206방첩대	제6사단	616방첩대	해운대
207방첩대	제7사단	619방첩대	청주
208방첩대	제8사단	620방첩대	춘천
209방첩대	제9사단	622방첩대	제101노무사단
210방첩대	수도사단	623방첩대	제103노무사단
211방첩대	제11사단	625방첩대	제105노무사단
501방첩대	부산		

■ 출처 "Report on Far Eastern Trip, 26 January-19 February 1953 by George H. Olmsted, Director, Office of Military Assistance, sub : Status of Units and Station List, Headquarters Republic of Korea Army", RG 330, Entry No. 18, Box 68.

18 • 1953~69년 주한미군사고문단(KMAG) 인가 병력 현황

날짜	장교	사병	총계
1953. 9. 3.	645	1,273	1,918
1956. 6. 30.	667	967	1,634
1957. 6. 30.	641	963	1,604
1958. 6. 30.	412	863	1,275
1959. 6. 30.	374	838	1,212
1960. 6. 30.	375	834	1,209
1961. 6. 30.	382	819	1,201
1962. 6. 30.	377	816	1,193
1963. 6. 30.	355	690	1,045
1964. 6. 30.	285	493	778
1965. 6. 30.			786
1966. 12. 31.	301		813
1968. 6. 30.	300	512	812
1969. 6. 30.	256	365	621

■ 출처　David Curtis Skaggs & Richard P. Weinert, *American Military Assistance to the Republic of Korea Army*, Ⅵ-17쪽, RG319, CMH Manuscripts, KMAG in War and Peace, Box 1.

19 • 1948~71년 주한미군사고문단(KMAG) 단장

계급	성명	재임 기간
중장	William L. Roberts	1948. 8 ~ 1950. 6
대령	William H. S. Wright	1950. 6 ~ 1950. 7(대리)
준장	Francis W. Farrell	1950. 7 ~ 1951. 5
준장	Garrision H. Davidson	1951. 6 ~ 1951. 9
소장	Cornelius E. Ryan	1951. 9 ~ 1953. 5
소장	Gordon B. Rogers	1953. 5 ~ 1953. 11
소장	Eugene W. Ridings	1953. 11 ~ 1954. 6
소장	Halley G. Maddox	1954. 6 ~ 1954. 11
소장	Robert Lee Howze, Jr.	1954. 11 ~ 1955. 5
소장	Carl F. Fritzsche	1955. 6 ~ 1957. 5
소장	Willis S. Matthews	1957. 5 ~ 1959. 6
소장	Hamilton H. Howze	1959. 6 ~ 1961. 7
소장	Sidney C. Wooten	1961. 8 ~ 1963. 7
소장	Thomas R. Yancey	1963. 8 ~ 1965. 8
소장	James H. Skeldon	1965. 9 ~ 1967. 11
소장	Ward S. Ryan	1967. 12 ~ 1970. 3
소장	William H. Blakefield	1970. 4 ~ 1971. 4

■ 출처 David Curtis Skaggs & Richard P. Weinert, *American Military Assistance to the Republic of Korea Army*, Appendix4, RG 319, CMH Manuscripts, KMAG in War and Peace, Box 1.

20 • 1955~71년 임시 미합동군사원조자문단(PROVMAAG-K) 단장

계급	성명	재임 기간
중장	Claude B. Ferenbaugh	1955. 1 ~ 1955. 7
중장	John H. Collier	1955. 7 ~ 1956. 1
소장	John W. Harmony	1956. 1 ~ 1956. 10
소장	Robert W. Gard	1956. 11 ~ 1957. 8
소장	Raymond W. Curtis	1957. 9 ~ 1958. 11
소장	David H. Buchanan	1958. 12 ~ 1959. 11
소장	Orlando C. Troxel, Jr.	1959. 12 ~ 1960. 12
소장	Van H. Bond	1961. 2 ~ 1962. 10
소장	Norman B. Edwards	1963. 1 ~ 1964. 10
소장	Edwin H. Burba	1964. 12 ~ 1966. 6
소장	Raymond B. Marlin	1966. 7 ~ 1968. 4
소장	Livingston N. Taylor	1968. 5 ~ 1970. 2
준장	John S. Lekson	1970. 4 ~ 1971. 4

■ 출처 David Curtis Skaggs & Richard P. Weinert, *American Military Assistance to the Republic of Korea Army*, Appendix 5.

박동찬 한양대학교 사학과를 졸업하고 같은 대학원에서 석·박사 학위를 받았다. 한국현대사를 전공하였으며, 특히 한국전쟁과 한미군사관계사에 관심을 갖고 연구를 진행하고 있다. 한양대학교에서 강의를 했고, 국방부 군사편찬연구소에 재직 중이다. 주요 저서 및 역서로 『통계로 본 6·25전쟁』(2014), 『6·25전쟁사』 전 11권(공저, 2004~2013), 『역사학의 시선으로 읽는 한국전쟁』(공저, 2010), 『그들이 본 한국전쟁』 2·3권(역서, 2005) 등이 있고, 주요 논문으로 「주한미군사고문단의 창설 배경과 초기 활동」(2012), 「주한미군사고문단의 한국전쟁 인식과 대응」(2011) 등이 있다.

한양학술총서 002

주한미군사고문단 KMAG — 한국군 건설의 기획자

펴낸날 2016년 7월 15일 초판 1쇄 ● 2017년 8월 10일 초판 2쇄

지은이 박동찬 ● **펴낸이** 이영무

펴낸곳 한양대학교출판부 ● **출판등록** 제4-7호(1972.2.29)

주소 서울 성동구 왕십리로 222 ● **전화** 02.2220.1432-4 ● **팩스** 02.2220.1435

홈페이지 press.hanyang.ac.kr ● **이메일** presshy@hanyang.ac.kr

디자인·편집 정준기 ● **인쇄** 현문

© 2016 박동찬

이 책은 저작권법에 따라 한국 내에서 보호를 받는 저작물이므로 무단전재와 무단복제를 금합니다.

정가는 뒤표지에 있습니다. 잘못된 책은 구입하신 곳에서 교환해드립니다.

이 도서의 국립중앙도서관 출판예정도서목록(CIP)은

서지정보유통지원시스템 홈페이지(http://seoji.nl.go.kr)와

국가자료공동목록시스템(http://www.nl.go.kr/kolisnet)에서 이용하실 수 있습니다.

CIP제어번호 : CIP2016016268

ISBN 978.89.7218.490.4 (94910)

ISBN 978.89.7218.470.6 (세트)